21世纪高校金融学核心课程系列教材

GUOJI JINRONG XUE

国际金融学

GUOJI JINRONG XUE

卞志村 吴洁 等著

人民出版社

责任编辑:陈　登

图书在版编目(CIP)数据

国际金融学/卞志村　吴洁　等著. -北京:人民出版社,2009.1
ISBN 978-7-01-007560-0

Ⅰ. 国…　Ⅱ. 卞…　Ⅲ. 国际金融-高等学校-教材　Ⅳ. F831

中国版本图书馆 CIP 数据核字(2008)第 195734 号

国际金融学

GUOJI JINRONG XUE

卞志村　吴洁　等著

人民出版社 出版发行
(100706　北京朝阳门内大街 166 号)

北京龙之冉印务有限公司印刷　新华书店经销

2009 年 1 月第 1 版　2009 年 1 月北京第 1 次印刷
开本:710 毫米×1000 毫米 1/16　印张:32
字数:474 千字　印数:0,001-5,000 册

ISBN 978-7-01-007560-0　　定价:52.00 元

邮购地址 100706　北京朝阳门内大街 166 号
人民东方图书销售中心　电话 (010)65250042　65289539

前　言

随着经济和金融全球化的加速推进，世界经济一体化的特征越来越明显。2007 年美国次贷危机迅速演变为 2008 年全球金融危机的事实也告诉我们，世界各国经济金融的联系越来越紧密，与此同时，全球性的金融危机也使国际经济、金融领域出现了前所未有的变化。例如，世界各国之间经济金融政策相互配合的重要性在本次全球性金融危机中得到了彰显，各国政策的协调配合愈益成为学术界和政府决策部门的重要课题，因此必须加深对开放经济下宏观经济政策国际协调问题的认识。瞬息万变的国际金融形势要求我们在国际金融学教材中更多地反映最新理论前沿和政策动态。

国际金融学是教育部确定的面向 21 世纪高等学校金融学专业主干课程，也是经济与管理专业学生的必修课程。为了适应国际金融局势的变化，为我国培养更多的国际金融专业人才，反映国际金融理论发展的最新动态，加强金融学学科建设，我们编著了本教材。在编写过程中，我们力争实现以下几个目标：第一，通过对本课程的学习，要让学生既能掌握国际金融运行的基本原理，又能了解国际金融领域的新情况和新的理论成果；第二，按照素质教育的要求，培养学生运用国际金融基础知识、基本理论和基本方法分析中国经济和金融改革开放进程中的现实问题的能力；第三，在结构安排和内容阐述上，力求拓宽思路、联系实际，重点突出了分析方法的介绍及分析框架的选择，兼顾理论和知识的先进性和实用性。

本书共 15 章，其中，第 1—5 章介绍了国际金融基础知识，包括外汇与汇率、国际收支与国际收支平衡表、国际收支调节理论、国际金融市场和国际资本流动；第6—7章全面介绍了决定汇率的各种理论，包括铸币平价理论、购买力平价理论、利率平价理论、国际收支理论、资产市场理论，重点介绍了两种分析汇率的方法：弹性价格法和粘性价格法；第8章对汇率制度选择的争论进行了总结，以此为基础介绍了人民币汇率制度的演变过程；第9章从开放经济下宏观调控的目标入手，介绍了著名的"米德冲突"及"丁伯根原则"，以蒙代尔—弗莱明模型为框架分析开放经济下宏观调控的效果；第10章对传统的蒙代尔—弗莱明模型进行了扩展，用以讨论一国宏观经济政策的国际传导问题，并对一些已提出的宏观经济政策国际协调方案进行了讨论；第11章介绍了国际储备的内涵及管理；第12章总结了历史上出现过的货币危机，并对三个阶段的货币危机理论进行评述；第13—15章结合历史介绍了当前的国际金融环境，包括国际货币体系的演变、区域性货币同盟与欧洲货币体系及国际金融组织等。

本教材的写作任务分工如下：卞志村：第6、7、9、10章；吴洁：第2、3、12章；张婷：第1、4、5、11章；陈燕：第13、14、15章；陈义林：第8章。全书由卞志村负责总纂、定稿。

对本书中存在的问题和不足之处，还望同行专家与读者不吝赐教。

卞志村

二○○九年一月于南京

目　　录

第一章　外汇与汇率

国际货币作为在世界范围内发挥着价值尺度、交易媒介、支付手段、价值贮藏等职能的等价物形式，就是我们通常所讲的外汇。现代社会的一个显著特点就是国家之间的经济贸易往来越来越密切，除了传统的商品贸易外，资金的流动、资本在国际间的转移、国与国之间的债权债务清算与支付，都无一例外地涉及两国以上货币的兑换，而不同货币之间的兑换比率就是汇率。这就是说，货币的汇率是两种货币的一种相对比价，即一国货币相对于别国货币的“价格”。在国际交往越来越频繁的开放经济条件下，汇率是一个相当重要的经济变量，它的变动对国内和国外的经济都会产生广泛的影响。

第一节　国际货币与外汇

在世界经济一体化、全球金融自由化发展趋势日益显现的今天，国际货币作为国际经济活动顺利进行的重要媒介工具，已经成为影响世界经济持续、健康、稳定发展的关键性因素。因此，要想研究国际金融现象，首先就要研究国际货币。只有对国际货币的概念、职能及其演变过程有了清晰的认识，才能真正了解国际金融的发展规律和特点。

一、国际货币的概念与职能

（一）国际货币（International Money）的含义

国际货币，是指在国际经济交易中被普遍接受并广泛使用的可自由兑换的货币，其主要表现为主权国家本位货币①的国际化。然而，国际货币发展到今天，还没有形成形式统一并凌驾于各国主权之上的世界货币。欧元作为国际货币的一种崭新表现形式，它的出现不仅为国际货币的发展指明了方向，更是向世界货币迈出了划时代的一步，但是欧元仍非真正意义上的世界货币，而只是区域性的货币。

国际货币与国内货币是有差异的。首先，国际货币的价值具有协议性，是为国际社会所公认的，主要在国际金融市场上由交易者协商议定；而国内货币的价值（或所代表的价值）是由货币发行国以国家法律的形式确定的，由该国独自决定。其次，国际货币是自愿接受的而非依靠某种权利强制使用，各国都可以自愿选择使用某种货币作为储备或结算的货币，没有任何一个国家或国际机构可以命令其他主权国家使用哪种货币，同时国际社会中的任一主权国家也会禁止外国货币在其国内流通；而国内货币是发行国强制使用的不兑现纸币，具有无限法偿权力，其在国内的流通没有限制，任何人不得拒绝接受。

国际货币与可自由兑换货币是有区别的。国际货币一定是可自由兑换的货币，但可以自由兑换的货币不一定都是可以作为国际货币的。所谓自由兑换货币，是指一国居民能够自由而且不受限制地把本国货币兑换成外国货币，同时该国对于他国掌握的本币债权在他国申请时能够购回。可自由兑换货币与国际货币的差别主要在于能否被国际社会普遍接受，而这一点主要取决于一国国际贸易和国际金融的发展程度和开放程度。

国际货币与国际信用货币是不同的。众所周知，货币是商品交换的产物，因而国际货币是国际间商品交换的产物，同时国际货币形式的变化将直接取决于国际间商品交换的发展程度。国际信用货币就是依托于较高阶段的社会生产过程和较深程度的国际商品交换而存在的国际货币形式。从历史发展的角度来看，迄今为止，国际经济交易中的信用货币已经经历了三种形式的变化：国际实物货币、国际金币以及国际信用货币。国际信用货币有狭义和广义之分。狭义的国际信用

① 本位货币是指作为一国货币制度基础的货币。

货币是指可自由兑换的并为国际社会普遍接受的、主权国家发行的具有无限法偿的现金货币，如美元、日元等；广义的国际信用货币是指广泛应用于国际间债权债务清偿的支付手段，主要表现为存放于国际银行账户中随时可用于国际支付的存款货币和各种信用凭证，如汇票、本票、有价证券等。在信用制度高度发展的今天，广义的国际信用货币已经成为国际货币支付的最主要内容。

（二）国际货币的职能

1. 价值尺度职能

国际货币执行价值尺度职能是指国际货币作为衡量国际生产价格的尺度，在世界范围内的商品交换中起着计价作用，是国际经济交易的计价单位。

2. 支付手段职能

国际货币执行支付手段职能是指国际货币作为独立的价值存在，在国际贸易的结算和国际债务及信贷的偿付方面发挥着作用，表现为价值的单方面转移，如贷款的到期偿付。

3. 流通手段职能

国际货币在交换包括国际商品在内的任何商品时，执行流通手段职能。

4. 贮藏手段职能

由于国际货币在国际经济交易中的可自由兑换性，决定了它是国际社会财富的代表。因而，国际货币的积存即是国际社会财富的贮藏。例如，我国居民所持有的美元存款和我国官方储备中的外汇储备就执行了国际货币的贮藏手段职能。

二、国际货币的演变与发展

国际货币的演变与发展就是国际货币形式的演变与发展，它是伴随着国际商品交换的发展而不断演化的。

国际间的商品交换是从最原始的贸易方式——易货贸易开始的，这种交易中使用的实物不仅是商品使用价值的体现同时也是商品价值的体现，它不仅是被交易的商品同时也作为商品价值等价物的国际货币。但是由于易货贸易毕竟是物与物之间的直接交换，要受到供求双方交易意愿一致的硬约束，因而，随着社会生产力的进步、社会分工的深化、国际商品交易范围和规模的不断扩大，易货贸易和国际实物货币越来越不适应国际贸易的发展。特别是在黄金开采和冶金工业出现之后，黄金由于其特殊的自然属性满足了国际商品交换的需要，极大地推动了国际贸易的发展。虽然黄金也是实物，但是国际金币与国际实物货币有着本质的区别，这种区别表现在商品交换中。国际金币只是价值的体现，而国际实物货币却是价值与使用价值的共同体现；此外，国际金币不是随意地而是固定地充当国际商品价值的一般等价物。由此可见，国际金币的出现才构成真正意义上的国际货币发展史的开端。

（一）金币作为国际货币时期

19 世纪末，大多数经济较发达国家已经实行了金本位制，1890—1914 年是金币作为国际货币的全盛时期。由于金币的同质性决定了其在国际商品交换中的可自由兑换性，所以那时候，凡是参与国际交易的国家和商人都可以用金币进行支付，凡是能够用于国际支付的金币都可以充当国际货币。在用金币进行国际支付时，首先按本国金币的含金量与外国金币的含金量对比计算出比价进行兑换，然后进行支付。收付的方法主要采用互相运送金币和黄金。

（二）英镑作为主要国际货币时期

金本位的后期，英镑本位已经逐步发展成为趋势，这一时期不仅经历了从金币英镑向纸币英镑的过渡，同时也开创了国际货币发展史上以一个国家的货币作为主要国际货币的时代。英镑成为主要的国际货币与英国雄厚的经济实力是分不开的。英国是第一次及第二次产业革命的主要发生地，产业革命的胜利使英国的社会生产力水平有了很大提高，极大地促进了商品经济的发展。社会产品的不断丰富加快了英国对外贸易的发展，很快英国就成为国际贸易的中心。并且英国提倡自由贸易，使得其对外贸易数量与规模不断增长，因而金币英镑的使用也越来越广泛，且逐步取代了其他国家金币在国际上的使用。第一次世界大战后，各国经济遭到了战争的破坏，大量黄金被用于战争赔款和军费支付，各国已经无力再使用金币作为货币在国内进行流通而纷纷强制流通银行券。由于当时英国受到的破坏较轻，经济也没有受到太大影响，黄金储备仍相对较多，货币仍保持稳定，而且英国在放弃金币本位的同时又实行了金块本位，即银行券仍然可以有限制的兑换黄金，因此一直到资本主义经济大危机爆发前，英镑都保持了主要国际货币的地位。

（三）英镑、美元、法国法郎同为国际货币时期

1929 年西方各主要资本主义国家爆发了经济危机，这次危机不仅使各国间的国际经济关系遭到了严重破坏，同时也造成了社会生产力的严重倒退。在经济危机期间，西方各国普遍出现产品相对过剩、失业严重、通货膨胀严重、出口减少、国际收支不平衡加剧等现象。在这种情况下，各国出于对自身利益的考虑，纷纷制定了多种外汇管制措施和贸易保护措施，因而严重阻碍了国际经济的发展。英国作为资本主义经济最发达的国家，在这次危机中遭受的破坏也最大。伴随着通货膨胀的加剧、经济实力的不断衰弱，英国于 1931 年 9 月不得不放弃金本位制，宣布英镑银行券不再兑换黄金并进行了货币贬值。与此同时，与英镑保持固定汇率关系的其他国家货币也跟着英镑相应贬值。为了巩固自身经济在世界经济中的地位、保住英镑的国际货币支付权利，英国联合了一些殖民地和附属国组成了英镑集团。

英镑贬值虽然使英国解决了通货膨胀对经济造成的压力、减弱了经济危机对经济的损害程度，但是实际上它却直接影响了美国、法国等一些仍然实行金本位制国家的经济利益。伴随着经济危机的加剧，美、法等国最终也不得不放弃金本位制，并先后联合自己的殖民地和附属国成立了美元集团和法国法郎集团。三个货币集团的确立[①]，使国际经济被划分成了三个区域，形成了三足鼎立之势。各集团为了巩固自己的势力，纷纷加强了外汇管制，并把货币集团升级为三个货币区，

---

① 西方经济大危机过后，英、美、法三国为了恢复国际货币秩序，于 1936 年 9 月达成了一项《三国货币协议》，力图减少汇率的波动、维持货币关系的稳定。但是，这个协议因第二次世界大战的来临而很快瓦解。

即英镑区、美元区、法郎区。区内的各国相应以英镑、美元、法国法郎作为储备货币，货币间自由兑换，而三个货币区之间经协商将英镑、美元和法国法郎汇率固定并对区域间贸易实行严格管制。这样就形成了英镑、美元、法国法郎同为国际货币的局面，这种格局一直持续到第二次世界大战结束。

（四）美元作为主要国际货币时期

第二次世界大战后的二十多年里，美元成为了一统天下的国际货币。

首先，英、美国家之间力量的对比变化，主要表现在20世纪30年代的经济大危机，经历了两次世界大战的英国经济走了下坡路，国家经济的各方面都遭到了严重破坏，实力的削弱使得英镑币值很不稳定。而美国在第二次世界大战期间，不仅远离战场而且还通过倒卖军火大发战争财。据有关数据表明，美国经济在1938—1948年间有了长足的发展（美国工业产值占世界总产值的份额从36%上升到55%，对外贸易总额占世界贸易总额的份额从13%上升到22%）。美国强大的经济实力使得美元币值相对稳定，因此易被他国接受。其次，虽然当时大多数国家都实行了不兑现的信用制度，但是黄金仍然是国际货币流通的基础，黄金储备的多少仍然是影响币值能否保持稳定、货币能否被其他国家广泛接受的重要因素。在当时，美国是黄金储备最多的国家，其拥有的黄金储备占世界黄金储备总量的70%，而英国所占的比例仅为7%。因此，美元具备了作为国际货币的条件，而英镑的地位受到了严峻的挑战。

美国为了实现其世界经济与金融霸主的地位，凭借其经济实力和拥有的黄金储备，于1943年4月7日公布了建立以黄金为基础的稳定基金的“怀特计划”，该计划得到了多数国家的赞同，从而否定了以信用货币代替黄金的“凯恩斯方案”。1944年7月1日至22日，二战中的44个同盟国在美国新罕布什尔州的布雷顿森林华盛顿山大旅社召开了“联合国联盟国家国际货币金融会议”，通过了以“怀特计划”为基础的《国际货币基金协定》和《国际复兴开发银行协定》，总称为“布雷顿森林协定”。该协定的核心内容是要建立双挂钩的国际货币体系，即实现美元与黄金挂钩，其他货币与美元挂钩。美国公布美元的含金量为0.888671克，1盎司黄金=35美元，美国承担各国中央银行按黄金官价用美元兑换黄金的义务，其他国家的货币则按固定比价与美元挂钩，该固定比价一旦得到国际货币基金组织的确认，即被视为法定平价，不得随意更改，且波动幅度不能超过平价的±1%，若波动幅度突破规定额，各国中央银行必须进行干预。至此，确立了第二次世界大战后以美元为中心的双挂钩固定汇率体系，如图1-1所示。

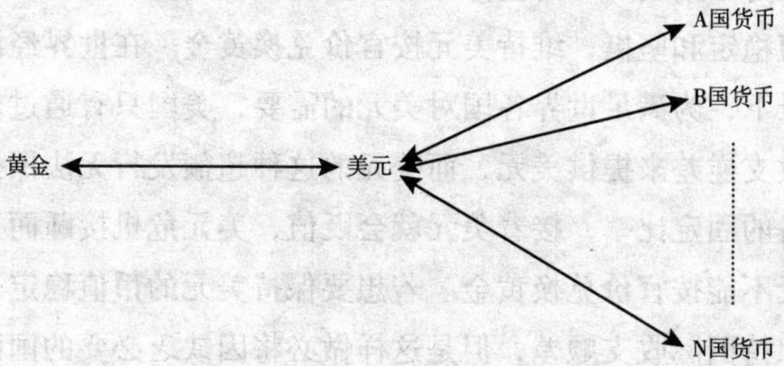

图1-1 “双挂钩”示意图

第二次世界大战后，美元对世界经济的发展起到了非常重要的作用，著名的“马歇尔信贷计划”解决了20世纪50年代西方国家普遍存在的“美元荒”问题，加速了这些国家战后经济的恢复。随着美元国际货币地位的巩固，各国逐渐认为使用和储备美元比黄金更有利。1949—1971年，西方各国美元储备增长了16倍，而黄金只有少量增长。同时，世界上许多重要的商品如石油、粮食及邮电、运输等劳务也用美元计价，90%的国际贸易用美元结算。美元作为国际经济交易的媒介，极大地促进了世界经济的发展。

然而，20世纪六七十年代，美元的国际货币地位受到了巨大冲击：

第一，20世纪50年代至60年代期间，由于美国发动了朝鲜战争和越南战争，国家的经济实力遭到削弱，影响了美元币值的稳定。国际上掀起了抛售美元抢购黄金和其他稳定货币的风潮，多次发生银行挤兑事件及连续多次的美元危机，加之美国黄金储备迅速下降，在美国政府无法维持美元与黄金的固定关系时，尼克松总统不得不在1971

年8月15日对外宣布美元停止自由无限制兑换黄金，而这一决定直接削弱了美元作为国际货币的霸主地位。

第二，无法解决的“特里芬难题”（Triffin Dilemma）。美国国际金融专家罗伯特·特里芬（Robert Triffin）在对布雷顿森林体系进行理论分析后指出，如果没有别的储备货币来取代美元，以美元为中心的固定汇率体系必将崩溃。这是因为在理论上该汇率机制存在本身固有的缺陷，那就是美元作为主要的国际货币同时承担了相互矛盾的双重职能：为不断发展着的世界经济和贸易提供支付和清偿手段；保持美元币值稳定和坚挺，维持美元按官价兑换黄金。在世界经济快速发展的背景下，为满足世界各国对美元的需要，美国只有通过保持长期的国际收支逆差来提供美元，而美元的这种超额发行无法保持相对于黄金储备的固定比率，接着美元就会贬值，美元危机接踵而至，最终导致美元不能按官价兑换黄金。若想要保持美元的币值稳定，美国就不得不保持国际收支顺差，但是这样做必将因缺乏必要的国际支付手段而阻碍国际经贸的发展，最终降低世界经济的发展速度，这又是违反世界经济发展趋势的。以上所阐述的内容被人们称为“特里芬难题”。通过对“特里芬难题”理论上的研究再结合美元危机的实践，我们可以认识到，完全单一地使用一国货币作为国际货币是不可能长久的。

第三，由于黄金开采的速度跟不上国际商品经济发展所需要的速度，所以按黄金储备的多少确定货币的发行量不可能与真实货币需求量相一致。况且，随着信用制度的发展，纸币作为价值符号已经能够按照货币流通规律实现独立运行。随着第二次世界大战后世界经济的快速发展，以黄金储备为基础的货币流通已不能适应经济发展的需要，因此，美元与黄金的脱钩也是必然趋势。

（五）多元化的国际货币时期

早在20世纪60年代美元发生危机时，资本主义世界就出现了美元相对过剩，有些国家用自己手中的美元向美国政府兑换黄金，美国黄金储备开始外流。1960年，美国对外短期债务首次超过黄金储备总额。人们纷纷抛售美元，抢购美国黄金和其他经济处在上升阶段国家的硬通货[①]。那些战后经济逐渐恢复并迅速发展起来的国家，如西德、法国、日本等，由于在布雷顿森林体系下通过向美国兑换黄金而拥有了一定数量的黄金储备，加之其货币逐渐成为可自由兑换货币，所以纷纷在国际货币中占据了一席之地。

20 世纪 70 年代伴随着布雷顿森林体系的崩溃，黄金退出了国际货币流通领域。由于美元不再自由兑换黄金，美元地位有所下降，然而由于历史原因，美元仍是重要的国际货币。根据国际货币基金组织（International Monetary Fund，IMF）公布的数据，全球官方外汇储备在 2007 年三季度超过了 6 万亿美元，美元在外汇储备货币构成中的地位继续下降，欧元则有所上升。截至 2007 年 9 月底，全球公开的官方外汇储备总额从 2006 年二季度末的 5.72 万亿美元提高到 6.04 万亿美元。美元资产在全球官方外汇储备中的构成比例从 2007 年二季度末的 65% 下降到 2007 年三季度末的 63.8%。在美元资产比例下降的同时，欧元资产在全球外汇储备中的构成比例继续增长，从 2007 年二季度末的 25.5% 增加到三季度末的 26.4%，同比增幅达到 2%。

第二次世界大战结束后出现的两种复合货币也是国际货币多元化发展的重要内容。这两种复合货币是：国际货币基金组织发行的特别提款权（Special Drawing Rights，SDRs）和欧洲经济共同体发行的欧洲货币单位（European Currency Unit，ECU）。

（六）区域性货币欧元——国际货币发展史上的里程碑

欧元这一新的国际货币形式的出现，具有划时代的意义，它标志着国际货币的演变步入了新的阶段。

欧元是欧洲货币联盟（EMU）国家单一货币的名称，是 EMU 国家的统一法定货币。1999 年 1 月 1 日起奥地利、比利时、法国、德国、芬兰、荷兰、卢森堡、爱尔兰、意大利、葡萄牙和西班牙 11 个国家开始正式使用欧元，2002 年 1 月 1 日欧元正式取代上述 11 国的货币。2000 年希腊加入欧元区，成为欧元区第 12 个成员国。2007 年 1 月 1 日

① 在货币流通过程中，人们较多使用价值相对较低的软通货而把价值相对较高的硬通货贮藏起来，形成劣币驱逐良币的现象，这种现象称为“格雷欣法则”。

斯洛文尼亚加入欧元区，成为欧元区第 13 个成员国。2008 年 1 月 1 日零时塞浦路斯与马耳他一起加入欧元区，从而使欧元区成员国从之前的 13 个增至目前的 15 个。

三、外汇概述

（一）外汇（Foreign Exchange）的含义

外汇是国际金融领域最常见、最普遍使用的概念，它具有动态（Dynamic）和静态（Static）两种含义。动态的外汇是指国际汇兑的行为，即人们通过特定的金融机构（外汇银行）将一种货币兑换成另一种货币，并把它汇寄给国外债权人，以此来了结国际间债权债务的关系；而静态的外汇是指以外币表示的、可以用作国际清偿的支付手段和资产。

国际货币基金组织给外汇的定义是："外汇是货币行政当局（中央银行、货币管理机构、外汇平准基金及财政部）以银行存款、财政部库券、长短期政府债券等形式保有的，在国际收支逆差时使用的债权。其中包括由中央银行及政府间协议而发生的在市场上不流通的债券，而不问它是以债务国货币还是以债权国货币表示。"

根据 IMF 的定义，我国对外汇作了更为明确的规定，《中华人民共和国外汇管理条例》① 第三条规定，外汇是指下列以外币表示的可以用作国际清偿的支付手段和资产：

1. 外币现钞，包括纸币、铸币；

2. 外币支付凭证或者支付工具，包括票据、银行存款凭证、银行卡等；

3. 外币有价证券，包括债券、股票等；

4. 特别提款权；

5. 其他外汇资产。

---

① 1996 年 1 月 29 日中华人民共和国国务院令第 193 号发布，根据 1997 年 1 月 14 日《国务院关于修改〈中华人民共和国外汇管理条例〉的决定》修订，2008 年 8 月 1 日国务院第二十次常务会议修订通过。

（二）外汇的特点

外汇作为支付手段可以实现国际间债务的清偿和资本的国际转移，是由外汇的特点所决定的，外汇通常具备以下的特点：

一是非本币性，即以外币表示的外国资产。以本币表示的信用工具和有价证券不能视为外汇。

二是国际性和普遍接受性，即能对外交付的金融资产。因为并不是所有以外币计量的资产都被算作是外汇，外汇必须能够对外交付，即它所代表的资产在转移时应没有任何限制或阻碍。

三是自由兑换性，即必须是可以自由兑换为其他支付手段的外币资产。严格来说，并非所有的外国货币或银行票据都可算作外汇，事实上只有那些能自由地转入一般商业银行账户之内的外国货币或银行票据才可称为外汇。

四是可偿性，即必须是在国外保证得到偿付的货币债权。

（三）外汇的种类

1. 外汇是在国际经济往来中的重要支付手段，可兑换性是一种货币能成为外汇的基本条件。按照兑换性是否受到约束，可以将外汇分为自由外汇与记账外汇

所谓自由外汇，是指无须货币发行国批准就可以随时自由地兑换成其他货币，或向第三者进行支付的外汇，如美元、英镑、欧元等一些主要西方国家的货币都是自由外汇。这些国家有的基本上取消外汇管制或者外汇管制较松，持有这些外汇可以自由兑换成其他国家货币或者对第三者进行支付。

记账外汇，又称双边外汇、协定外汇、清算外汇等，是指未经货币发行国批准不能自由兑换成其他货币或对第三者进行支付的外汇，它只能在两国政府协定下，在双方银行开设专门账户，对以记账外汇进行的交易记录或清算。记账外汇可以是交易双方任何一国的货币，也可以是第三国货币等，并且这种在账户上记载的外汇既不能转给第三者使用也不能兑换成自由外汇。记账外汇有时是为了节省自由外汇而采用的，如以前我国与苏联等国的进出口贸易，不用自由外汇而是通过签订协议，采用记账外汇来办理。

2. 在国际支付中按照不同的来源和用途，可以将外汇分为贸易外汇与非贸易外汇

贸易外汇，是指同商品进出口及其从属费用的收付相关的外汇。贸易外汇包括对外贸易中因收付贸易货款、交易佣金、运输费和保险费等发生的那部分外汇。贸易外汇是一国外汇收支的重要项目，在国际收支中占有极其重要的地位。

非贸易外汇，是指与商品进出口以外的其他对外经常性往来相关的外汇，主要涉及侨汇、旅游、邮电、海关、银行、保险、对外承包工程等方面的国际收入和支出。随着经济国际化的发展，非贸易外汇收入在一国外汇收入中的比重不断提高。

表 1-1　一些国家的货币名称及其符号

国　家	货　币	符　号
日　本	圆	YEN
美　国	美元	$
中　国	人民币	RMB
法　国	欧元(原为法郎)	EUR(FRF)
德　国	欧元(原为马克)	EUR(DEM)
新加坡	新加坡元	SGD
意大利	欧元(原为里拉)	EUR(ITL)
奥地利	欧元(原为先令)	EUR(ATS)
加拿大	加拿大元	CAD
澳大利亚	澳大利亚元	AUD

3. 按交割期限的不同，外汇可分为即期外汇和远期外汇

即期外汇，又称现汇或外汇现货，是指在国际贸易或外汇买卖中即期进行收付的外汇，是在买卖成交后立即交割或在两个营业日内完成交割的外汇。

远期外汇，又称期汇或远期汇兑，是指到约定日期依照合同规定的汇率进行交割的外汇。远期外汇的期限一般为1—6个月，也可长达1年。

（四）外汇的作用

由于外汇本质上代表了持有者对外国商品和劳务的要求权，因此，

它在各类经济社会中都很受政府、企业及个人的重视。外汇的作用大体可以概括为以下几项：

1. 外汇可以作为国际支付手段

外汇在国际商品和劳务交易、转换的过程中起着关键的媒介作用，有了外汇就可以实现国际间购买力的转移，使国际间债权债务得以顺利清偿。

2. 外汇可以促进国际贸易发展和国际资本流动

外汇的产生，是国际经济相互联系发展的产物。外汇作为国际银行业务的工具，具有低成本、低风险、高速率、加速资金周转、安全清偿国际间债权债务等特点，进而促进国际间商品交换和资本流动的发展。

3. 外汇可以调剂国际间资金的余缺

由于世界各国经济发展不平衡，资金供需状况也不平衡，客观上有进行资金调节的需要。外汇是一种实际资源，可以也应当有偿转让使用，以使外汇资金的流动满足各国经济建设的需要。

4. 外汇是政府干预经济活动的重要工具

外汇是一国国际储备的重要组成部分，持有外汇就是持有实际资源。想要获得外汇，一国就必须提供本国的商品和劳务，在获得外汇以后就可以向其他国家购买和获得该国的商品和劳务。另外，政府通过外汇政策及外汇管理措施可以对国内的生产、消费、物价等起到调控作用；政府通过外汇政策及措施的运用也可以谋求本国货币获得适当的对外比价，从而达到稳定国内物价、扩大对外出口、增加国家外汇储备等经济目的。

第二节　汇率的概述

国与国之间的商品交易及其他经济往来必然会引起货币收付，而这种国际间的收付必须按照一定的汇率进行，这就产生了汇率问题。

一、汇率的概念

外汇汇率（Foreign Exchange Rate）又称为外汇汇价或外汇行情，是不同货币之间兑换的比率或比价，也可以说是以一种货币表示另一种货币的价格，它反映一国货币的对外价值。

二、汇率的标价方法

折算两种货币的比率，首先要确定以哪一国货币作为标准，这称为汇率的标价方法。

（一）直接标价法（Direct Quotation）

直接标价法，又叫应付标价法，是以一定单位（如1、100、1000、10000）的外国货币为标准来计算应付出多少单位本国货币，相当于计算购买一定单位外币所应付本币的数量，所以叫应付标价法。目前，除了美元、英镑、爱尔兰镑、澳大利亚元、新西兰元、欧元以外的包括中国在内的世界上绝大多数国家都采用直接标价法。在直接标价法下，若一定单位的外币折合的本币数额多于前一时期，则说明外币币值上升或本币币值下跌，称为外汇汇率上升；反之，如果要用比原来较少的本币即能兑换到同一数额的外币，则说明外币币值下跌或本币币值上升，称为外汇汇率下跌，即外币的价值与汇率的涨跌成正比。

（二）间接标价法（Indirect Quotation）

间接标价法又称应收标价法，它是以一定单位的本国货币为标准来计算应收若干单位的外国货币。在国际外汇市场上，欧元、英镑、澳元等均采用间接标价法。在间接标价法中，本国货币的数额保持不变，外国货币的数额随着本国货币币值的对比变化而变动。如果一定数额的本币能兑换的外币数额比前一时期少，这表明外币币值上升，本币币值下降，称为外汇汇率上升；反之，如果一定数额的本币能兑换的外币数额比前期多，则说明外币币值下降，本币币值上升，称为外汇汇率下跌，外币的价值和汇率的涨跌成反比。

直接标价法和间接标价法之间存在着一种倒数关系，即直接标价法的倒数就是间接标价法，反之亦然。

三、汇率的种类

（一）基本汇率（Basic Rate）和套算汇率（Cross Rate）

按照本币对不同外币确定汇率的顺序，可以将汇率分为基本汇率和套算汇率。

各国在制定汇率时必须选择某一国货币作为主要对比对象，这种货币称之为关键货币（Key Currency）。根据本国货币与关键货币实际价值的对比制定出对它的汇率，这个汇率就是基本汇率。一般来讲，美元是国际支付中使用较多的货币，目前各国都把美元当作制定汇率的关键货币，从而把本国货币对美元的汇率作为基本汇率。

套算汇率，也称交叉汇率，指两种货币通过各自对第三种货币的汇率推算出的汇率，即已知三种货币中两种货币的汇率，经过计算可以得出第三种货币的汇率。计算交叉汇率有两种情况，一种情况是两种汇率的标价方法相同时，应将相应数字相除；另一种情况是两种汇率的标价方法不同时，应将相应数字相乘。

（二）固定汇率（Fixed Exchange Rate）、浮动汇率（Floating Exchange Rate）和联合浮动汇率（Joint Floating Rate）

固定汇率，是指由政府制定和公布并只能在一定幅度内波动的汇率。在金本位制度下，货币所代表的黄金是决定汇率的基础，此时汇率变化很小，基本上是固定的，因而称之为固定汇率。在第二次世界大战后到1973年的布雷顿森林体系下，国际货币基金组织成员国基本上实行固定汇率制度，即成员国的货币都与美元挂钩，外汇汇率被限定在一定的界限内。

浮动汇率，是指由市场供求关系所决定的汇率，其涨落基本自由，一国货币市场原则上没有维持汇率水平的义务但必要时可以进行干预。外汇市场上，当外币供给超过需求时，外币贬值本币升值，外币的汇率就下浮；反之，外币供给少于需求时，外币升值本币贬值，外币的汇率就上浮。

在浮动汇率制度下，汇率按照一国货币当局是否对汇率采取干预措施可分为自由汇率和管理浮动。自由汇率是指政府不对汇率进行任何干预而由外汇市场的供求自动决定；管理浮动是指政府对汇率进行适当的干预使汇率的变动对本国有利。

另外，浮动汇率也可以按其浮动的方式分为单独浮动、钉住单一货币、钉住一篮子货币和联合浮动。单独浮动是指汇率是根据外汇市场的变化来单独决定浮动；钉住单一货币是指有些国家使本币钉住某一发达国家的货币，如美元、英镑等；钉住一篮子货币是指有些国家将本币与一篮子货币挂钩；联合浮动是指某些国家组成集团，在成员国内部实行固定汇率制度，而对非成员国实行共同升降的浮动汇率。

（三）单一汇率（Single Exchange Rate）和复汇率（Multiple Exchange Rate）或多种汇率

按照适用范围划分，汇率可以分为单一汇率和复汇率或多种汇率。

一国的货币对某种外国货币仅有一个汇率，而且各种收支都按照这一种汇率结算的方式称为单一汇率。

一国的货币对某种外国货币的汇率，因用途或交易种类不同，而规定两种汇率或者两种以上汇率的安排称为复汇率或多种汇率。有的国家甚至对贸易商品规定数十种汇率，这样做是为了区别对待不同的进出口商品，在汇率方面或鼓励或限制贸易的进行。

（四）实际汇率（Real Exchange Rate）和有效汇率（Effective Exchange Rate）

实际汇率，是指一种对名义汇率进行价格调整的汇率，就是把名义汇率中的物价因素扣除后得出的汇率。将名义汇率按外国物价指数与本国物价指数之比进行调整就得到实际汇率。实际汇率与名义汇率的这种关系可用公式表示：

$$E_r = E \times P^* / P$$

其中，E_r 是实际汇率①，E 是名义汇率，P^* 是国外物价指数，P 是国内物价指数。

① 本书未作特殊说明的汇率均采用直接标价法。

有效汇率，是指各种双边汇率的加权平均。衡量一种货币的价值仅靠双边汇率是远远不够的，在外汇市场上，常常可以见到一种货币对某种外币的价值在上升，但对另一种外币的价值却在下降，在此情况下，双边汇率无法充分说明这种货币在世界范围内的变动情况，因此要用有效汇率来综合衡量一种货币的变化情况。

（五）即期汇率（Spot Exchange Rate）和远期汇率（Forward Exchange Rate）

即期汇率和远期汇率是按照外汇买卖交割时间来划分的。

即期汇率，也称现汇汇率，是指买卖外汇双方成交后当天或次日办理交割的汇率。

远期汇率，是指银行向客户买卖外汇，在未来一定时期进行交割，而事先由买卖双方签订合同、达成协议的汇率。到了交割日期，由协议双方按预定的汇率、金额进行钱汇两清。远期外汇买卖是一种预约性交易，是由于外汇购买者对外汇资金需要的时间不同以及为了避免外汇汇率变动风险而产生的。远期外汇的汇率与即期汇率相比是有差额的，这种差额称为远期差价，有升水、贴水、平价三种情况，其中升水是表示远期汇率比即期汇率高，贴水则表示远期汇率比即期汇率低，平价表示两者相等。利率之差是导致升水或贴水的重要原因之一，如甲国货币的利率高于乙国货币的利率，那么甲国货币对乙国货币的远期汇率就会发生贴水；反之，就会发生升水。

（六）从银行买卖外汇的角度，汇率可分为买入汇率（Bid Exchange Rate）和卖出汇率（Ask Exchange Rate/Offer Exchange Rate）

所谓买入汇率，是指银行买入外汇时所使用的汇率，也称买入价（Bid Price）。所谓卖出汇率，又称卖出价，是银行卖出外汇时所使用的汇率。表 1-2 列示了中国银行对外汇进行买卖的价格，由于中国采用直接标价法，所以汇率越高则说明外币越贵。根据贱买贵卖的原则，银行买入外汇的价格总是低于卖出外汇的价格[1]。

① 买入汇率与卖出汇率一般相差 0.1%—0.5%，两者的差额为商业银行买卖外汇的利润。

表1-2　中国银行外汇牌价

货币名称	现汇买入价	现钞买入价	卖出价	基准价	中行折算价
英　镑	1201.51	1176.18	1211.16	1204.13	1204.13
港　币	87.45	86.75	87.78	87.66	87.66
美　元	682.63	677.16	685.37	684.36	684.36
瑞士法郎	611.47	598.57	616.38		615.57
新加坡元	474.48	464.48	478.3		475.68
瑞典克朗	102.48	100.32	103.3		103.09
丹麦克朗	130.22	127.48	131.27		131.05
挪威克朗	121.85	119.28	122.83		122.48
日　元	6.4026	6.2676	6.454	6.4106	6.4106
加拿大元	637.83	624.38	642.95		639.83
澳大利亚元	553.83	542.16	558.28		559.53
欧　元	970.84	950.37	978.63	976.92	976.92
澳门元	84.87	84.15	85.19		85.07
菲律宾比索	14.56	14.25	14.67		14.6
泰国铢	19.7	19.29	19.85		19.79
新西兰元	453.93		457.57		456.27
韩国元		0.58	0.6241		0.5924

资料来源：2008年9月6日中国银行官方网站公布的外汇牌价表（发布时间00:00:07）。

在外汇市场上挂牌的外汇牌价一般均列有买入汇率和卖出汇率，在所列的两个汇率中，前一个数字较小，后一个数字较大。对于直接标价法，前一数字表示买入价而后一个数字表示卖出价，表示银行买入/卖出一定数额的外汇需支付/收回多少本国货币；对于间接标价法则相反，前一数字为卖出价而后一个数字代表买入价，表示支付/收回一定数额本币需买入/卖出多少外国货币。买入汇率与卖出汇率的平均数为中间汇率，其计算公式为：

中间汇率 =（买入汇率 + 支出汇率）÷ 2

在西方报刊中较多使用中间汇率来报道各国的汇率消息。

此外，还有现钞汇率（又称现钞买卖价），是指银行买入或卖出外币现钞时所使用的汇率。从理论上讲，现钞买卖价应与外汇买卖价相同。但是，现实中外币通常不得在本国流通，需把买入的外币现钞运送到发行国或能流通的地方去，运送过程的运费和保险费要由客户承担。因此，银行在买入外币现钞时的汇率低于其他外汇形式的买入汇率，而卖出外币现钞时的汇率则与外汇卖出价相同。

（七）按汇兑方式不同，汇率可分为电汇汇率（Telegraphic Transfer Exchange Rate，简称 T/T Rate）、信汇汇率（Mail Transfer Exchange Rate，简称 M/T Rate）和票汇汇率（Demand Draft Exchange Rate，简称 D/D Rate）

电汇汇率，是指银行进行某种货币的买卖后，用电报或电传的方式通知其在国外分行或代理行支付款项时所使用的汇率。由于电汇付款时间最短，通常付款是在当日或者次日，与其他汇款方式比较，电汇使外汇银行在国外的外汇存款利息减少，因此，电汇汇率比其他支付方式所使用的汇率要高。目前，国际上大额外汇买卖基本上都采用电汇付款的方式，因此，电汇汇率又被称为基本汇率，其他汇率以电汇汇率为基础计算确定。各国外汇市场上公布的汇率一般都是电汇汇率。

信汇汇率，是指银行在买卖某种货币后，用信函方式通知其在国外的分行或代理行支付款项时采用的汇率。邮寄信函的付款方式需要的时间较长，而在邮程时间内银行可以获得较多的利息（此情况正好与电汇汇率相反），因此，信汇汇率比电汇汇率低。目前，在外汇交易中采用信汇付款方式的较少。

票汇汇率，是指银行买卖汇票、支票和其他票据时采用的汇率。所谓票汇，是银行在卖出某种货币时开立一张由其国外的分行或代理行付款的汇票给外汇购买人，由其本人带到国外或寄到国外取款时采用的汇率。根据汇票的期限不同，票汇汇率被分为即期票汇汇率和远期票汇汇率。即期汇票是由出票人签发，要求付款人在见票时支付给收款人或持票人一定金额的无条件书面支付命令书。远期汇票是要求付款人在一定期限内或在特定的日期对收款人或持票人支付一定金额的无条件书面支付命令书，远期汇票的付款期限一般为 30 日、60 日和 90 日等。

本章小结

国际货币是国际经济交易中被普遍接受、广泛使用的可自由兑换的货币，表现为主权国家本位货币的国际化。在世界经济一体化、全球金融自由化发展迅猛的今天，国际货币作为国际经济活动顺利进行的重要媒介工具，依旧发挥着价值尺度、支付手段、流通手段以及贮藏手段职能。伴随着国际商品交换的发展，国际货币的发展经历了六个演变期，它们分别是：金币时期，英镑时期，英镑、美元、法郎三足鼎立时期，美元时期，多元化货币时期以及区域性货币——欧元时期。

国际货币基金组织对外汇的定义为：外汇是货币当局和行政当局以银行存款、财政部库券、长短期政府债券等形式保有的，在国际收支逆差时使用的债权。作为一国国际支付手段，外汇需要具有非本币性、普遍接受性、自由兑换性和可偿性。外汇极大地促进了各国国际贸易的发展和国际资本的流动，同时也为各国货币当局提供了宏观经济调控的工具。

汇率是不同货币之间兑换的比率或比价，即以一种货币表示另一种货币的价格。按参照标准的不同，汇率的标价方法可分为直接标价法和间接标价法。除英镑、美元以外的世界大多数货币都采用直接标价法。根据市场供求关系的变化，各国货币当局每日都会在官方网站公布本国货币对其他主要货币的外汇牌价情况表。

重要概念

国际货币　可自由兑换货币　国际信用货币　布雷顿森林协定　特里芬难题　外汇　记账外汇　自由外汇　贸易外汇　非贸易外汇　汇率　直接标价法　间接标价法　基本汇率　套算汇率　固定汇率　浮动汇率　联合浮动汇率　单一汇率　复汇率　实际汇率　有效汇率　即期汇率　远期汇率　买入汇率　卖出汇率　中间汇率　电汇汇率　信汇汇率　票汇汇率

复习思考题

1. 简要说明国际货币的含义和职能。
2. 基于国际货币基金组织对外汇的界定，我国货币当局对外汇基本内容作出了哪些规定？外汇所具有的显著特点有哪些？
3. 从可兑换性和用途来看，外汇可分为哪些种类？
4. 简要说明汇率的含义以及汇率的表示法。
5. 常见的汇率种类有哪些？并分析它们之间的异同。

第二章　国际收支和国际收支平衡表

国际收支是国际经济领域的一个重要课题，它常被作为国际金融研究的起点。在国际经济关系中，国与国之间贸易、经济、政治、文化等方面的往来通常会引起相互间的债权债务关系以及货币收支关系。而国际收支平衡表作为一种统计报表，则系统地记载了一个特定时期内，一国与世界其他地方的所有经济交易，这些统计数据为分析和理解一国经济运行提供了有力的经验支持。本章重点介绍国际收支的概念、国际收支平衡表的账户分类以及对国际收支状况的分析。

第一节　国际收支的概念

所谓国际收支，是指一国在一定时期内全部对外往来的系统的货币记录。国际收支作为衡量一国国际经济交易价值的概念，最早出现于17世纪初，但在很长一段时期内，它只是被简单地解释为一国的贸易收支。随着国际经济交易内容的不断扩大，国际收支又被用来指一国的外汇收支，包括了所有涉及外汇收支的国际经济交易，如国际贸易、国际资本借贷以及单方面国际资金转移等。我们这里所定义的国际收支概念，将衡量内容扩展到所有的国际经济交易，包括无偿援助、补偿贸易等不涉及外汇收支的国际经济交易，因而能够更加全面、如实地反映一国国际经济交易的内容，为目前世界各国所普遍采用。

国际收支是国际金融学中最重要的核心概念之一，其内涵非常丰富，我们应从以下几个方面加以理解和把握：

第一，国际收支记录的是对外往来的内容，即一国居民与非居民之间的交易。也就是说，判断一项交易是否应当包括在国际收支范围内的依据不是交易双方的国籍，而是这项交易是否发生在一国居民与非居民之间。所谓居民，是指在一国（或地区）的居住期限达一年以上的经济单位，否则，即为该国（或地区）的非居民。居民与非居民都包括个人、企业、政府以及非营利组织四类。个人居民一般是指已有一年以上的时间在一国（或地区）内从事经济活动的自然人。据此，移民属于其工作所在国的居民，逗留时间在一年以上的留学生或旅游者属于所在国的居民，而官方外交人员一般被认为是他们自己国家的居民，是所在国的非居民。企业居民是指在一国注册成立、大规模从事生产经营活动的经济单位。据此，国内企业设在国外的分支机构是本国的非居民，跨国公司的子公司属于经营活动所在国的居民。一国的政府机构以及非营利组织是所在国的居民。国际货币基金组织及世界银行等国际组织是所有国家的非居民。

第二，国际收支是系统的货币记录。国际收支以交易为基础，但与货币支付之间却没有必然联系。一些交易可能并不涉及货币支付，但未涉及货币支付的对外往来也须折算成货币加以记录。国际收支中的交易包括以下四类：

（1）交换，即交易一方向另一方提供一宗经济价值（包括货物、服务和收入等实际资源和金融项目）并从对方得到价值相等的回报，交换是国际收支中最大量和最重要的交易。

（2）转移，即交易一方向另一方提供了经济价值但未得到相等价值的补偿物，这类交易在记账时用转移来表示。

（3）移居，即一个人将其住所搬迁至另一国（或地区），这时，这个人所拥有的可移动的有形资产随之搬迁到新经济体，而其不可移动的资产则变为新经济体对原经济体的债权。移民对其他经济体（不包括新经济体）的债权债务转化为新经济体的对外债权债务，而对新经济体的债权债务则不再作为其对世界其他任何经济体的债权债务。

（4）其他根据推论而存在的交易。在一些情况下，可根据推论确定交易的存在并记录在国际收支中。例如，一国外子公司或分支机构的收益中包括直接投资者应得的那部分收益，若这部分收益用于再投资，则必须在国际收支中加以记录以反映直接投资者在国外子公司或分支机构投资额的增加，尽管其间并未涉及资金或劳务在两国间的流动。

第三，国际收支是一个流量概念。当人们提及国际收支时，总是需要指明是属于哪一段时期的。这一报告期可以是一年、一个季度或一个月，但通常以一年为报告期。

第四，国际收支是一个事后概念。国际收支一般是对过去的一个年度内已发生的事实进行记录。

第二节　国际收支平衡表

在一个报告期内，一国居民所从事的国际经济交易是大量且多种多样的，要系统了解一国国际收支状况及其变化，就须对它们进行收集和整理，并编制国际收支平衡表。因此，国际收支平衡表是按照特定账户分类和复式记账原则，系统地记录一国在一定时期内各种对外往来所引起的全部国际经济交易的统计报表。按照国际货币基金组织章程的规定，各会员国都必须按期向其报送本国的国际收支平衡表。为便于各成员国编制国际收支平衡表，并使各国平衡表相互间具有可比性，国际货币基金组织出版了《国际收支手册》(*Balance of Payment Handbook*)，并多次进行修改，对编表所采用的概念、准则、分类方法以及标准构成都作了统一的规定和说明，以下根据《国际收支手册》第五版进行具体介绍。

一、国际收支平衡表的特定账户分类

根据国际收支发生原因的不同，即不同类型的国际经济交易，国际收支平衡表可分为三大基本账户：经常账户、资本和金融账户以及误差与遗漏账户。

（一）经常账户（Current Account）

经常账户是指对实际资源在国际间的流动行为进行记录的账户。经常账户是国际收支平衡表中最基本最重要的账户，它表现了一个国家（或地区）自我创汇的能力，影响和制约着其他账户的变化。经常账户通常下设四个项目：货物、服务、收益以及经常转移。

1. 货物（Goods）

货物贸易又称有形贸易，该项目系统地记录一国商品的进出口情况。由于一国商品的进出口情况能够直接反映一国商品在国际市场上的竞争力，并在一定程度上表现出一国的经济实力，因而货物项目是经常账户中十分重要的项目。货物包括一般商品、用于加工的货物、货物修理、各种运输工具在港口购买的货物以及非货币黄金。原则上讲，货物的进口和出口应在货物的所有权从一居民转移到另一非居民时就记录下来，但所有权的变更和货物跨国境运动本身在时间上并不必然一致。一般说来，出口按出口国的海关边境离岸价格计价，而进口则按到岸价格计价。

2. 服务（Services）

服务也称无形贸易，是经常账户中的第二大项目，它包括运输、旅游以及在国际贸易中地位越来越重要的其他项目，如通信、保险、金融、计算机和信息服务等。

3. 收益（Income）

将服务交易与收益交易明确区分开来是《国际收支手册》第五版的重要特征。收益项目系统地记录因生产要素在国际间的流动而引起的要素报酬收支。国际间的生产要素流动包括劳工的输出入和资本的输出入，因而该项目包括：职工报酬和投资收益。职工报酬是一国（或地区）居民个人在另一国（或地区）工作而得到的现金或实物形式的工资、薪金和其他福利；投资收益包括居民因持有国外金融资产或承担对非居民负债而造成的收支。投资收益又可进一步分为直接投资收益、证券投资收益和其他投资收益。较常见的投资收益是股本收益（股利）和债务收益（利息）。

4. 经常转移（Current Transfers）

当一居民向另一非居民无偿提供了实物资产或金融资产时，按照复式记账原则，需要在另一方进行抵消性记录以求平衡，也就是需要建立转移账户作为平衡项目。在《国际收支手册》第五版中，将转移区分为经常转移和资本转移，将经常转移仍保留在经常项目账户中，而将资本转移归属于资本与金融项目账户内。经常转移包括除以下三项的所有转移：一是固定资产所有权的转移；二是与固定资产收买或放弃相联系的或以其为条件的资金转移；三是债权人不索取任何回报而取消的债务。以上这三项都属于资本转移。经常转移还包括政府转移和私人转移，前者主要有无偿援助、捐赠、外债豁免、战争赔款等，后者主要有侨汇、年金、财产继承、个人赠与等。

（二）资本和金融账户（Capital and Financial Account）

资本和金融账户是对资产所有权在国际间流动的行为进行记录的账户，它包括资本账户和金融账户两大部分。

1. 资本账户（Capital Account）

资本账户包括资本转移和非生产、非金融资产的收买或放弃。资本转移已在前面经常转移部分作了说明。非生产、非金融资产的收买或放弃是指包括各种无形资产如专利、版权、商标、经销权以及租赁和其他可转让合同的交易。

2. 金融账户（Financial Account）

金融账户包括一经济体对外资产和负债所有权变更的所有交易。按投资类型或功能，金融账户下又可分为直接投资、证券投资、其他投资和储备资产四类。与经常账户不同，由于缺乏相关资产交易发生总额的充分数据，金融账户下的这四类子项目并不按借贷方总额来记录，而是按净额来计入相应的借方或贷方。此外，资产交易总额对国际收支分析也不是很重要。

（1）直接投资（Direct Investment）。它反映了一经济体居民单位在另一经济体居民企业中获取长远利益的目标。该居民单位是直接投资者，该企业是直接投资企业。长远利益意味着直接投资者和企业之间存在着长期关系，并且投资者对企业经营管理施加着有效的影响。直接投资可采取直接在国外投资兴建企业的形式，也可采取购买非居民企业一定比例股票的形式。在后一种情况下，《国际收支手册》规定这一比例最低为10%。

（2）证券投资（Portfolio Investment）。它是指购买非居民单位的股票、中长期债券、货币市场工具以及衍生金融工具。证券投资的利息收入或支出等按净额记录在经常项目下，本金还款记录在金融项目下。须指出的是，当证券投资中拥有非居民企业的股权达到一定比例时则视为直接投资，国际货币基金组织规定的这一比例为10%以上，我国规定的这一比例为25%以上。

（3）其他投资（Other Investment）。它是一个剩余项目，指所有直接投资、证券投资或储备资产未包括的金融交易，包括长短期贸易信贷、贷款、货币和存款以及其他资产或负债。不同于直接投资和证券投资，其他投资要考虑长短期的期限划分。长期投资的定义为原始合同期限为一年以上或无期限的投资；短期投资，是随时可能支付或期限为一年或一年以下的投资。

（4）储备资产（Reserve Assets）。它是指货币当局随时可动用并控制以达到一定目的的外部资产。这些目的有：为收支平衡提供直接融资，通过干预外汇市场影响汇率从而间接调整收支平衡，维持对某种货币及其经济的信心或作为一国向国外借款的基础等等。储备资产包括黄金储备、外汇储备、特别提款权、在国际货币基金组织的储备头寸以及其他债权等。须强调的是，反映在国际收支平衡表中的储备资产项目指的是变动额而非余额，同交易无关的储备资产变化不包括在国际收支平衡表中。

（三）误差与遗漏账户（Errors and Omissions Account）

国际收支平衡表的编制基础是复式计账原则，因而所有账户的借方总额与贷方总额应相等，但由于各种原因，国际收支平衡表会出现净的借方余额或贷方余额。这些原因可能包括：一是数据来源不同，不同账户中的统计数据可能来源于不同的申报单位，如海关、银行或企业；二是资料收集不完整，一国货币当局不可能完整准确地记录居民与非居民间的一切交易活动，如跨国公司的资金调拨或走私；三是人为因素，如企业虚报。为满足复式记账的要求，故人为设置“误差与遗漏”账户，以最终轧平国际收支平衡表。

二、记账原理

国际收支平衡表遵循“有借必有贷、借贷必相等”的复式记账原则，即任何一笔国际经济交易，都将以相等数额记录两次，一次记在借方，一次记在贷方。借方记录用负号（-）表示，贷方记录用正号（+）表示。通常，借方表示一经济体实际资源或对外资产持有量的增加，而贷方表示实际资源或对外资产持有量的减少。记入借方的项目包括：反映进口实际资源的经常账户；反映对外资产增加或负债减少的资本和金融账户。记入贷方的项目包括：反映出口实际资源的经常账户；反映对外资产减少或负债增加的资本和金融账户。具体说来，则有：

第一，出口商品属贷方项目，进口商品属借方项目；

第二，本国居民为非居民提供劳务或从外国取得投资及其他收入属贷方项目，非居民为本国居民提供劳务或从本国取得收入属借方项目；

第三，本国居民收到的外国单方面转移属贷方项目，本国居民对外国的单方面转移属借方项目；

第四，外国居民获得本国资产或对本国投资属贷方项目，本国居民获得外国资产属借方项目；

第五，非居民偿还本国居民债务属贷方项目，本国居民偿还非居民债务属借方项目；

第六，官方储备减少属贷方项目，官方储备增加属借方项目。

对于以上记账惯例，有两大经验法则：一是凡是引起本国从国外获得货币收入的交易记入贷方，凡是引起本国对国外货币支出的交易记入借方，而这笔货币收入或支出本身则记入借方或贷方；二是凡是引起外汇供给的交易记入贷方，凡是引起外汇需求的交易记入借方。

三、应用举例

下面以甲国为例，列举六笔交易来说明国际收支平衡表的特定账户分类以及复式记账方法。

例 1：甲国企业出口价值 100 万美元的设备，这一出口行为导致该企业在海外银行存款的相应增加。

设备出口使甲国在货物项下产生了 100 万美元的进账，应记入贷方。货款支付使得甲国在国外的资产增加了，应记入借方。因此，这笔交易可记为：

借：本国在外国银行的存款　　100 万美元
　贷：商品出口　　100 万美元

例 2：甲国居民到外国旅游花销 30 万美元，这笔费用从该居民的海外存款账户中扣除。

甲国居民的旅游支出应记录在服务项的借方，而甲国对外资产的减少应记在贷方。这笔交易应记为：

借：服务进口　　30 万美元
　贷：在外国银行的存款　　30 万美元

例 3：外商以价值 1000 万美元的设备投入甲国，兴办合资企业。

外商设备进口应记录在货物项下的借方，对外负债的增加应记入金融账户下的贷方。这笔交易应记为：

借：商品进口　　1000 万美元
　贷：外国对甲国的直接投资　　1000 万美元

例 4：甲国政府动用外汇库存 40 万美元向外国提供无偿援助，另提供相当于 60 万美元的粮食药品援助。

甲国 40 万美元外汇储备的减少应记录在储备项下的贷方，粮食药品援助使甲国在货物项下产生了 60 万美元的出口，应记入贷方。同时，因无偿援助属于单方面转移，需在经常转移项下借记 100 万美元。这笔交易可记为：

借：经常转移　　100 万美元
　贷：官方储备　　40 万美元
　　商品出口　　60 万美元

例 5：甲国某企业在海外投资所得利润 150 万美元。其中，75 万美元用于当地的再投资，50 万美元购买当地商品运回国内，25 万美元调回国内结售给政府以换取本国货币。

甲国居民从外国取得投资收入 150 万美元应记入贷方，75 万美元用于当地的再投资反映甲国对外资产的增加，应记入借方，50 万美元购买当地商品运回甲国相当于进口，应记入借方，25 万美元调回国内结售使得甲国官方储备增加，应记入借方。因此，这笔交易应记为：

借：商品进口　　　　　　　　50 万美元

　　官方储备　　　　　　　　25 万美元

　　对外长期投资　　　　　　75 万美元

　贷：海外投资利润收入　　　　150 万美元

例 6：甲国居民动用其在海外存款 40 万美元，用以购买外国某公司的股票。

甲国居民海外存款的减少意味着对外资产的减少，应记入其他投资项下的贷方，同时，该居民购买了外国股票意味着对外资产的增加，应记入证券投资项下的借方。

借：证券投资　　　　　　　　40 万美元

　贷：在外国银行的存款　　　　40 万美元

上述六笔交易所构成的国际收支状况见表 2－1。

表 2－1　六笔交易构成的国际收支平衡表

单位：万美元

项　　目	差　额	借　　方	贷　　方
一、经常账户	－870	1180	310
1. 货物	－890	1000(3)＋50(5)	100(1)＋60(4)
2. 服务	－30	30(2)	
3. 收入	＋150		150(5)
4. 经常转移	－100	100(4)	
二、资本和金融账户	＋870	240	1110
1. 资本账户			
2. 金融账户			
直接投资	＋925	75(5)	1000(3)
证券投资	－40	40(6)	
其他投资	－30	100(1)	30(2)＋40(6)
官方储备	＋15	25(5)	40(4)
国际收支总计	0	1420	1420

第三节　国际收支分析

一、国际收支平衡和国际收支均衡的概念

若国际收支账户的净差额为零，则表示国际收支平衡；反之，若净差额不为零，则表示国际收支失衡。当国际收支失衡时，若净差额为正，即贷方总额大于借方总额，则称国际收支状况为盈余（Surplus）或顺差；反之，若净差额为负数，即贷方总额小于借方总额，则称国际收支状况为赤字（Deficit）或逆差。如表2－1所示，甲国的经常账户呈现赤字（其差额为－870万美元），而资本和金融账户呈现盈余（其差额为＋870万美元），因此，总体上来看，甲国的国际收支差额为零，表示国际收支平衡。由此可以发现，从原则上讲，国际收支平衡表的最终差额都将恒为零，因为国际收支平衡表是根据复式记账原则进行记录的，每一笔交易都同时进行借方记录和贷方记录。可见，国际收支平衡表上所显示的这种平衡仅是形式上的平衡，缺乏实际经济意义。于是，西方经济学家又提出了国际收支均衡的概念。

国际收支均衡是比国际收支平衡更深刻的一个概念。在西方国际收支理论中，对国际收支均衡的理解主要有三种代表性观点：

第一，自主性项目差额为零的观点。这是对国际收支均衡的一种最常见的理解。这种观点将一国国际收支平衡表上的各种经济交易按自主性交易（Autonomous Transactions）或调节性交易（Compensatory Transactions）的不同性质划分为自主性项目和调节性项目，而把国际收支均衡定义为自主性项目差额为零。所谓自主性交易，是指个人和企业为某种自主性目的而从事的交易，如贸易、投资、旅游等。而调节性交易，则是指为弥补国际收支不平衡而发生的交易，如为弥补国际收支逆差而向外国政府或国际金融组织借款、动用外汇储备等。

第二，市场均衡的观点。这种观点认为，一国经济交易基本上是通过外汇市场进行的，外汇市场均衡是国际收支均衡的基础。外汇市

场均衡又分为日常交易的供求均衡和实际所需的供求均衡。前者任何时候都是均衡的，而后者则不一定能达到均衡。只有实际所需的外汇供给等于实际所需的外汇需求，才算真正实现了外汇市场供求均衡，从而达到国际收支的均衡。

第三，全面均衡的观点。所谓全面均衡是指国内经济处于均衡状态下的自主性国际收支平衡，即国内经济处于充分就业和物价稳定下国际收支自主性项目差额为零。全面均衡不仅是外汇市场的供求均衡，而且是相互关联的国内外各个市场（如商品、劳务等市场）的供求均衡；全面均衡所涉及的，不仅包括流通领域而且包括生产领域在内的整个宏观经济的均衡。全面均衡的观点无疑是完整而理想的，但缺乏现实可操作性，尤其是关于自主性项目和调节性项目的精确区分成为统计上的技术难题。例如，一国货币当局因自主性交易不均衡而向私人金融机构借款，从本国角度来看，应属调节性交易，但从对方国家来看，这一资本流出是为追逐利润，应视为自主性交易，这样就出现了国与国之间的不一致。尽管存在统计操作上的困难，一国的国际收支还是应以追求全面均衡为目标。

二、国际收支不平衡的口径

如前所述，国际收支平衡表是根据复式记账原理编制的，一笔国际经济交易将会产生金额相同的一笔借方记录和一笔贷方记录，故借方总额与贷方总额最终必然相等。但就每一个具体项目而言，借方和贷方经常是不相等的，双方进行冲销后，会产生一定的差额。从政策分析的需要来看，对国际收支状况的衡量主要运用以下四种差额，即贸易收支差额、经常账户差额、资本和金融账户差额以及综合差额。

（一）贸易收支差额

贸易收支差额指商品进出口收支差额。这是对国际收支状况进行分析时运用得比较多的一个传统的衡量口径，有关商品贸易的数据也容易迅速收集。尽管贸易账户仅仅是国际收支平衡表中经常账户下的一部分，但由于这一差额能够反映一国的产业结构、产品质量以及国际竞争力，因此对这一差额的分析具有重要意义。

(二) 经常账户差额

经常账户差额指包括货物、服务、收入和经常转移等流量的借贷方净差额，它反映了实际资源在国与国之间的转让净额。若一国经常账户出现盈余，则意味着由于有商品贸易、劳务贸易以及单方面转移等的贷方净额，该国的海外资产净额增加了，换句话说，经常账户盈余表示对外净投资。反之，若一国出现经常账户赤字，则意味着由于输入相对较多的商品、劳务和对外赠与，该国的对外投资减少了，也可以说该国的资本形成利用了国外储蓄。经常账户差额能够综合反映一国的进出口状况（包括无形贸易），因而是衡量国际收支状况的重要指标，并被视为制定国际收支政策和产业政策的重要依据。

(三) 资本和金融账户差额

资本和金融账户差额是该账户下资本转移、直接投资、证券投资和其他投资交易以及储备资产交易的差额。对资本和金融账户差额的分析有助于理解一国财富的变动及变动途径。

假设不存在统计误差和遗漏，根据复式记账原理，国际收支平衡表中所有国际经济交易的借贷方净额应为零，即经常账户差额与资本和金融账户差额之和为零，一个账户出现赤字或盈余，必然伴随另一账户出现盈余或赤字。因此，在某种意义上，经常账户与资本和金融账户之间的关系表现为利用金融资产的净流入为经常账户赤字融资。影响金融资产流动的因素很多，这些因素主要是指影响国外和国内资产的收益率和风险的各种因素，其中包括利率、直接投资和其他投资的回报率、预计的汇率走势以及税收方面的规定等。

当不存在自发性金融资产的净流入或净流入不足时，利用储备资产为经常账户赤字融资不失为一种办法，尤其是当利用这种办法为外汇收支的季节性或暂时性变化提供融资时可起到较好的缓冲作用。但由于一国储备资产存量有限，故使用储备资产为经常账户赤字融资也具有其局限性，此时就需要采取调整国际收支的措施或实施吸引外资的政策。

(四) 综合差额

综合差额，又称总差额，指经常账户与资本和金融账户中排除储备资产交易的差额。这一概念综合反映了一国自主性国际收支的状况，是全面衡量和分析国际收支状况的重要指标。通常人们所讲的国际收支盈余或赤字就是指综合差额。

综合差额为正，则储备资产增加；反之，综合差额为负，则储备资产减少。由于负的综合差额将可能导致储备资产的耗尽，故通常认为负的综合差额是不可取的。但是，综合差额持续过高从而储备资产持续增加，对一国经济也不尽有利，这是因为：一是储备资产的持续增加需要中央银行不断增加投放基础货币，由此将可能引发通货膨胀；二是储备资产的收益率通常低于长期投资的收益率；三是在浮动汇率条件下，储备资产可能会蒙受贬值损失。

上述衡量国际收支状况的四种差额各有侧重，均难以独自表现国际收支状况的全貌，应根据需要来选用一种或几种指标来进行分析。

三、国际收支不平衡的类型

若一国出现了国际收支不平衡，我们应深入分析导致国际收支失衡的原因，这样才能对症下药。导致国际收支失衡的原因多种多样，有经济因素，也有非经济因素；有来自内部的，也有来自外部的；有实物方面的，也有货币方面的，等等。只有认清导致国际收支失衡的性质和原因，才能采取正确的措施和手段，以实现国际收支的平衡与均衡。根据发生原因的不同，可将国际收支不平衡分为以下几种类型：

（一）临时性不平衡

临时性不平衡是指由短期、非确定或偶然因素所引起的国际收支不平衡。临时性不平衡主要包括季节性不平衡和偶然性不平衡。由于生产、消费的季节性变化，一国的进出口也会随之变化，但季节性变化对进出口的影响并不一样，因而会造成国际收支的季节性不平衡。例如，在以农产品为主要出口品的发展中国家，其国际收支失衡就常常表现为季节性不平衡。这些国家的农业部门往往根据季节的需要来进口化肥、机械设备和燃料，或在收获之前，必须进口食物以满足消费的需要，因而其贸易的季节性变化十分明显。无规律的短期灾害所引起的国际收支失衡被称为偶然性不平衡。例如，洪水、地震等自然灾害造成谷物歉收而减少了谷物出口。偶然性不平衡对国际收支的影响是一次性、暂时性的。

临时性不平衡一般程度较轻，持续时间不长。在浮动汇率制下，临时性不平衡有时根本不需要政策调节，市场汇率的波动就能将其纠正。在固定汇率制下，一般也只需暂时动用官方储备资产便能加以克服。

（二）结构性不平衡

结构性不平衡是指国内经济结构、产业结构不能适应世界市场及其变化而发生的国际收支不平衡，它通常反映在贸易账户或经常账户上。结构性不平衡包含两层含义：第一层含义是指因经济结构和产业结构变动的滞后和困难所引起的国际收支不平衡。世界各国由于自然资源和其他生产要素禀赋的差异而形成一定的国际分工格局，这种国际分工格局随要素禀赋和其他条件的变化而变化。如果一国的经济结构、产业结构不能随国际分工格局的变化而及时调整，便会出现结构性不平衡。第二层含义是指由于一国进出口商品所面临的特定的收入弹性或价格弹性所引起的国际收支不平衡。具体来说，若一国出口商品需求的收入弹性低，而进口商品需求的收入弹性高，或出口商品需求的价格弹性大，而进口商品需求的价格弹性小，则容易引起国际收支失衡。后一层含义的结构性不平衡在发展中国家表现得较为突出。

（三）货币性不平衡

货币性不平衡是指在一定汇率水平下，由一国货币价值与物价水平变化所引起的国际收支不平衡。也就是说，货币性不平衡主要是由通货膨胀或通货紧缩所引起。当一国货币供应增长过快，将带来国内物价水平的上升，使该国出口货物价格相对高昂而进口货物价格相对便宜，从而该国的出口受到抑制而进口得到鼓励，并进而导致其经常账户收支恶化，国际收支出现赤字。反之，则会发生与上述情况相反的结果，即国际收支盈余。第二次世界大战后，工业化国家虽然避免了20世纪30年代那样的严重危机，却远没能抑制住由于有效需求过高而造成的物价上涨。物价上涨在发展中国家更加严重。西方经济学家一般认为，物价上涨是导致二战后国际收支失衡最重要的原因之一。

（四）周期性不平衡

周期性不平衡是指由一国经济周期波动所引起的国际收支不平衡。由于受商业周期的影响，市场经济国家会周而复始地出现繁荣、衰退、萧条、复苏四个阶段。在不同阶段，价格水平的变化、生产和就业的变化等都将对国际收支状况产生不同的影响。从经常项目来看，当一国处于衰退阶段时，国内社会总需求将下降，进口需求也相应下降，则经常账户往往出现盈余；反之，当一国处于繁荣阶段时，经常账户则可能出现逆差。再从资本和金融项目来看，经济繁荣时期投资前景看好，资本流入增加；而萧条时期投资前景暗淡，资本流出增加。第二次世界大战前，资本项目在各国国际收支中所占比重一般并不突出，故一国国际收支在经济周期的萧条时期往往出现顺差，而在经济周期的繁荣时期则表现为逆差。但随着第二次世界大战后资本项目地位的日益突出，国际收支的顺差或逆差与一国经济周期的萧条或繁荣之间不再必然存在这种简单的对应关系。

（五）收入性不平衡

收入性不平衡是一个较为笼统的概念，可理解为由于一国国民收入相对快速增长，导致进口增长超过出口增长而产生的国际收支不平衡。引起国民收入相对快速增长的原因是多方面的，如周期性的、货币性的原因，或经济正处于高速增长阶段。

（六）投机性、保值性不平衡

投机性、保值性不平衡是指在浮动汇率制下由利率或汇率变动而引发的国际收支不平衡。这种类型的不平衡多产生于短期资本流动。在短期资本流动中，投机性资本流动和保值性资本流动占有相当比重，且均对利率或汇率的变动非常敏感，但前者是为了投机牟利，后者则是为了资本保值。投机性和保值性资本流动具有数量大、突发性等特点，通常在一国面临货币贬值、外汇管制、政治动荡或战争威胁时发生。自20世纪90年代以来，投机性、保值性不平衡表现尤为突出，是造成一国国际收支不平衡的重要原因之一。

本章小结

国际收支是指一国在一定时期内全部对外往来的系统的货币记录。

国际收支平衡表是按照特定账户分类和复式记账原则，系统地记录一国在一定时期内各种对外往来所引起的全部国际经济交易的统计报表。它分为三大基本账户：经常账户、资本和金融账户以及误差与遗漏账户。经常账户是指对实际资源在国际间的流动行为进行记录的账户。资本和金融账户是对资产所有权在国际间流动行为进行记录的账户。误差与遗漏账户是人为设置的以最终轧平国际收支平衡表的账户。

在忽视统计误差的情况下，若经常账户与资本和金融账户的借贷方净差额为零，则表示国际收支平衡；反之，若净差额不为零，则表示国际收支失衡，净差额为正称之为国际收支顺差，净差额为负称之为国际收支逆差。

对国际收支不平衡的衡量口径主要有四种，即贸易收支差额、经常账户差额、资本和金融账户差额以及综合差额。应根据需要选择其中的一种或几种差额来进行分析。

根据原因的不同，可将国际收支不平衡分为六种类型：临时性不平衡、结构性不平衡、货币性不平衡、周期性不平衡、收入性不平衡以及投机性、保值性不平衡。

重要概念

国际收支　国际收支平衡表　经常账户　资本和金融账户　误差与遗漏账户　国际收支平衡　国际收支均衡　自主性交易　调节性交易　贸易收支差额　经常账户差额　资本和金融账户差额　综合差额

复习思考题

1. 试述国际收支平衡表的基本内容。
2. 国际收支平衡与国际收支均衡有何不同?
3. 国际收支不平衡的衡量口径有哪几种?
4. 简述国际收支不平衡的基本类型。
5. 收集并整理中国国际收支的历史数据，观察中国的国际收支平衡表近年来发生了哪些变化?为什么?

附　　录

附录1　国际收支平衡表：标准组成部分

一、经常账户
A. 货物和服务
a. 货物
1. 一般商品
2. 用于加工的货物
3. 货物修理
4. 各种运输工具在港口购买的货物
5. 非货币黄金
5.1　作为储藏手段持有
5.2　其他
b. 服务
1. 运输
1.1　海运
1.1.1　客运
1.1.2　货运
1.1.3　其他
1.2　空运
1.2.1　客运
1.2.2　货运
1.2.3　其他
1.3　其他运输
1.3.1　客运
1.3.2　货运
1.3.3　其他
2. 旅游
2.1　因公
2.2　因私
3. 通信服务
4. 建筑服务
5. 保险服务
6. 金融服务
7. 计算机和信息服务

续表

8. 专有权利使用费和特许费
9. 其他商业服务
9.1 转手买卖和与贸易有关的服务
9.2 经营性租赁服务
9.3 其他商业、专业和技术服务
10. 个人、文化和娱乐服务
10.1 音像及有关服务
10.2 其他个人文化和娱乐服务
11. 别处未提及的政府服务
B. 收入
1. 职工报酬
2. 投资收入
2.1 直接投资
2.1.1 股本收入
2.1.1.1 红利和已分配的分支机构利润
2.1.1.2 再投资收益和未分配的分支机构利润
2.1.2 债务收入(利息)
2.2 证券投资
2.2.1 股本收入(红利)
2.2.2 债务收入(利息)
2.2.2.1 (中)长期债券
2.2.2.2 货币市场工具和派生金融工具
2.3 其他投资
C. 经常转移
1. 各级政府
2. 其他部门
2.1 工人的汇款
2.2 其他转移
二、资本和金融账户
A. 资本账户
1. 资本转移
1.1 各级政府
1.1.1 减免债务
1.1.2 其他
1.2 其他部门
1.2.1 移民的转移
1.2.2 减免债务
1.2.3 其他
2. 非生产、非金融资产的购买或放弃

续表

B. 金融账户
1. 直接投资
1.1 国外
1.1.1 股本资本
1.1.1.1 对附属企业的债权
1.1.1.2 对附属企业的债务
1.1.2 再投资收益
1.1.3 其他资本
1.1.3.1 对附属企业的债权
1.1.3.2 对附属企业的债务
1.2 在报告经济体
1.2.1 股本资本
1.2.1.1 对直接投资者的债权
1.2.1.2 对直接投资者的债务
1.2.2 再投资收益
1.2.3 其他资本
1.2.3.1 对直接投资者的债权
1.2.3.2 对直接投资者的债务
2. 证券投资
2.1 资产
2.1.1 股本证券
2.1.1.1 货币当局
2.1.1.2 各级政府
2.1.1.3 银行
2.1.1.4 其他部门
2.1.2 债务证券
2.1.2.1 (中)长期债券
2.1.2.1.1 货币当局
2.1.2.1.2 各级政府
2.1.2.1.3 银行
2.1.2.1.4 其他部门
2.1.2.2 货币市场工具
2.1.2.2.1 货币当局
2.1.2.2.2 各级政府
2.1.2.2.3 银行
2.1.2.2.4 其他部门
2.1.2.3 派生金融工具
2.1.2.3.1 货币当局
2.1.2.3.2 各级政府

续表

2.1.2.3.3　银行
2.1.2.3.4　其他部门
2.2　负债
2.2.1　股本证券
2.2.1.1　银行
2.2.1.2　其他部门
2.2.2　债务证券
2.2.2.1　(中)长期债券
2.2.2.1.1　货币当局
2.2.2.1.2　各级政府
2.2.2.1.3　银行
2.2.2.1.4　其他部门
2.2.2.2　货币市场工具
2.2.2.2.1　货币当局
2.2.2.2.2　各级政府
2.2.2.2.3　银行
2.2.2.2.4　其他部门
2.2.2.3　派生金融工具
2.2.2.3.1　银行
2.2.2.3.2　其他部门
3. 其他投资
3.1　资产
3.1.1　贸易信贷
3.1.1.1　各级政府
3.1.1.1.1　长期
3.1.1.1.2　短期
3.1.1.2　其他部门
3.1.1.2.1　长期
3.1.1.2.2　短期
3.1.2　贷款
3.1.2.1　货币当局
3.1.2.1.1　长期
3.1.2.1.2　短期
3.1.2.2　各级政府
3.1.2.2.1　长期
3.1.2.2.2　短期
3.1.2.3　银行
3.1.2.3.1　长期
3.1.2.3.2　短期

续表

3.1.2.4 其他部门
3.1.2.4.1 长期
3.1.2.4.2 短期
3.1.3 货币和存款
3.1.3.1 货币当局
3.1.3.2 各级政府
3.1.3.3 银行
3.1.3.4 其他部门
3.1.4 其他资产
3.1.4.1 货币当局
3.1.4.1.1 长期
3.1.4.1.2 短期
3.1.4.2 各级政府
3.1.4.2.1 长期
3.1.4.2.2 短期
3.1.4.3 银行
3.1.4.3.1 长期
3.1.4.3.2 短期
3.1.4.4 其他部门
3.1.4.4.1 长期
3.1.4.4.2 短期
3.2 负债
3.2.1 贸易信贷
3.2.1.1 各级政府
3.2.1.1.1 长期
3.2.1.1.2 短期
3.2.1.2 其他部门
3.2.1.2.1 长期
3.2.1.2.2 短期
3.2.2 贷款
3.2.2.1 货币当局
3.2.2.1.1 利用基金组织的信贷和基金组织的贷款
3.2.2.1.2 其他长期
3.2.2.1.3 短期
3.2.2.2 各级政府
3.2.2.2.1 长期
3.2.2.2.2 短期
3.2.2.3 银行
3.2.2.3.1 长期

续表

3.2.2.3.2 短期
3.2.2.4 其他部门
3.2.2.4.1 长期
3.2.2.4.2 短期
3.2.3 货币和存款
3.2.3.1 货币当局
3.2.3.2 银行
3.2.4 其他负债
3.2.4.1 货币当局
3.2.4.1.1 长期
3.2.4.1.2 短期
3.2.4.2 各级政府
3.2.4.2.1 长期
3.2.4.2.2 短期
3.2.4.3 银行
3.2.4.3.1 长期
3.2.4.3.2 短期
3.2.4.4 其他部门
3.2.4.4.1 长期
3.2.4.4.2 短期
4. 储备资产
4.1 货币黄金
4.2 特别提款权
4.3 在基金组织的储备头寸
4.4 外汇
4.4.1 通货与存款
4.4.1.1 货币当局
4.4.1.2 银行
4.4.2 有价证券
4.4.2.1 股本证券
4.4.2.2 (中)长期债券
4.4.2.3 货币市场工具和派生金融工具
4.5 其他债权

资料来源：国际货币基金组织编：《国际收支手册》（第五版），中国金融出版社 1994 年版。

附录2　中国国际收支平衡表(1998—2007)

单位：千美元

项　　目	2007年	2006年	2005年	2004年	2003年	2002年	2001年	2000年	1999年	1998年
一、经常项目	371832620	249865995	160818311	68659162	45874812	35421968	17405275	20519248	21114138	31471279
A. 货物和服务	307476604	208912147	124797704	49283643	36078977	37382671	28086220	28873485	30640955	43836539
a. 货物	315381397	217746060	134189095	58982275	44651625	44166574	34017234	34473606	35980431	46613515
b. 服务	-7904793	-8833913	-9391392	-9698632	-8572648	-6783903	-5931014	-5600122	-5339476	-2776976
1. 运输	-11946918	-13353741	-13021024	-12476266	-10326425	-7891696	-6689078	-6725148	-5477758	-4462494
2. 旅游	7446953	9627296	7536930	6589704	2218728	4986584	3883174	3117313	3233970	3396300
3. 通信服务	92886	-26202	-118173	-31735	211026	79688	-54858	1103482	396199	611427
4. 建筑服务	2467280	702918	973567	128662	106416	282587	-16815	-392131	-554578	-525608
5. 保险服务	-9760431	-8282919	-6650142	-5742792	-4251432	-3036793	-2483687	-2363620	-1717155	-1373711
6. 金融服务	-326437	-746042	-14244	-44151	-80565	-38832	21662	-19637	-56109	-136466
7. 计算机和信息服务	2136680	1218860	217676	384401	66363	-494687	116752	90934	41711	-199463
8. 专有权利使用费和特许费	-7849433	-6429577	-5163852	-4260246	-3441148	-2981182	-1827964	-1200624	-717081	-356971
9. 咨询	724182	-555066	-861408	-1581794	-1564592	-1345589	-612844	-284016	-244033	-240172
10. 广告、宣传	575347	490073	360521	150293	28380	-21601	19228	21018	1589	-54046
11. 电影、音像	162569	15954	-20096	-134838	-36092	-66350	-22324	-26122	-27301	-23662
12. 其他商业服务	8676788	8432227	7497029	7472617	8591991	3829110	1538181	966651	319566	776442
13. 别处未提及的政府服务	-304260	72306	-128175	-152487	-95299	-85142	197558	111778	-538495	-188552
B. 收益	25688492	11754607	10635139	-3522669	-7838360	-14945148	-19173258	-14665541	-14470282	-16643706
1. 职工报酬	4340072	1989500	1519648	632191	162362	-276575	-554145	-477490	-376980	-107396
2. 投资收益	21348421	9765108	9115491	-4154861	-8000722	-14668573	-18619114	-12188051	-14093302	-16536310
C. 经常转移	38667524	29199241	25385468	22898189	17634195	12984445	8492313	6311305	4943465	4278446
1. 各级政府	-165960	-146541	-176234	-89056	8038	-73650	-66628	53573	107914	90663
2. 其他部门	38833484	29345782	25561702	22987245	17626157	13058095	8558941	6257732	4835551	4187783

续表

项目	2007年	2006年	2005年	2004年	2003年	2002年	2001年	2000年	1999年	1998年
二、资本和金融项目	73509250	10036765	62963916	110659756	52725942	32290837	34775427	1922224	5179515	−6321439
A. 资本项目	3099075	4020115	4101792	−69345	−48083	−49631	−53540	−35283	−25525	−46834
B. 金融项目	70410175	6016650	58862124	110729101	52774024	32340469	34828966	1957507	5205040	−6274605
1. 直接投资	121418332	60265011	67821043	53131430	47228993	46789569	37355893	37482887	36978137	41118079
1.1 我国在外直接投资	−16994854	−17829655	−11305688	−1805053	152274	−2518407	−6885398	−915777	−1774313	−2633807
1.2 外国在华直接投资	138413185	78094666	79126731	54936483	47076719	49307977	44241291	38398664	38752450	43751886
2. 证券投资	18671987	−67557571	−4932837	19689873	11426757	−10342485	−19405929	−3990732	−11233576	−3732643
2.1 资产	−2324017	−110418771	−26156889	6486438	2983121	−12094510	−20654278	−11307470	−10534862	−3830010
2.1.1 股本证券	−15188600	−1454000	0	0	0	0	31586		0	0
2.1.2 债务证券	12864583	−108964771	−26156889	6486438	2983121	−12094510	−20685864		−10534862	−3830010
2.1.2.1 （中）长期债券	10590583	−106736771	−25482189	6486438	2983121	−3273190	−5588004		−10534862	−3830010
2.1.2.2 货币市场工具	2274000	−2228000	−674700	0	0	−8821320	−15097860		0	0
2.2 负债	20996004	42861200	21224052	13203436	8443636	1752025	1248349	7316738	−698714	97367
2.2.1 股本证券	18509607	42861200	20346000	10923200	7729000	2249000	849000		612000	765000
2.2.2 债务证券	2486397	0	878052	2280236	714636	−496975	399349		−1310714	−667633
2.2.2.1 （中）长期债券	2486397	0	567318	2283474	716785	−505077	399349		−1253714	−604633
2.2.2.2 货币市场工具	0	0	310734	−3238	−2149	8102	0		−57000	−63000
3. 其他投资	−69680144	13309210	−4026082	37907798	−5881725	−4106616	16879003	−31534648	−20539521	−43660041
3.1 资产	−151485862	−31808716	−48947355	1979656	−17921516	−3076740	20812758	−43863491	−24395289	−35040784
3.1.1 贸易信贷	−23800000	−26148450	−22905281	−15897000	−1464991	1098006	702329	−12959875	−22898171	−22091835
长期	−1666000	−1830392	−916211	−1336000	0	0	0		0	0
短期	−22134000	−24318059	−21989070	−14561000	−1464991	1098006	702329		−22898171	−22091835
3.1.2 贷款	−20805513	4927570	−12993134	−9657939	13927400	−5391120	15313555	−18429647	−3436344	−1411348
长期	−4119000	−2947000	−1505000	−1057000	−693000	−29000	−177000		108000	−192000

续表

项　　目	2007 年	2006 年	2005 年	2004 年	2003 年	2002 年	2001 年	2000 年	1999 年	1998 年
短期	-16686513	7874570	-11488134	-8600939	14620400	-5362120	15490555		-3544344	-1219348
3.1.3 货币和存款	-2381759	-9904244	-10317342	20206679	-6552105	-2486288	-3213816	-6048944	11270605	638492
3.1.4 其他资产	-104498590	-683592	-2731599	7327915	-23831820	3702661	8010691	-6425024	-9331379	-12176093
长期	0	0	0	0	-45000000	0	-5387298		-5413000	-12859166
短期	-104498590	-683592	-2731599	7327915	21168180	3702661	13397988		-3918379	-7106956
3.2 负债	81805718	45117926	44921273	35928142	12039790	-1029876	-3933756	12328843	3855767	-8619257
3.2.1 贸易信贷	29100000	13227047	25411524	18595000	4720304	2849350	-2441935	18232379	13266685	0
长期	2037000	925893	1168930	2862000	0	0	0		0	0
短期	27063000	12301154	24242594	15733000	4720304	2849350	-2441935		13266685	0
3.2.2 贷款	17296028	11037860	2924034	13752887	6614306	-4139624	-1490082	-2391224	-547242	-3267181
长期	6988110	4093262	1444382	4814964	-5355881	-4531037	-1198193		155143	-13875383
短期	10307918	6944598	1479651	8937924	11970186	391414	-291889		-702386	-951217
3.2.3 货币和存款	34316941	10709837	13365542	1561021	742441	286818	492185	-53564	-3931883	-5287640
3.2.4 其他负债	1092750	10143182	3220174	2019234	-37259	-26419	-493923	-3458748	-4931792	-64436
长期	1132310	3862519	461454	32463	-1015799	7149	-1105948		-1028321	2585284
短期	-39561	6280663	2758720	1986771	978540	-33568	612025		-3903472	-2649720
三、储备资产	-461744102	-247025415	-207016000	-206364000	-117023100	-75507060	-47325130	-10548400	-8505320	-6426000
3.1 货币黄金	0	0	0	0	0	0	0	0	0	0
3.2 特别提款权	-78869	1135744	-5000	-161000	-90000	-143170	-51830	-57000	-41000	-74000
3.3 在基金组织的储备头寸	239766	310841	1929000	478000	-89000	-1121741	-682259	407000	1252000	-1283000
3.4 外汇	-461905000	-247472000	-208940000	-206681000	-116844100	-74242150	-46591040	-10898400	-9716320	-5069000
3.5 其他债权	0	0	0	0	0	0	0	0	0	0
四、误差与遗漏	16402232	-12877344	-16766227	27045082	18422347	7794255	-4855572	-11893073	-17788333	-18723840

资料来源：国家外汇管理局。

案例分析

案例：解析2007年中国国际收支

2007年，中国经济呈现增长较快、结构优化、效益提高、民生改善的良好运行态势，开放型经济发展进入新阶段。国际收支交易规模持续扩大，继续呈现“双顺差”格局。中国国际收支交易总规模为4.3万亿美元，较上年增长30%。经常项目顺差继续扩大，由上年的2533亿美元增加到3718亿美元，已连续六年呈现较快增长；资本和金融项目顺差大幅增长，由上年的67亿美元增加到735亿美元。2007年末，国家外汇储备达到15282亿美元。

中国2007年国际收支的主要特点有：

第一，货物贸易顺差再创历史新高，增速有所减缓。2007年，按国际收支统计口径，货物贸易出口12200亿美元，进口9046亿美元，分别较上年增长26%和20%；顺差3154亿美元，增长45%，在国家一系列调整进出口结构、促进贸易平衡政策的影响下，货物贸易顺差增速比2006年下降了17个百分点。

第二，收益项目净流入显著增加。2007年，收益项目净流入257亿美元，较上年增长69%。其中，我国海外务工人员的劳务收入增长迅速，全年职工报酬净流入43亿美元，增长118%。同时，由于我国对外资产规模持续扩大，全年投资收益净流入213亿美元，增长62%。

第三，外国来华直接投资大幅增长。2007年，我国经济发展保持良好势头，投资环境继续改善，对外资的吸引力仍然较强。按国际收支统计口径，2007年，外国来华直接投资流入1496亿美元，增长73%。

第四，对外投资稳步推进，资金流出渠道进一步拓宽。2007年，我国对外直接投资规模达189亿美元。随着合格境内机构投资者制度（QDII）的不断完善，合格境内机构投资者主体和代客境外理财产品范围进一步扩大，我国机构和个人对境外证券投资组合更加多样化，

2007年，我国QDII项下对外投资汇出资金329亿美元。

第五，国家外汇储备继续快速增长。2007年，国家外汇储备继续快速增长，年末达到15282亿美元，比上年末增加4619亿美元，超过2005年和2006年两年的储备增加额之和。其中，货物贸易和直接投资顺差分别为3154亿美元和1214亿美元，对外汇储备增加的贡献率分别为68%和26%。

2007年，美国次贷危机对全球经济的影响逐步显现。发达经济体增长放缓，新兴市场经济体增长依然强劲。世界贸易平稳增长，美国贸易逆差状况有所改善，但全球贸易不平衡的问题依然突出，贸易和投资保护主义有所加剧。国际金融市场大幅调整，跨境资本流动活跃，美元持续贬值，国际食品和能源价格持续走高，通货膨胀压力上升。

2007年，中国经济保持增长较快、结构优化的良好态势。经济增长方式出现积极变化，消费超过投资成为拉动GDP增长的主要因素；固定资产投资结构有所改善；财政收入和企业利润增长较快，国民经济效益整体提高；进出口总额达2.12万亿美元，居世界第三位；吸引外商直接投资连续15年居发展中国家首位。但是，经济运行也面临货币信贷投放较多、物价上涨压力增大、固定资产投资总规模尤其是房地产投资增速偏快、制造业产能过剩以及外贸顺差过大等突出问题。

2007年，为统筹利用好国内国际两个市场、两种资源，我国进一步加强和改善宏观调控、加大涉外经济政策调整力度。针对固定资产投资增长过快、货币信贷投放过多、外贸顺差过大等突出问题，加快转变经济发展方式和调整经济结构，推动经济又好又快发展；在涉外经济方面，加大政策调整力度，逐步改善国际收支状况。

第一，调整出口税收。取消553项高污染、高能耗、资源性产品的出口退税，降低2268项商品的出口退税率，将10项商品的出口退税改为出口免税，对粮食等资源性商品出口开征出口关税，减少煤炭、稀土等资源性产品的出口配额。

第二，积极扩大进口。降低或取消国内亟须的能源、资源、先进技术设备和日用消费品的进口关税，取消商品的自动进口许可管理，启动政策性进口信贷。

第三，促进贸易投资便利化。取消经常项目外汇账户限额，允许境内机构根据经营需要自行保留经常项目外汇收入；将个人结汇和购汇年度总额管理的额度提高到5万美元，进一步满足市场主体持有和使用外汇需要；简化对外直接投资的核准手续，在财政、金融、保险、外汇等方面出台相关支持措施。

第四，着力提高利用外资的质量。鼓励先进制造业、节能环保产业和现代服务业利用外资，鼓励外商到中西部地区和东北老工业基地投资。加强对房地产外商投资企业审批和登记管理，限制返程投资设立或并购房地产企业，严格限制外资房地产企业借用外债。

第五，促进对外投资有序开展。稳步推进合格境内机构投资者境外金融投资，放宽投资主体、投资品种、投资市场及购汇限制，允许符合条件的信托公司开展受托境外理财业务。到2007年末，共有50家商业银行、基金管理公司、证券公司和保险公司获得合格境内投资者境外证券投资额度，实际投资规模超过300亿美元。

这些政策措施对于缓解贸易顺差增长过快、国际收支不平衡矛盾等发挥了积极作用。但由于我国国际收支较大顺差是国内外多种复杂因素作用的结果，实现国际收支基本平衡将是一个长期渐进的过程。

第三章　国际收支调节理论

国际收支调节理论是关于一国国际收支均衡以及国际收支与国民经济均衡的调节手段、调节机制和调节效应的理论。较早的国际收支理论起源于重商主义学说。重商主义盛行于16—17世纪，其基本观点是视货币（金银）为财富的唯一形式，认为只有对外贸易才能增加一国财富，强调国家应干预经济生活，以在对外贸易中保持顺差，让金银流入国内。此后，大卫·休谟（David Hume）提出的价格—现金流动机制成为金本位制下颇具代表性的国际收支理论。20世纪30年代至70年代是国际收支调节理论繁荣发展并形成理论体系的阶段。20世纪30年代金本位制崩溃后，各国实行浮动汇率制，于是，国际收支弹性论（Elasticity Approach）和乘数论（Multiplier Approach）应运而生；20世纪50年代至60年代，随着凯恩斯主义的盛行，国际收支吸收论（Absorption Approach）风靡一时，在西方学术界占据了主导地位；20世纪60年代末至70年代初，货币主义盛行一时，因而国际收支货币论（Monetary Approach）广为流传；到了20世纪80年代初期，又出现了国际收支结构论（Structural Approach）。

第一节　弹性论

弹性论侧重分析货币贬值取得成功的条件及其对贸易收支的影响，强调国际收支调节机制中的价格效应。这一理论最早由马歇尔（Alfred Marshall）提出，他本人处于金本位制年代，认为贸易项是最重要的，因此在对国际收支的分析中更加注重贸易项。马歇尔提出了“价格的需求弹性”概念，并在1923年将局部均衡分析方法延伸到国际贸易领域，提出“进出口需求弹性”的概念，但他对国际收支的弹性分析比较分散，没有形成系统的理论。1937年，英国经济学家琼·罗宾逊(John V. Robinson)在研究汇率波动与进出口之间的关系时，以马歇尔的局部均衡分析为理论基础，在考虑进出口需求弹性的同时还引入了进出口供给弹性，正式提出了国际收支调节的弹性理论。1944年，美国经济学家勒纳（Abba P. Lenner）提出了著名的马歇尔—勒纳条件。

一、假定条件

1. 贸易商品的供给具有完全弹性；

2. 不考虑资本流动，国际收支等于贸易收支；

3. 其他条件（包括收入、利率、偏好等）不变，只探讨汇率变化对贸易收支的影响，汇率采用直接标价法。

根据以上假设前提，弹性论认为，汇率变动通过国内外产品之间相对价格的变动，来影响一国进出口的供给和需求，从而作用于国际收支。

二、马歇尔—勒纳条件（Marshall-Lerner Condition）

如图3-1和图3-2，D_f、D_h 分别表示本国对进口商品的需求曲线和外国对本国出口商品的需求曲线，S_f、S_h 分别表示本国进口商品的供给曲线和出口商品的供给曲线，P 为用外币计价的商品价格。

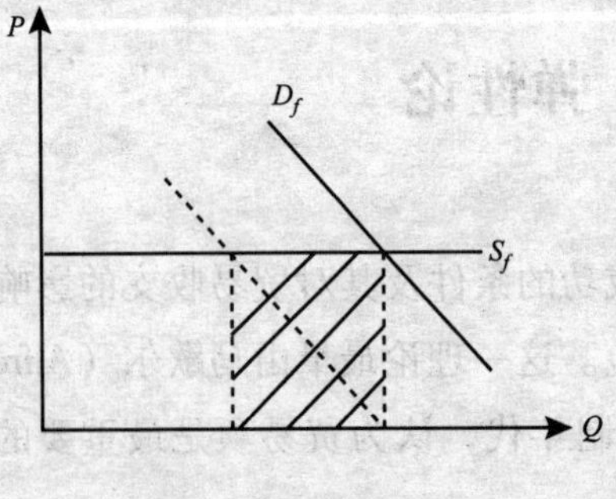

图3-1　进口商品

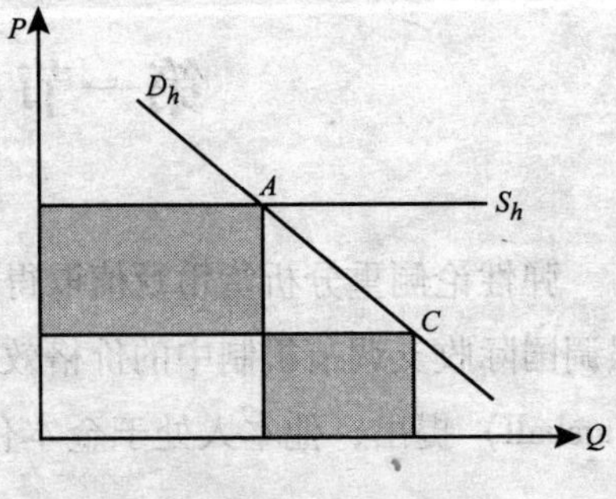

图3-2　出口商品

汇率的贬值使本国商品在外国市场变得相对便宜，而外国商品在本国市场则变得相对昂贵。这将诱发本国居民将需求由外国商品转向本国商品，从而减少进口需求（即 D_f 左移），同时外国居民也将减少对自己国内商品的需求，增加对本国商品的需求（由 A 点至 C 点）。因此，本币贬值后，本国进口数量随进口需求的减少而减少，用外币计价的进口价格不变，进口额就将下降。本国出口数量随出口需求的增加而增加，但以本币表示的出口价格下降，因而出口额可能上升，也可能下降。综合进出口额所得到的国际收支状况是否因汇率贬值而改善，取决于进出口数量的变动与其价格变动之间的关系，即取决于进出口需求价格弹性的大小。

X 表示以本币表示的出口额，M 表示以外币表示的进口额，B 表示以外币表示的贸易收支差额，则有：

$$B = X/E - M \tag{3.1}$$

对汇率 E 求导，得：

$$\begin{aligned}\frac{dB}{dE} &= -\frac{1}{E^2}X + \frac{1}{E}\cdot\frac{dX}{dE} - \frac{dM}{dE} \\ &= -\frac{X}{E^2}\left(1 - \frac{dX/X}{dE/E} + \frac{ME}{X}\cdot\frac{dM/M}{dE/E}\right) \qquad (3.2) \\ &= -\frac{X}{E^2}(1 - \varepsilon_x - \varepsilon_m)\end{aligned}$$

式（3.2）中，ε_x 为出口商品的需求弹性，ε_m 为进口商品的需求弹性。当 $\varepsilon_x + \varepsilon_m > 1$ 时，$dB/dE > 0$，国际收支改善；当 $\varepsilon_x + \varepsilon_m = 1$ 时，$dB/dE = 0$，国际收支不变；当 $\varepsilon_x + \varepsilon_m < 1$ 时，$dB/dE < 0$，国际收支恶化。$\varepsilon_x + \varepsilon_m > 1$ 即为马歇尔—勒纳条件，是本国货币贬值能够带来国际收支改善的必要条件。值得强调的是，马歇尔—勒纳条件的假设前提是进出口商品的供给弹性无穷大，即进口和出口商品的供给曲线为水平线（在20 世纪 30 年代资源未充分利用的情况下这一假设是合理的）。如果进口和出口商品的供给曲线不是水平的，本币贬值后，本国进口数量随进口需求的减少而减少，但进口价格就不会保持不变。进出口数量也不会单纯取决于进出口商品的需求弹性，而是由进口商品的供给弹性（η_m）和需求弹性、出口商品的供给弹性（η_x）和需求弹性所共同决定。本币贬值能够带来国际收支的改善决定于：

$$\frac{\varepsilon_x\varepsilon_m(\eta_x+\eta_m+1)+\eta_x\eta_m(\varepsilon_x+\varepsilon_m-1)}{(\eta_x+\varepsilon_x)(\eta_m+\varepsilon_m)}>0 \qquad (3.3)$$

式（3.3）被称为毕肯戴克—罗宾逊—梅茨勒条件（Bickendike-Robinson-Metzler Condition）。显然，马歇尔—勒纳条件仅是毕肯戴克—罗宾逊—梅茨勒条件下的一个特例。

三、*J* 曲线效应

在实际经济中，即使在马歇尔—勒纳条件成立的情况下，贬值也不能马上改善贸易收支。本币贬值对贸易收支状况产生影响的时间可划分为三个阶段：货币合同阶段、传导阶段、数量调整阶段。在第一、第二阶段，贸易收支可能恶化，只有到第三阶段才可能有 $\varepsilon_x+\varepsilon_m>1$，贸易收支才能改善。

在贬值开始后的一段时间，贸易收支可能恶化。这是因为：

第一，已签合同的影响。在贬值前已经签订的贸易合同仍要按原定的价格和数量执行。贬值后，凡以外币定价的进口，折成本币后的支付将增加；凡以本币定价的出口，折成外币后的收入将减少。也就是说，在贬值前已签订但在贬值后仍执行的贸易合同下，出口数量不能增加以冲抵出口外币价格的下降，进口数量不能减少以冲抵进口价格的上升，于是，贸易收支在贬值后一段时期内趋于恶化。

第二，在贬值后签订的贸易合同下，出口增长仍要受认识、决策、资源、生产周期等的影响。在进口方面，进口商有可能认为现在的贬值是以后进一步贬值的前奏，从而加速订货。

基于以上原因，贬值之后贸易收支有可能首先恶化，经过半年到一年的时间，在出口供给和进口需求作了相应的调整后，贸易收支才慢慢开始改善。整个过程用曲线描述出来，形如字母 *J*。如图 3－3 所示，贬值后贸易收支先是恶化，逆差扩大，经过一段时间后才逐步改善。因此，在马歇尔—勒纳条件成立的情况下，这种贸易收支对贬值

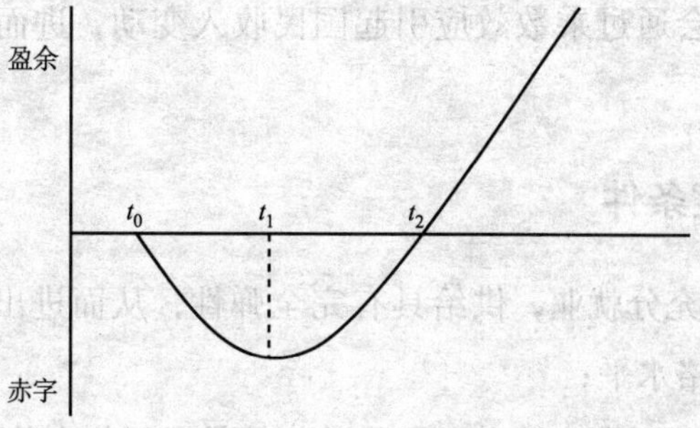

图 3-3 *J* 曲线效应

的时滞效应，被称为“*J* 曲线效应”。

四、对弹性论的评价

弹性论提出货币贬值对改善一国国际收支的积极作用，有一定的现实意义，对政府制定宏观经济政策具有重要影响。但该理论也有很大的局限性：一是该理论建立在局部均衡分析的基础上，只考虑汇率变动对一国贸易收支的影响，而实际上其他条件并非不变；二是该理论没有涉及国际资本流动，在资本流动规模巨大的今天，其局限性就表现得非常突出；三是该理论是一种比较静态分析，在现实世界中，本币贬值对贸易收支的影响是一个动态过程（本币贬值不仅会通过相对价格变动影响贸易收支，还会通过国民收入、货币供应量、绝对价格水平等诸多经济变量的变动对贸易收支产生巨大影响）；四是在应用该理论时，也可能会存在技术上的困难，弹性的估计是一个比较复杂的问题。

第二节　乘数论

在 20 世纪 30 年代至 40 年代，以哈罗德（R. F. Harrod）、梅茨勒（Laoyd Metzler）、马克鲁普（Fritz Machlup）等为代表的经济学家运用凯恩斯的乘数理论揭示了国际收支的收入调节机制，以此形成了国际收支的乘数论。其基本观点是：进口是国民收入的函数，任何自主性支出的变动都会通过乘数效应引起国民收入变动，进而影响国际收支状况。

一、假定条件

1. 假定非充分就业，供给具有完全弹性，从而进出口和收入的变动不会改变价格水平；

2. 不考虑国际资本流动，贸易差额就是国际收支差额；

3. 汇率、价格、利率等变量不变，只考虑国际收支的收入调节机制。

二、对外贸易乘数

开放经济下的宏观经济模型为：

$$\begin{aligned} Y &= C + I + G + X - M \\ C &= C_0 + c \cdot Y \\ M &= M_0 + m \cdot Y \end{aligned} \tag{3.4}$$

其中，Y 为国民收入，C 为消费，I 为投资，G 为政府购买，X 为出口，M 为进口，C_0 为自发性消费，c（$0 < c < 1$）为边际消费倾向，M_0 为自发性进口，m（$0 < m < 1$）为边际进口倾向。则均衡国民收入为：

$$Y = \frac{1}{1 - c + m}(C_0 + I + G + X - M_0) \tag{3.5}$$

由于边际储蓄倾向 $s = 1 - c$，故式（3.5）又可转变为：

$$Y = \frac{1}{s + m}(C_0 + I + G + X - M_0) \tag{3.6}$$

考虑出口变动对国民收入的影响：

$$\Delta Y = \frac{1}{s + m}\Delta X \tag{3.7}$$

式（3.7）意味着出口增加将导致国民收入倍数增加。$\frac{1}{s+m}$称为对外贸易乘数，边际储蓄倾向和边际进口倾向之和越小，对外贸易乘数将越大。

三、国际收支的收入调节机制

国际收支差额 B 为：

$$\begin{aligned} B &= X - (M_0 + mY) \\ &= X - M_0 - \frac{m}{s+m}(C_0 + I + G + X - M_0) \end{aligned} \tag{3.8}$$

由式（3.8）可以看出，一方面，一国出口的增加可直接改善其国际收支状况；但另一方面，由于对外贸易乘数的作用，出口增加将导致国民收入水平的提高，继而带来进口的增加，从而间接导致国际收支状况的恶化。因此，一国出口变动对国际收支状况的综合影响（包括直接影响和间接影响）为：

$$\mathrm{d}B = \mathrm{d}X - \frac{m}{s+m}\mathrm{d}X = \frac{s}{s+m}\mathrm{d}X \tag{3.9}$$

分析式（3.9）可知，一国出口的增加可改善其国际收支状况，但由于 $0 < \frac{s}{s+m} < 1$，因而国际收支改善的程度比出口增加的程度要小。

再来看一国国内自主性支出 A（如自主消费、自主投资、政府自主支出等）的变动对国际收支状况的影响：

$$\mathrm{d}B = -\frac{m}{s+m}\mathrm{d}A \tag{3.10}$$

由式（3.10）可见，当一国国内自主性支出增加时，该国国际收支将趋于恶化，但恶化的程度要小于国内自主性支出的增加额。

一国出口或国内自主性支出的变动，对该国国民收入以及国际收支状况的影响见表3－1。这表明，一国可通过实施需求管理政策来调整国际收支。当一国国际收支出现赤字时，当局可实施紧缩性财政货币政策，国内支出减少，国民收入降低，进口减少，从而国际收支得到改善；而当一国出现国际收支盈余时，则实施扩张性财政货币政策，国内支出增加，国民收入提高，进口增加，从而国际收支盈余得以减少。

表 3－1　出口与国内自主性支出变动的影响

	dY	dB
dX	$+\frac{1}{s+m}$	$+\frac{s}{s+m}$
dA	$+\frac{1}{s+m}$	$-\frac{m}{s+m}$

四、对乘数论的评价

乘数论基于凯恩斯宏观经济理论，重点阐述了对外贸易与国民收入之间的关系。弹性论只考虑了货币贬值的直接效果，而乘数论则进一步分析了货币贬值的间接效果，即通过国民收入的变化，从而进一步影响国际收支的状况。鉴于此，一些西方学者如哈伯格（A. C. Harberger）等将弹性论的价格效应与乘数论的收入效应结合起来，提出了更富有现实意义的贬值改善国际收支的条件——哈伯格条件（Harberger Condition）：$\varepsilon_x + \varepsilon_m > 1 + m$。

乘数论也存在不足：一是乘数论仍属于局部均衡分析，假定非充分就业以及汇率、物价等不变，而如果国内处于充分就业，则增加出口将形成通货膨胀，结果将大为不同；二是与弹性论一样，乘数论没有考虑国际资本流动，这与现实相差较大；三是该理论建立在凯恩斯乘数原理的基础上，未能考虑货币因素和价格因素的作用。

第三节　吸收论

20 世纪 50 年代初，詹姆斯·米德（James Meade）、西德尼·S. 亚历山大（Sidney S. Alexander）等经济学家以凯恩斯宏观经济理论为基础，从一国国民收入与支出的关系出发，研究国际收支问题，提出了国际收支的吸收论。20 世纪 50 年代初，英、法等西欧国家都曾先后使本币贬值，但其国际收支并未得到明显改善。对此，一些经济学家认为弹性论过分重视贬值的相对价格效应，而忽视了贬值的收入效应。

亚历山大等还认为经济中的总弹性既非既定，更难测定，只能用于事后分析，因此弹性法应予舍弃。随着弹性论缺陷的不断暴露以及凯恩斯主义的流行，吸收论应运而生。该理论在国际收支理论与凯恩斯宏观经济理论之间建立了全面的联系，标志着国际收支理论进入了成熟发展阶段。其基本观点是：国际收支差额由国民收入与国内吸收之间的差额决定，若想改善国际收支，须相对增加收入和减少吸收。

一、基本理论框架

假设国际收支为贸易收支，宏观经济恒等式为：

$$Y = C + I + G + X - M \tag{3.11}$$

整理得到：

$$X - M = Y - (C + I + G) \tag{3.12}$$

令 B 为国际收支差额，A 为吸收，则有：

$$B = Y - A \tag{3.13}$$

式（3.13）表明当国民收入等于吸收时，国际收支平衡，而国际收支盈余是吸收小于收入的表现，国际收支赤字则是吸收大于收入的表现。因此，要改善国际收支，最终要通过两条渠道——增加收入和减少吸收，或者更一般地说，相对于吸收应提高收入。

吸收理论具有强烈的政策含义，它认为国际收支调节属于政策调节，主张运用宏观需求管理政策，包括汇率调整，或者增加收入，或者减少支出，或者兼及两者，以改善国际收支状况。

二、货币贬值效应分析

若国际收支发生赤字，如何运用政策手段进行调节？亚历山大将吸收 A 分为两部分：自主性吸收 A_d 和诱发性吸收 $c \cdot Y$（c 为边际吸收倾向），即：

$$A = c \cdot Y + A_d \tag{3.14}$$

将式（3.14）代入式（3.13），整理得到：

$$B = (1-c)Y - A_d \tag{3.15}$$

取增量形式，有：

$$dB = (1-c)dY - dA_d \tag{3.16}$$

由式（3.16）可以看出，贬值能否改善国际收支，取决于以下三个方面：一是贬值如何影响收入，这反映在 dY 上；二是收入变化如何影响吸收，这主要反映在 c 上；三是贬值如何直接影响吸收，这由 dA_d 反映。

（一）贬值对收入的影响

1. 闲置资源效应

若贬值国存在尚未得到充分利用的资源，则贬值将通过出口增加、进口下降把增加的需求引入生产过程，带来收入的增加；而若资源已被充分利用的话，则贬值达不到增加收入这一效果。

2. 贸易条件效应

一国货币贬值通常将造成贸易条件恶化①，使实际收入下降。

3. 资源配置效应

弗里茨·马克鲁普认为，虽然贬值会恶化贸易条件，但由于贬值影响资源配置（在贬值过程中，资源从国内生产率相对较低的部门向生产率相对较高的出口部门转移），生产率的提高可以抵消贸易条件的恶化，这样贬值的净结果是提高实际收入，从长期看更是这样。当闲置资源效应很小时，贬值的资源配置效应更显重要，总就业可以不变，但通过资源更加有效的利用，产量仍可增加。

通过以上分析可以看出，一方面，贬值通过闲置资源效应和资源配置效应增加了收入 dY，其对国际收支产生的影响为 $(1-c)dY$，显然，只要边际吸收倾向 $c<1$，则收入增加可使国际收支改善；但另一方面，贬值还通过贸易条件效应使收入下降，设收入下降的程度为 t，

---

① 若用 P_x 代表一国出口商品价格，用 P_m 代表以外币表示的进口商品价格，E 表示汇率（直接标价法），则出口商品价格与进口商品价格之比就是该国的贸易条件（Terms of Trade），即 $T=\frac{P_x}{EP_m}$。在 P_x 和 P_m 不变的情况下，汇率贬值将带来本国贸易条件的恶化。

吸收会随着收入下降而减少 ct，因而贬值由于贸易条件恶化对国际收支的影响为（$1-c$）t，显然，只有 $c>1$ 才会使国际收支改善。由此可见，闲置资源效应和资源配置效应与贸易条件效应有相互冲抵的作用，贬值对（$1-c$）$\mathrm{d}Y$ 的最终效果是不确定的。

（二）贬值对吸收的直接影响

1. 现金余额效应

这是最重要的直接贬值效应。贬值会引起进口品和本国生产的贸易品的价格上升，在货币供应量不变的情况下，将使人们以货币形式持有的财富即现金余额的实际价值下降。这样，公众为了将实际现金余额恢复到愿意持有的水平，就会减少各项开支即减少吸收，或出售证券，引起利率上升，再度减少吸收，从而使国际收支得到改善。

2. 收入再分配效应

贬值引起的价格上升将带来收入的再分配，由于各收入阶层的边际吸收倾向不同，这将会影响吸收。一般来说，物价上涨所造成的收入再分配有利于利润收入者，不利于固定收入者，而前者的边际吸收倾向较低，后者的边际吸收倾向较高，因而收入再分配的结果是吸收总额减少，贸易收支得到改善。

3. 价格幻觉效应

假设货币收入与价格同比例上升，即使实际收入没有变化，但如果人们有货币幻觉，只注意价格的上升，因而减少消费，增加储蓄，一国的吸收总额也会随之减少。

4. 其他效应

如预期价格将进一步上升，人们提前购买商品和劳务；进口资本品的价格上升，将形成对投资开支的抑制；本国商品的本币价格上升对消费者支出会产生抑制作用等，这些效应对贸易收支的影响可能有利，也可能不利。

三、对吸收论的评价

吸收论采用一般均衡分析方法，将一国国际收支的决定和变动与整个宏观经济状况结合起来进行分析，比起弹性论和乘数论的局部均衡分析法是一大进步，有助于人们深入认识国际收支的失衡和均衡的性质。该理论具有强烈的政策搭配寓意，如当国际收支逆差时，在贬值的同时，若国内存在闲置资源，应采用扩张性财政政策来增加收入（扩大生产和出口）；若已充分就业，则应采用紧缩性政策来减少吸收。

但弹性论也不可避免地存在着一些缺陷：一是该理论建立在国民收入核算会计恒等式基础之上，并没有对收入与吸收为因、贸易收支为果的观点提供令人信服的逻辑分析，收入与吸收会影响贸易收支，但贸易收支也会反过来影响收入与吸收。二是假定贬值是出口增加的唯一原因和生产要素的转移机制运行顺畅，这与现实差距较大。三是在贬值分析中，吸收论完全没有考虑贸易品和非贸易品的相对价格在调整过程中的作用。事实上，在贬值后，贸易品价格相对于非贸易品价格上升，必然会导致资源的再分配，若此时资源已接近充分利用，则贸易的改善主要依靠吸收的减少。但若所减少的主要不是进口支出和对出口品的支出，而是对非贸易品的支出，那么贸易收支又如何能获得改善呢？显然，贬值引起的贸易品相对价格上升在这一过程中的作用是不可忽视的，所需要的正是将从非贸易部门释放出来的这部分生产资源引导到出口品和进口替代品的生产上。四是吸收论是一个单一国家模型，在贸易分析中不涉及其他国家，所获结论无法完全令人信服。五是吸收论忽略了资本流动在国际收支中的作用。

第四节　货币论

弹性论、乘数论及吸收论均强调商品市场流量均衡在国际收支调整中的作用，而货币论则强调货币市场存量均衡的作用。20 世纪 60 年代末 70 年代初，罗伯特·蒙代尔（Robert Mundell）、哈里·约翰逊（Harry Johnson）以及雅各布·弗兰克尔（Jacob Frenkel）等人将货币主义学派的理论向国际经济领域延伸和扩展，发展了国际收支的货币论。

货币论在两方面显著不同于传统的国际收支理论：一是传统理论仅注重经常项目交易，而货币论将国际资本流动也作为考察对象，强调国际收支的综合差额，而不仅仅是贸易差额；二是传统理论注重对线上项目的分析，而货币论则主张从线下项目分析，自下而上地分析国际收支，视线上项目差额为线下项目交易的结果，而不是相反。

一、假定条件

1. 假设一国经济处于长期充分就业均衡状态，其实际货币需求是收入、价格和利率的稳定函数；

2. 货币供应量的变化不会影响到实物产量；

3. 假设购买力平价长期内成立，即存在一个高效率的世界商品市场和资本市场，由于完全自由的套买、套卖和套利活动，使得“一价定律”得以成立，一国价格水平等于世界市场价格水平，一国利率水平等于国际资本市场利率水平。

二、国际收支失衡的原因

货币论的基本观点起源于货币市场均衡分析，即 $M_s = M_d$。

M_d 为名义货币需求，可表示为：

$$M_d = Pf(y,i) \tag{3.17}$$

式（3.17）中，P 为价格水平，y 为收入，i 为利率。

M_s 为名义货币供给，可表示为：

$$M_s = m(D + R) \tag{3.18}$$

式（3.18）中的货币供给（M_s）包括两部分：一是国内创造部分（D），即中央银行的国内信贷，二是来自国外的部分（R），即经由国际收支获得的盈余（国际储备），m 为货币乘数。为简化起见，令 $m = 1$，得到：

$$M_s = D + R \tag{3.19}$$

在货币市场均衡条件下，则有：

$$M_s = M_d = D + R \tag{3.20}$$

由式（3.20）可知，当货币供给由于国内信贷（D）的紧缩或扩张而小于或大于货币需求时，国际储备（R）就会增加或减少，以使货币供给等于货币需求。具体说来，当国内货币供给通过国内信贷扩张而增加时，货币供给就会大于货币需求，这时人们手中所持有的现金余额高于所期望持有的水平，多余的货币就要寻找出路，人们会将多余的部分用于购买国外商品和债券，由此形成国际收支逆差；反之，当国内货币供给通过国内信贷紧缩而减少时，货币供给就会小于货币需求，在价格不变的情况下，人们将通过减少对国外商品的消费、变卖国外证券来弥补货币供应的缺口，于是形成国际收支顺差。由此可见：国际收支逆差实际上就是一国国内的名义货币供应量超过了名义货币需求量，而国际收支顺差实际上就是一国国内的名义货币需求量超过了名义货币供应量；国际收支顺差或逆差是一国货币市场供求失衡的反映，国际收支从根本上看是一种货币现象；国际收支问题反映的是实际货币余额需求对名义货币供应量的调整过程，当国内名义货币供应量与实际经济变量决定的实际货币余额需求相一致时，国际收支便处于平衡状态。

三、国际收支失衡的调节

（一）一国国际收支的失衡现象是暂时的，可通过货币调节机制自行消除

如当货币供给大于货币需求（$M_s > M_d$）时，国际收支将出现逆差，国际储备（R）就会减少，货币供给将下降，直到货币需求与货币供给均衡（$M_s = M_d$）时为止；反之则反是，国际收支失衡现象不可能长期存在下去。

（二）贬值若要改善国际收支，名义货币供应量不能增加

在充分就业的情况下，贬值引起国内外商品价格的变动，贬值国的国内价格上涨，升值国的国内价格下跌。物价变动意味着实际现金

余额的变动，贬值国的现金余额减少，因而压缩开支，而升值国的余额增加，因而将扩大投资和消费。现金余额的变化通过贸易差额将逐渐消失，即由贬值国的贸易盈余弥补短缺的现金余额，由升值国的赤字压缩过多的现金余额，从而恢复均衡。可见，贬值若要改善国际收支，名义货币供应量不能增加。因此，从长期来看，控制货币供应量的增长是影响国际收支状况的关键因素。

（三）在浮动汇率制下，国际收支失衡可以立即由汇率的自动变化而得到纠正

当一国国际收支由于货币供应过多而出现逆差时，该国货币会自动贬值，人们所持有的实际货币余额下降，于是减少支出，名义货币需求将上升直到将过度的货币供给完全吸收，国际收支将自动恢复均衡。由此可见，在固定汇率制下，国际收支失衡表现为国际储备的流出流入，一国在长期内丧失了控制货币供应和国内货币政策的自主权；而在浮动汇率制下，国际收支失衡由汇率的自发变动加以纠正，不发生国际储备的流出流入，一国货币当局不会丧失货币政策的自主权。

四、对货币论的评价

货币论的主要贡献在于唤醒了人们在国际收支分析中对货币因素的重新重视，是国际收支理论分析重心的一次重大转移，其研究焦点集中于货币层面。相应的，货币论在政策主张上把国际收支的货币调节放在首位，强调货币政策的运用，认为只要保证货币供应的适度增长，就可以保持国际收支的平衡，这在高度货币化的当代社会具有实际意义。

货币论的主要缺陷表现在：一是过于强调货币因素对国际收支的影响，忽视了对收入水平、支出政策等实物因素的分析，实际上，是商品流通决定货币流通，故不应当仅仅从货币市场分析国际收支失衡的原因及其调节；二是各假设条件，如货币需求函数相当稳定、货币供给变动不影响实物产量、一价定律等未必成立。

第五节　结构论

结构论的相关分析，散见于20世纪50年代至60年代的西方经济学文献中。赞成结构论的经济学家，大多数是发展中国家或发达国家中从事发展问题研究的学者，因此，结构论的理论渊源同发展经济学紧密相关。英国萨塞克斯大学发展研究院院长保尔·史蒂芬爵士(Paul Stephen)、英国海外发展署的托尼·克列克（Tony Klick)、英国肯特大学的瑟沃尔（A. Thirwall）以及英国曼彻斯特大学的一批经济学家，都是结构论的积极倡导者和支持者。

一、基本理论

在货币论流行的20世纪70年代中期，国际货币基金组织的理论权威、研究部主任波拉克（J. Polak）将货币论的主要精神结合到了国际货币基金组织的国际收支调节规划中，使之成为国际货币基金组织制定国际收支调节政策的理论基础。当成员国国际收支发生困难而向国际货币基金组织借款时，必须按照国际货币基金组织国际收支调节规划的要求制定相应的调节政策。由于货币论的政策核心是紧缩需求，以牺牲国内经济增长来换取国际收支平衡，因而众多成员国在执行了国际货币基金组织的国际收支调节规划后，经济活动普遍受到压制，有的甚至因过度削减预算和货币供应导致经济社会动荡。

在这一背景下，结构论有针对性地提出，国际收支失衡并不一定完全是由国内货币市场失衡引起的。货币论乃至以前的吸收论都是从需求角度出发对国际收支调节进行研究，但却忽视了供给因素对国际收支的影响。结构论认为，国际收支逆差尤其是长期性的逆差既可能是长期性的过度需求所引起的，也可能是长期性的供给不足所引起的，而长期性的供给不足往往是由经济结构问题引起的。具体来看，引起国际收支逆差或长期逆差趋势的结构问题有以下几种表现形式：

第一，经济结构老化。由于科技、生产条件和世界市场的变化，一国商品失去了原有的在世界市场的竞争力，而该国国内经济结构不能适应这一变化，由此造成出口供给长期不足，导致国际收支可能出现逆差。

第二，经济结构单一。这将从两方面导致国际收支可能出现逆差：一是出口商品单一，其价格易受国际市场价格波动的影响，使国际收支状况不稳定；二是经济发展长期依赖进口，进口替代选择的余地几乎为零。

第三，经济结构落后。这是指一国出口商品的需求收入弹性低但进口商品的需求收入弹性高，而出口商品的需求价格弹性高但进口商品的需求价格弹性低。出口商品的需求收入弹性低意味着别国经济和收入的相对快速增长不能导致该国出口的相应增加，而进口商品的需求收入弹性高则反映出本国收入的相对快速增长却将导致进口的相应增加。在这种情况下，将发生国际收支的收入性逆差而非收入性顺差。出口商品的需求价格弹性高意味着本国出口商品价格的相对上升将导致出口数量的相应减少，而进口商品的需求价格弹性低则反映出外国商品价格的相对上升却不能导致进口数量的相应减少。在这种情况下，货币贬值不仅不能改善国际收支，反而将恶化国际收支。

二、政策主张

结构论认为国际收支失衡是经济结构所导致的，而结构不平衡既是长期经济增长速度缓慢和经济发展阶段落后所引起的，又成为制约经济发展和结构转型的瓶颈。结构论认为，一国经济政策的重点应放在改善经济结构和加速经济发展，以此来增加出口商品和进口替代品的数量及品种。主要手段包括增加投资、增加储蓄、改善资源的流动性，使劳动力和资金等生产要素能顺利地从传统行业流向新兴行业。

三、对结构论的评价

结构论既然是作为传统的国际收支理论特别是货币论的对立面而提出的，自然受到了许多批评。批评者认为：一是国际收支的结构性失衡与进出口商品的特点有关。若一国的出口商品没有能够满足国际市场需求的特点，那么其需求收入弹性就会较低，这类问题与其说是缺乏价格竞争力，还不如说是缺乏非价格因素的竞争力。二是国际收支的结构性失衡与现实和愿望之间的差距有关。国际收支失衡有事先和事后两种不同的概念，事先的概念是指国际收支失衡的压力，若是财政货币政策适当，就可能避免事后失衡的发生。三是国际收支制约力是到处存在的，这对于维持一国经济的长期均衡发展和世界货币金融秩序是十分必要的。

结构论讲的实际上是经济发展问题，而不是国际收支问题。经济发展政策对国际收支失衡的调节常常是行之无效或收效甚微的。

本章小结

西方国际收支理论主要集中于一国国际收支的决定因素以及保持国际收支平衡的政策研究上。弹性论着重分析了一国实行货币贬值对该国国际收支差额的影响，并指出了本币贬值对改善贸易收支逆差所需的弹性条件。乘数论在弹性论的基础上，进一步分析了货币贬值的间接效果，即通过国民收入的变化，从而进一步影响国际收支状况。吸收论指出了收入和支出对国际收入的调节作用，可通过增加收入或减少吸收来改善国际收支。货币论提出国际收支不平衡是货币供求不平衡的反映。结构论认为国际收支不平衡可能由经济结构问题所引起。这些理论在不同历史阶段、不同程度上具有一定的现实意义，但又都存在各自的内在缺陷。

重要概念

弹性论　马歇尔—勒纳条件　*J* 曲线效应　乘数论　吸收论　货币论　结构论

复习思考题

1. 简述国际收支弹性论。
2. 运用国际收支乘数论，分析当一国采取紧缩性政策改善国际收支时，进口需求收入弹性和开放度（*M/Y*）对这一政策的效果有何影响？如果采用扩大出口的政策呢？
3. 请解释国际收支吸收论中贬值所带来的各种效应。
4. 国际收支货币论是如何解释国际收支失衡的原因及其调节的？

第四章　国际金融市场

国际金融市场与国内金融市场有着密切的联系，它是国内金融市场的扩展与延伸。国际间商品和劳务的转移、资本的流动、黄金的输出输入、外汇的买卖以及国际货币体系的正常运转等方面的国际经济来往都离不开国际金融市场。伴随国际贸易发展起来的国际金融市场，对世界经济的发展发挥着重要作用。

第一节　国际金融市场概述

一、国际金融市场的形成与发展

（一）国际金融市场的形成

国际金融市场是国际贸易和国际支付发展到一定阶段，出现了国际间的资金融通活动以后才逐步形成的，其主要形成方式大体可以归纳为两种：一种是自然演进型，另一种是地理优胜型。

自然演进型的国际金融市场是由国内金融市场逐步演变而来，一般需要经过由地方到全国然后发展到国际的三个阶段。最初在某一城市或地区形成了区域性金融中心，而随着国内生产的发展和贸易的扩大，此区域性金融中心逐渐扩大成为全国性的金融市场，随着生产国际化、贸易国际化和资本国际化浪潮的冲击，这些全国性的金融中心（如伦敦、纽约、东京、法兰克福、巴黎等）逐步演变成国际金融市场。这类自然演进型国际金融市场的共同特点是：以强大的工业为基础，以对外贸易和雄厚的资金实力为后盾，依托优良的金融服务和较为完善的银行制度发展起来的，但却都要受到所在国的法律和金融条例的制约，通常也都只经营所在国货币的信贷业务。

地理优胜型的国际金融市场比自然演进型的国际金融市场来得直接，它主要是通过利用优越的地理位置和实行优惠的政策来进行“人工创造”。在20世纪中叶蓬勃兴起的以从事离岸金融业务为主的一些区域性国际金融市场就是这样形成的。由于这些市场所在地的政局稳定、经济发展较快，而且地理位置、通信服务、金融机构设置等方面具有不可取代的优势，加之政府采取各种特殊政策进行引导，从而较快地使这些地区成为国际性金融市场。新加坡国际金融市场的形成就是一个典型的例子。

无论是自然演进型的国际金融市场，还是地理优胜型的国际金融市场，在其形成过程中，都必须具备一定的条件。根据国际金融市场的发展情况概括起来主要有以下几条：

第一，稳定的政局。只有市场所在国或地区政局稳定，才能切实保证投资者利益，这是最基本的条件。

第二，自由开放的经济体制，即拥有自由开放的经济政策、自由宽松的外汇管制。自由开放的经济政策有利于世界各国经济金融往来与合作，自由宽松的外汇管制有利于国际资金的自由出入。

第三，健全的金融制度和发达的金融机构。健全的金融制度是金融活动高效进行的保障，发达的金融机构能够担负国际金融业务的重任。

第四，现代化通信设施和交通方便的地理位置。一国要成为国际金融中心，必须具有完善的通信设施，且具有不断吸收高新科技的能力，从而保证迅速准确获取国际信息。交通方便的地理位置，易于吸引广泛参与者、增加国际金融业务。

第五，兼备国际金融知识与丰富业务经验的国际金融人才。拥有这些人才才能为国际金融业务提供高效率、高质量的各种服务。

（二）国际金融市场的发展

第一次世界大战以前，英国的自由资本主义迅速发展，工业生产开始走向集中并向海外极度扩张，使其经济实力跃居世界首位，英国伦敦在当时囊括了世界上大部分的财富，英镑成为世界上主要的国际储备货币和国际结算货币。同时，由于英国当时政治稳定，对外加强了殖民统治，进而英格兰银行的地位得到了空前的提高和巩固，且其遍布于英国国内和世界各地的银行代理关系逐渐完备起来，银行结算、信贷制度基本建立。再加上从海外掠夺、积累起来的巨大资金力量，成为提供信贷资金的重要来源，从而使伦敦发展成为了资本主义世界最大的国际金融市场。

第二次世界大战后，国际金融市场经历了一个重大的演变和发展过程。

首先，自第一次世界大战爆发到第二次世界大战结束后的一段日子，英国经济持续遭到重创，所以伦敦国际金融市场的作用随之逐步削弱，英镑的地位不断下降。与此同时，美国利用第二次世界大战积累的巨额资本乘机崛起成为世界上最大的资金供应者，控制了整个西方世界的经济，进而美元成为各国的储备货币和重要的国际结算货币。由于国际借贷和资本筹措主要集中在纽约，因而纽约成为继伦敦之后并超过伦敦的世界上最大的国际金融市场。这一时期，西欧各国只有瑞士免遭战争灾难，继续保持其货币——瑞士法郎的自由兑换，由于其良好的金融环境和货币自由兑换的优势，活跃了自由外汇交易和黄金交易，从而加速了苏黎世金融市场的发展。在这一阶段，纽约、伦敦和苏黎世成为世界三大国际金融市场。

其次，进入20世纪60年代以后，美国的国际收支出现了持续的巨大逆差，黄金流失、美元信用动摇，这一切都促使美国政府采取了一系列限制美国资本外流的管制措施，结果事实上却刺激了美元进一步外逃，使美国境外的其他国际金融市场飞速发展起来。不仅在欧洲形成了规模巨大的欧洲美元市场，而且在亚洲和世界其他地区也建立了国际金融市场。欧洲货币市场的出现，突破了所在地政府法令的约束，打破了国际金融市场必须是以所在国输出资本为供应中心的旧传统，这一典型案例为后来的国际金融市场资金扩大和地域分散创造了有利而重要的前提条件，使许多原来并不重要的地区发展成为重要的国际金融中心，在世界范围内形成了一个国际金融市场网络。不仅巴黎、法兰克福、布鲁塞尔、阿姆斯特丹、米兰、斯德哥尔摩、东京、蒙特利尔等传统的金融市场成为境外欧洲货币市场，甚至连一些不知名的地方如巴哈马、开曼群岛等地，也相继成为重要的国际金融市场。

再次，发展中国家金融市场的建立与国际金融市场一体化进程的加快。20世纪70年代以后，各发展中国家在经济上逐步摆脱了帝国主义的控制，民族经济得到了迅速发展。这些国家的经济在得到一定程度发展以后，便开始发展自己的金融业并积极参与国际金融市场业务。有目共睹的是，近年来，亚洲的东京、新加坡、中国香港等地的金融市场都有了较大发展；拉丁美洲、非洲等地的发展中国家的金融市场也有逐步兴起之势，特别是在一些石油生产国，由于经济增长迅速、石油收入丰厚，因而在国际收支中形成了大量顺差、积累了数额巨大的石油美元，所以在国际金融市场上的作用日渐重要，成为国际金融领域一支不可忽视的力量。其中，巴林、开罗、利雅得都有成为阿拉伯金融中心的可能。

与此同时，国际金融市场一体化的进程明显加快。进入20世纪90年代以后，一些新兴市场经济国家为了吸引外资、加强本国的国际金融地位和实力，加大了金融开放的步伐、积极推行金融自由化、放松金融管制、引进和发展离岸金融市场（Off-shore Financial Market），加速了国内经济的发展，取得了举世瞩目的成就。这一切都促使国际金融创新活动不断深化、进一步加速了国际金融市场一体化，使以前由于地理位置在金融业务上彼此分割的一些主要金融市场，通过金融创新活动紧密地联系在一起，在相互促进中形成了一个统一的全球性金融市场。目前，离岸金融市场已经成为国际金融市场的核心和主要部分。

二、国际金融市场的概念

国际金融市场是国际资金融通的场所，从其发展进程来看可分为狭义和广义两种。狭义国际金融市场又称国际资金市场，是不同主体进行国际资金借贷与国际资本交易的场所，包括短期资金市场（货币市场）和长期资金市场（资本市场）。广义国际金融市场是进行国际范围资金融通、证券买卖等所有国际金融业务活动的场所，既包括国际资金市场，也包括外汇市场、黄金市场、各种衍生金融市场，还包括在金融市场从事交易的各类参与者、中间人和交易机构。

国际金融市场与国内金融市场既有区别又有联系。国际金融市场的运作环境、业务活动、受管制程度与国内金融市场不同，但国际金融市场发展以国内金融市场发展为基础，两者的货币资金运动互相影响。

国际金融市场的主要特征有：参加者不限于国内居民、机构，国外居民、机构也可参与；交易资产不限于本国货币，还包括国际上广泛承认的外汇、黄金等金融资产；国际金融市场通常为无形市场，通过现代化通信网络开展业务。

三、国际金融市场分类

国际金融市场按不同分类方法有不同划分。

按经营性质划分，国际金融市场可分为传统金融市场和离岸金融市场。传统金融市场是发生在市场所在国与非居民之间的、从事市场所在国货币国际信贷和国际证券业务的市场，受市场所在国政府金融法律法规管辖。离岸金融市场是市场所在国非居民之间进行的、涉及所有可自由兑换货币的市场，市场业务活动不受任何国家金融体系规章制度管辖。

按功能划分，国际金融市场可分为国际货币市场、国际资本市场、国际黄金市场和国际外汇市场。国际货币市场是资金借贷期在一年以内的交易市场，又称短期资金市场。国际资本市场是资金借贷期在一年以上的中长期信贷或证券发行市场，又称长期资金市场。国际黄金市场是专门从事黄金交易买卖的市场。国际外汇市场是由各类外汇提供者、需求者组成的，进行外汇买卖、外汇资金调拨、外汇资金清算等活动的场所。

按融资渠道划分，国际金融市场可分为国际信贷市场和国际证券市场。国际信贷市场主要从事资金借贷业务，按照借贷期限长短不同分为短期信贷市场和长期信贷市场。国际证券市场是股票、公司债券和政府债券等有价证券发行和交易的市场，是长期资本投资人和需求者之间的有效中介，是金融市场的重要组成部分。

四、国际金融市场的构成要素

（一）各国政府

政府在国际金融市场上以国家名义或对外发放政府债券筹措资金或调节国际收支活动，也可以在国际金融市场上实施对外援助。

（二）中央银行

为使市场价格或供求关系维持在有利于发展本国经济的合理而又有利的水平上，各国中央银行常常运用经济手段进行公开市场操作来间接引导或干预市场。

（三）各类商业银行

现代商业银行在国际金融市场上既充当信用中介的角色又扮演着融资者的角色，在国际借贷、外汇买卖等业务活动中都发挥着重要作用。

（四）国际金融机构

国际金融机构在国际金融市场上参与资金融通，对国际金融市场进行协调与管理，并搜集、分析、提供国际金融市场信息以对其客户提供经济与金融咨询服务等。

（五）公司、企业等经济组织

在开放经济中，各国公司、企业尤其是跨国公司都把国际金融市场作为重要的融资领域和资本运作领域。公司的股票、债券发行，资金借贷，海外直接投资以及有价证券的投资等活动都必须通过国际金融市场才能得以实现。

（六）个人投资者

个人投资者主要通过购买政府、公司、银行发行的各种股票或债券向国际金融市场注入资金。

（七）经纪人

经纪人在国际金融市场为其他参与者提供信息、代理交易以及开展自营业务。

(八) 各种投机者

投机者会借助外汇、黄金及金融衍生工具进行投机活动，他们以国际金融市场行情为决策基础，也往往会引发新的行情波动。

五、国际金融市场的内容

(一) 国际货币市场

国际货币市场（International Money Market）是资金借贷期在一年以内短期金融工具进行交易的场所，又称短期资金市场。市场参与者主要有商业银行、票据承兑公司、贴现公司、证券交易商和证券经纪商等。按借贷方式的不同，可将国际货币市场分为银行短期信贷市场、短期证券市场和贴现市场。

1. 银行短期信贷市场

银行短期信贷市场是国际银行同业间或银行向工商企业提供短期信贷资金的场所，是在资本国际化过程中发展起来的，主要用于解决临时性短期流动资金的不足。短期信贷市场拆放期长短不一，最短为日拆，一般为一周、一个月、三个月和六个月，但以一年为限。拆放利率以伦敦同业拆放利率（LIBOR）为基础。短期信贷市场操作以电信方式完成，贷款不必担保。

2. 短期证券市场

短期证券市场是进行短期证券发行和买卖的场所，期限一般不到一年。这里的短期证券包括国库券、可转让定期存款单、商业票据、银行承兑票据等。各国短期信用工具种类繁多、名称各异，但实质上都属于信用票据。

国库券（Treasury Bills）是政府财政部发行的短期债券，是政府筹集短期资金的最便利措施，以应对季节性需要。国库券期限主要有三个月、六个月两种，票面金额不等，以折扣方式发行，以投标方式在市场上交易，到期按面额偿还。

大额可转让定期存单（Certificate of Deposit，简称 CD）又称大额银行定期存单，是存款人在银行存入的一种期限在一年以内的定期存款凭证。大额可转让定期存单存款利率与银行同业拆放利率大致相同，存单到期后可向发行银行按票面金额与约定利率提取本息。

商业票据（Commercial Bills）是信用良好的工商企业为筹集短期资金而开出的票据。它可通过银行发行，票面金额不限，期限一般为四至六个月，交易按票面金额贴现的方式进行。

银行承兑票据（Bank Acceptance Bills）是经银行承兑过的商业票据。票据一经银行承兑，其信用便得以提升，易于流通。

3. 贴现市场

贴现市场是对未到期票据通过贴现方式进行资金融通的市场。贴现市场的主要经营者是贴现公司，贴现交易的信用票据主要有政府国库券、短期债券、银行承兑票据和部分商业票据等，贴现利率一般高于银行贷款利率。

计算票据贴现收益额的方法如下：假设 y 表示贴现收益额，c 表示面值，i 表示贴现率，T_d 表示距到期日的实际天数，T_y 表示一个财政年度所包含的天数，那么贴现收益额 $y=\frac{i\times c\times T_d}{T_y}$。

（二）国际资本市场

国际资本市场（International Capital Market）是指资金借贷期在一年以上的资金借贷、证券交易的场所，又称长期资金市场。按资金融通方式的不同，可将国际资本市场分为银行中长期信贷市场和证券市场。

1. 银行中长期信贷市场

银行中长期信贷市场是国际银行提供中长期信贷资金的场所。一般期限为一至五年的称为中期信贷，五年以上的则称为长期信贷。该市场信贷方式有双边贷款和多边贷款之分。利率在伦敦同业拆放利率基础上浮动一定幅度，并受经济形势、资金供求状况、通货膨胀和金融政策等因素影响。

2. 证券市场

证券市场是证券发行与流通的场所，是金融市场的重要组成部分。发行证券的目的在于筹措长期资本，证券是长期资本借贷的一种方式。

其主要特征是：规模迅速扩大；筹资证券化；国际金融创新与表外业务迅速增长；资本市场"失灵"在发展中国家日益突出；资本市场日益成为各种金融力量"竞技"的场所，股票市场动荡不安。

证券市场结构从不同角度有不同划分。按证券交易方式的不同，证券市场结构可分为初级证券市场和二级证券市场。按交易的证券类别不同，证券市场结构可分为债券市场和股票市场，其中债券市场交易政府债券和企业债券，股票市场交易公司股票。政府债券是由政府发行的中、长期债券，可在市场上随时交易，但不到期不得兑现。企业债券是企业发行的，承诺在一定期限向投资者还本付息的债务凭证。公司股票是由股份公司发行的，证明股东按其所持股份享有权利承担义务的书面凭证，是股票持有者借以获取股息和红利、根据规定行使股东权力的有价证券，一般分为普通股和优先股两种。

（三）国际外汇市场

国际外汇市场是国际间从事外汇买卖、调剂外汇供求的交易场所，它有狭义外汇市场和广义外汇市场之分。狭义外汇市场是从事外汇买卖的有形固定场所，由外汇指定银行、外汇经纪人和客户组成。广义外汇市场是从事外汇买卖的有形与无形场所的总和，市场交易既包括封闭式交易也包括开放式交易。外汇市场主要参与者有中央银行、外汇银行、外汇经纪人、贴现商号、外汇交易商、跨国公司、外汇投机者及进出口商和其他外汇供求者，归纳起来为中央银行、外汇银行、外汇经纪人和外汇市场客户四大部分。四部分市场参与者构成了外汇市场全部交易：外汇银行与外汇经纪人或客户之间外汇交易、外汇银行间外汇交易、中央银行与各外汇银行间外汇交易、各中央银行间外汇交易。

国际外汇市场自第二次世界大战以来日趋成熟，20 世纪 80 年代以来最新通信设备的应用使国际金融工具不断创新、新外汇交易方式不断涌现，推动了当代国际外汇市场的迅猛发展。其主要特征是：外汇市场全球化、多样化、规模化，全球外汇市场在时空上已连成整体，不同外汇市场汇率差异日趋缩小，与资金市场联系加深，跨国公司成为外汇市场主要参与者，金融创新层出不穷，外汇市场动荡不安，外汇市场联合干预加强。

（四）国际黄金市场

1. 国际黄金市场的概念

国际黄金市场是集中进行黄金买卖的交易场所，由各地的黄金交易所构成。黄金交易所一般都在各个国际金融中心，是国际金融市场的重要组成部分。黄金市场上买卖的黄金形式多样，主要有各种成色和重量的金条、金币、金丝和金叶等。大金条量重价高是专业金商和中央银行买卖的对象，小金条量轻价低是私人和企业买卖收藏的对象。金价按纯金重量计算，纯金重量用金条重量乘以金条成色得出。

黄金市场主要参与者有：出售黄金的采金企业和进口黄金的各国工商企业，利用黄金作为对外结算、投资与保值手段的各国企业、个人、银行和其他金融机构，专门经营黄金买卖的各国金商和经纪人，通过买卖黄金调节储备资产与国际收支的各国中央银行，利用金价涨落牟取暴利的黄金投机商，某些国际性金融机构等。

世界黄金市场黄金供应来源主要有：新开采的黄金，各国政府、IMF 和私人抛售的黄金，集团和个人销售的黄金等。世界黄金市场黄金需求主要有：工业用途、官方储备、私人储藏等。

2. 国际黄金市场构成

国际黄金市场按不同分类方法有不同划分。

按市场交易有无固定地点划分，国际黄金市场可分为无形市场和有形市场。无形市场采取开放式交易，没有固定交易地点，主要通过现代通信技术联系成交。有形市场采取集中式交易，在交易所面对面成交。有形黄金市场大多通过经纪人成交，市场对每个黄金经纪人的席位收取高额费用。

按市场作用大小划分，国际黄金市场可分为主导性黄金市场和地区性黄金市场。主导性黄金市场的国际交易集中度高，价格形成及交易量的变化对其他金市起着主导作用。地区性黄金市场多局限于本地区且交易规模有限。

按市场管制程度划分，国际黄金市场可分为自由交易黄金市场和有限制交易黄金市场。自由交易黄金市场上黄金可自由输出入，任何人都可以自由买卖黄金。有限制交易黄金市场对黄金输出入和市场交易主体都有某些限制。

按市场交易方式划分，国际黄金市场可分为黄金现货市场和黄金期货市场。黄金现货市场上交易成交后，应在成交当日或数个工作日内办理交割。黄金期货市场上交易成交后，交易双方按签订的合同期限办理交割。

3. 黄金市场黄金价格及影响因素

黄金价格是黄金市场的中心内容，其价格高低首先取决于流通中的纸币实际代表的黄金量或价值量。金本位制下，黄金可以自由输出入并与纸币自由兑换，因此黄金价格比较稳定。金本位制崩溃后，黄金与纸币的联系被割断，黄金买卖与输出入受限，使纸币代表的金量与黄金市场供求关系经常变动，黄金市场价也随之波动。

金本位制崩溃后，黄金价格变化分为三阶段：第一，维持黄金官价阶段。从布雷顿森林体系建立到黄金总库解散前，美国与西方各国政府对市场金价操纵控制，黄金价格一直维持在每盎司35美元官价水平上。第二，黄金双价阶段。1968年3月美国爆发的美元危机使美国黄金储备大量流失，在自由黄金市场金价随供求波动的情况下，美国政府仍对各国中央银行按官价兑换黄金。直至美国停止兑换黄金前，金价波动都是有限的，一般每盎司在35美元至40美元之间波动。第三，20世纪70年代初期黄金价格不再与美元直接挂钩，黄金价格逐渐市场化，影响黄金价格变动的因素日益增多。

影响黄金价格的主要因素有：

第一，黄金供求关系。市场上黄金供过于求时金价下跌，反之金价上升。

第二，通货膨胀。世界发生持续性通货膨胀且不断加剧时，人们为保值抢购黄金使黄金价格上升，反之黄金价格下降。

第三，利率和汇率。主要国家货币汇率下跌、银行利率下调促使公众购买黄金，需求的增加推动金价上升，反之黄金价格下降。

第四，国际油价。油价上升往往是世界发生通货膨胀的原因之一。世界油价上升造成成本推动型通货膨胀，公众抢购黄金使黄金价格上升，反之黄金价格下降。

第五，国际重大政治事件。

第六，预期与投机。预期与投机也是影响金价的一个重要因素。投机者经常利用政治上的动态、经济行情的涨落影响一般投资者的心理倾向，为自己获利创造条件。

4. 世界主要黄金市场

世界黄金市场主要分布在欧、亚、北美三个区域。欧洲以伦敦、苏黎世黄金市场为代表，亚洲主要以东京、中国香港和新加坡为代表，北美主要以纽约、芝加哥和加拿大的温尼伯为代表。世界各大金市交易时间以伦敦时间为准，形成伦敦、纽约（芝加哥）、东京连续不断的黄金交易。

美国黄金市场是20世纪70年代中期发展起来的，由纽约商业交易所、芝加哥国际商品交易所、底特律交易所、旧金山交易所和水牛城交易所构成，其中纽约商业交易所和芝加哥国际商品交易所是五家黄金交易所中主要的交易场所。美国黄金市场以黄金期货交易为主，是世界交易量最大和最活跃的期金市场。黄金期货交易方式不同于黄金现货交易，主要以交易契约方式进行。由于远期交易易产生投机，美国黄金市场形成了一套限制性措施，建立了500人的商品交易委员会，对黄金期货进行严格的管理和监督。

伦敦黄金市场历史悠久，其发展历史可追溯到两百多年前。1804年伦敦取代阿姆斯特丹成为世界黄金交易中心，1919年伦敦金市正式成立，每天进行上午和下午两次黄金定价。1982年前伦敦黄金市场主要经营黄金现货交易，1982年4月伦敦期货黄金市场开业，目前伦敦仍是世界上最大的黄金市场。伦敦黄金市场的主要特点之一是交易制度比较特别，因为伦敦没有实际的交易场所，交易都通过无形方式完成。交易会员由权威的五大金商及一些公认为有资格向五大金商购买黄金的公司、商号组成，交易时由金商根据各自的买盘和卖盘报出买价及卖价。伦敦黄金市场交易的另一个特点是灵活性很强，黄金纯度、重量等都可选择。若客户要求在较远地区交售，金商也会报出运费及保费等。最通行的买卖伦敦金的方式是客户买卖黄金无须交收现金，到期只需按约定利率支付利息即可，但客户不能获得实物黄金。这种黄金买卖方式只在会计账簿上记载，直至客户平仓为止。

苏黎世黄金市场是第二次世界大战后发展起来的世界黄金市场。由于瑞士特殊的银行体系和辅助性黄金交易服务体系，为黄金买卖者提供了一个既自由又保密的环境。苏黎世黄金市场是世界上新增黄金最大的中转站，在世界黄金市场上的地位仅次于伦敦。苏黎世黄金市场没有正式组织结构，由瑞士银行、瑞士信贷银行和瑞士联合银行负责清算结账。三大银行不仅可代客户交易，而且黄金交易也是这三家银行的主要业务。苏黎世黄金总库（Zurich Gold Pool）建立在瑞士三大银行非正式协商的基础上，作为交易商的联合体与清算系统在市场上起中介作用，不受政府管辖。苏黎世黄金市场无金价定盘制度，在每个交易日特定时间根据供需状况议定当日交易金价，这一价格为苏黎世黄金官价，全日金价在苏黎世黄金官价基础上的波动无涨停板限制。苏黎世金市的金条规格与伦敦金市相同，可方便参与者同时利用伦敦市场增加流通性。

日本东京黄金交易所成立于1982年3月，它的前身是日本贵金属协会，该协会成员是多年从事黄金、白银等贵金属业务的商行。第二次世界大战后日本经济得到迅速发展，对黄金需求大量增加，国内黄金资源匮乏的现实使日本不得不大量从国际市场进口黄金，日本东京黄金交易所应运而生。日本东京黄金市场建立初期，管理制度、实际运作方式都没有走上正轨，交易过程非常烦琐。随着日本经济快速发展，国内黄金投资者大量涌现，逐渐形成了一个在国际上颇具影响力的黄金交易市场。近年来，日本经济日益雄厚，日本东京黄金市场发展更为活跃。

六、国际金融市场的作用

（一）推动世界经济全球化发展

国际金融市场在国际范围内把大量闲散资金聚集起来满足国际贸易发展的需要，通过金融市场职能推动了生产、资本国际化。欧洲货币市场为跨国公司在国际间资金储存与融通创造了条件，促进了跨国公司经营资本的循环与周转，有效推动了世界经济的全球化发展。

（二）为各国经济发展提供资金

国际金融市场是世界各国资金集散中心，各国可充分利用这个国际性蓄水池获取发展经济所需资金。

（三）调节各国国际收支

国际金融市场为国际收支逆差国提供了一条调节国际收支渠道。当一国发生国际收支逆差时，即可到国际金融市场上举债或筹资，可在很大程度上缓和国内国际收支失衡的压力。

（四）促进金融业国际化

国际金融市场吸引着跨国金融组织尤其是银行业的聚集，国际金融市场通过各种活动将银行有机结合，使各国银行信用突破空间制约成为国际间银行信用，从而推动金融业国际化。

（五）便利大规模国际资本流动

国际金融市场使国际资本国际间充分流动成为可能，大规模国际资本运用和调拨合理有效地配置了资源。

第二节　欧洲货币市场和离岸金融市场

一、欧洲货币市场

（一）欧洲货币市场的概念

欧洲货币市场（Euro-money Market）是以非居民为参与主体、欧洲银行为中介、在货币发行国之外从事该种货币借贷的市场，是离岸金融市场的核心部分。欧洲货币市场有狭义和广义之分。狭义欧洲货币市场是存在于伦敦及西欧等地方的美元借贷市场；广义欧洲货币市场是全球范围经营境外货币存款等业务的国际资金市场。

（二）欧洲货币市场的特点

欧洲货币市场是自由的国际资金市场，与传统国际金融市场相比具有以下突出特点：

第一，市场不受市场所在地政府法令的管理约束。

第二，突破国际贸易与国际金融业务汇集地的限制。传统国际金融市场通常设在国际贸易发达的国内城市，而欧洲货币市场超越了国际贸易国际金融业务汇集地的限制，只要投资者和筹资者在某地有资金供需要求且该地管制宽松、税收优惠、地理位置优越，即可发展成为欧洲货币市场。

第三，利率体系独特。欧洲货币市场存款利率略高于国内金融市场，贷款利率略低于国内金融市场。由于国外存款风险较大、欧洲货币市场所在国对法定准备金和存款利率最高限没有限制，所以欧洲货币市场存款利率较高。由于欧洲货币市场对贷款人提供免税、免缴存款准备金等优惠，所以欧洲货币市场贷款利率较低。存贷利差的缩小有效地吸引了资金存款人和资金借款人。

第四，由非居民交易形成市场借贷关系。欧洲货币市场借贷关系是外国投资者与外国筹资者的关系，其交易活动有三种类型：外国投资者与本国筹资者之间的交易、本国投资者与外国筹资者之间的交易、外国投资者与外国筹资者之间的交易。外国投资者与外国筹资者之间的交易又称离岸交易，是欧洲货币市场的主要借贷关系。

第五，拥有巨大资金规模和广泛银行网络。欧洲货币市场以批发交易为主，来自世界各地的资金汇集于此，数额极其巨大。欧洲货币市场是银行间的市场，具有广泛的经营欧洲货币业务的银行网络，市场业务一般通过电话、电报、电传等工具在客户间进行。

第六，具有信贷创造机制。欧洲货币市场不仅是信贷中介机制，而且是信贷创造机制，其信贷创造机制与银行信贷创造机制相似。

（三）欧洲货币市场的构成

欧洲货币市场按借贷方式、借贷期限以及业务性质的不同，可分为欧洲货币信贷市场和欧洲货币债券市场。

1. 欧洲货币信贷市场

欧洲货币信贷市场有短期和长期之分。欧洲货币短期信贷市场是进行一年以内短期资金拆放的欧洲货币信贷市场，其主要特征是：期限短，大额批发性质，在借款期限、借款币种及借款地点等方面有较大选择余地，利率由交易双方商定。欧洲货币长期信贷市场是进行一年以上长期资金拆放的欧洲货币信贷市场，其主要特征是：期限长；以辛迪加贷款为主；对贷款人和借款人方便，极具吸引力；必须签订贷款协定，有的还需政府担保。

2. 欧洲货币债券市场

欧洲货币债券市场是发行欧洲货币债券进行筹资而形成的一种长期资金市场。目前，欧洲债券市场上的债券主要有五种：普通固定利率债券、浮动利率债券、可转换债券、授权证债券、合成债券。

欧洲货币债券市场有以下几个特点：

第一，债券发行者、债券面值货币和债券发行地分属不同国家。

第二，债券发行方式以辛迪加为主。欧洲货币债券市场上债券的发行一般由一家大专业银行或投资银行牵头，再联合数十家不同国家大银行代为发行。

第三，高度自由。欧洲货币债券市场上债券一般不需经过市场所在国政府批准，不受各国金融法规约束。

第四，不影响发行地国家的货币流通。欧洲货币债券市场上发行债券所筹措的资金是欧洲货币资金，而非发行地国家货币资金，因而对债券发行地国家货币资金流动影响不大。

第五，货币选择性强。

第六，发行条件优惠。

第七，安全性高、流动性强。欧洲货币债券市场主要借款人是跨国公司、各国政府和国际组织，这些资信较高的借款机构使投资者较安全。而且欧洲货币债券市场是一个有效的二级市场，持券人可随时转让债券取得现金，具有良好的流动性。

第八，市场反应灵敏，交易成本低。欧洲债券市场两大清算系统使该市场能够准确、迅速、及时地提供国际资本市场现时资金供求及利率汇率动向，缩小债券交割时间、减少交割手续，从而极大地降低交易成本。

第九，金融创新持续不断。欧洲货币债券市场根据供求情况不断推出新产品，把国际股票市场、票据市场、外汇市场和黄金市场有机联系在一起，有力推动了国际金融一体化。

（四）欧洲货币市场的作用与影响

欧洲货币市场的产生和发展，对世界经济产生了广泛而深刻的影响：

1. 欧洲货币市场的积极作用

第一，为各国经济发展提供资金便利。欧洲货币市场是国际资金再分配的重要渠道，发达的金融机构、高效的融资效率都为各国获取大规模资金提供了便利。

第二，有利于平衡国际收支。欧洲货币市场不仅拓展了金融市场空间范围，而且丰富了国际结算支付手段。当一国国际收支出现逆差时，即可从欧洲货币市场借入欧洲美元或其他欧洲货币缓解逆差压力，反之将过多外汇储备投入欧洲货币市场以平衡国际收支。

第三，推动跨国公司国际业务发展。欧洲货币市场既可为跨国公司国际投资提供融资，也可为其提供资金国际间转移，推动跨国公司国际经营及业务国际化。

2. 欧洲货币市场的消极影响

第一，增加投机，加剧外汇市场动荡。欧洲货币市场不受市场所在地政府法令约束，具有极强流动性。当某地信贷市场利率和外汇市场汇率有所变化，货币投机者即会利用套利、套汇或黄金投机牟取利益，使外汇市场动荡不安。

第二，削弱各国金融政策实施效果。由于欧洲货币市场具有高效流动性，各国商业银行资金调拨方向很可能与本国经济政策目标方向相反，从而削弱政府宏观金融政策效果。

第三，增加了经营欧洲货币业务银行的风险。

二、离岸金融市场

离岸金融市场是为非居民提供境外货币借贷、投资、贸易结算、外汇黄金买卖和证券交易等金融服务的市场。从市场业务范围来看，离岸金融市场可分为混合型离岸金融市场、分离型离岸金融市场、避税港型离岸金融市场和渗透型离岸金融市场。

（一）混合型离岸金融市场

混合型离岸金融市场的特征有：交易币种为市场所在地国家以外货币；经营离岸业务不必征得市场所在地金融当局批准；非居民除经营离岸业务外还可经营在岸业务，但必须缴纳存款准备金及有关税金。

（二）分离型离岸金融市场

分离型离岸金融市场是境内金融业务与离岸金融业务严格分离的离岸金融市场。分离型离岸金融市场的特征有：离岸金融业务和在岸金融业务必须分别设立账户；经营货币可以是境外货币也可以是境内货币；经营离岸金融业务的本国银行和外国银行必须向市场所在国金融当局申请批准；经营离岸金融业务可获免交存款准备金、存款保险金等优惠。

（三）避税港型离岸金融市场

避税港型离岸金融市场是没有实际离岸资金交易、只办理其他市场交易记账业务的离岸金融市场。

（四）渗透型离岸金融市场

渗透型离岸金融市场是把离岸业务与在岸业务分立，居民存款业务与非居民存款业务分开，离岸账户资金可贷放给市场所在国居民的离岸金融市场。

第三节　国际金融市场业务及其创新

国际金融市场形式多样，业务种类繁多，20 世纪 70 年代以来，国际金融市场上的业务创新层出不穷。

一、即期外汇买卖

即期外汇买卖（Spot Exchange Transaction）又称现汇买卖，是外汇银行与客户或其他银行在买卖成交当天或两个营业日内按成交价格交割的外汇买卖。即期外汇买卖是外汇市场上最常见的买卖形式。

即期外汇买卖有顺汇和逆汇之分。顺汇是汇款人委托银行以某种信用工具通过其国外分行或代理行将款项付给收款人的支付方式。逆汇是收款人出票通过银行委托其国外分行或代理行向付款人收取汇票所列款项的支付方式。即期外汇买卖涉及四方当事人：汇款人、收款人、汇出行、解付行。其中，汇出行与解付行为委托代理关系。即期外汇买卖采取电汇、信汇和票汇三种形式得以实现。

二、远期外汇买卖

远期外汇买卖（Forward Exchange Transaction）又称期汇交易，是外汇买卖双方在成交时签订合同，约定在将来某时间进行交割的外汇交易活动。其主要特征是：外汇买卖双方签订合同后无须立即支付外汇或本国货币，而是延至将来某时间；买卖规模较大；以保值、避免外汇汇率波动风险为交易目的；外汇银行与客户签订的合同须经过外汇经纪人担保。

三、套汇交易

套汇交易是利用不同时间、不同地点汇率差异而赚取收益的外汇交易活动。进行套汇需具备以下条件：存在不同外汇市场和汇率差价；套汇者必须拥有一定数量资金且在外汇市场拥有分支机构或代理行；套汇者具有专业技术及经验，能够根据预测迅速采取行动。

套汇交易有地点套汇和时间套汇之分。地点套汇是套汇者利用不同外汇市场间汇率的差异赚取收益的套汇交易。从交易所涉及外汇市场数量来看，可将地点套汇分为直接套汇和间接套汇。直接套汇又称两角套汇，是利用同一时间两外汇市场汇率差异赚取收益的外汇买卖活动。间接套汇又称三角套汇，是利用三个或三个以上不同外汇市场汇率差异同时在多个外汇市场进行外汇买卖赚取收益的外汇交易。时间套汇是套汇者利用不同交割期限汇率差异买入（或卖出）即期外汇、卖出（或买入）远期外汇来赚取收益的套汇交易。

四、套利交易

套利交易是利用不同国家或地区短期利率差异，将资金由利率较低国家转移到利率较高国家从中获取收益的外汇交易活动。套利活动的前提条件是：套利成本必须低于两国货币利率差，否则交易者无利可图。

从套利是否进行反向交易轧平头寸来看，可将套利交易划分为非抵补套利和抵补套利两种。非抵补套利是将资金从低利率货币转向高利率货币获取收益的套利活动，非抵补套利不必进行反方向交易轧平头寸，但需承担高利率货币贬值风险。抵补套利是把资金调往高利率货币同时在外汇市场卖出远期高利率货币的套利交易。进行非抵补套利的同时进行掉期交易可避免汇率风险。

五、掉期交易

掉期交易是买进（或卖出）某种货币的同时卖出（或买进）同种货币的交易活动。其特点有：买、卖同种货币同时进行；买卖货币种类相同、金额相等；买卖交割期限不同。按交割期限不同，掉期交易可划分为即期对远期掉期交易、远期对远期掉期交易和一天掉期交易。

由于掉期交易运用不同交割期限进行交易，可以避免因时间不同造成的汇率变动风险，具体表现为：有利于进出口商进行套期保值；有利于证券投资者进行货币转换，避免汇率风险；有利于银行减少与客户远期交易带来的汇率风险。

六、金融期货交易和金融期权交易

金融期货交易（Financial Futures Transaction）是约定在将来特定时间，以规定价格买卖一定数量某种金融商品的买卖合同。其特征有：交易对象标准化、交易期限规格化、交易价格统一化。金融期货交易的作用在于帮助交易者套期保值，金融期货交易市场的套期保值有卖出套期保值和买入套期保值两种。

金融期权交易（Financial Options Transaction）是交易人通过支付一笔费用获得至到期日前以预定价格、数量购买或出售金融商品权利的买卖合同。金融期权交易有买方期权、卖方期权和双重期权之分。买方期权又称看涨期权，是期权买方有权以双方预先协定价格在规定期限内购买金融商品的买卖合同。卖方期权又称看跌期权，是期权买方有权以双方预先协定价格在规定期限内出售金融商品的买卖合同。双重期权是期权买方在一定时期内有权选择以预先协定价格买进或卖出金融商品的买卖合同。

七、互换交易

互换交易（Swap Transaction）是对相同货币债务和不同货币债务通过金融中介进行互换的交易活动。利率互换和货币互换是最基本的互换交易。

利率互换又称利率掉期，是债务人根据国际资本市场利率走势将其自身的浮动利率债务转换成固定利率债务或将固定利率债务转换成浮动利率债务的操作。利率互换是一种常用的债务保值工具，用于管理中长期利率风险。当利率看涨时，客户将浮动利率债务转换成固定利率债务；当利率看跌时，客户将固定利率债务转换成浮动利率债务。利率互换的操作目的在于规避利率风险，降低债务成本，固定边际利润。利率有多种形式，任何两种不同形式利率之间都可通过利率互换进行转换，其中常见的是固定利率与浮动利率间的转换。

案例：利率互换

国际资本市场发生的较早一次利率互换发生于1982年7月，德意志银行发行了3亿美元七年期固定利率欧洲债券，同时与另外三家银行达成了互换协议，将固定利率欧洲债券转换成以LIBOR为基准利率的浮动利率债务。该项交易使交易双方利用各自在不同金融市场上的相对优势获利，德意志银行获得LIBOR利率与欧洲债券固定利率之间的利差、三家银行通过德意志银行高资信等级获得了优惠的固定利率债务。

货币互换是将不同种货币以商定本金和利率为基础进行交换的交易。其优点有：降低筹资成本、避免汇率风险等。

案例：货币互换

银行 A 向客户 B 提供期限为五年的美元资金 3500 万用于项目投资，作为交换，银行从客户处得到欧元 3000 万，交易中所需支付的固定利率由双方商定（与内部回报率有关）。在跨国公司和跨国银行经营过程中，该互换交易有广泛需求，具体过程如图 4－1 所示。

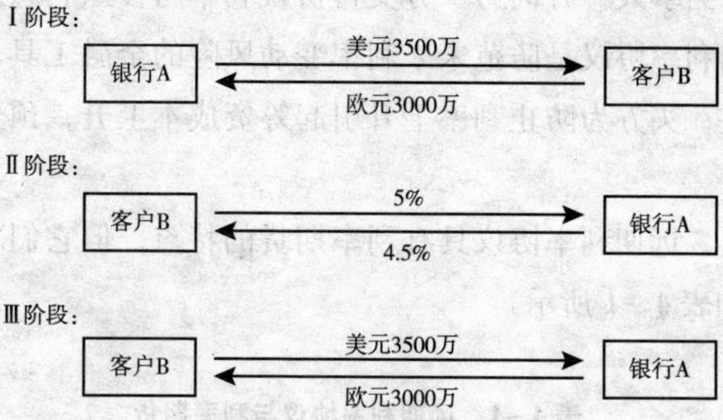

图 4－1　货币互换

货币利率交叉互换是以一种货币的固定利率与另一种货币的浮动利率相交换的交易。

案例：货币利率交叉互换

美国公司 A 准备在德国进行项目建设，它从德国公司 B 处租赁设备，租金以英镑支付并以 LIBOR 为基础浮动利率。而后，美国公司 A 通过中介银行 C 做一笔交叉互换，既可保证按期支付租金又固定了投资成本，如图 4－2 所示。

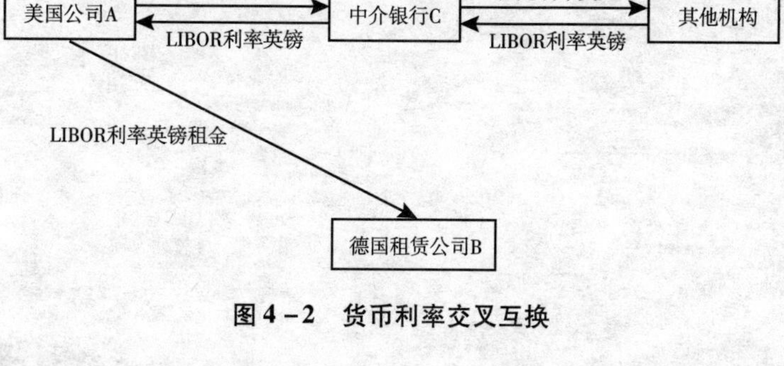

图 4－2　货币利率交叉互换

八、远期利率协议

远期利率协议（Forward Rate Agreements，简称 FRA）是一种远期合约，是买卖双方商定未来一定时间开始的一定期限的协议利率，并规定以何种利率为参照利率，在未来利息起算日按规定协议利率、期限和本金由当事人一方向另一方支付协议利率与参照利息差贴现额的合约。远期利率协议是防范未来利率变动风险的金融工具。远期利率协议市场上，买方为防止利率上升引起筹资成本上升，预先商定未来筹资成本。

形式上，远期利率协议具有利率期货的特点，但它们之间存在一些区别（如表 4－1 所示）。

表 4－1　远期利率协议与利率期货

	远期利率协议	利率期货
交易形态	场外交易，交易金额、期限不受限制，灵活简便	场内交易，标准化契约
信用风险	双方均存在信用风险	极　小
交割前现金流	不发生现金流	每笔保证金账户内有现金流
适用货币	一切可兑换货币	交易所规定的货币

本章小结

国际金融市场是国际资金融通的场所，从其发展进程来看可分为狭义和广义两种。狭义国际金融市场又称国际资金市场，是不同主体进行国际资金借贷与国际资本交易的场所，包括短期资金市场（货币市场）和长期资金市场（资本市场）。广义国际金融市场是进行国际范围资金融通、证券买卖等所有国际金融业务活动的场所，既包括国际资金市场，也包括外汇市场、黄金市场、各种衍生金融市场，还包括在金融市场从事交易的各类参与者、中间人和交易机构。

国际货币市场是资金借贷期在一年以内短期金融工具进行交易的场所，又称短期资金市场。国际资本市场是期限在一年以上的资金借贷、证券交易的场所，又称长期资金市场。国际外汇市场是国际间从事外汇买卖、调剂外汇供求的交易场所，它有狭义外汇市场和广义外汇市场之分。国际黄金市场是集中进行黄金买卖的交易场所，由各地的黄金交易所构成。黄金交易所一般都在各个国际金融中心，是国际金融市场的重要组成部分。

国际金融市场有着重要的作用和影响。它不仅促进大规模国际资本流动、为各国经济发展提供资金、调节各国国际收支，而且能够促进金融业国际化、推动世界经济全球化发展。

欧洲货币市场是以非居民为参与主体、欧洲银行为中介、在货币发行国之外从事该种货币借贷的市场，是离岸金融市场的核心部分。欧洲货币市场有狭义和广义之分。狭义欧洲货币市场是存在于伦敦及西欧等地区的美元借贷市场，广义欧洲货币市场是全球范围经营境外货币存款等业务的国际资金市场。

欧洲货币市场按借贷方式、借贷期限以及业务性质的不同，可分为欧洲货币信贷市场和欧洲货币债券市场。欧洲货币市场的产生和发展，对世界经济产生了广泛而深刻的影响。

离岸金融市场是为非居民提供境外货币借贷、投资、贸易结算、外汇黄金买卖和证券交易等金融服务的市场。从市场业务范围来看，离岸金融市场可分为混合型离岸金融市场、分离型离岸金融市场、避税港型离岸金融市场和渗透型离岸金融市场。

国际金融市场形式多样、业务种类繁多。国际金融市场业务及创新主要有：即期外汇买卖、远期外汇买卖、套汇交易、套利交易、掉期交易、金融期货交易和金融期权交易、互换交易和远期利率协议等。

重要概念

国际金融市场　国际货币市场　国际资本市场　国际外汇市场　国际黄金市场　欧洲货币市场　离岸金融市场　即期外汇买卖　远期外汇买卖　套汇交易　套利交易　掉期交易　金融期货交易　金融期权交易　互换交易　远期利率协议

复习思考题

1. 简要说明国际金融市场的含义及其基本内容。
2. 简要说明国际金融市场的形成条件及重要作用。
3. 目前世界主要黄金市场有哪些？
4. 简要说明欧洲货币市场的含义、特点和构成。
5. 欧洲货币市场的积极作用与消极影响有哪些？
6. 什么是离岸金融市场？离岸金融市场有哪几种模式？试比较各模式间的异同。
7. 面对近年来离岸金融市场的发展现状和发展趋势，试分析我国离岸金融模式的选择以及现实途径。
8. 请简要介绍国际金融市场业务及其创新。

第五章 国际资本流动

随着全球经济一体化、金融自由化和国际化程度的日益加深，国际资本流动的规模越来越庞大，并逐步与实际生产和交换活动相脱离从而具有了相对独立的运动规律。国际资本流动构成了当今各国经济运行的外部环境，成为世界经济活动中的活跃因素。国际资本流动是金融全球化的重要内容，对全球及各国经济产生着深远影响。国际资本流动不仅促进了全球资金的有效配置，推动了世界经济发展，同时也带来了高风险。国际资本流动理论是国际金融理论的重要组成部分，主要说明国际资本流动的原因、方式和影响。长期以来，西方学者采用宏观结构分析和微观行为分析的方法，从不同角度对国际资本流动现象进行了深入研究，提出了许多不尽相同的理论观点，本章将介绍几种主要观点。

第一节 国际资本流动概述

国际资本流动是伴随国际贸易、私人对外直接投资的发展而发展起来的。在布雷顿森林体系下，国际资本流动受到严格控制；布雷顿森林体系瓦解后，西方发达资本主义国家逐渐解除了对资本流动的控制。20 世纪 80 年代以来，国际资本流动呈现加速和扩大之势，规模急剧增大。20 世纪 90 年代开始，许多发展中国家也逐步在一定程度上开放本国资本账户和资本市场。

一、国际资本流动的概念

国际资本流动（International Capital Flow）又称国际资本移动，是资本在国际间的转移过程，即资本跨国界到别国（或地区）进行生产或金融投资（或投机）。国际资本流动有资本流入和资本流出之分。资本从国外流入国内的过程称为资本流入（Capital Inflow）；资本从国内流向国外的过程称为资本流出（Capital Outflow）。作为一种国际经济活动，国际资本流动是以营利为目的的。但与所有权转移的国际商品贸易不同，国际资本流动以资本使用权有偿转让为特征。

国际资本流动、国际资金流动和国际资本输出入之间既有联系也有区别。国际资金流动是不可逆转的单行性资金转移，其内容反映在国际收支平衡表经常项目中；国际资本流动是可逆转的双向性资本转移，其内容反映在国际收支平衡表资本项目中。国际资本输出入包含于国际资本流动，仅指与投资和借贷活动有关的、以谋利为目的的资本转移；国际资本流动是包括与投资和借贷活动有关的资本转移在内的，用来弥补国际收支逆差的资本流动。

国际资本流动与一国国际收支存在密切关系。首先，作为国际经济活动组成部分，国际资本流动是被纳入国际收支之列的，其涉及内容反映在国际收支平衡表资本项目中①；其次，通过对国际资本流动的控制可调节国际收支顺差或逆差，实现国际收支平衡。

二、国际资本流动的类型

国际资本流动形式多样，按资本使用期限的不同，可将国际资本流动分为长期资本流动和短期资本流动。

（一）长期国际资本流动

长期国际资本流动（Long-term International Capital Flow）是使用期限在一年以上的国际资本流动。其基本形式是直接投资、证券投资和

---

① 国际收支平衡表资本项目能够反映一国在特定时期内国际资本流动规模、方式、类型及资本流动性质等基本状况。

国际信贷。

1. 直接投资（Direct Investment）

直接投资是一国投资者直接在另一国工矿、商业或金融服务业等领域进行投资并取得投资企业部分或全部管理控制权的活动。其主要特征是：投资以其投资资本大小取得所投资企业部分或全部管理控制权；投资者提供资金、技术和管理经验的同时也获得被投资国市场、人力和资源优势；直接投资并不构成被投资国对外债务；直接投资带来的资本、先进技术和管理经验可推动被投资国经济发展。

直接投资包括五种方式：以独资企业、跨国公司分支机构或子公司形式在国外直接创办新企业；与东道国或其他国家共同投资建立合营企业；直接收购现有外国企业；购买外国企业股票并达一定比例；以在国外企业投资所获利润对该企业进行再投资。

按投资主体不同，直接投资可分为官方直接投资和私人直接投资。按投资者投资动机不同，直接投资可分为资源导向型投资、出口导向型投资、降低成本型投资、研究开发型投资、发挥潜在优势型投资、克服风险型投资等。

2. 证券投资（Portfolio Investment）

证券投资又称间接投资，是投资者在国际证券市场上购买外币有价证券的投资行为。其主要特征是：证券投资涉及金融资本国际转移；证券投资目的在于凭股票和债券获得股息、红利和债息；必须有健全的国际证券市场；证券投资涉及债权债务关系。

证券投资形式多样，主要包括股票投资和债券投资。股票投资是投资者在国际股票市场上买进有关国家企业或公司发行的股票的投资方式。股票投资属于长期资本投资，投资者拥有多少股票就代表他拥有多少股份公司资产。投资者需要资金时，可在股票市场上出售股票收回现金。股票投资中，收益与风险成正比。债券投资是投资者在国际债券市场买入有关国家政府和企业债券的投资方式，具有收益有保证、投资风险小的特点。债券投资者可以持券至到期日收回本息，也可随时于债券市场变现。

债券投资者所投资的债券按发行市场地和面值货币的不同，分为外国债券和欧洲债券。外国债券是由一国主体（政府、企业、银行等金融机构或国际金融机构）在另一国资本市场上发行的以发行地国家货币为面值的债券。欧洲债券是一国主体（政府、企业、银行等金融机构或国际金融机构）在欧洲货币债券市场上发行的以欧洲货币为面值的债券。

3. 国际信贷（International Credit）

国际信贷是各国政府、国际金融机构和国际银行等单方或相互间提供的中长期贷款。国际信贷是单纯的借贷货币资本：与直接投资不同，不涉及设立企业实体或收购企业股权；与证券投资不同，不涉及证券发行与买卖。国际贷款收益以利息及有关费用来体现，贷款风险由借款人承担。国际信贷有三种形式：政府贷款、国际金融机构贷款、国际商业银行贷款。

政府贷款是各国政府间的贷款，该贷款一般都有优惠条件。其主要特征是：期限长，利率低，附带一定条件。国际金融机构贷款是国际货币基金组织和世界银行等国际金融机构对其成员国提供的各种贷款。国际商业银行贷款是国际商业银行提供的中长期贷款，有双边贷款和银团贷款两类。双边贷款是国际商业银行对外国银行、企业和政府提供的贷款。银团贷款又称辛迪加贷款，是欧洲货币市场上一家或若干家银行牵头并邀请多家银行组成银团，对某国家银行、企业或重大项目提供的贷款。银团贷款主要特征是：金额大，期限长，风险分散。

（二）短期国际资本流动

短期国际资本流动（Short-term International Capital Flow）是期限为一年以内的资本流入与流出。短期国际资本流动是国际资本流动中数量最为巨大、形式最为复杂的资本流动，其主要特征是：短期国际资本流动形式复杂、使用的工具复杂多样；政府经济政策变动对短期国际资本流动有重要影响；浮动汇率制下，短期国际资本流动具有强投机性；游资遵循市场原则，哪里利润高资金就会流向哪里。

短期国际资本流动形式多样，主要有：贸易资本流动、银行资本流动、保值性资本流动、投机性资本流动。贸易资本流动是国际间贸易往来的资金融通与资金结算引起的货币资本在国际间的转移。国际间贸易往来中形成的债权债务关系需通过货币资本转移解除，这些货币资本从一国（或地区）流往另一国（或地区），贸易资本流动就形成了。贸易资本流动一般是从商品进口国向商品出口国转移，具有不可逆转性，严格来说，属于国际资金流动。银行资本流动是各国经营外汇业务的银行金融机构，由于相互间资金往来而引起的资本在国际间的转移。其主要形式是：套汇、套利、掉期、头寸调拨、同业拆放。其主要特征是：金额大，流动频繁。保值性资本流动是短期资本持有者为保证资金安全而把资本在国际间进行转移。引起保值性资本流动的主要原因是：国内政局动荡、经济状况恶化、国际收支失衡、严格的外汇管制。投机性资本流动是投机者为赚取投机利润，利用国际市场上汇率、利率及黄金和证券的价格波动低进高出而引起的资本在国际间的转移。投机性资本流动有四种具体方式：没有外汇抵补交易下，利用货币谋求更高收益的资本流动；对暂时性汇率变动做出反应的资本流动；预测汇率永久性变化的资本流动；与贸易有关的投机性资本流动。

三、国际资本流动的特点

（一）国际资本流动规模快速增长，其发展越来越独立于实物经济

第二次世界大战后，国际资本流动一直呈加速发展的态势，其增长速度远远快于国际商品、世界贸易的增长速度，更超过了世界 GDP 的增长速度。20 世纪 90 年代以来，国际资本流动继续保持了很高的增长速度，规模也积累到相当高的水平。同时，国际资本流动的移动方式也发生了变化，国际资本移动的市场结构的变化呈现出由以银行贷款为主向以证券方式、衍生工具方式为主的过渡趋势，主要表现出这样一些特点：

第一，由于证券融资具有流动性强的特性，弥补了银行融资流动性差的缺点，使得资金流动更为自由灵活，因而，证券方式的国际资本流动逐渐超过了银行贷款方式的国际资本流动。

第二，在传统资本移动方式与衍生产品移动方式的对比中，衍生

金融产品的交易占绝对优势。

第三，场外交易市场衍生工具交易的增长更为迅猛，基本上在国际衍生工具交易中居于主导地位，这与简便灵活的场外交易形式以及活跃的金融创新活动有着密切的关系。

一大批在国际资本流动中居于突出地位的离岸金融中心都出现在经济和贸易都不太发达的国家和地区，例如巴林、巴哈马、菲律宾、新加坡、阿联酋、开曼群岛等。国际资金流动的以上这些特征都说明它已经摆脱了对实物经济的依赖。

（二）国际资本移动的地区结构发生了巨大变化

国际资本移动的地区结构变化主要体现在发达国家实力的消长以及发展中国家在国际资本移动中地位的变化。第二次世界大战前，国际资本移动主要表现为资本由发达国家向落后的殖民地附属国单向流动。20 世纪 60 年代后，这种情况发生了变化，主要发达国家明显减少甚至停止了对资本短缺国家或发展中国家输出资本，而是把从这些国家抽回的资本投放到其他发达国家，即此时的国际资本流动主要表现为发达国家之间的相互流动，但在此期间各国在国际资本移动中的地位发生了一些变化。直到 20 世纪 60 年代，国际资本主要由美国向西欧、日本等受战争重创的发达国家和地区流动。随着西欧、日本经济的复苏，这些国家开始向国外投资，其中国际流动资本相当部分流向了美国。1980 年后，由于日本经济的持续增长、日元持续坚挺，日本逐渐取代美国成为世界上最大的资本输出国。而在 20 世纪 90 年代，美国走出经济萧条，重新成为世界最大资本输出国。据统计，1980 年后，国际资本输出的 3/4 左右是输往工业发达国家的，发达国家彼此之间出现了双向平衡外流的特点。

发展中国家在不同的时间阶段对国际资本流动有不同的态度。第二次世界大战后初期，发展中国家对一切外来资本采取了限制、抗拒的态度，这使得发展中国家在国际资本流动中所占份额小到可以忽略不计。进入 20 世纪 70 年代，一些发展中国家和地区，如巴西、韩国、墨西哥、阿根廷、新加坡、中国台湾、中国香港等，开始较大规模地利用外资来发展本国经济。一些石油输出国在几次石油提价中吸收了大量的石油美元，其中多数将这些积累的资本投放到发达国家的资本市场上谋求高额利润，至此开始了资本由发展中国家向发达国家的流动。20世纪90年代后，发展中国家逐渐成为国际直接投资的热点，而且，流入发展中国家的直接投资越来越集中于东亚和东南亚地区。但是，一直到目前来讲，国际资本流动还是以发达国家之间的相互流动为主。

（三）机构投资者成为国际资本流动的主体

机构投资者，包括共同基金、对冲基金、养老基金、捐款基金、基金会，以及投资银行、证券公司、商业银行、保险公司和信托公司等。居民家庭储蓄行为的多元化以及金融业的开放使得机构投资者掌握的金融资产急剧上升。如1985—1995年，美国10大机构投资者的资产由9690亿美元上升至2.4万亿美元。1970—1997年，美国的共同基金数目从361个增加到大约6500个，投资于共同基金的个人账户从1100万个增加到15100万个，总资产价值从480亿美元增至37290亿美元。在众多的机构投资者中，近年来对冲基金（Hedge Fund）引起了特别的关注。与其他投资基金相比，对冲基金有三个鲜明的特点：

第一，经常脱离本土而主要活动于离岸金融市场，从而可以规避大部分的金融管制。

第二，在市场交易中负债比率非常高，往往从银行借入大大超过其资本数量的资金进行投机活动，其借贷数最高可达本金的50倍。

第三，大量的资金从事衍生金融工具的交易。由于金融衍生交易的门槛比较低，只需少量大大低于合约名义价值的保证金就可以进行交易，因此对冲基金获得了远远超出其资金实力的对市场的控制力。

以上三大特点使得对冲基金具有很高的投机性。在众多的对冲基金中，索罗斯管理的量子基金最有影响，业界以及学术界一致认为他策划的投机活动直接引发了1992年的欧洲货币危机与1997年的东南亚货币金融危机。

第二节 国际资本流动的原因

一、资本供求因素

国际资本流动最基本的原因是国际资本的供给与需求，供求规律始终是市场经济运行的主要规律之一。一旦供求关系失衡，生产要素就会流动，直至达到新的均衡，国际资本的流动也遵循此规律。从国际资本的供给方面看，发达资本主义国家的经济发展水平高，经济发展过程中积累了大量的资本，但其国内经济增长速度有所减缓、国内投资场所日益缩小、投资收益率逐渐下降，因而出现了相对过剩的资本。在这种情况下，过剩的资本就会流向海外具有较好投资环境的国家，以谋求高额回报率。从国际资本需求方面看，大多数发展中国家的经济落后、国内储蓄不足以支持经济发展、金融市场又不成熟、收入不足以支付进口所需，所以不得不以积极的姿态、优惠的待遇引进外国资本来弥补经济发展中的资金缺口，从而形成对国际资本持续的需求。当资本作为生产要素在全球范围内出现大量需求时，国际资本流动也就发生了。

二、利用外资策略的实施

无论是发达国家还是发展中国家都会不同程度地通过开放市场、提供税收优惠、改善投资软硬环境来吸引外资。

三、特定经济政策

一国政府为引导和协调国民经济发展所制定的特定经济政策对国际资本流动的影响也很大。例如，当国内出现资金短缺时，政府会制定出一系列优惠政策来吸引外国资本；当一国国际收支出现逆差时，政府会利用资本输入来暂时改善国际收支状况。又如，为刺激国内经济发展，政府可能实行赤字预算和通货膨胀政策，而财政赤字和通货膨胀就会引起国际资本的流出。再如，当政府欲调节国际资本流动的方向及规模时，它会采取或松或紧的外汇管制，并制定出国内资本对外投资以及国际资本对内投资的导向性政策、规定等。特别是在世界经济不景气或者国际经济关系不稳定时期，各国经济政策对国际资本流动产生的影响就更为重要。

四、资本的预期收益率

增值是资本运动的内在动力，利润驱动是各种资本输出的共有动机。当投资者预期到一国的资本收益率高于他国，投资者会将资本向该国转移，反之投资者会将资本从该国转出。当投资者在一国所获实际利率高于他国，投资者会增加对该国投资以获取更多国际超额利润。

利率是市场经济运行的经济杠杆，对国际资本流动规模及方向有重要影响。国际利率差异主要表现为各国国内金融市场利率和欧洲货币市场利率的差异。利率的高低在很大程度上决定了金融资产收益水平。出于对利润的追求，资本总是从利率较低国家流向利率较高国家，直至国际间利率大体相同，国际资本流动才会停止。由国际利率差异引起的资本流动并不是无条件的，它还受到货币可兑换性、金融管制和经济政策目标等因素的制约。

五、汇率的变化

汇率也是市场经济运行的经济杠杆，汇率通过改变资本的相对价值引起国际资本流动。一国货币贬值，以该国货币表示的金融资产价值下降，资产持有者为避免贬值造成损失将所持资产从该国转出；一国货币升值，以该国货币表示的金融资产价值上升，资产持有者为获得增值带来的收益将所持外国资产转入该国，国际资本流动即由此产生。汇率变动中蕴涵的风险与收益并存，大量短期资本当前已不再满足于被动从各国货币价值消长中获得额外收益，而是主动捕捉可能存在的汇率较大变动机会以获得投机利益。

六、通货膨胀

通货膨胀常与一国财政赤字有关。一国财政赤字积累到一定程度，政府最终必然会采取发行货币方法来弥补财政赤字。增发货币弥补财政赤字的方法使国内通货膨胀压力增大，通货膨胀一旦形成，投资者为减少损失会把国内资产转换成外国资产，国际资本流动也就不可避免。

七、政治、经济及战争风险

政治、经济及战争风险的存在，是引起国际资本流动的重要因素。一国投资气候、投资条件的恶化都有可能使资本持有者所持资本遭受损失。

八、国际炒家恶意投机

国际炒家恶意投机有两种含义：

第一，投机者以追逐利润为目的，基于对市场走势判断，打压某种货币、抢购另一种货币造成被打压国货币贬值、被抢购国货币升值，从相关货币汇率起落中牟利。

第二，投机者不以追求盈利为目的，动用大规模资金打压某国货币，以阻碍、破坏该国经济的正常发展。无论哪种投机，都会导致资本大规模外逃，资金逃离国经济衰退。

除上述主要原因外，造成国际资本流动的其他原因还有许多，如新闻舆论、谣言、政府对资本市场和外汇市场的干预以及公众心理预期等因素都会对短期资本流动产生极大影响。

第三节　国际资本流动理论及评价

国际资本流动是国际金融理论的重要组成部分，旨在说明国际资本流动的原因、方式及影响。本节对几种典型国际资本流动理论进行介绍和评述。

一、国际资本流动的一般模型

国际资本流动的一般模型又称麦克杜格尔（G. D. A. Macdougall）模型、完全竞争理论，是用来解释国际资本流动动机及效果的理论，属于古典经济学理论范畴。该理论认为：第一，国际资本流动的原因是各国利率、预期收益率存在着差异。第二，各国产品和生产要素市场完全竞争，资本可以自由地从资本充裕国向资本稀缺国流动。第三，国际间资本流动使各国资本边际产出率趋于一致，从而提高世界总产量和各国福利。

国际资本流动一般模型如图 5－1 所示。该模型假定：整个世界由两个国家 A、B 组成，A 国资本充裕，B 国资本短缺；O_A 为 A 国的资本原始点，O_B 为 B 国的资本原始点；世界资本总量为横轴 O_AO_B，其中资本充裕国 A 资本量为 O_AK_C，资本短缺国 B 资本量为 O_BK_C；直线 AA' 和 BB' 分别为 A、B 国资本边际生产率曲线（也称为资本需求线）。

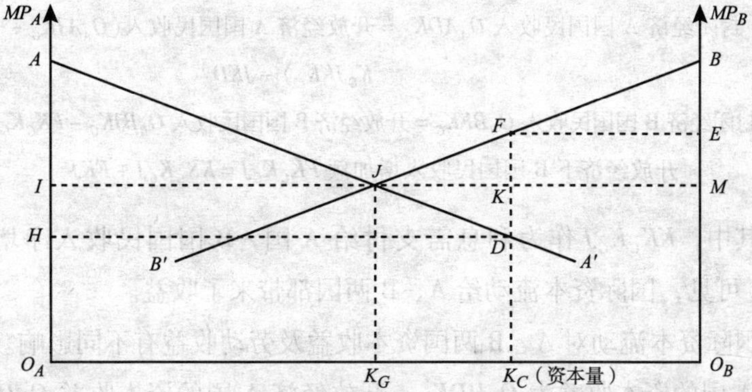

图 5－1　国际资本流动一般模型

对于封闭经济系统，资本在国家间不进行流动，资本充裕国、资本短缺国的资本都只在国内使用。资本充裕国 A 把其全部资本 O_AK_C 投入国内生产，则资本边际生产率为 O_AH，总产出为 O_AADK_C，其中资本使用者收益为 HAD，资本所有者收益为 O_AHDK_C；资本短缺国 B 把其全部资本 O_BK_C 投入国内生产，则资本边际生产率为 O_BE，总产出为

O_BBFK_C，其中资本使用者收益为 EBF，资本所有者收益为 O_BEFK_C。世界总产量为 $O_AADK_C+O_BBFK_C$。

封闭经济系统中，资本充裕国 A 的资本边际生产率 O_AH 低于资本短缺国 B 的资本边际生产率 O_BE。资本边际生产率遵循边际递减原则。一旦经济系统由封闭转向开放，投放于 A 国的资本就会向 B 国流动，直至两国资本边际生产率相等。

对于开放经济系统，资本充裕国 A 将资本 O_AK_G 投入国内生产，将剩余 K_GK_C 投入资本短缺国 B。此时，A 国资本边际生产率为 O_AI 等于 B 国资本边际生产率 O_BM，也等于 K_GJ。资本输出国 A 产量为 O_AAJK_G，其中资本使用者国内收益为 IAJ，资本所有者国内收益为 O_AIJK_G；资本输入国 B 产量为 O_BBJK_G，其中资本使用者国内收益为 MBJ，资本所有者国内收益为 O_BMJK_G。世界总产量为 $O_AAJK_G+O_BBJK_G$。

$$\text{封闭经济系统世界总产量} = \text{开放经济系统世界总产量} - JFD$$

说明经济开放度提高与国际资本流动可增加世界总产量水平。

$$\text{封闭经济 A 国国民收入 } O_AADK_C = \text{开放经济 A 国国民收入}(O_AAJK_G + K_GJKK_C) - JKD$$

$$\text{封闭经济 B 国国民收入 } O_BBFK_C = \text{开放经济 B 国国民收入 } O_BBJK_G - FK_CK_GJ$$

$$\text{开放经济下 B 国国民收入增加额 } FK_CK_GJ = KK_CK_GJ + FKJ$$

其中，KK_CK_GJ 作为利息需支付给 A 国，B 国国民收入净增额为 FKJ。可见，国际资本流动给 A、B 两国都带来了收益。

国际资本流动对 A、B 两国资本收益及劳动收益有不同影响。封闭经济 A 国的资本收益为 O_AHDK_C，开放经济 A 国的资本收益 $O_AIKK_C=O_AHDK_C+HIKD$，比封闭经济增加了 $HIKD$；封闭经济 A 国劳动收益为 HAD，开放经济 A 国劳动收益为 $IAJ=HAD-HIJD$，$HIJD$ 为国际资本流动对投资国 A（资本充裕国）劳动收益产生的不利影响。封闭经济 B 国的资本收益为 O_BEFK_C，开放经济 B 国的资本收益 O_BMKK_C = 封闭经济 B 国资本收益 O_BEFK_C-MEFK；封闭经济 B 国劳动收益为 EBF，开放经济 B 国劳动收益为 $MBJ=EBF+MEFJ$，$MEFJ$ 为国际资本流动对被投资国 B（资本短缺国）劳动收益产生的有益作用。

国际资本流动一般模型在一定程度上揭示了国际资本流动的一般规律：

第一，在各国资本边际生产率相同的条件下，开放经济系统的资本利用率比封闭经济系统高。

第二，在开放经济系统中，国际资本流动为资本充裕国带来收益，资本短缺国由于输入资本也增加了国民收入。

第三，国际资本流动使世界范围内资源配置更加合理，世界总产量增加。

二、国际证券投资理论

国际证券投资理论是西方学者在研究国际资本流动过程中形成的一个分支理论，该理论主要有两种：古典国际证券投资理论，着重说明国际证券投资原因和规律；现代证券投资组合理论，着重说明国际证券选择和优化组合。

（一）古典国际证券投资理论

古典国际证券投资理论产生于国际直接投资和跨国公司迅猛发展之前。该理论以资本国际间自由流动为条件，认为国际证券投资的起因是国家间利率差异，如果一国利率低于另一国利率，金融资本就会从低利率国家流向高利率国家，直至两国利率无差异为止。

在国际资本能够自由流动的条件下，如果两国利率存在差异，则两国能够带来同等收益的有价证券价格会不同。根据有价证券收益 I、价格 C 和市场利率 r 之间的关系：

$$C = \frac{I}{r} \tag{5.1}$$

可知，高利率国家有价证券价格低、低利率国家有价证券价格高，低利率国家就会向高利率国家投资购买有价证券。

案例：古典国际证券投资

A、B 两国发行面值为 1000 美元、附有 5% 息票的债券，即该债券年收益为 50 美元。A 国资本市场利率为 4.2%，B 国市场上利率为

4.5%。根据有价证券价格计算公式（5.1），债券在A国的售价为1190美元、在B国的售价为1111美元。A国资本市场利率低于B国资本市场利率，所以同一债券的售价A国比B国高。为降低成本增加收益，A国资金向B国移动，且国际资本流动会一直持续到两国资本市场利率相等为止。

古典证券投资理论一定程度上说明了国际证券投资的原因，但仍存在不足：以国际资本流动为前提，现实中各国对资本流动管制处处可见；仅说明资本从低利率国家向高利率国家的流动，对现实中的资本大量双向流动未作解释；仅以利率作为分析基础，有时即使国家间存在利率差异，也不一定发生国际证券投资。

（二）现代证券投资组合理论

现代证券投资组合理论又称资产选择理论，由美国学者马柯维茨（H. M. Markovitz）于20世纪50年代末提出，是指导投资者在各种资产间进行选择，形成最佳组合，使投资收益一定情况下投资风险最小化或投资风险一定情况下投资收益最大化的理论。

该理论认为，任何资产都具有收益与风险两重性，投资者需在承担投资风险前提下凭所拥有证券获得投资收益。投资者不能仅把预期收益作为选择证券的唯一标准，还应考虑证券稳定性。当多种证券混合组成证券组合，其投资收益稳定性会提高。证券组合使组合中不同证券收益和损失相互抵补，分散了风险。证券组合能够降低投资风险可通过案例加以证明。

案例：现代国际证券投资

有两种证券A、B，投资者选择A和B的证券组合，其中A的份额为a，B的份额为b，且$a+b=1$。大多数情况下，投资者按不同份额同时持有A、B两证券。投资者仅持有A（B）证券时，$a=1$，$b=0$（或$a=0$，$b=1$）。

那么：

（1）A、B构成的证券组合收益$R_P=aR_A+bR_B$，其中R_A、R_B分别

为证券 A、B 的收益；

(2) A、B 构成的证券组合预期收益 R_P^* 由 A 和 B 各自预期收益 R_A^*、R_B^* 决定，计算公式为 $R_P^* = aR_A^* + bR_B^*$；

(3) 证券组合风险由组合方差 Var (R_P) 表示，与证券组合收益不稳定性相关联。变量方差是变量围绕其平均值发生变动的程度。证券组合的方差取决于每种证券在证券组合中份额 a 和 b、各自方差 Var (R_A) 和 Var (R_B) 以及它们之间的协方差 Cov (R_A, R_B)，计算公式为 $\mathrm{Var}(R_P) = a^2\mathrm{Var}(R_A) + b^2\mathrm{Var}(R_B) + 2ab\mathrm{Cov}(R_A, R_B)$。

协方差 Cov (R_A, R_B) 表示 A、B 共同变动的程度。投资者采用的证券组合中，通常一种证券收益比平均收益高、另一种证券收益比平均收益低，故 A、B 协方差为负、证券组合整体方差减少、风险降低。

现代证券组合理论指出任何资产都有收益、风险两重性，以资产组合方式降低投资风险，揭示了国际资本流动的原因。但仍存在不足：该理论假设市场是充分有效的，参与者可同时得到充分投资信息，这显然与现实不符；对国际直接投资未作任何解释。

三、国际直接投资理论

(一) 利润差异论

第二次世界大战结束初期，经济学家对国际直接投资的研究仅限于将国际贸易理论直接运用于国际直接投资。根据传统国际贸易理论，不同国家拥有不同资源禀赋，资本、劳动力等资源在不同国家具有不同价格。利润差异论是各国利率差异引起国际间资本流动的理论。该理论认为：资本从资金充裕国流向资金短缺国，一国收益率的降低使流向该国资本量自动减少，国际直接投资是跨国公司以跨国生产方式引发的资本流动。

利润差异论现在很少被提及，因为它存在以下缺陷：利润差异论忽略了国际直接投资作为跨国公司国际管理控制工具的实质，片面将国际直接投资解释为资本转移；未对国际直接投资和国际证券投资关系作出说明；无法解释国际直接投资在收益率下降前提下投资规模不降反升以及国际直接投资在发达国家间双向流动等现实情况。

（二）以产业组织理论为基础的投资理论

1. 垄断优势论

垄断优势是跨国公司拥有的独占性生产要素优势。垄断优势论最早由美国学者金德尔伯格（C. P. Kindleberger）和海默（S. A. Hymer）等人提出。该理论认为一国对外投资的原因为跨国公司在技术、专利、资金及管理上具有垄断优势。这些优势通过产业组织转移到国外又不被当地竞争对手所掌握。虽然公司在运输、通信成本及了解当地法律经济环境上处于不利地位，但是垄断优势可抵消这些劣势，获得高于投资于国内的收益。

垄断优势理论被众多学者从不同角度加以完善。赫希（S. Hirseh）从生产和科研开发模型经济效益上强调了直接投资的成本降低作用；夏皮罗（D. M. Shapiro）在研究了外国在加拿大的投资后得出结论，大型高科技企业比一般性企业更具进入（或退出）某行业的能力，资本流动性更强，它们有能力在合适的地方投资，不受国界限制；克鲁格曼（P. R. Krugman）和凯夫斯（R. E. Caves）认为直接投资分“平行投资”和“垂直投资”。

2. 市场内部化理论

市场内部化理论是由巴克利（P. J. Buckley）和卡森（M. C. Casson）提出的。市场内部化理论是把市场建立在公司内部，以公司内部市场取代公司外部市场的理论。该理论出发点是外部市场不完全性，从外部市场不完全性与跨国公司内部资源分配关系着手，说明对外直接投资的决定因素。

市场内部化理论认为外部市场不完全性主要表现在以下几个方面：

第一，缺乏远期套期市场，难以避免企业发展中所遇风险。

第二，垄断购买者的存在使议价交易难以进行。

第三，不存在按不同地区、不同消费者而实行差别定价的中间产品市场，且中间产品价格缺乏可比性，交易双方难以定价成交。

第四，信息不灵。

第五，政府干预。

市场内部化理论认为：由于外部市场存在不完全性，若将企业拥有的半成品、工艺技术、营销诀窍、管理经验等“中间产品”通过外部市场进行交易，则不能保证企业实现利润最大化目标。企业只有利用对外直接投资方式在较大范围内建立生产经营实体，形成自己一体化空间和内部交换体系，把公开的外部市场交易转变为内部市场交易，才能解决企业内部资源配置效率与外部市场的矛盾。该理论进一步指出，市场最终能否内部化取决于四个因素：产品性质、外部市场结构和规模经济等产业特定因素；地理距离、文化差异、社会特点等地区特定因素；国家政治制度、财政制度等国家特定因素；不同企业组织内部市场管理能力等公司特定因素。其中最关键的是产业特定因素。

市场内部化理论是一种应用性较强的国际直接投资理论，将市场交易内部化原理引入国际直接投资领域，解释了通过直接投资所建立的跨国公司可以取得内部化优势。但该理论仅从微观角度分析国际直接投资，未从世界经济一体化高度分析跨国公司的国际生产与分工，也忽视了工业组织与投资场所等问题。

3. 产品生命周期论

产品生命周期论由雷蒙·弗农（Raymond Vernon）于 1966 年提出，该理论认为：产品生命周期的发展规律决定了企业需要占领海外市场并到国外投资。产品生命周期理论如图 5－2 所示。产品在其生命周期各个阶段有不同特点：

第一，产品创新阶段。该阶段创新国占有优势、国内市场需求大，公司最合理安排是在国内生产、出口满足国外需求。

第二，产品成熟阶段。该阶段产品性能稳定、国外市场日益扩大、消费价格弹性增加，迫切需要降低成本。如果国内生产的边际成本、运输成本与劳动力成本之和超过在国外生产的平均成本，那么生产由国内转移到国外是有利的。伴随产品输出，技术会逐渐外泄，加之国外竞争者的出现，公司面临丧失产品技术优势的危险。为维持市场份额，公司需到与母国需求相似、技术水平差异不大的国家设立分支机构。

第三，产品标准化阶段。该阶段的特征是：产品成熟，生产技术稳定，国内外企业能加入同类产品的生产和销售。这时起关键作用的不是生产技术和营销管理技能，价格竞争成为主要方面。为了取得竞争优势，企业加快对外直接投资步伐，到生产成本较低的国家（或地区）建立子公司（或其他分支机构）。

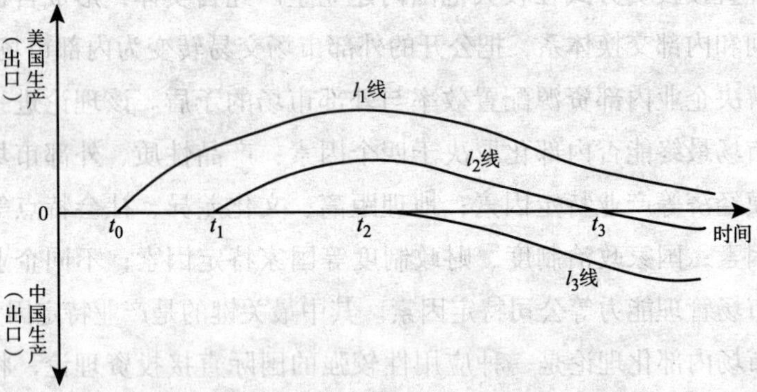

图 5－2　产品生命周期与国际直接投资

图 5－2 中，l_1 线和 l_3 线分别是美国和中国的生产产量线；l_2 线为美国和中国的出口线，该线横轴以上部分表示美国的出口、中国的进口，横轴以下部分表示美国的进口、中国的出口。图 5－2 中，时间分为三个阶段：t_0t_1 表示产品创新阶段，美国新产品的生产、消费在本国国内进行；t_1t_3 表示产品成熟阶段，国内产量超过国内需求，美国出口线数值为正，其中 t_1t_2 表示美国对中国的出口不断增加，t_2t_3 表示美国仍对中国出口但出口数额有所减少，开始对中国直接投资，此时中国生产产量线数值为正；t_3 以后美国国内产量大幅下降，开始部分依赖从中国进口以满足国内对该商品的需求，此时处于产品标准化阶段。

4. 技术周期论

玛基（S. P. Masee）从技术、信息寻租角度提出了技术周期论。企业花巨资创造出技术和信息，是企图通过这些技术和信息来生产和销售相关产品以获得垄断性租金。但是，专利保护的不完善使得企业寻租的目的难以在国内得到满足，因此将资本输往能够提供专利保护的国家。跨国公司生产的技术信息的主要特征是：复杂性、便于公司内部转移。

技术周期的各个阶段有不同特点：

第一，研制开发阶段。跨国公司严格控制技术，不转移技术。

第二，实用阶段。跨国公司在寻求最大租金目的驱动下，将资本输出海外，设立分支机构，并通过这些分支机构转移技术。

第三，成熟阶段。随着跨国公司海外投资规模的扩大，技术周期到达成熟阶段，之后由于技术逐渐过时，跨国公司的生产规模缩小。

技术周期论强调跨国公司创造新技术的寻租动机对海外投资的影响，但仍存在缺陷：将跨国公司对外直接投资内在动因与外在客观条件混为一谈；混淆跨国公司在全球范围内追逐垄断高额利润的性质及与其所具有的全球生产、销售能力和其他客观条件的区别；无法解释一些不拥有技术垄断优势企业海外投资的动机，以及一些国家在国外直接开发新产品的投资行为问题。

（三）侧重于国际投资条件的理论

1. 折中主义论

20 世纪 70 年代中期，国际投资出现了一些新特点：发达国家继续大量输出资本的同时，一些发展中国家也开始对外直接投资，并有不断发展的趋势。英国的约翰·邓宁（J. H. Dunning）提出的折中主义论便是这时候出现的代表性理论。其主要特征是：该理论吸收了过去二十年来解释国际投资的主要理论；适用于所有类型国外直接投资；包括企业走向国际的三种主要形式，即直接投资、商品出口、技术转移，并建议企业在何种情况下应采取何种方式。

折中主义论的主要内容是：

第一，分析了公司进行对外直接投资的充分与必要条件。该理论认为企业从事国际经济活动有三种形式：直接投资、商品出口和技术转移。直接投资必然引起成本提高与风险增加。跨国公司之所以愿意并能够发展海外直接投资，是因为跨国公司拥有当地竞争者没有的所有权特定优势、将所有权特定优势内部化优势和区位特定优势。所有权特定优势和将所有权特定优势内部化是对外直接投资的必要条件，区位特定优势是对外直接投资的充分条件。三种优势及其组合决定了公司在海外直接投资活动的具体形式。如果公司独占所有权特定优势，则可选择技术转移；如果具备所有权特定优势、将所有权特定优势内部化优势，则可选择商品出口；如果三个优势都具备，就可以对外直接投资了。具体可见表5－1。

表5－1　跨国公司拥有优势的不同组合

	所有权优势	所有权内部化优势	区位优势
国际直接投资	拥　有	拥　有	拥　有
商品出口	拥　有	拥　有	不拥有
技术转移	拥　有	不拥有	不拥有

第二，指出所有权特定优势主要内容：技术优势、信息、知识和有形资本等，企业规模优势、规模经济优势和垄断优势，组织管理能力优势，金融优势。

第三，指出区位特定优势主要内容：劳动成本、市场需求、关税与非关税壁垒、政府政策。

折中主义论较为全面地说明了国际直接投资发生的原因及投资方式和地点选择等问题。但也存在一些缺陷：

第一，折中主义论只对企业国际直接投资、商品出口、技术转让三种经济活动的选择进行了解释，而对跨国公司内部管理等问题则缺乏深入探讨。

第二，折中主义论分析方法是静态的，缺乏动态变化，与形式多样、变化频繁的跨国投资实践有较大差距。

第三，折中主义论研究对象是发达国家的跨国企业，对不具备独占性技术优势的发展中国家企业的对外直接投资行为无法作出科学、全面地解释。

2. 分散风险论

分散风险论的前期代表人物是凯夫斯（R. E. Caves）和斯蒂文斯（G. V. Stevens），他们从马柯维茨证券组合理论出发得出直接投资多样化是分散风险的结果。直接投资中的水平投资通过产品多样化降低市场不确定性，减少产品结构单一的风险；垂直投资是用来避免上游产品和原材料供应不确定性风险的。厂商分散风险的原则与个人一样，要求在一定预期报酬率下风险最小化。但个人投资条件与企业投资条件不同，个人主要投资于金融资产，企业则投资于不动产和不同国家的企业及设备。

分散风险论后期代表人物是阿格蒙（T. Agmon）和李沙德（D. Lessard），他们认为，跨国公司对外直接投资是代表其股东出于分散风险而进行的投资，不同国家（或地区）直接投资收益不相关性为个人分散风险提供了途径。另一学者阿德勒（M. Adler）认为，个人证券投资上的限制不一定导致对外直接投资，只有当外国证券市场不完善、无法满足个人投资需要时，跨国公司才会进行直接投资。此种情况下，跨国公司是起到分散风险作用的金融中介。

（四）从金融角度出发的投资理论

1. 货币优势论

货币优势论是美国学者艾立伯（R. Z. Aliber）于1970年提出的。该理论以国际金融市场为分析焦点，将国际直接投资视为一种货币现象。艾立伯假定投资者是风险厌恶者，有效的市场给愿意承担风险者相应酬金。金融市场上以不同货币定值的资产具有不同收益率，收益率之所以存在差异，一方面源于汇率可预期变化，另一方面则源于对汇率变化不确定的补偿。跨国公司在国外的、子公司的资产一般被视为以其母公司所在国货币定值的资产。当跨国公司所在国货币有升值趋势，该跨国公司资产在金融市场的价格就会较高，跨国公司就具有货币地区优势。具有货币地区优势的跨国公司只有具有高资产价格和在金融市场取得较低贷款利率，才能在货币疲软国以较低成本购买企业和厂房，进行跨国经营。

货币优势论的缺陷有：不能解释相同货币区内国家间对外直接投资现象；从金融市场短期变化来解释跨国公司对外直接投资的长期现象，存在时间缺陷。

2. 国际金融中心论

国际金融中心论由里德（H. C. Reed）于20世纪80年代提出，该理论认为国际金融中心在决定国际投资区域、规模和格局中有重要作用。国际公司追求的不是收入最大化或成本最小化，而是营运效益最优化，即其发行的股票价格和其债券利息最大化。营运效益最优化可使企业在商品市场和资本市场增强竞争力。跨国公司的营运效益是国际金融中心评估的，通过跨国公司发行的股票及债券价格的升降反映。国际金融中心通过跨国公司资本比例、经营政策的评估，对国际直接投资发生作用。当某公司借贷比例过高，海外资产发展过快时，国际金融中心就会降低该公司证券的市场价格。公司证券的市场价格下降使其经营效益下降，公司股东和债权者的收益也随之下降，公司不得不调整投资战略和经营方针，收缩其在海外的投资。这样一来，国际金融中心及在金融中心融资活动中占统治地位的大银行、保险公司、共同基金等金融垄断资本就控制了国际直接投资活动。

国际金融中心论正确指出了20世纪80年代以国际金融中心为代表的国际金融寡头对国际资本流动的控制和影响。正是这些国际垄断财团在操纵着国际证券市场价格与国际资本的流向和流量，在全球范围内追逐高额垄断利润。但它仍存在缺陷：颠倒了企业证券价格涨跌与企业经营效益的关系，证券价格下跌只是企业经营不佳的反映；金融中心垄断资本可以操纵影响企业证券价格，但垄断资本不会也无法将一个经营不良、盈利不佳企业的证券价格维持在高位上。

3. 投资发展阶段论

邓宁提出的投资发展阶段论，是从动态角度解释一国经济发展水平与国际直接投资之间的关系。投资发展阶段论用一国人均直接投资流出量（ODI）、人均直接投资流入量（IDI）、人均直接投资净流出量（NODI）表示对外直接投资水平，用人均国内生产总值（GDP）表示一国经济发展水平，对67个国家1967—1978年间的直接投资流量与经济发展水平资料进行了实证分析。结果发现，跨国公司对外直接投资具有周期性，该周期由四个阶段组成。人均国民生产总值的提高，使人均资本流动增加，资本流动与国民生产总值之间有正相关性。

处于第一阶段的国家，人均GDP≤400美元。这些国家大多经济落后、技术力量薄弱，较少吸收外资，没有对外直接投资。由于不具有所有权优势所以没有对外直接投资，由于不具有区位优势所以只有较少外资进入。

处于第二阶段的国家，400 美元≤人均 GDP≤1500 美元。这些国家大多是发展中国家，经济发展水平有所提高、国内市场有所扩大、投资环境有所改善，具有较强区位优势，外国直接投资流入迅速增加。但其所有权优势和所有权内部化优势有限，故对外直接投资仍处于较低水平。

处于第三阶段的国家，2000 美元≤人均 GDP≤4750 美元。这些国家大多是新兴工业化国家，经济发展水平有新的提高、逐渐具有所有权优势，对外直接投资流出稳步增加、资本流出快于资本流入。

处于第四阶段的国家，人均 GDP≥5000 美元。这些国家大多是发达国家，具有强大的所有权优势并逐步削弱国外企业在本国的区位优势。这类国家经济发展水平提高，劳动力成本上涨，加之外国对该国出口贸易壁垒增加，促使该国企业积极参与到国际市场中。最终，这些国家对外投资总额大于吸收外资的总额，成为净对外投资国。

投资发展阶段理论有一定的现实意义，有助于发展中国家充分利用外资创造区位条件，也有助于发展中国家利用自己的相对优势对外进行适当投资，参与国际市场。

4. 产业内双向投资论

产业内双向投资论是根据近二十年来资本在发达国家之间流动并集中利用相同产业内部现象提出来的。该理论认为，发达国家间双向投资是由于跨国公司产业分布具有相似性。双向投资主要集中在技术密集型部门而并非传统部门的原因有：

第一，发达国家间水平相近，没有一个企业拥有独占所有权的特定优势，只有若干公司联合才能拥有几乎相近的所有权优势。

第二，各公司为获得联合优势及获得规模经济利益，同时为得到东道国较低成本的好处，进行双向投资。

第三，发达国家收入水平相近，需求结构基本相似，对异质产品的需求不断扩大就会产生发达国家间产业内国际贸易的倾向。一旦产业内贸易受到阻碍，市场内部化要求就会导致产业内双向投资的出现。

本章小结

国际资本流动又称国际资本移动，是资本在国际间的转移过程，即资本跨国界到别国（或地区）进行生产或金融投资（或投机）。国际资本流动的形式多样，按资本使用期限不同，可将其划分为长期资本流动和短期资本流动。前者包括直接投资、证券投资和国际信贷，后者包括贸易资本流动、银行资本流动、保值性资本流动和投机性资本流动。

国际资本流动最根本的原因在于国际资本的供求失衡，供求规律始终是市场经济运行的主要规律之一。另外，利用外资策略的实施、特定经济政策、资本预期收益率、汇率的变化、通货膨胀、政治经济及战争风险和国际炒家恶意投机等因素都会引发国际资本流动。

国际资本流动的一般模型又称麦克杜格尔模型，该模型以国际间资本自由流动、各国市场处于完全竞争状态为前提假设，借助盒状图，从古典经济学研究视角，对国际资本流动原因及影响进行了分析。

国际证券投资理论，从证券投资角度研究了国际资本流动。国际证券投资理论分为古典国际证券投资理论和现代证券投资组合理论。前者着重说明国际证券投资原因和规律，后者着重说明国际证券选择和优化组合。

第二次世界大战以后，随着科学技术发展、生产与资本国际化趋势加强，跨国公司在全球得到迅猛发展，国际直接投资规模迅速增大。西方学者开始从微观角度来分析国际直接投资。国际直接投资理论分为：利润差异论、以产业组织理论为基础的投资理论、侧重于国际投资条件的理论、从金融角度出发的投资理论。其中，以产业组织理论为基础的投资理论有：垄断优势论、市场内部化理论、产品生命周期论、技术周期论。侧重于国际投资条件的理论有：折中主义论、分散风险论。从金融角度出发的投资理论有：货币优势论、国际金融中心论、投资发展阶段论、产业内双向投资论。

重要概念

国际资本流动　国际资本流入　国际资本流出　国际资本输出入　国际资金流动　长期资本流动　国际直接投资　国际证券投资　国际信贷　资产分散化　短期资本流动　贸易资本流动　银行资本流动　保值性资本流动　投机性资本流动　利润差异论　垄断优势论　市场内部化理论　产品生命周期论　技术周期论　折中主义论　所有权优势　所有权内部化优势　区位优势　分散风险论　货币优势论　国际金融中心论　投资发展阶段论　产业双向投资论

复习思考题

1. 简要说明国际资本流动的含义，并分析国际资本流动与国际资本输出入、国际资金流动的异同。
2. 简要说明国际短期资本流动、长期资本流动的含义及其基本内容。
3. 引起国际资本流动的原因有哪些？
4. 国际资本流动一般模型的前提假设、基本内容以及理论缺陷是什么？基本内容用图示加以说明。
5. 简述国际证券投资理论的主要内容，并对国际证券投资理论进行简要评价。
6. 国际直接投资理论的发展经历了哪些阶段？并简述其具体内容。
7. 搜集国际短期资本流动近期资料，试分析在当前国际金融形势下，国际短期资本流动与以往相比具有哪些新特点？并用已学理论分析国际短期资本流动可能对世界经济产生的影响。

第六章　汇率决定理论（上）

汇率决定理论主要研究汇率由哪些因素决定，以及这些因素之间是如何相互影响的。汇率是开放经济运行中居于核心地位的经济变量，各种宏观变量和微观因素都会通过种种途径引起它的变动，而它的变动又会对其他经济变量带来重要的影响。因此，只有在了解汇率与其他经济变量的相互关系的基础上，才能够完整认识开放经济的运行特点。

从历史上看，汇率决定理论的产生和发展大致经历了以下四个阶段：

第一阶段：第一次世界大战以前。在这一阶段，15 世纪初意大利学者罗道尔波斯提出的“公共评价理论”被普遍认为是最早的汇率决定理论。该理论认为，汇率是由人们对两国货币的公共评价决定的，而公共评价则取决于两国货币所含贵金属的纯度、重量及其市场价值。由于该时期的货币制度主要是金本位制，货币之间的兑换以铸币平价为标准，所以当时的汇率决定问题较为简单。1861 年，英国学者葛逊（G. L. Goschen）系统阐述了汇率与国际收支的关系，提出了国际借贷说，用以解释汇率在金本位制下变动的原因。

第二阶段：两次世界大战之间。第一次世界大战的爆发标志着金本位全盛时期的结束。第一次世界大战后，国际社会重建金本位制的努力以失败告终，取而代之的是一种残缺不全的金本位制——金块本位制或金汇兑本位制。20 世纪 30 年代的经济大危机更使得金本位制彻底崩溃。与之相应的汇率频繁波动使得经济学家对汇率问题进行了重新思考。购买力平价说、利率平价说等都是这一阶段的理论产物。

第三阶段：布雷顿森林体系时期。第二次世界大战后国际社会努力恢复金本位制下的稳定秩序，于是建立了各国货币同美元保持固定联系、美元同黄金保持固定兑换比率的“双挂钩”制度。在这一时期，由于汇率相对固定，汇率决定理论的研究基本处于停滞时期。与此同时，关于国际收支理论的研究则成为重点。

第四阶段：20 世纪 70 年代至今。布雷顿森林体系崩溃后，主要工业国家纷纷实行浮动汇率制。传统的汇率理论很难解释浮动汇率制下比商品价格变动更强烈的汇率的易变性。这使得汇率决定理论成为学术界研究的热点。

第一节　汇率的决定基础

一、金本位制下汇率的决定基础

金本位制（Gold Standard System）是以黄金表示本位货币的货币制度，包括金币本位制（Gold Coin Standard System）、金块本位制（Gold Bullion Standard System）和金汇兑本位制（Gold Exchange Standard System）。金币本位制是典型的金本位制，后两者是削弱了的、没有金币流通的金本位制。

（一）铸币平价是金币本位制下汇率决定的基础

从 1816 年英国首先实行金本位制到第一次世界大战以前，西方各国普遍实行金币本位制。其主要特征是：金币可以自由铸造；黄金可以自由输出入；货币储备全部是黄金。在金币本位制下，金币由一定重量和成色的黄金铸成，每一金币单位所包含的黄金重量和成色，即含金量（Gold Content）就表示金币所代表的价值。各国货币间的相对价值由它们各自所包含的金量的多寡加以折算。因此，两个实行金币本位制的国家货币单位的含金量之比即铸币平价（Mint Parity）就成为决定其汇率的基础。例如，在 1929 年大危机之前，英国规定每一英镑含纯金 7. 3224 克，而美国规定每一美元含纯金 1. 5046 克，于是，英镑与美元的铸币平价为 7.3224/1.5046 = 4.8667，即 1 英镑 = 4.8667 美元，这就是英镑与美元汇率的决定基础。但在外汇市场上，由于受供求因素的影响，汇率行市有时高于或低于铸币平价。

金币本位制下，汇率波动界限为黄金输送点（Gold Points），这是因为各国间进行国际结算可以采用两种方法。第一种方法是利用汇票等支付，进行非现金结算。但如果由于汇率变动使用汇票结算不利时，可改用第二种方法，即直接运送黄金的办法。例如，第一次世界大战前，英国和美国之间运送黄金的各项费用约为黄金价格的 0.5%—0.7%，以 1 英镑计，运送黄金的各项费用约合 0.03 美元。在这种情况下，假定美国对英国有国际收支逆差，对英镑的需求就会增加，从而使英镑汇率上涨。如果 1 英镑上涨到 4.8967 美元（即铸币平价加上运送黄金的费用）以上时，美国负有英镑债务的企业就不会购买英镑外汇，而宁愿在美国购买黄金并运送到英国偿还其债务，因为采用直接运送黄金的方法偿还 1 英镑的债务，只需要 4.8967 美元。因此，引起美国黄金输出的汇率就是黄金输出点（Gold Export Point），汇率的波动不可能超出黄金输出点。反之，如果美国对英国存在国际收支顺差，英镑的供给就会增加，英镑汇率下跌。如果 1 英镑跌到 4.8367 美元（即铸币平价减去运送黄金的费用）以下时，美国持有英镑债权的企业就不会出售英镑外汇，而是在英国用英镑购买黄金并运送回美国，因为用运送黄金的方法收回 1 英镑债权可以得到 4.8367 美元。因此，引起美国输入黄金的汇率就是黄金输入点（Gold Import Point）。

由此可见，在金币本位制下，汇率波动的界限就是黄金输入点至黄金输出点之间。这样，汇率波动的幅度是相当有限的，汇率水平比较稳定。

（二）法定平价是金块本位制和金汇兑本位制下的汇率决定基础

第一次世界大战期间，西方各国为了防止黄金外流，纷纷放弃金币本位制，改行金块本位制和金汇兑本位制。在金块本位制下，黄金已经很少直接充当流通手段和支付手段，金块大部分由政府掌握，其自由输出入受到限制。同样，在金汇兑本位制下，黄金储备集中在政府手中，在日常生活中黄金不再具有流通手段的职能。在金块本位制和金汇兑本位制下，货币汇率由纸币所代表的含金量之比来决定，称为法定平价（Legal Parity）。法定平价也是金平价的一种表现形式。实际汇率随供求关系变化而围绕法定平价上下波动。但此时的汇率波动幅度已不再受制于黄金输送点。

二、纸币制度下汇率的决定基础

1929 年的大危机使西方各国的金本位制纷纷瓦解，并先后实行纸币流通制度。在纸币制度下，纸币不再代表或代替金币流通，而金平价（即铸币平价和法定平价）也不再是决定汇率的基础。

纸币制度下的汇率决定不同于金本位制下的汇率决定。在 1944—1971 年间实行的以美元为中心的布雷顿森林体系中，美元与黄金挂钩，其他各国货币与美元挂钩，因此，该体系下的固定汇率制度实质上仍是以黄金为基础。布雷顿森林体系崩溃以后，大多数国家实行了浮动汇率制度。根据马克思的货币理论，纸币是价值的一种代表，两国纸币之间的汇率可用两国纸币所代表的价值量之比来确定，纸币所代表的价值量或纸币的购买力是决定汇率的基础。也就是说，一国货币的对内价值是决定其汇率（即对外价值）的基础。而货币的对内价值是由其国内物价水平反映的，受纸币流通规律的制约，如果流通中的货币与客观需要的必要货币流通量相等，则物价稳定，即货币的对内价值稳定；如果流通中的货币量超过了必要的货币流通量，就会发生通货膨胀，物价上涨，即货币的对内价值下降。当一国货币的对内价值下降时，若汇率仍保持不变，就表现为高估本国货币的对外价值。本国货币的对外价值不能长期被高估，如长期高估，就必然会影响到本国的国际收支。当国际收支不平衡相当严重时，最终不得不进行汇率调整，使之与国内购买力相一致。

因此，在纸币制度下，一国货币的对内价值（由国内物价反映）是汇率（对外价值）形成的基础。而一国货币的对内价值是由其购买力来衡量的，故两种货币实际购买能力的对比即购买力平价就成为纸币流通条件下汇率决定的基础。

第二节　购买力平价说

购买力平价说（Theory of Purchasing Power Parity）是一种历史非常悠久的汇率决定理论，它的理论渊源可以追溯至16世纪西班牙萨拉蒙卡学派对货币购买力的分析。瑞典学者卡塞尔（G. Cassel）于1922年在其著作《1914年以后的货币与外汇理论》（*Money and Foreign Exchange after 1914*）中对这一理论进行了系统阐述。购买力平价说的基本思想是：货币的价值在于其具有购买力，不同货币之间的兑换比率取决于它们各自具有的购买力之比，而货币的购买力又直接取决于一国的物价水平，因此汇率与各国的价格水平之间具有直接的联系。

一、理论基础——开放经济下的"一价定律"

我们首先分析某一商品在某国内部不同地区的价格之间的关系。我们的分析有两个前提：一是处于不同地区的该商品是同质的，不存在任何质量或其他方面的差异；二是该商品的价格可以灵活调整，不存在任何价格黏性。

我们可以将一国内部的商品分成两类：一类是可贸易商品（Tradable Goods），这类商品在区域间的价格差异可以通过跨区域的套利活动予以消除；另一类是不可贸易商品（Nontradable Goods），这类商品的区域价格差异不能通过套利活动消除。

当我们考察封闭经济时，应有：

第一，某一商品在不同地区的价格存在差异时，就可能引起套利活动。套利活动是否存在取决于商品本身的性质以及交易成本的高低。

第二，不可移动的商品以及套利活动交易成本无限高的商品，即为不可贸易商品，这类商品在不同地区间的价格差异不可能通过套利活动消除。

第三，对于可贸易商品来说，套利活动会将它的地区间价格差异保持在较小范围内。如果不考虑交易成本等因素，则可贸易商品在不同地区的价格就是完全一样的，我们将可贸易商品的价格在不同地区之间存在的这种关系称为“一价定律”（One Price Rule）。

当我们研究开放经济时，某种可贸易商品在不同国家之间的价格关系有所不同：

第一，由于不同国家使用不同的货币，故商品价格之间的比较首先要折算成统一货币才能进行。另外，在进行套利活动时，除了进行商品买卖外，还要进行不同货币的买卖活动。

第二，跨国间的商品套利活动还存在许多特殊的障碍。与一国内部相比，跨国间的商品套利活动更为困难，套利的交易成本一般也更高。

如果不考虑跨国交易成本等因素，则以同一货币衡量的不同国家的同一可贸易商品的价格应该是相同的，即有：

$$P_i = e \times P_i^* \tag{6.1}$$

式（6.1）即表示开放经济下的“一价定律”，其中，e 表示直接标价法下的汇率，P 表示本国价格，P^* 表示外国价格。

二、购买力平价的一般形式

购买力平价理论在长期的发展过程中出现了多种形式，主要有绝对购买力平价（Absolute Purchasing Power Parity）和相对购买力平价（Relative Purchasing Power Parity）两种形式。

（一）绝对购买力平价

绝对购买力平价成立的前提有两个：一是对于任何一种可贸易商品，“一价定律”均成立；二是在两国的物价指数的编制过程中，各种可贸易商品所占的权重相同。这样，两国由 n 种可贸易商品构成的物价水平之间存在着如下关系：

$$\sum_{i=1}^{n} a_i P_i = e \times \sum_{i=1}^{n} a_i P_i^* \tag{6.2}$$

式（6.2）中，a_i 表示第 i 种商品的权重。如果将这一物价指数分别用 P 和 P^* 表示，则有：

$$P = eP^* \tag{6.3}$$

式（6.3）的含义是：不同国家的可贸易商品的物价水平以同一种货币计量时是相等的。由式（6.3）可得：

$$e = \frac{P}{P^*} \tag{6.4}$$

式（6.4）就是绝对购买力平价的一般形式，它意味着汇率取决于不同货币衡量的可贸易商品的价格水平之比，即取决于不同货币对可贸易商品的购买力之比。

由于有不少学者认为一国的不可贸易商品与可贸易商品之间以及各国不可贸易商品之间存在着种种联系，这些联系往往使得一价定律对于不可贸易商品也能够成立。因此，式（6.4）中的物价指数可以包括一国经济中的所有商品。这样一来，所有国家的一般物价水平以同一种货币计量时就是相等的，即汇率取决于货币的价值（一般物价水平的倒数）之比。这种观点由于比较符合汇率是不同货币之间的价格之比这一性质，因此运用得更加广泛。

（二）相对购买力平价

绝对购买力平价反映的是两国价格水平与汇率水平之间的关系，而相对购买力平价则不同，它更多地说明了价格水平变动与汇率水平变动之间的关系。相对购买力平价将汇率在一段时间内的变动归因于两国货币购买力或物价水平在同期的相对变动，即在一定时期内，汇率的变动与同时期内两国货币购买力或物价水平的相对变动成比例。相对购买力平价的公式为：

$$\frac{e_t}{e_0} = \frac{P_t/P_0}{P_t^*/P_0^*} \text{或} e_t = e_0 \cdot \frac{P_t/P_0}{P_t^*/P_0^*} \tag{6.5}$$

其中，e_t、e_0 分别表示 t 期和基期的汇率水平，P_t、P_0 分别表示本国 t 期和基期的物价水平，P_t^*、P_0^* 分别表示外国 t 期和基期的物价水平。

因为本国和外国的通货膨胀率 π_t 和 π_t^* 分别可以表示为：

$$\pi_t = \frac{(P_{t+1} - P_t)}{P_t} = \frac{\mathrm{d}P_t}{P_t \mathrm{d}t};\ \pi_t^* = \frac{(P_{t+1}^* - P_t^*)}{P_t^*} = \frac{\mathrm{d}P_t^*}{P_t^* \mathrm{d}t} \tag{6.6}$$

因此有：

$$\frac{e_{t+1}-e_t}{e_t}=\frac{\pi_t-\pi_t^*}{1+\pi_t^*} \tag{6.7}$$

如果外国的通货膨胀率很低，则式（6.7）可近似地写成：

$$\frac{e_{t+1}-e_t}{e_t}=\pi_t-\pi_t^* \tag{6.8}$$

式（6.8）表明，汇率的变化等于两国的通货膨胀率之差①。如果本国通货膨胀率高于外国，则本币贬值，外币升值；反之则反是。这意味着，本国与外国的通货膨胀率之差正好被外币的升值（本币的贬值）所抵消。

与绝对购买力平价理论相比，相对购买力平价理论更具有应用价值，因为它避开了较难处理的和容易出现争议的两国“物价总水平”，而只表现为汇率与通货膨胀率的关系。正因为如此，有的经济学家如美国的约翰·威廉姆森（J. Williamson）称绝对购买力平价理论为强购买力平价，而称相对购买力平价为弱购买力平价。意思是说，如果相对购买力平价理论是正确的，绝对购买力平价理论未必正确；但如果绝对购买力平价理论是正确的，则相对购买力平价理论一定正确。

20世纪70年代以来，购买力平价理论有了很大发展。有经济学家将购买力平价与一国的货币供应量、国民生产总值等因素结合起来对汇率的变化进行分析。即有：

$$e=\frac{P}{P^*}=\frac{M/KY}{M^*/K^*Y^*} \tag{6.9}$$

其中，M、M^*分别表示本国和外国的货币供应量，Y、Y^*分别表示本国和外国的国民生产总值（按不变价格计算），K、K^*分别表示方程式规定的行为参数。

式（6.9）表明，如果一国相对于外国的货币供应量增长较快而实

① 这个结论可以更简单地推导出来：由于 $e=P/P^*$，有 $\ln e=\ln P-\ln P^*$，两边求导即得：$de/e=dP/P-dP^*/P^*=\pi-\pi^*$。

际生产增长较慢，则货币贬值；反之，如果一国的货币供应量增长较慢而实际生产增长较快，则货币升值。这一理论说明购买力平价理论的发展已融入了货币主义理论和发展经济学等方面的内容。

三、对购买力平价理论的评价

（一）贡献

购买力平价理论从货币的基本功能（购买力）出发，利用简单的数学表达式，对汇率水平与物价水平、汇率变动与两国通货膨胀率差异的关系给出了最为简洁的描述。购买力平价理论的这一特点使得它对政府的汇率政策产生了重要影响，也被广泛运用于汇率水平的分析，成为许多经济学家和政府部门计算均衡汇率的常用方法。从理论发展的角度看，购买力平价被普遍作为汇率的长期均衡标准应用于其他汇率理论的分析之中；从政府的政策制定来看，一国的物价水平是一个国家产品生产成本的反映，任何两个国家之间物价水平的比率都显示了两国产品竞争力的差距，因此，汇率通过购买力平价关系成为影响一国产品国际竞争力的重要因素。

总体来看，购买力平价理论深入到汇率这一经济现象的背后探求了决定汇率基础的本质，是一种能够回答浮动汇率制下汇率如何决定的学说，有较大的实用性。尽管购买力平价理论的前提条件在现实生活中往往难以具备，且实际汇率总是偏离购买力平价所决定的均衡汇率，但大多数经济学家认为，在正常情况下，实际汇率不可能大幅度地偏离均衡汇率，故这一理论大体能成立。此外，在发生严重通货膨胀的情况下，相对购买力平价的计算更具有实用价值。二战后的较长时期内，许多国家的通货膨胀率与货币汇率之间有着紧密的关联性。大量统计资料表明，通货膨胀严重的国家（如英国和意大利）往往是货币贬值，而通货膨胀较轻的国家（如联邦德国和瑞士）往往是货币升值。

购买力平价理论的意义还在于，它开辟了从货币数量角度分析汇率的先河。汇率作为一国货币的对外价格，它既受到各种货币层面因素的作用，同时也不能不对宏观经济形势与实际经济运行情况作出反应，这就产生了对汇率进行分析研究的两种最主要的研究视角，绝大多数汇率决定理论都可以按照一定标准归入这两种研究范畴。购买力平价理论是从货币数量角度分析汇率的代表，对汇率的货币数量角度的分析始终是汇率理论的主流。

（二）局限

1. 一价定律难以成立

购买力平价理论的基础是一价定律，但要使同一种商品在任何国家的价格按照汇率换算后都相同，实际上需要许多严格的限制条件：（1）完全信息，即各国每种商品的价格信息都能够被各种经济主体得知；（2）国家之间没有贸易壁垒；（3）同种商品是同质的；（4）商品市场上的价格是弹性的而不是黏性的。根据经济学家的研究，一价定律只对初级原料和农产品等商品适用，而对其他商品则很难成立。由于各国的贸易品和非贸易品的结构相差很大，且多数国家的非贸易商品在国民生产总值中所占比重大于贸易商品，而非贸易商品价格形成的基础在国内市场，加上各国劳动生产率差异很大，致使两国物价水平的比率与汇率往往产生较大的偏差。因此，用购买力平价理论来分析发展水平不同的国家之间的汇率水平会有相当大的局限性。

2. 存在很多技术困难

相对购买力平价计算模型的有效性取决于：基期的选择、相关物价指数的选择，以及预期物价指数的推算。这些决定购买力平价理论有效性的基础工作做起来都有相当的难度。首先是基期的选择问题，基期的选择涉及基期汇率的确定和基期物价指数的确定，这两者的正确性直接影响到汇率计算的准确性。其次是用什么物价指数来代表一国的物价水平问题。物价指数的选择必然会涉及商品和劳务的范围及种类的选择，所选择的商品种类不同，计算出来的物价指数就不同。至于预测期物价指数的推算问题，由于各国生产结构和消费结构发生变化的影响因素难以预测，故经常会发生预期物价指数推算的偏差。

3. 忽视了其他经济因素对汇率的影响

购买力平价理论的基础是货币数量说。货币数量说的核心是费雪的交易方程式：$MV=PY$，该式表明，当实际国民收入（Y）和货币流通速度（V）不变时，一国物价水平（P）由货币供应量（M）决定。由于购买力平价理论认为汇率由两国价格水平之比决定，可见购买力平价理论隐含着这样的结论：汇率变化是一种货币现象，货币数量决定货币的购买力和物价水平，从而决定汇率水平。这就是说，购买力平价理论将决定汇率水平的很多重要因素忽略了，如生产成本、贸易条件、资本流动、预期心理、劳动生产率等。在卡塞尔所处的时代，国际资本流动在规模和数量上都相当有限。可如今的国际资本流动，无论是规模还是品种和数量都非常大，仅从商品和劳务的国际交易层面已不能完全说明汇率的决定与变动。事实表明，最能引起汇率短期变动的套汇套利活动，往往是由国际利率差异和预期变化引起的。实践也证明，即使选定了一个基期的均衡汇率，现期汇率的变动也要比两国间的相对物价水平变动程度大得多。

第三节 利率平价说

上一节我们介绍了开放经济下一国与外国商品市场间存在的联系所带来的汇率与商品价格之间的关系。在现实生活中，开放经济下一国与外国的金融市场之间的联系往往更为密切，国际资本流动的发展使汇率与金融市场上的利率之间也存在着紧密联系。从金融市场角度分析汇率与利率之间存在的关系，就是所谓的利率平价说（Theory of Interest-rate Parity）。与购买力平价说相比，利率平价说是一种短期分析。

利率平价理论的基本思想产生于19世纪后半期，凯恩斯于1923年在《货币改革论》一书中首次系统阐述了这一理论。利率平价说突破了传统的国际收支和物价水平的范畴，从资本流动的角度研究汇率的变化，奠定了现代汇率理论的基础。利率平价理论认为，汇率的变动由利率差异所决定，即两国货币的即期汇率和远期汇率之间的差异（升水或贴水）近似等于该国利率和外国利率的差异。利率平价理论包括抵补的利率平价（Covered Interest-rate Parity）、非抵补的利率平价

(Uncovered Interest-rate Parity）和实际利率平价（Real Interest-rate Parity）等形式①。

一、抵补的利率平价

抵补的利率平价理论通过探讨即期汇率、远期汇率和利率间的关系来分析远期汇率的决定，这一理论建立在现货和远期两个市场反向操作的过程之上，这就要求金融市场比较发达，金融工具完备，交易成本很小，没有资本管制，本国和外国证券可相互替代。

抵补的利率平价理论的基础观点是：汇率的远期差价由两国利率差异决定，高利率国货币在远期外汇市场上必定贴水，低利率国货币在远期市场上必定升水。在两国利率存在差异的情况下，出于逐利动机，资金将从低利率国流向高利率国。但套利者在比较两国金融资产的收益率时，不仅会考虑两种资产利率所提供的收益率，而且会同时考虑两种资产由于汇率变动所产生的收益变动。也就是说，套利者一般要同时考虑套利的收益和风险。不同的投资者对于风险有着不同的态度，只有当投资者是风险偏好者时，才会选择非抵补的利率平价；而对于风险厌恶者和风险中性者来说，由于他们既想获取国际利差，又想将国际套利的风险降低，一般会采用抵补套利方式，即同时进行套利和掉期业务操作。大量掉期外汇业务操作的结果是，低利率国货币的现汇汇率下降，期汇汇率上升；高利率国货币的现汇汇率上升，期汇汇率下降。因此，低利率国货币就会出现远期升水，而高利率国货币则会出现远期贴水。随着抵补套利活动的持续进行，汇率的远期

① 这些理论中的市场参与者只是“套利者”，还有一种“现代利率平价理论”认为，市场参与者包括套利保值者和投机者，前者的行为可由利率平价和远期汇率之差决定，即当远期汇率高于利率平价决定的汇率时，套利者卖出远期外汇；而当远期汇率低于利率平价决定的汇率时，则买进远期外汇。而投机者却不同，其行为由其对未来市场汇率的预期和远期汇率的差异决定：如果投机者预计未来的汇率高于远期汇率，就会买进外汇，但并不会在远期市场抛出外汇；反之，如果预期未来的汇率低于远期汇率，就卖出外汇，同时也不会在远期市场买进外汇。汇率是在套利者、保值者和投机者的共同作用下形成的。但是，现代汇率平价理论并未能说清不同市场参与者在汇率决定过程中的作用大小，也未能说明具有不同甚至是相反“预期”的投机者对外汇供求的具体影响。此外，要对现代利率平价理论进行实证检验也相当困难。

差价就会不断增大，直到两种货币资产所提供的收益率完全相等，抵补套利活动才会结束。此时汇率的远期差价正好等于两国利差，即利率平价成立。

我们可以用 e、f、i 和 i^* 分别表示即期汇率、远期汇率、本国利率和外国利率，汇率采用直接标价法。如果投资者将 1 单位本国货币在国内投资，1 期后本利和为（$1+i$）；如果投资者在当期将 1 单位的本国货币换成外币进行投资，为了避免在下一期由于汇率变动引起外币贬值、本币收入减少，就要在即期外汇和远期外汇市场上同时进行反向操作。1 单位本国货币可以换成 $\frac{1}{e}$ 单位的外币，1 期后的外币本利和为 $\frac{1}{e}(1+i^*)$。为了避免由于汇率变化带来外币贬值的风险，投资者同时在远期外汇市场上卖出数量为 $\frac{1}{e}(1+i^*)$ 的外汇，即到期时按照远期汇率将投资获得的外币本利和再换成本币，所得的本币数量为 $\frac{f}{e}(1+i^*)$。如果投资本外币的收益不相等，比如投资外币的收益率大于投资本币的收益率，投资者将购买即期外汇进行外币投资，同时卖出远期外汇，这会导致即期汇率上升和远期汇率下降，从而缩小两种投资的利差，最终使两种投资的收益率完全相等，套利活动停止。此时有：

$$1+i=\frac{f}{e}(1+i^*) \tag{6.10}$$

经整理可得：

$$\frac{f-e}{e}=\frac{i-i^*}{1+i^*}$$

在外国利率 i^* 较低的情况下，由于有 $1+i^*\approx1$，于是有：

$$\frac{f-e}{e}=i-i^* \tag{6.11}$$

式（6.11）即为抵补的利率平价：汇率变动率等于两国利率之差。

当市场上抵补的利率平价不成立时，投资者就可以进行金融市场上的套利活动。这种套利活动是使抵补的利率平价始终成立的主要条件。在实证检验中，除了在外汇市场剧烈动荡的时期，抵补的利率平价基本上都能比较好地成立。当然，实际汇率变动与抵补的利率平价间也存在着一定的偏离，这一偏离常被认为反映了交易成本、外汇管制以及各种风险等因素。

二、非抵补的利率平价

非抵补的套利行为与抵补的套利行为的差别在于：前者在将资金由低利率货币换为高利率货币时并不作反向的操作，也就是说，套利者对其未来的投资收益并不保值。在这种情况下，将未来外币的投资收益兑换成本币所采用的汇率就不是远期汇率，而是未来的即期汇率。但未来的即期汇率事先并不能得知，只能对其进行预期。

非抵补的利率平价是指投资者在进行没有抵补的外汇投资时所获得的收益等于没有汇率风险所获得的收益，即等于预期获得的收益。这就是说，投资者具有理性预期和风险中性的特征，对于未来汇率的预期是正确的。和抵补的利率平价一样，这里同样假定没有交易成本和资本管制，套利资金是充分的，证券是完全替代的。

我们用 Ef 表示投资者对未来即期汇率的预期，当非抵补的套利行为终止时，在两国进行投资的收益应该相等，即有：

$$(1+i)=\frac{Ef}{e}(1+i^*) \tag{6.12}$$

在外国利率很小的情况下，经整理同样可得：

$$\frac{Ef-e}{e}=i-i^* \tag{6.13}$$

式（6.13）即为非抵补的利率平价：预期的未来即期汇率与即期汇率的变化率即本币的预期贬值率等于两国利率之差。

三、实际利率平价

实际利率平价理论是指在资本自由流动的情况下，汇率变动的内在均衡力量是使不同国家的实际利率相等。实际上，所谓的实际利率平价只是前述的（名义）利率平价的另一种表现形式。但是，它突出地表现了要素市场套利的实质是导致各国实际利率的均等。

在资本自由流动时，由利率平价成立可得到式（6.11），式（6.11）的左边是汇率变化率，右边则是两国（名义）利率之差。根据购买力平价，又有式（6.8），式（6.8）的左边也是汇率变化率，右边则是两国通货膨胀率之差。由式（6.11）和式（6.8）有：

$$i - i^{*} = \pi - \pi^{*} \tag{6.14}$$

经整理得：

$$i - \pi = i^{*} - \pi^{*} \tag{6.15}$$

式（6.15）的左边正好是本国的实际利率，而右边则是外国的实际利率。可见，实际利率平价成立要求购买力平价和（名义）利率平价成立。

上述三个不同的利率平价理论反映了不同的市场条件要求。首先，三种利率平价理论都要求资本自由流动；其次，非抵补的利率平价一般要求投资者是风险中性的，即风险溢价为零；再次，实际利率平价还要求购买力平价成立。可是在现实中，这些条件并不是总能得到满足。

四、非抵补套利与抵补套利的联系

抵补的与非抵补的利率平价的成立分别是由两种类型的套利活动实现的。外汇市场上投机者的投机活动使以上两种利率平价统一起来，对远期汇率的形成起到了决定性的作用。

如果 $Ef > f$，就意味着投机者认为远期汇率对未来的本币价值高估了，投机者将购买远期外汇，这样在期满后，当汇率变动到预期水平 Ef 时，就可以将远期合约进行交割时获得的外币以这一预期汇率水平卖出，从而获得这一差价所形成的利润。投机者在远期市场的交易将会使 f 增大，直至与预期的未来汇率相等。

可见，投机者的活动将使远期汇率完全由预期的未来汇率所确定，此时抵补的利率平价与非抵补的利率平价同时成立。即有：

$$Ef = f$$

$$\frac{f-e}{e} = \frac{Ef-e}{e} = i - i^* \qquad (6.16)$$

五、利率平价条件的偏离

在现实世界中，外汇交易商根据国家间的利率差和当前的即期汇率标出远期汇率，远期汇率并不一定能使远期升水等于利差。由于偏离利率平价似乎意味着存在有利可图的套利机会，预期能获得收益的套利者进行套利操作后会消除任何偏离现象。通过对外汇交易数据的实证分析发现，一定程度的偏离利率平价的现象的确存在。对这种偏离现象，经济学者从不同的角度进行了解释。

第一，交易成本的存在。在套利资本运动的过程中有四个交易环节：卖国内资产、买国外资产、卖国外资产和买国内资产，套利者相应要面临四项交易成本。标准的利率平价理论没有考虑交易成本的存在。交易成本的存在意味着在以利率平价为中心、以交易成本为半径的区间内，不存在套利机会。这是市场汇率偏离利率平价的一个原因。

第二，政府的干预与管制。政府采取的金融管制政策往往也会使利率平价发生偏离，政府为了防止资本外流，一般会通过征收外汇交易税来限制外汇交易。出于刺激经济的考虑，一国政府可能还会对利率高限进行限制，使本国利率与外国利率之间形成差距，这样一来，由于投资国外资产更加有利可图，大量资金发生抽逃。一国的税收结构也会对利率平价产生影响。如1986年前，美国对外汇交易所获得的收入征收20%的资本收益税，这一税率大大低于50%的公司收入税，因而公司就尽可能地使收益以资本收入形式来计算，以便避开政府的高额税收。

第三，政治风险。政治风险来自主权国家采取的影响外国投资的政策。当存在政治风险时，如果没有相应的政治风险的风险溢价，投资者就不会进行这项投资。而风险溢价的存在当然就会打破利率平价，导致市场汇率与利率平价的偏离。有关实证研究表明，由于政治风险导致的利差大小，受外国对本国居民债权的存量和世界财富在本国居民和外国居民之间分配状况的影响。在最大的 10% 的利差中，最多只有 2% 可归因于政治风险。

六、对利率平价理论的评价

利率平价理论的贡献在于它说明了利率变动与汇率变动之间的关系，合理地解释了利率变动和资本流动对于即期汇率和远期汇率变动的影响机制，发展了有关远期汇率决定的理论，把汇率决定的因素扩展到资产市场领域，填补了 20 世纪 30 年代以来传统的购买力平价理论逐步衰退后汇率决定理论的空白，因而具有重要的理论意义。利率平价理论在西方汇率理论的发展过程中，起着承前启后的作用，可以说为后来的货币模型和资产组合模型作了理论上的铺垫。

利率平价理论不仅具有重要的理论意义，而且具有特别的现实意义。对于利率与汇率之间存在的这一关系，由于利率变动是非常迅速的，同时，利率又可对汇率产生立竿见影的影响，这为中央银行灵活调控外汇市场提供了有效途径：即可以通过培育一个发达高效的货币市场，在货币市场上利用利率尤其是短期利率的变动，来达到调控汇率水平的目的。例如，当市场上存在本币将升值的预期时，中央银行可以通过公开市场操作等货币政策工具来降低市场利率，从而抵消升值预期对外汇市场的压力。

当然，利率平价理论也有一定的局限性。主要表现在以下几个方面：

第一，该理论的假设前提过于严格，影响了它的实用性。利率平价理论不仅要求国内有一个有效市场，即价格能够完全反映可利用的信息和资料、能够使得获利的机会被充分利用的市场，而且要求存在一体化的国际货币市场，资本的跨国流动不受限制，国际间的套利活动可以自由地进行等。这些条件不仅在发展中国家难以达到，就是在发达国家一般也不具备这些条件。

第二，从现实来看，汇率的决定是由多种经济因素共同作用的结果。除了两国的利差外，预期的通货膨胀率、货币供应量、外汇储备水平、资本流动规模、国民生产总值、进出口总额等因素都会对汇率水平产生重要影响。因此，利率平价理论单纯从利差角度来说明汇率决定是远远不够的，当然也就不能给复杂的汇率波动提供令人信服的解释。

第三，该理论的政策主张也较难实现。要保持国际间汇率的真正稳定，需要各国政府及中央银行采取协调一致的宏观经济政策，但由于世界各国的经济发展水平差异较大，经济政策的国际协调事实上相当困难，这必然会影响到利率平价理论所提出的政策主张的有效性。

第四节　国际收支说

利率平价说利用资金市场上汇率与利率之间的关系讨论了汇率的决定问题，但在分析时忽略了国际收支在汇率决定中的作用。国际收支说则考虑了国际收支对汇率的影响，认为国际收支状况决定着外汇供求，进而决定汇率。国际收支说是从国际收支角度分析汇率决定的一种理论，它的理论渊源可追溯至14世纪。英国学者葛逊于1861年较为系统地阐述了汇率与国际收支的关系，他的理论被称为国际借贷说（Theory of International Indebtedness）。第二次世界大战后，随着凯恩斯主义的宏观经济分析被广泛运用，很多学者运用凯恩斯模型来说明影响国际收支的主要因素，进而分析这些因素如何通过国际收支影响到汇率水平，从而形成了国际收支说的现代形式。

一、早期形式：国际借贷说

国际收支说的早期形式是国际借贷说。英国学者葛逊在1861年出版的《外汇理论》（*The Theory of Foreign Exchange*）一书中较为完整地阐述了汇率与国际收支之间的关系。国际借贷说认为，一国货币的汇率变化是由外汇市场的供求关系决定的，而外汇的供求取决于该国对外流动借贷的状况。一国的对外流动借贷是指该国处于实际收支阶段的对外债权和债务。当一国处于收入阶段的外汇收入大于处于支出阶段的外汇支出时，该国外汇市场上的外汇供给就大于外汇需求，此时外汇汇率下跌，本币汇率上升；反之，当一国处于支出阶段的外汇支出大于处于收入阶段的外汇收入时，外汇需求就大于外汇供给，此时外汇汇率上升，本币汇率下跌。当一国进入收支阶段的外汇供求相等时，汇率就会处于均衡状态。葛逊所说的流动债权和流动债务实际上就是狭义的国际收支概念，故该理论又被称为国际收支说，实际上就是外汇的供求决定理论。

国际借贷说认为国际间各种支付差额都会引起汇率变动，并分析了汇率变动的调节作用，这无疑是有重要意义的。但该理论认为外汇供求的变动是决定汇率变动的根本原因，没有能说明外汇供求平衡时的汇率水平是如何决定的。显然，葛逊并未认识到汇率水平是由两国货币各自实际代表的价值对比来决定的。他只注意到了实际经济因素与汇率间存在的因果关系，而对汇率与货币供求以及资本流动之间的关系没有进行充分的解释与分析。国际借贷说的这些缺陷在现代国际收支说中得到了修正。

二、现代国际收支说的基本原理

现代国际收支说认为，在分析汇率的决定时，可以从两个方面对国际借贷说进行修正和改进：一是将国际资本流动纳入汇率决定分析的框架，二是进一步应用贸易收支和国际资本流动的相关理论来分析汇率的决定因素。现代国际收支说形成于布雷顿森林体系崩溃之后，是凯恩斯主义学说在汇率决定理论中的体现。这一学说认为外汇汇率取决于外汇市场上的供求状况，而由于国际收支状况决定了外汇供求，因此，汇率实际上决定于国际收支。

假定国际收支仅包括经常账户（CA）与资本和金融账户（K），国际收支均衡的条件是经常账户余额与资本和金融账户余额之和为零，即有 $CA+K=0$。其中，经常账户余额主要取决于商品和劳务的进出口，出口（X）是由外国国民收入（Y^*）和汇率水平（e）决定的，而进口则取决于本国的国民收入（Y）和汇率水平。这样，影响经常账户收支的主要因素可表示为：

$$CA = CA(Y, Y^*, P, P^*, e) \tag{6.17}$$

资本和金融账户余额主要取决于本国利率（i）、外国利率（i^*）以及未来汇率水平的预期变化率（$\frac{Ef-e}{e}$），即有：

$$K = K(i, i^*, \frac{Ef-e}{e}) \tag{6.18}$$

结合式（6.17）和式（6.18），我们可以将国际收支平衡的条件表示为：

$$BP = BP(Y, Y^*, P, P^*, i, i^*, e, Ef) = 0 \tag{6.19}$$

如果将除汇率（e）以外的其他因素都看成为给定的外生变量，则汇率将在这些因素的综合作用下调整至某一水平，以满足式（6.19）给出的国际收支平衡条件，此时有：

$$e = e(Y, Y^*, P, P^*, i, i^*, Ef) \tag{6.20}$$

式（6.20）表明影响汇率变化的主要因素有：国内外的国民收入水平、国内外的价格水平、国内外的利率水平以及市场对未来汇率水平的预期，所有这些因素都是通过影响外汇供求而影响汇率的。具体来说，上述各个变量对汇率的影响机制如下：

第一，国民收入水平。在其他条件不变时，当本国国民收入增加时，由于通过边际进口倾向会引起进口规模的上升，这会导致对外汇需求的增加，本币汇率下跌（贬值）。而当外国国民收入增加时，外国的进口（即本国的出口）就会增加，这会导致外汇供给的增加，于是本币升值。

第二，价格水平。在其他条件不变的情况下，本国价格的上升将会引起实际汇率的升值，本国出口产品竞争力下降，经常账户恶化，从而导致本币贬值。而当外国价格水平上升时，会引起本币实际汇率的贬值，本国出口增加，经常账户改善，最终会导致本币升值。

第三，利率水平。在其他条件不变时，本国利率上升将会吸引更多的国际资本流入，于是本币升值。当外国利率上升时，情况正好相反，大量资本流出，本币贬值。

第四，对未来汇率的预期变动。在其他条件不变的情况下，如果市场预期未来本币贬值，资本将会流出国外以避免汇率风险，这会导致本币发生即期贬值（即预期会自我实现）。如果预期本币在未来会升值，则本币在即期就会升值。

三、对国际收支说的评价

第一，国际收支说指出了汇率与国际收支之间存在的密切关系，有利于全面分析短期内汇率的变动和决定。

第二，与购买力平价说及利率平价说一样，国际收支说也不能被视为完整的汇率决定理论，而只是进行更深入分析时可以利用的一种重要工具。这一理论具有浓厚的凯恩斯主义特点，是从宏观经济角度（国民收入等）而不是从货币数量角度（价格、利率等）研究汇率水平的决定，是现代汇率理论的一个重要分支。

第三，国际收支说是关于汇率决定的流量理论，因为它认为是国际收支引起的外汇供求流量决定了短期汇率水平及其变动，这一特点导致该理论很难解释现实中的一些经济现象。我们知道，在国际资本流动迅速发展的今天，决定汇率的主要因素可能更应是金融资产的存量变化，而不是实物资产的流量变动。另外，在分析方法上，国际收支说只是简单地运用了类似于普通商品市场上价格与供求之间的关系来对外汇市场进行分析，这导致对现实生活中的一些经济现象难以作出合理解释。例如，利率上升在很多情况下并不能持续吸引国际资本流入而引起汇率的相应变动；再如，外汇市场上的汇率水平经常在外汇交易流量很小的情况下发生大幅度变动。

此外，国际收支说的不足突出表现为：该理论没有对影响国际收支的众多变量之间的关系以及国际收支与汇率之间的关系进行深入分析，并得出具有明确因果关系的结论。国际收支说存在的缺陷最终带来了新的汇率决定理论的出现，即汇率决定的资产市场说。

本章小结

铸币平价是金币本位制下汇率决定的基础，而法定平价则是金块本位制和金汇兑本位制下的汇率决定基础。在纸币制度下，一国货币的对内价值是汇率（对外价值）形成的基础，由于一国货币的对内价值是用其购买力来衡量的，故两种货币实际购买能力的对比即购买力平价就成为纸币流通条件下汇率决定的基础。

购买力平价说是一种历史非常悠久的汇率决定理论。购买力平价说的基本思想是：货币的价值在于其具有购买力，不同货币之间的兑换比率取决于它们各自具有的购买力之比，而货币的购买力又直接取决于一国的物价水平，因此汇率与各国的价格水平之间具有直接的联系。购买力平价的理论前提是一价定律。

购买力平价理论在长期的发展过程中出现了多种形式，主要有绝对购买力平价和相对购买力平价两种形式。绝对购买力平价认为汇率取决于不同货币衡量的可贸易商品的价格水平之比，即取决于不同货币对可贸易商品的购买力之比；而相对购买力平价则认为汇率的变化等于两国的通货膨胀率之差。与绝对购买力平价理论相比，相对购买力平价理论更具有应用价值，因为它避开了较难处理的和容易出现争议的两国“物价总水平”，而只表现为汇率与通货膨胀率的关系。

利率平价说从资本流动的角度研究汇率的变化，奠定了现代汇率理论的基础。利率平价理论认为，汇率的变动由利率差异所决定，即两国货币的即期汇率和远期汇率之间的差异（升水或贴水）近似等于该国利率和外国利率的差异。利率平价理论包括抵补的利率平价、非抵补的利率平价和实际利率平价等形式。抵补的利率平价认为，汇率变动率等于两国利率之差；非抵补的利率平价认为，预期的未来即期汇率与即期汇率的变化率即本币的预期贬值率等于两国利率之差；而实际利率平价理论认为，在资本自由流动的情况下，汇率变动的内在均衡力量是使不同国家的实际利率相等。

国际收支说考虑了国际收支对汇率的影响，认为国际收支状况决定着外汇供求，进而决定汇率。国际收支说的早期形式是国际借贷说。现代国际收支说认为，影响汇率变化的主要因素有：国内外的国民收入水平、国内外的价格水平、国内外的利率水平以及市场对未来汇率水平的预期，所有这些因素都是通过影响外汇供求而影响汇率的。

重要概念

铸币平价　黄金输送点　法定平价　一价定律　绝对购买力平价　相对购买力平价　抵补　抵补的利率平价　非抵补的利率平价　实际利率平价　国际借贷说　流动债权　流动债务　国际收支说

复习思考题

1. 试分析纸币流通条件下汇率的决定基础。
2. 什么是开放经济下的“一价定律”？它的成立条件是什么？
3. 请对购买力平价说进行简单评价。
4. 为什么现实生活中的汇率变化经常会偏离利率平价？
5. 请从利率平价角度解释汇率与利率之间存在的关系。
6. 请对利率平价说进行简单评价。
7. 试述现代国际收支说的主要内容。
8. 请对国际收支说进行简单评价。

第七章 汇率决定理论（下）

20 世纪 70 年代以来，外汇市场上的汇率越来越呈现出与股票等资产价格相同的特点，如变动极为频繁且波幅很大，受心理预期因素的影响很大，等等。这启发人们将汇率看成一种资产价格，这一价格是在资产市场上确定的，从而在分析汇率的决定时应采用与普通资产价格决定基本相同的理论。这一分析方法被统称为汇率决定的资产市场说（Asset Market Approach），在 20 世纪 70 年代中后期取代了国际收支流量分析，成为汇率理论的主流。资产市场说是 20 世纪 70 年代中期以后发展起来的一种重要的汇率决定理论，这一理论是在国际资本流动迅速发展的背景下产生的，它特别强调金融资产存量对汇率变动的影响，使国际收支中的资本和金融项目中的交易对汇率的影响日益受到重视。

随着汇率理论的中心注意力转向资本和金融项目，汇率研究的方法也开始转向存量分析。与传统理论相比，汇率决定的资产市场说在分析方法上有两点不同：一是在当期的汇率决定过程中，预期起着十分重要的作用。与普通商品市场不同的是，资产市场对未来经济条件的预期会非常迅速地反映在即期价格之中，因此，对资产价值评价的改变在很大程度上就取决于预期的变化。二是决定汇率变动的是存量因素而不是流量因素。

资产市场分析有三个假设前提：一是外汇市场是有效的，也就是说，市场当前价格反映了所有可能得到的信息。二是分析对象是高度开放的小国经济，即指本国无法影响到国际市场上的利率，同时外国居民不持有本国资产，本国居民不持有外国货币。这样，本国居民就主要持有三种资产：本国货币、本币资产（主要是本国债券）和外币资产（主要是外国债券），一国的资产市场由本国货币市场、本国债券市场和外国债券市场构成。三是资金完全流动，抵补的利率平价（CIP）始终成立。

根据对本币资产与外币资产可替代性的不同假定，资产市场说可分为货币分析法（Monetary Approach）和资产组合分析法（Portfolio Approach）。货币分析法假定本币资产与外币资产完全可替代（即投资者是风险中性的），因此非抵补的利率平价（UIP）成立；而资产组合分析法则假定本币资产与外币资产不完全替代。在货币分析法内部，又可根据对价格弹性的不同假定，分为弹性价格货币分析法（Flexible-Price Monetary Approach）和黏性价格货币分析法（Sticky-Price Monetary Approach）。

第一节　汇率的弹性价格货币分析法

随着布雷顿森林体系于20世纪70年代初的崩溃，国际货币体系进入了浮动汇率制时代，汇率水平的决定自然成为经济学家研究的热点。与此同时，世界经济的格局也发生了重大变化，凯恩斯主义由于不能对滞胀作出令人信服的解释而日渐衰弱，而以美国芝加哥大学弗里德曼为首的货币主义学派却日益兴起。货币主义的分析方法逐渐被运用于汇率决定理论的研究中，形成了比较有影响力的汇率的货币主义分析模型。在汇率的货币分析法内部，根据对价格弹性的假定不同，又分为弹性价格货币分析法和黏性价格货币分析法。

汇率的弹性价格货币分析法创立于20世纪70年代初期，其代表人物主要有美国经济学家哈里·约翰逊（Harry G. Johnson）、雅各布·弗兰克尔（Jacob A. Frankel）、波拉克（J. J. Polak），以及1999年诺贝尔经济学奖获得者罗伯特·蒙代尔（Robert Mundell）等人。

一、基本模型

在汇率的弹性价格货币分析法中，由于假设本外币资产是完全可替代的，故这两种资产市场是一个统一的市场。因此，只要本国与外国的货币市场处于平衡状态，两国的资产市场也必然处于平衡状态。这样一来，我们就只需集中分析货币市场上货币供求的变动对汇率的影响。

弹性价格货币分析有三个基本假设：一是垂直的总供给曲线。但这并不意味着产出是固定的，随着科学技术的进步、资本积累的增加以及劳动者素质的提高，产出水平也会不断增加，垂直的总供给曲线就会向右移动。总供给曲线垂直，必须以所有市场的价格具有完全弹性为前提。二是稳定的货币需求。我们假设货币供应量是由政府（中央银行）控制的外生变量，这样，利率和实际国民收入均与货币供应量无关，货币供应量的改变只能引起价格水平的调整。三是购买力平价成立，即始终有 $P=eP^*$。

根据上述假定，本国和外国的货币市场平衡条件分别是①：

$$M_s = M_d = kPY^{\alpha}/i^{\beta} \tag{7.1}$$

$$M_s^* = M_d^* = k^* P^* Y^{*\alpha}/i^{*\beta} \tag{7.2}$$

其中，M_s、M_d 分别代表货币供应量和货币需求量，k、α、β 均为正常数，Y、i 分别代表实际国民收入和利率。再由购买力平价 $P=eP^*$，将式（7.1）和式（7.2）代入得：

$$e = \frac{P}{P^*} = \frac{k^*}{k} \cdot \frac{M_s}{M_s^*} \cdot \left(\frac{Y^*}{Y}\right)^{\alpha} \cdot \left(\frac{i}{i^*}\right)^{\beta} \tag{7.3}$$

对式（7.3）两边取对数并整理可得：

$$\ln e = (\ln M_s - \ln M_s^*) + \alpha(\ln Y^* - \ln Y) + \beta(\ln i - \ln i^*) \tag{7.4}$$

式（7.4）即为弹性价格货币分析法的基本模型。由式（7.4）可知，当本国货币供给相对上升时，本币贬值；当本国国民收入相对上升时，本币升值；当本国利率相对上升时，本币贬值；反之则反是。从式（7.4）可以看到，本国与外国的实际国民收入水平、利率水平以及货

① 这里为简便起见，我们假设外国货币需求函数的参数与本国相同，即有 $k=k^*$。

币供应量通过影响各自的物价水平，最终决定了汇率水平。这样，弹性货币分析法就将货币市场上的一系列因素引进了汇率水平的决定之中。

二、浮动汇率制下的弹性价格货币分析法

（一）浮动汇率制下货币供给量变动的影响（以货币供给量增加为例）

我们分别用图 7－1 中的纵轴、右向横轴和左向横轴表示本国价格水平 P、实际产出 Y 和汇率水平 e。通过原点的射线 $P=eP^*$ 为购买力平价线，其斜率就是外国价格 P^*。处于购买力平价线上的点表示价格和汇率是均衡的，而处于该线上方的点（如 C 点）表示本国价格较高，在国际市场上处于“弱竞争地位”；处于该线下方的点（如 D 点）则表示本国价格较低，在国际市场上处于“强竞争地位”。图 7－1 中第一象限的垂线为总产出线，M_0 和 M_1 均为货币需求曲线①，Y_0、P_0 和 e_0 分别表示初始均衡时的产出水平、价格水平和汇率水平。

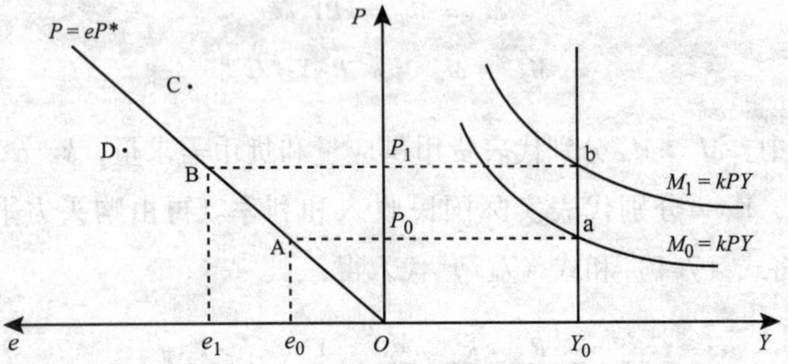

图 7－1　浮动汇率制下本国货币供给变化对汇率的影响

在本国产出水平和外国价格不变的情况下，如果本国货币供应量增加，由于货币供应量等于货币需求量，故本国的货币需求曲线将从 M_0 上移至 M_1。由于产出水平不变，增加的货币供给只能由物价水平上升来平衡，即国内价格从 P_0 上升到 P_1，第一象限的均衡点从 a 点移到 b 点。

---

① 这里假设货币需求函数为 $M_d=kPY$，由于在货币供应量一定的情况下，P 和 Y 是一种此消彼长的关系，故货币需求曲线是凸向原点的。

再来看第二象限的变化。由于是在浮动汇率制下，并且购买力平价始终成立，所以当国内价格从 P_0 上升到 P_1 的同时，汇率将从 e_0 上升到 e_1（本币贬值）①，均衡点从 A 点移到 B 点。

因此，在浮动汇率制下，当其他因素不变时，本国货币供应量增加会导致本币贬值，具体过程也可见图 7－2。

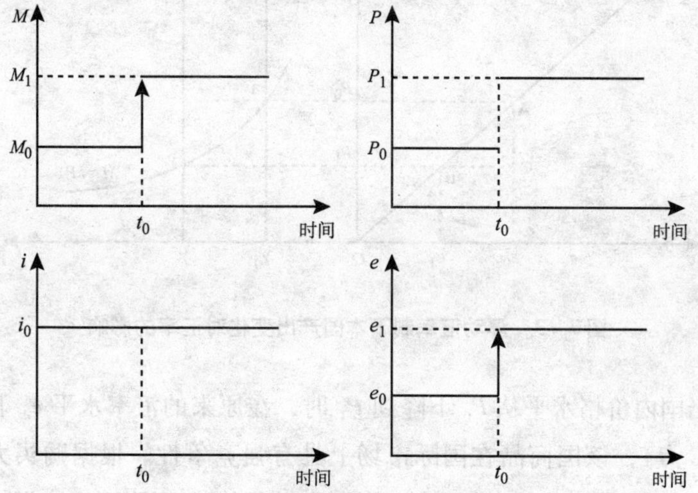

图 7－2　弹性价格货币分析法中本国货币供给一次性增加的影响

（二）浮动汇率制下产出变动的影响（以产出增加为例）

在货币主义的理论框架中，虽然产出是稳定不变的，但应该注意到这种产出的稳定是在同一个生产函数下的稳定。当某种原因（比如由于生产技术的突然进步等）引起生产函数发生改变时，产出就会发生改变，这种变动在货币分析模型中表现为虽然货币供应状况保持不变，但产出曲线将移动为另一条垂线。这里所说的产出变动，即指这

① 货币模型还可以求出相对于货币供应量增加的本币贬值程度。由 $M=kPY$ 可得：$\frac{dM}{M}=\frac{dk}{k}+\frac{dP}{P}+\frac{dY}{Y}$，由于 $dk=dY=0$，故有 $\frac{dM}{M}=\frac{dP}{P}$；另外，由购买力平价可得：$\frac{de}{e}=\frac{dP}{P}-\frac{dP^*}{P^*}$，这里假设外国价格水平不变，故又有 $\frac{de}{e}=\frac{dP}{P}$；所以有：$\frac{de}{e}=\frac{dM}{M}$，即本国货币贬值程度与货币供应量增加程度相等。

种外生性变动。

如图 7－3 所示，当实际产出从 Y_0 增加到 Y_1 时，由于货币供应量不变，在原来的价格水平 P_0 下经济无法实现均衡，只有在 b 点，才能同时实现货币市场和商品市场的均衡，此时的价格水平为 P_1。

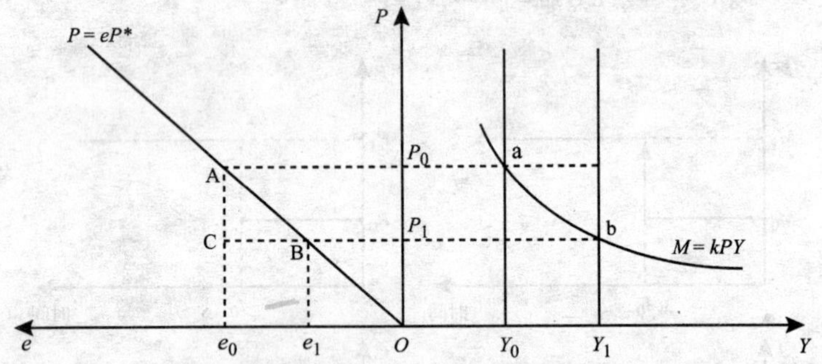

图 7－3　浮动汇率制下本国产出变化对汇率的影响

当国内价格水平从 P_0 下降到 P_1 时，在原来的汇率水平 e_0 上（图中的 C 点），该国商品在国际市场上具有强竞争性。根据购买力平价 $P=eP^*$，且外国价格 P^* 不变，则汇率必须从 e_0 下降到 e_1，即本币升值①，以实现外汇市场的均衡，此时的均衡点位于 B 点。

因此，在浮动汇率制下，当其他因素保持不变时，本国实际产出增加会导致本国货币升值。

（三）浮动汇率制下外国价格变化的影响（以外国价格上升为例）

由于购买力平价线的斜率即为外国价格水平 P^*，因此，当外国价格水平上升时，图 7－4 第二象限中的购买力平价线将绕原点顺时针旋转，即变得更加陡峭。显然，由于此时国内产出 Y_0 不变，货币供应量 M 不变，故本国价格水平 P_0 也不变。在这样的相对价格格局下，原来的均衡点 A 已变成强竞争点，本国出口将会增加，导致对本币的需求相应上升。要维持购买力平价 $P=eP^*$，汇率 e 必须从 e_0 下降到 e_1，即

① 请注意这里的结论与第六章中凯恩斯学派（国际收支说）的观点相反。这是由于货币模型集中分析产出（收入）增加对货币需求而不是对商品需求的影响，既然产出增加使对货币的需求增大，在货币供应量不变的情况下，价格水平只能下降。

本币必须升值。在新的均衡点 B 点上，除了本币升值外，经济系统中的其他变量均未发生变化。

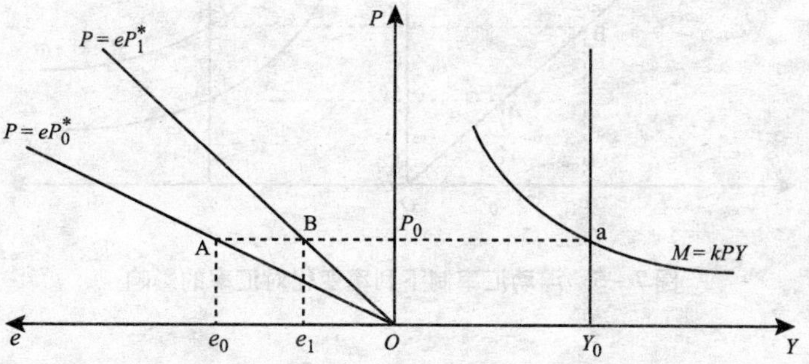

图 7－4　浮动汇率制下外国价格变化对汇率的影响

因此，在浮动汇率制下，当其他因素保持不变时，如果外国价格水平上升，本国货币将会升值，且国内经济不会发生其他变化。

从宏观经济政策的角度看，这一结论是相当重要的：世界通货膨胀不会影响到国内经济，浮动汇率制具有隔离国际通货膨胀和通货紧缩传递的作用，能够为国内宏观经济政策提供较大的执行空间。这里隐含的意思是，每一个国家的宏观经济政策主权受汇率弹性的保护，每个国家都可以独立地选择自己的通货膨胀率①，而不用考虑其他国家的行动。如果独立性被当作国际货币秩序的一个合乎需要的特征，那么，浮动汇率制就具有很大的吸引力。

（四）浮动汇率制下利率变化的影响（以利率上升为例）

如图 7－5 所示，为了体现利率与货币需求的反向关系，我们可以将货币需求函数设定为 $M_d = kY - hi$ ②，如果利率上升，货币需求将会下降，这样，不变的货币供应量就会显得过剩。因此，在货币供应量不变时，利率上升和货币供应量增加的情形是一样的，即图 7－5 中第一象限的货币需求曲线向上移动。

---

① 当然，在这里的货币主义模型中，通货膨胀率是留待两国中任一政府选择的唯一变量。

② 当然也可以将货币需求函数设定成式（7.1）的形式，但由于这里的价格不变，我们设定的货币需求函数只要能体现出利率与货币需求之间的反向关系就可以了。

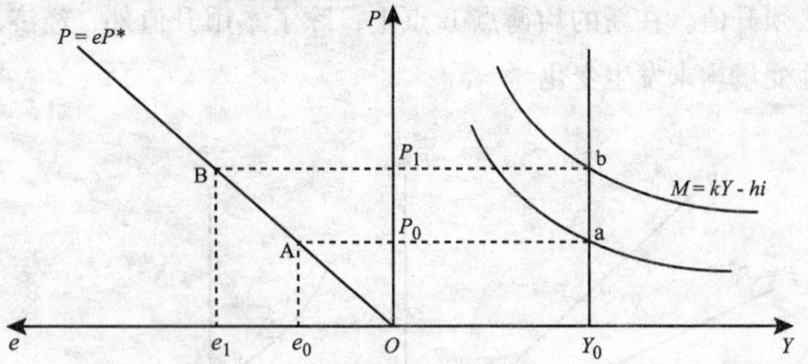

图 7－5　浮动汇率制下利率变化对汇率的影响

由于产出水平也不变，故价格水平将从 P_0 上升到 P_1。为了维持购买力平价的成立，第二象限中的均衡点必须从 A 点移动到 B 点，相应的，汇率将从 e_0 增加到 e_1，即本币贬值。

因此，在浮动汇率制下，如果其他因素不变，利率上升将导致本币贬值①。

三、固定汇率制下的弹性价格货币分析法

货币供给理论告诉我们，一国的货币供应量实际上由来自国内的货币和来自国外的货币组成，前者可以用国内信贷 D 表示，后者则是外汇占款或称为外汇储备 F，因此有货币供应量 $M^s = F + D$。在固定汇率制下，由于中央银行要通过吞吐外汇来维持固定汇率，外汇储备实际上将随着国际收支状况而变化。这样，货币供应量就不像在浮动汇率制下那样，是由政府决定的外生变量，因为其中的外汇储备 F 已经是和经济内在运动紧密联系的内生变量了，这时只有国内信贷 D 才可以被看做是外生变量。

（一）固定汇率制下国内信贷变化的影响（以国内信贷增加为例）

如图 7－6 所示，它反映了扩张性货币政策（国内信贷从初始水平 D_0 增加到 D_1）的效应。此时，政府（中央银行）将固定汇率水平设定

① 这里的结论与第六章中凯恩斯学派（国际收支说）的结论也明显不同，原因同样是这里只关注利率变化对货币需求的影响。

为 $\bar{e}$。

先来看图 7－6（b），这个图标示了货币存量水平（纵坐标）M 对外汇储备水平（横坐标）F 的变动。在纵轴上取初始信贷量 D_0，并从该点引出一条 45°线，该射线表明，国内初始信贷量一定，外汇储备的增加会使货币供应量增加。若我们从储备 F_0 开始，货币存量一定是 $M_0 = F_0 + D_0$，因而，初始点是图中的 H 点。

现在，我们将初始货币存量值和价格水平都设定为 1，也就是假定有：$kY_0 = 1$，这个假设只是为了便于说明。其优点是它允许我们将图 7－6（b）纵轴上的货币存量值直接转化为图 7－6（a）中的隐含价格水平①。利用这个事实，我们就知道，给定货币存量 M_0，初始价格水平一定是 P_0。由购买力平价 $P = eP^*$ 决定的汇率水平为 $\bar{e}$，政府确定的固定汇率刚好是根据这种状况确定的。

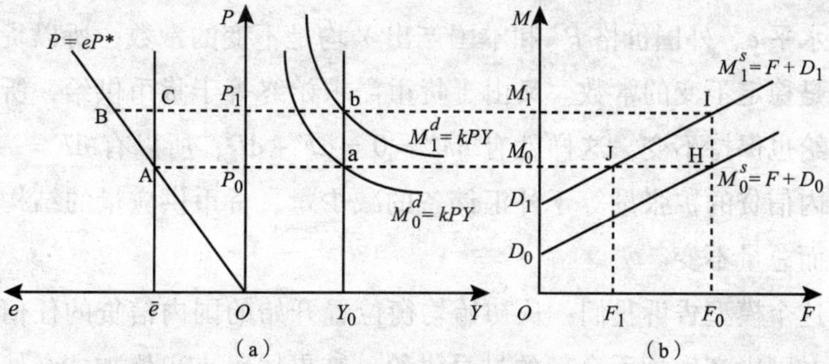

图 7－6　固定汇率制下国内信贷变化的影响

假定政府想刺激经济，将国内信贷从 D_0 增加到 D_1，这就使图 7－6（b）中货币供给（也是货币需求，因为货币供给等于货币需求）向上平移为 $M_1^s = F + D_1$。这表明在原来的外汇储备水平 F_0 下，货币总量必然增加。在图 7－6（a）的第一象限中，增加了的货币量在 M_0^d 上方

① 为了使图 7－6（a）和图 7－6（b）从轴上的单位统一起来，也可以作如下技术处理：由于 $M = kPY$，在产出不变的条件下，k、Y 都是常数，故有 $\mathrm{d}M = kY\mathrm{d}P$，即货币量变化 $\mathrm{d}M$ 和价格变化 $\mathrm{d}P$ 是直接对应的。因此在作图时，将价格轴 P 上的单位长度设计成 M 轴上单位长度的 $1/kY$，则 M 轴上单位变化和 P 轴上单位变化的“长度”就完全相同了。

形成了一条新的货币需求曲线 M_1^d，并引起价格水平从 P_0 上升到 P_1。在固定汇率制下，P_1 和固定汇率 $\bar{e}$ 决定了图 7-6（a）第二象限中经济运行点为 C 点，该点处于购买力平价线的上方，说明此时对外竞争力弱，进口增加而出口则会减少，这样本币就会有贬值的压力。为了维持固定汇率制，政府（中央银行）必须在外汇市场上卖出外汇储备来维持汇率稳定，这样，外汇储备就会减少，而卖出外汇储备会导致货币供应量收缩，这又会使得价格水平下降。要使经济重新恢复均衡，汇率不再有贬值压力，价格水平必须下降到 P_0，即图 7-6（a）中第一象限中的 b 点必须重新回到 a 点。而在图 7-6（b）中，则是 I 点移动到 J 点，此时的货币供应量又重新回落到 M_0 的水平，外汇储备则从 F_0 下降到 F_1。

接下来的问题是，国内信贷扩张和外汇储备下降之间的关系是什么？由于货币需求 $M^d=kPY$，而 $P=eP^*$，于是有 $M^d=ekP^*Y$，其中的汇率水平 e、外国价格 P^* 和本国产出 Y 均是不变的常数，所以货币需求就是稳定不变的常数。又由于货币需求始终等于货币供给，所以货币供给也保持不变，这样就有 $\mathrm{d}M^s=0=\mathrm{d}F+\mathrm{d}D$，所以有 $\mathrm{d}F=-\mathrm{d}D$，即国内信贷的扩张量等于外汇储备的减少量，货币供应量的结构发生变动而总量不变。

这个模型告诉我们：从初始均衡位置开始的国内信贷的任何扩张都会在国内产生货币余额的过量供给，结果居民支出增加，必然会产生通货膨胀。在固定汇率制下，由于本国商品价格偏高，致使本国商品出口减少，进口增加，结果本国将会出现国际收支逆差，本币有贬值的压力。为了维持固定汇率制，中央银行只好动用外汇储备干预外汇市场。随着外汇储备的流出，货币存量和价格水平将会恢复到初始均衡水平。

（二）固定汇率制下产出变化的影响（以产出增加为例）

如前文所述，货币主义理论中的产出变动是一种外生性变动，下面的分析仍然是以产出增加为例。这里的隐含前提是国外价格 P^* 和国内信贷 D 都不变。

如图 7-7（a）所示，在初始价格 P_1 下，如果由于某种原因使产

出从 Y_0 增加到 Y_1，会引起国内实际货币需求上升，居民能通过减少支出以使他们持有的货币余额提高到与新的、更高的交易量相称的水平，从而引起价格水平下降到 P_0（a 点），此时的货币供应量仍为 M_0。价格下降后，该国经济将在对外贸易中处于强竞争状态（A 点），这会导致该国进口减少，出口增加，国际收支顺差，本币有升值的压力。中央银行为了维持固定汇率制，只有在外汇市场上买进外汇进行干预，结果是外汇储备 F 增加。根据货币供给函数 $M^s=F+D$ 可知，随着外汇储备的增加，货币供给量将会增加（图7－6（b）中的 J 点向 I 点运动）。货币供给量增加后，货币需求曲线也会上移，价格水平由此回升。上述过程将一直持续到强竞争状态消失，即价格水平恢复到 P_1，货币供给量增加到 M_1，外汇储备增加到 F_1。由于国内信贷量没有变化，故货币供给量的增加完全是由外汇储备的增加引起的，即有 $dM=dF$。

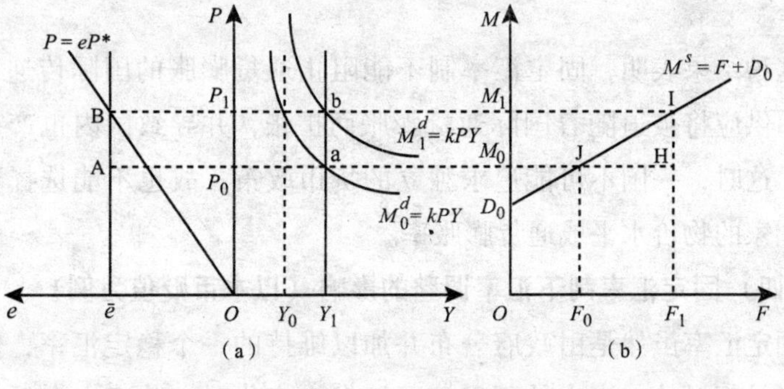

图 7－7　固定汇率制下产出变化的影响

因此，在固定汇率制下，当其他因素不变而国内实际产出增加时，外汇储备将会增加，货币存量也会增加，并且货币供给的增加量等于外汇储备的增加量。

（三）固定汇率制下外国价格变化的影响（以外国价格上升为例）

如图 7－8 所示，当外国价格从 P_0^* 上升到 P_1^* 时，购买力平价线将绕原点顺时针旋转，这样初始点 A 点就成了强竞争点。该国出口增加，进口下降，国际收支盈余，本币就会有升值的压力，中央银行为了维持固定汇率，只能买进外汇储备，导致外汇储备增加，本国货币供应量随之增加。在此过程中，本国价格将随着货币供应量的增加而增加，直到价格水平上升到 P_1 为止。当外汇储备增加到 F_1、货币供应量增加到 M_1、国内价格上升到 P_1 时，购买力平价在 B 点重新成立，经济又恢复到均衡状态①。

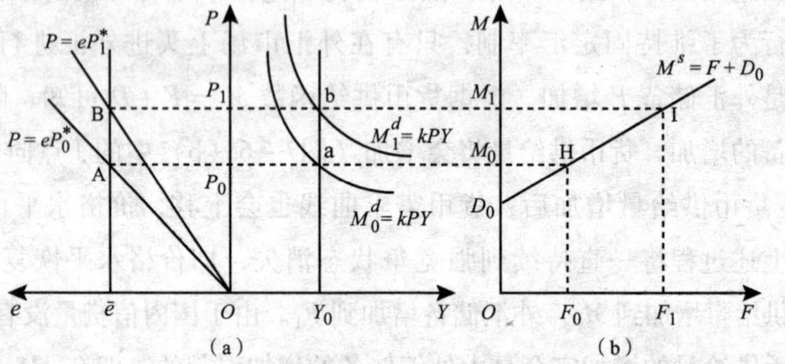

图 7－8　固定汇率制下外国价格变化的影响

这种结果表明，固定汇率制不能阻止通货膨胀的国际传递，国内的货币供应将被迫随着国际通货膨胀而扩张，并导致国内也产生通货膨胀。这时，一国不可能追求独立的货币政策，故也不能选择不同于其他国家的物价水平或通货膨胀率。

（四）固定汇率制下汇率调整的影响（以本币贬值为例）

固定汇率虽然是由政府公布并加以维持的一个稳定汇率，但这种稳定只是相对的，当内外部经济环境发生变化时，政府也会对汇率进行调整，图 7－9 显示了政府宣布本币贬值后的效应。

经济的初始均衡点处于 H 点、a 点和 A 点。当政府宣布调整汇率后（即将固定汇率从 $\bar{e}_0$ 调整到 $\bar{e}_1$），该国经济暂时处于 C 点，此点是强竞争点，该国出口增加，进口减少，国际收支出现顺差。在国内信贷总量不变的情况下，由于外汇储备 F 增加，导致货币供应量增加。与之相应的是图 7－9（a）中第一象限的货币需求曲线上移，在产出不变的情况下国内价格将会上升。随着国内价格的上升，C 点逐渐向 B

① 注意这个后果：实行固定汇率制的国家最终将不得不接受世界价格水平。用 20 世纪 60 年代至 70 年代的通用术语来讲，就是被迫从其他国家“输入通货膨胀”（Import Inflation）。

点逼近，当国内价格上升到 P_1 时，经济到达 B 点，此时又满足了购买力平价，重新实现了均衡。最终结果是外汇储备增加到 F_1，货币供应量增加到 M_1，国内价格水平增加到 P_1。

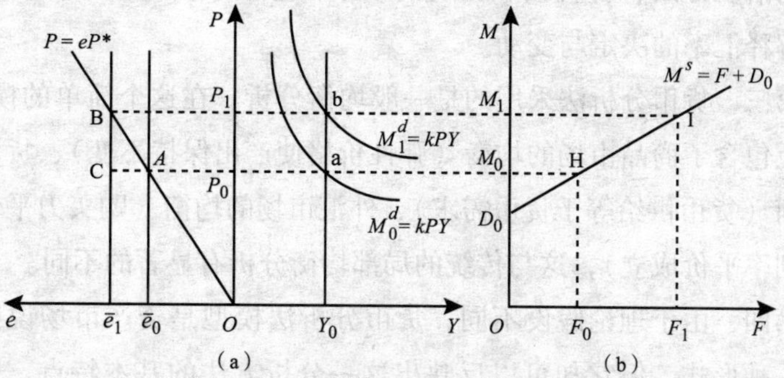

图 7－9　固定汇率制下汇率调整的影响

因此，虽然贬值在短期内能促进出口增长，但必然使货币供应量增加，国内会以通货膨胀的形式使购买力平价重新成立。贬值对国际收支的改善只能是暂时的，贬值不能长期性地改善一国的国际竞争力。

四、对弹性价格货币分析法的评价

从国际金融学说史的角度来看，建立在现代货币数量论基础上的汇率决定的货币主义模型，其最大的贡献在于突破了传统理论将汇率变动局限于国际收支的范围，将汇率研究的重点从经常项目转向了资本项目，提出了汇率决定的存量—流量分析框架，并深入到货币政策的制定与协调问题上，对 20 世纪 70 年代后的汇率研究产生了重要影响，在现代汇率理论中具有重要地位。

该分析框架的理论价值主要表现在以下几个方面：

第一，货币分析法将购买力平价这一形成于商品市场上的汇率决定理论引入到资产市场分析，将汇率看做是一种资产价格，从而抓住了汇率的特殊性质，在一定程度上符合当今世界国际资本高度流动的客观事实。

第二，该模型引入了诸如货币供应量、国民产出等经济变量，分析了这些变量对汇率的影响，特别是突出强调了货币因素在汇率决定中的作用。以往的汇率决定理论比较重视实体经济因素对汇率的影响，而汇率作为货币的一种特殊价格，汇率与货币本身的价值及影响这种价值的诸多方面有着直接和密切的联系，忽视了货币因素，就不可能正确解释汇率的决定与变动。

第三，货币分析法采用的是一般均衡分析。在这个简单的模型中，实际上包含了商品市场的均衡（弹性价格使产出保持不变）、货币市场的均衡（货币供给等于货币需求）、外汇市场的均衡（购买力平价与非抵补利率平价成立），这与传统的局部均衡分析有显著的不同。

第四，由于理论假设不同，货币分析法模型是资产市场说中最简单的一种形式，但它却可以反映出这一分析方法的基本特点，这一方法在各种汇率分析中被经常使用，同时也是更复杂的汇率决定理论的基础。

关于货币分析法的有效性，西方学者进行了大量实证检验。大多数成果认为货币分析法对 1978 年前的汇率变动颇具解释力，但对此后年份进行的研究不能得出同样的结论。究其原因，除了样本选择和计量经济学模型本身存在的问题外，货币主义分析模型本身也存在不少缺陷：

第一，该模型以购买力平价为理论前提，如果购买力平价在现实中很难成立的话，这种分析方法的可信性就存在问题。而事实上，无论是长期还是短期，均没有充分证据证明购买力平价能够成立，这就使得货币模型对现实的解释力大打折扣。

第二，货币分析法假设货币需求函数是稳定的，这一前提也存在不少争议。20 世纪 80 年代以来西方国家出现了金融自由化浪潮，这对货币需求的稳定性造成了很大冲击，不充分研究金融制度的变化对货币需求的影响当然是不妥的。

第三，该模型还假设价格是充分弹性的，这一点尤其受到了众多汇率理论研究者的批评。大量实证研究结果表明，商品市场上的价格调整速度远远跟不上资产市场上的价格调整速度，价格在短期内往往是黏性的。如果将价格黏性考虑进货币模型，就是接下来我们要讨论的黏性价格货币分析法。

第二节 汇率的黏性价格货币分析法

由于均衡汇率的决定要涉及多个市场，如商品市场、货币市场、外汇市场（反映国际收支），当更多地对这些市场进行考察时，人们会发现在一定的时间或时期，这些不同的市场对变量变动冲击（比如货币扩张）的反应速度是不同的。商品市场的价格变动确实要经过一段时间才能完成，但要素市场（这里指资金市场和外汇市场）的价格变动则几乎是瞬间完成的。也就是说，商品市场具有“价格黏性”而要素市场则没有。正是基于不同市场的上述特点，美国麻省理工学院的经济学家鲁迪格·多恩布什（Rudiger Dornbusch）于1976年在《预期与汇率动态学》一文中提出了著名的“汇率超调模型”（Overshooting Model）。该模型更现实地在具有价格黏性的商品市场和价格瞬时到位的要素市场的基础上，对汇率变化进行了独具一格的讨论。该模型的基本内容是：商品市场和劳动市场的价格具有黏性，短期内价格难以针对扰动或冲击作出反应，但随着时间的推移，价格会逐渐发生变化，直到达到新的均衡状态；与商品市场不同，要素市场价格不仅对扰动或冲击立即作出反应，而且要素市场的价格调整会超过新的均衡态时的水平，然后随着时间的推移再向均衡水平回归。这个模型也被称为汇率的黏性价格货币分析法。

一、汇率超调模型的基本假定

与汇率的弹性价格货币分析法相同，汇率超调模型也认为货币需求是稳定的，非抵补的利率平价成立。但是它认为商品市场价格存在黏性而非弹性，这一认识的重大变化，导致汇率超调模型在分析前提上与弹性价格货币分析模型存在显著差异。

第一，购买力平价在短期内不成立。作为一种资产价格，汇率的调整是迅速的，而价格水平的调整则是滞后的（即在短期内有 $dP = 0$），这样在短期内就不能满足购买力平价的要求，实际汇率会在短期内发生变化。在长期中，由于价格水平可以实现充分调整，购买力平价才能较好成立。

第二，由于市场价格是决定生产者行为的关键因素，那么在整个市场的价格不变时，生产者的产出 Y 也不会改变，故可更充分地假定 $dY=0$。

第三，本国是一个小国，故可将外国利率 i^* 和外国价格水平 P^* 视为不变的外生变量，并且本国对世界经济的影响忽略不计。由于货币市场和外汇市场的调整是及时、通畅的，利率变化通过套利机制引起汇率的变化，而本国与外国的金融资产可以完全替代，故非抵补的利率平价成立。

二、汇率超调的度量

我们假设名义货币量①为：

$$M = M(P,Y,i) = (kY - hi)P \tag{7.5}$$

其中，h、k 均为大于 0 的常数，P 为价格水平，Y 为实际产出（收入），i 为利率水平，且有$\partial M/\partial P>0$，$\partial M/\partial Y>0$，$\partial M/\partial i>0$。

当货币量发生变动时，比如货币扩张，由此形成了货币增量 dM，并对经济形成了冲击：

$$dM = (kY - hi)dP + kPdY - Phdi \tag{7.6}$$

由式（7.6）可知，如果各个市场都能同步调节，dM 的增加将由 dP、dY 的上升和 di 的下降来共同消化，并达到新的均衡。但是在汇率超调模型中，有短期中 $dP=0$ 和 $dY=0$ 的假设，故 di 必须作出更大的调整（超调）才能吸收掉 dM 的冲击。这就是要素市场为什么要“超调”的根本原因。

我们设超调的利率为 di'，则有：$dM=-Phdi'$，即：

$$-di' = dM/Ph \tag{7.7}$$

---

① 这里没有区分货币供给量和货币需求量，是因为货币市场均衡时，货币供给量与货币需求量相等。

如果价格无黏性，即各个市场在货币量变动后可以共同调整，记利率、产出和价格共同调整的程度分析为 $\mathrm{d}i$、$\mathrm{d}Y$、$\mathrm{d}P$。将式（7.6）代入式（7.7）得：

$$-\mathrm{d}i' = \frac{1}{Ph}[(kY - hi)\mathrm{d}P + kP\mathrm{d}Y - Ph\mathrm{d}i] \tag{7.8}$$

由式（7.8）可得：

$$\mathrm{d}i' - \mathrm{d}i = \frac{1}{Ph}[(hi - kY)\mathrm{d}P - kP\mathrm{d}Y] \tag{7.9}$$

式（7.9）中的（$\mathrm{d}i' - \mathrm{d}i$）就是价格黏性存在时的利率超调部分①，或者说，是当商品市场价格逐渐发生变化时，利率应从超调水平回归的幅度。

在上面的分析中，国外利率始终是被当作外生变量看待的，因此国内利率的变化就是相对于国外利率的变化。根据非抵补的利率平价公式有：

$$\mathrm{d}i = i - i^* = \frac{Ef - e}{e} \tag{7.10}$$

由式（7.10）可以看出，利率超调必然会导致汇率超调②。

在汇率超调模型中，货币供给一次性增加造成经济的调整过程可用图 7－10 表示。读者可以将此图与图 7－2 作一比较。

如图 7－10 所示，从 t_0 时刻开始，货币供应量从 M_0 增加到 M_1，此时由于价格存在黏性而保持不变，但利率即时产生反应，从 i_0 下降到 i_1，与此相应的，汇率则从 e_0 上升到 e_1（本币贬值），利率和汇率都

---

① 由此还可以进一步推论，即使商品市场价格无黏性，只要产出短期内不能变化（即 $\mathrm{d}Y=0$），则货币量变动也会使价格 P 与利率 i 超调，只不过由于此时是由 P 与 i 共同吸收货币量变化的冲击，超调的程度较轻而已。

② 证明过程如下：对非抵补的利率平价两边取微分有 $\mathrm{d}(i - i^*) = \mathrm{d}\left(\frac{Ef - e}{e}\right) = \mathrm{d}\left(\frac{Ef}{e}\right)$，由于国外利率不变，$\mathrm{d}(i - i^*) = \mathrm{d}i$，所以有 $\mathrm{d}i = Ef\mathrm{d}\left(\frac{1}{e}\right) = -\frac{1}{e^2}Ef\mathrm{d}e$，可得：$\mathrm{d}e = \left(-\frac{e^2}{Ef}\right)\mathrm{d}i$。所以，汇率调整和利率调整是对应的，利率超调则汇率一定超调。

存在超调现象。随后，商品市场逐步作出反应，价格开始逐渐上升，价格上升引起名义货币需求增大，利率从超调水平 i_1 开始回升，由于利率平价始终成立，汇率也从超调的水平 e_1 开始下降（本币升值）……这个过程要一直持续到商品市场、货币市场和外汇市场重新达到均衡为止。最终的价格水平为 P_1，利率水平为 i_2，汇率水平为 e_2。

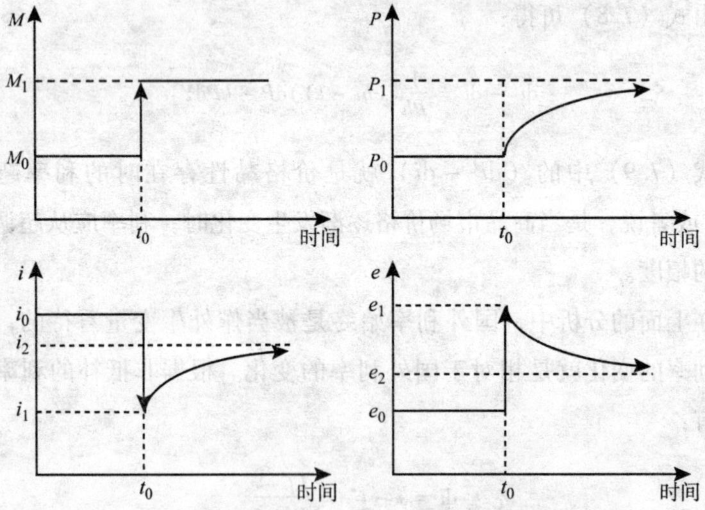

图 7－10　汇率超调模型中货币供给一次性增加的影响

三、对超调模型的评价

汇率的黏性价格货币模型的确是解释了布雷顿森林体系崩溃后现实世界的汇率过度波动现象，它不仅在汇率决定理论方面大大推进了该领域的研究，而且对各国政府实现经济的内外均衡具有政策上的现实指导意义。汇率的黏性价格货币分析法即超调模型在现代汇率理论中占有极其重要的地位。这主要是由于：

第一，超调模型巧妙地将货币主义思想与凯恩斯主义综合在一起，成为开放经济条件下汇率分析的一般模型。超调模型是在弹性价格货币分析法的框架内展开分析的，但它又采用了凯恩斯主义的传统分析方法，即假设商品价格在短期内具有黏性的特征，事实上这一假设与现实情况更加贴切。

第二，汇率超调模型首次涉及了汇率的动态调整问题，从而开创了汇率理论的一个重要分支——汇率动态学（Exchange Rate Dynamics）。此后，许多学者又从各个角度将汇率动态调整的研究推向深入。例如，在弹性价格的假定下，经济中也存在与超调具有相似之处的汇率过度调整现象；除价格黏性外，其他一些因素也会造成汇率的超调现象；在有些情况下，汇率还可能出现所谓的"低调"（Under-shooting）现象。

第三，汇率超调模型具有鲜明的政策含义。既然超调是在资金自由流动条件下汇率自由调整的必然现象，而在这一过程中汇率的过度波动会给经济运行带来很大的冲击甚至破坏，那么，完全放任资金自由流动以及实行完全自由浮动的汇率制度就不再是最优选择，政府有必要对资金的跨国流动和汇率波动进行适当的干预和调节。如果一国政府要根据现实需要调整货币政策，应充分考虑到利率和汇率对货币供应量变化作出的超调反应，以避免经济的不必要波动。

汇率超调模型是建立在货币模型分析基础之上的，因此它也具有与货币模型相同的一些缺陷。需要特别指出的是，作为存量理论的超调模型忽略了对国际收支流量的分析。在超调模型中，汇率的超调会使购买力平价在短期内不成立，实际上汇率的短期波动会使经常账户发生变化。经常项目的变化又会进一步使一国的资产总量发生变化，从而对货币需求产生影响，导致汇率对这种货币需求的变化再次作出调整。但遗憾的是，这一国际收支流量问题并没有反映在汇率超调模型中。下一节介绍的资产组合模型将在综合存量与流量因素方面作出努力。

第三节　汇率的资产组合均衡模型

汇率的黏性价格货币模型虽然对弹性价格货币模型作了修正和发展，更接近实际经济情况，但是它的某些前提假定，如国内外资产可完全替代与实际情况还存在差异。在现实经济中，由于受多种因素的影响，国内和国外资产所面临的风险并不相同，投资者往往会通过持有国内和国外资产的某种组合来获得最大效用。因此，在一般均衡分析中，国内和国外资产市场的动态调整是不可忽视的，这就是汇率的资产组合均衡模型（Portfolio-balance Model of Exchange Rate）。汇率的资产组合均衡模型的理论基础是马柯维茨创立的资产组合理论。1977年，美国普林斯顿大学教授威廉姆·布兰森（William H. Branson）在《汇率决定中的资产市场和相对价格》一文中，首次提出了完整的汇率的资产组合均衡模型。另外，其他学者如多恩布什、库瑞（Kouri）等对这一模型也做出了杰出贡献，库瑞将预期引入了汇率的决定分析，而多恩布什则研究了预期条件下汇率的长期均衡问题。

与货币分析法相比，资产组合模型的根本特点是假定本币资产与外币资产是不完全替代的，风险等因素使得非抵补的利率平价不能成立，从而需要对本币资产与外币资产的供求平衡在两个独立的市场上进行研究。此外，资产组合模型将本国资产总量直接引入了分析框架，本国资产总量直接制约着对各种资产形式的持有量，而经常账户的变动会影响到这一资产总量。如此一来，该模型就将流量因素与存量因素结合了起来。

一、基本模型

（一）分析前提

第一，分析对象是一个小国，这意味着本国经济变动对外国的影响可以忽略。国外利率是给定的，外国居民不持有该小国的资产，资本流动是外国债券在国内市场上的增加或减少。

第二，本国居民持有三种资产：本国货币 M、本国政府发行的以本币为面值的债券 B、外国发行的以外币为面值的债券 F。其中，外国债券的供给在短期内被看做是固定的，它的本币价值等于 eF。

第三，资本流动是不完全的，各国资产因此也就具有不完全的替代性。这意味着虽然套利机制仍然存在，但利率平价并不成立。

第四，短期内价格具有黏性，即短期内一价定律与购买力平价不成立。

第五，本国债券和外国债券必须是到期日非常短的资产，以至于当利率变化时，我们可以忽略持有者的资本利得或资本损失，并且可以减少债券价格的波动。

由于风险的普遍存在，各国资产具有不完全的替代性，这样，资本流动就不完全由利率平价决定，而是在利率平价的基础上，根据风险的大小对风险溢价进行调整。另外，由于短期内价格不变，故货币量的变动就会引起经济的实际调整，而不是像货币主义者认为的那样仅引起价格变量的名义调整。正因为如此，货币量变动引起实际汇率变动，进而引起经常账户的变动，并达到新的均衡。流量分析与存量分析由此得以结合起来。图 7－11 表现了资产组合均衡模型的调整过程。

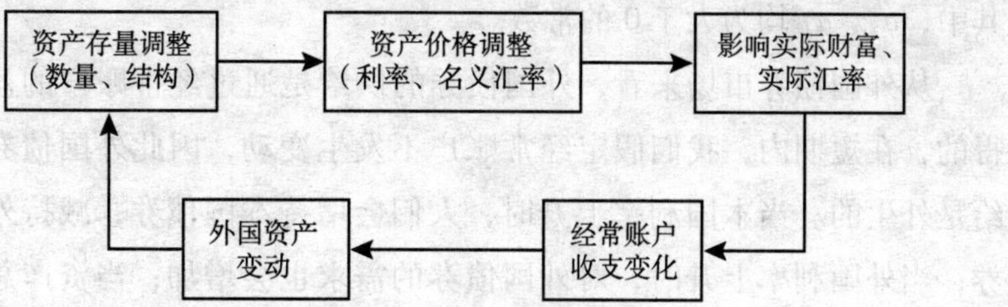

图 7－11　资产组合均衡模型的调整过程

（二）资产组合模型的基本形式

一国私人部门在某个时点上持有的名义财富总量（即资产总量）W 可用本币表示成：

$$W = M + B + e \cdot F \tag{7.11}$$

一国资产总量是分布在本国货币、本国债券和外国债券之中的。从货币市场来看，货币供给是由政府（中央银行）控制的，货币需求则受到本国利率、外国利率和资产总量的影响。当本国利率和外国利率上升时，持有货币的机会成本增大，对货币的需求将减少；而当资产总量增加时，对货币的需求也会增加。于是，货币需求是本国利率、外国利率的减函数，是资产总量的增函数，即有 $\partial M/\partial i < 0$，$\partial M/\partial i^* < 0$，$\partial M/\partial W > 0$。我们可以将货币资产占总资产的比例表示成：

$$\frac{M}{W} = \frac{a_1}{i} + \frac{a_2}{i^*} \tag{7.12}$$

其中，a_1、a_2 均为大于 0 的常数。

从本国债券市场来看，本国债券供给同样是由政府控制的。当本国利率提高时，人们会倾向于增持本国债券；而当外国利率增加时，人们则倾向于增持外国债券，减持本国债券；另外，当资产总量增加时，对本国债券的需求当然也会增加。于是，对本国债券的需求是本国利率的增函数、外国利率的减函数、资产总量的增函数，即有$\partial B/\partial i > 0$，$\partial B/\partial i^* < 0$，$\partial B/\partial W > 0$。我们可以将本国债券占总资产的比例表示成：

$$\frac{B}{W} = a_3 i + \frac{a_4}{i^*} \tag{7.13}$$

其中，a_3、a_4 均为大于 0 的常数。

从外国债券市场来看，外国债券的供给是通过经常账户的盈余获得的，在短期内，我们假定经常账户不发生变动，因此外国债券的供给是外生的。当本国利率上升时，人们会增持本国债券，减持外国债券；当外国利率上升时，对外国债券的需求也会增加；当资产总量增加时，人们当然也会增加对外国债券的持有。于是，对外国债券的需求是本国利率的减函数、外国利率的增函数、资产总量的增函数，即有$\partial F/\partial i < 0$，$\partial F/\partial i^* > 0$，$\partial F/\partial W > 0$。我们可以将以本币表示的外国债券占总资产的比例表示成：

$$\frac{eF}{W} = \frac{a_5}{i} + a_6 i^* \tag{7.14}$$

其中，a_5、a_6 均为大于 0 的常数。

在上述三个市场上，不同资产供求的不均衡都会带来本国利率与汇率的调整。由于各个市场是相互关联的，因此只有当三个市场都处于均衡时，该国的资产市场整体才处于均衡状态。这样，在短期内各种资产的供给量既定的情况下，资产市场的均衡将确定本国的利率与汇率水平。在长期内，对于既定的货币供给与本国债券供给，经常账户的失衡会带来本国持有的外国债券总量变动，这一变动又会引起资产市场的调整。因此，在长期内，本国资产市场的均衡还要求经常账户处于平衡状态。这样，本国的资产总量就不会变化，由此确定的本国利率与汇率水平也才能保持稳定。

二、资产组合均衡模型的图形分析

为了便于理解，我们现在用图形来对这一模型进行解释。我们建立一个以本国利率为横轴、本国汇率（直接标价法）为纵轴的坐标，来分析各种市场的均衡情况。需要强调的是，当资产总量供求平衡时，任何两个市场处于均衡状态，则第三个市场也必定处于均衡状态[①]。故在实际分析中，我们可以省略掉一个市场。

（一）货币市场

货币市场的均衡情况如图 7－12 所示。图中 *MM* 曲线是货币市场均衡线，表示使货币市场处于均衡状态的本国利率和汇率的组合，这一曲线的斜率为正。因为随着汇率 e 的增大（本币贬值），在外国债券数量 F 一定时，以本币衡量的外国债券资产价格变大了，这会带来资产总量的本币价值提高。当其他条件不变时，以本币衡量的资产总量的增加导致对货币需求的增加，而在货币供给量既定的情况下，需要以本国利率的上升来降低货币需求，以维持货币市场的供求平衡。因此，*MM* 曲线的斜率为正[②]。

另外，在本国汇率一定时，本国货币供给增加使得本国利率下降，以提高货币需求，重新恢复货币市场均衡。所以，本国货币供给增加使 *MM* 曲线向左上方移动。同理，本国货币供给减少使 *MM* 曲线向右下方移动。

---

① 这个结论可以推广到在 n 个市场的情况下，任何 $n-1$ 个市场均衡必然导致总体均衡，这就是所谓的瓦尔拉斯法则。

② *MM* 曲线的斜率为正也可通过对式（7.12）两边对汇率 e 求导证明。先将式（7.11）代入式（7.12）有 $\frac{M}{M+B+eF}=\frac{a_1}{i}+\frac{a_2}{i^*}$，求导得：$M\cdot\left(-\frac{1}{(M+B+eF)^2}\right)\cdot F=a_1\cdot\left(-\frac{1}{i^2}\right)\cdot\frac{\partial i}{\partial e}$，*MM* 曲线的斜率即为 $\frac{\partial e}{\partial i}$，而 $\frac{\partial e}{\partial i}=\frac{a_1W^2}{MFi^2}>0$，证毕。

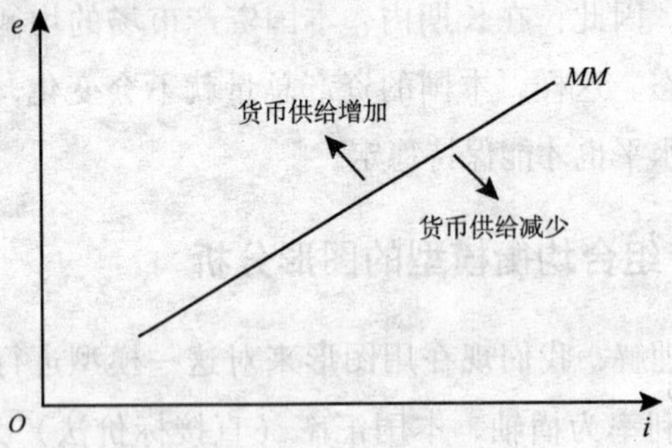

图 7－12　货币市场均衡线 *MM*

（二）本国债券市场

本国债券市场的均衡情况如图 7－13 所示。图中 *BB* 曲线是本国债券市场均衡线，表示使本国债券市场处于均衡状态的本国利率和汇率的组合，这一曲线的斜率为负。因为随着汇率 e 的增大（本币贬值），在外国债券数量 F 一定时，以本币衡量的外国债券资产价格变大了，这会带来资产总量的本币价值提高。当其他条件不变时，以本币衡量的资产总量的增加也导致对本国债券需求的增加，结果本国债券价格上涨，本国利率下降，故 *BB* 曲线的斜率为负①。

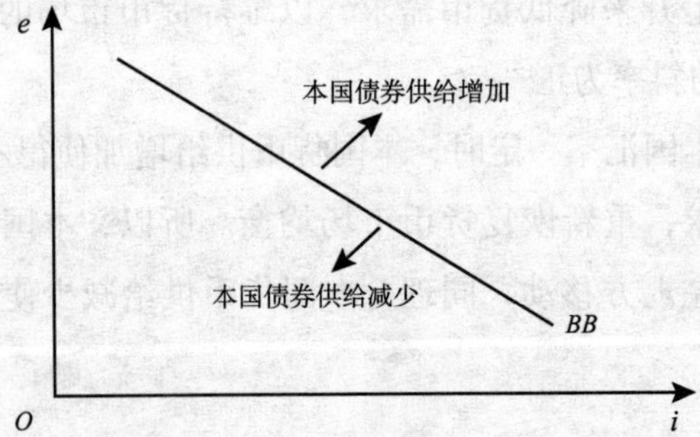

图 7－13　本国债券市场均衡线 *BB*

① *BB* 曲线的斜率为负证明如下：先将式（7.11）代入式（7.13）有 $\frac{B}{M+B+eF}=a_3 i+\frac{a_4}{i^*}$，对 e 求导得：$B\cdot\left(-\frac{1}{(M+B+eF)^2}\right)\cdot F=a_3\cdot\frac{\partial i}{\partial e}$，故 *BB* 曲线的斜率 $\frac{\partial e}{\partial i}=\frac{-a_3W^2}{BF}<0$。

另外，在本国汇率一定时，本国债券供给增加使得本国债券供给超过了原来的债券需求，本国债券价格必然下降，相应的利率水平上升。所以，本国债券供给增加使 BB 曲线向右上方移动。同理，本国债券供给减少使 BB 曲线向左下方移动。

（三）外国债券市场

外国债券市场的均衡情况如图 7－14 所示。图中 FF 曲线是外国债券市场均衡线，表示使外国债券市场处于均衡状态的本国利率和汇率的组合，这一曲线的斜率也为负。因为本币贬值使外国债券的本币价值增加，而资产总量增加后，这一增加的资产总量中只有一部分用于持有外国债券，这样，在外国债券市场上就出现了超额供给，从而需要本国利率下降以提高对外国债券的需求，以恢复外国债券市场的均衡，所以 FF 曲线的斜率为负①。

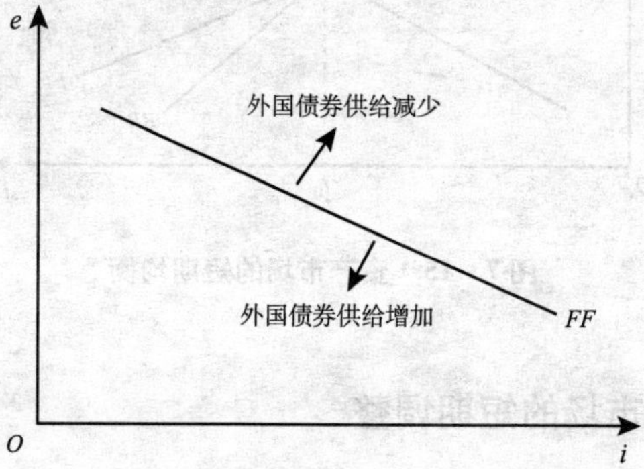

图 7－14　外国债券市场均衡线 FF

需要强调的是，虽然 FF 曲线和 BB 曲线的斜率都为负，但 FF 曲线比 BB 曲线更平缓，这是因为本国债券市场对本国利率的变化更加敏感——在本国市场上，同样的汇率变动引起的债券供求波动只需较小的利

① FF 曲线的斜率为负证明如下：先将式（7.11）代入式（7.14）有 $\frac{eF}{M+B+eF}=\frac{a_5}{i}+a_6 i^*$，对 e 求导得：$F\cdot\frac{(M+B+eF)-e\cdot F}{(M+B+eF)^2}=a_5\cdot\left(-\frac{1}{i^2}\right)\cdot\frac{\partial i}{\partial e}$，故 FF 曲线的斜率 $\frac{\partial e}{\partial i}=-\frac{a_5 W^2}{i^2\cdot F(W+B)}<0$。

率调整便能恢复平衡。同样，外国债券市场则对汇率的变化也更加敏感。

另外，外国债券供给的增加将导致 FF 曲线向左下方移动，因为在利率既定时，外国债券市场上供给超过需求将导致本币升值（e 变小）。同理，外国债券供给减少使 FF 曲线向右上方移动。

（四）资产市场

当货币市场、本国债券市场、外国债券市场同时达到均衡时，经济将处于短期均衡状态，即经济的短期均衡位于三条曲线的交点之处，此时的均衡利率水平为 i_0，均衡汇率水平为 e_0。如图 7－15 所示。

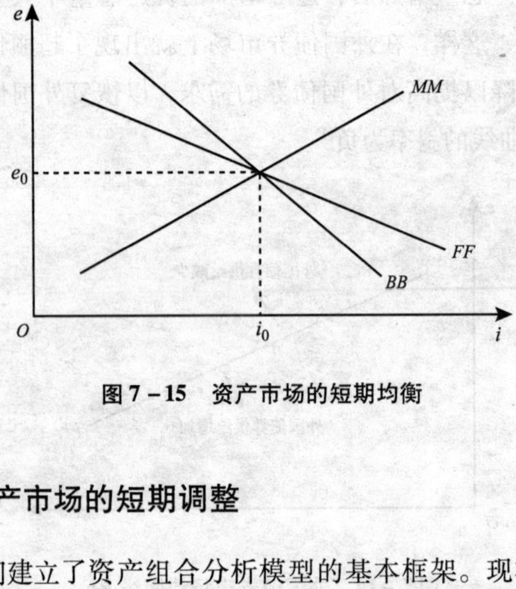

图 7－15　资产市场的短期均衡

三、资产市场的短期调整

以上我们建立了资产组合分析模型的基本框架。现在，我们来分析资产供给量的变动对利率和汇率的影响。资产供给量的变动有两种情况：一种是“绝对量”的变动，另一种是“相对量”的变动。绝对量变动是指一种（或两种）资产的供给量增加（或减少）而其他资产的供给量不变，从而资产总量增加（或减少）。相对量变动是指两种不同资产之间的互换，从而使一种资产的供给量增加而另一种资产的供给量相应减少，但投资者持有的各种资产的总量不变。

（一）资产供给量的相对变动分析

我们假定政府（中央银行）以公开市场操作方式增加货币供给，这是一种扩张性货币政策。当在本国债券市场上实施买进的公开市场操作时，本国债券供给将会减少；当在外国债券市场上实施公开市场操作时，我们假定政府只从本国居民手中购买外国债券，这会导致外国债券供给减少。下面我们进行具体分析。

1. 政府在本国债券市场进行公开市场操作（买进），导致货币供给量增加

如图7－16所示，经济的初始点位于A点，利率和汇率分别为 i_0 和 e_0。当政府在本国债券市场上买进本国债券时，本国货币供给量增加，这会导致 *MM* 曲线向左上方移动至 *MM′*；本国债券供给的相应减少使 *BB* 曲线向左移动到 *BB′* 的位置；由于外国债券供给未发生变化，故 *FF* 曲线不发生移动。这样，*MM′* 曲线、*BB′* 曲线与 *FF* 曲线的交点B点即意味着货币市场、本国债券市场和外国债券市场又同时实现了均衡，B点就是经济的短期均衡点①。结果是利率水平从 i_0 下降到 i_1，而汇率水平则从 e_0 上升到 e_1（本币贬值）。

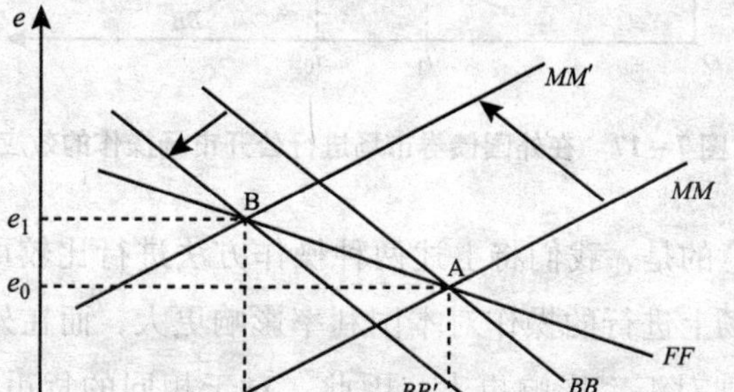

图7－16　在本国债券市场进行公开市场操作的效应

2. 政府在外国债券市场进行公开市场操作（买进），导致货币供给量增加

如图7－17所示，经济的初始点位于A点，利率和汇率分别为 i_0

① 我们还可以用更简单的方法确定B点的位置。前文提到，当资产总量供求平衡时，任何两个市场处于均衡状态，则第三个市场也必定处于均衡状态。所以，我们只需要考虑两条曲线的交点就可以了。对于本例而言，*FF* 曲线与 *MM′* 曲线的交点一定就是经济的短期均衡点，*BB* 曲线在移动后必然通过这一点。

和 e_0。当政府在外国债券市场上进行买进的公开市场操作时，本国货币供给将增加，这会导致 MM 曲线向左上方移动至 MM'；由于本国债券供给没有发生变化，故 BB 曲线不动；外国债券供给相应减少，FF 曲线向右上方移动到 FF'。这样，MM' 曲线、BB 曲线与 FF' 曲线的交点 B 点即为货币市场、本国债券市场和外国债券市场同时实现均衡的新均衡点。最终结果也是利率水平从 i_0 下降到 i_1，而汇率水平则从 e_0 上升到 e_1（本币贬值）。

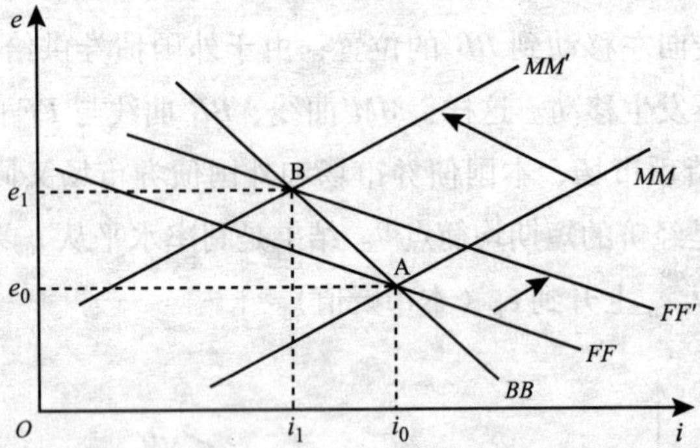

图 7－17　在外国债券市场进行公开市场操作的效应

值得注意的是，我们将上述两种操作方法进行比较可以看出，在本国债券市场上进行的操作对本国利率影响更大，而在外国债券市场上进行操作则对汇率影响更大。因此，对于相同的货币供给量增加，在假定本国债券和外国债券不完全替代时，它们的内部组成结构可以对利率水平和汇率水平产生不同程度的影响，这与货币分析法是不同的。

（二）资产供给量的绝对变动分析

1. 中央银行融通财政赤字而导致货币供给量增加

中央银行如果对财政赤字进行融通而导致货币供给量增加，其效应如图 7－18 所示。在这种情况下，货币供给 M 和资产总量 W 会同时增加。一般来说，投资者会倾向于对这一新增加的资产总量按原有比例持有各种资产，由于本国债券与外国债券的供给数量均未增加，于是在原有均衡点 A 点会出现本国债券市场和外国债券市场上的超额需求。先来考查本国债券市场，在既定的汇率水平上，对本国债券的超额需求会导致本国债券价格上升，利率就会下降，这意味着 *BB* 曲线左移。再来看外国债券市场，对于既定的利率水平，对外国债券的超额需求会导致外汇升值，本币贬值，故 *FF* 曲线将向右上方移动。*BB* 曲线和 *FF* 曲线移动后的交点 B 点就是经济的新的短期均衡点。此时，货币市场也重新实现了平衡，因为 *MM* 曲线会由于货币供给量的增加而向左上方移动至经过 B 点的 *MM′*。最终结果是本国利率水平从 i_0 下降到 i_1，而汇率水平则从 e_0 上升到 e_1（本币贬值）。

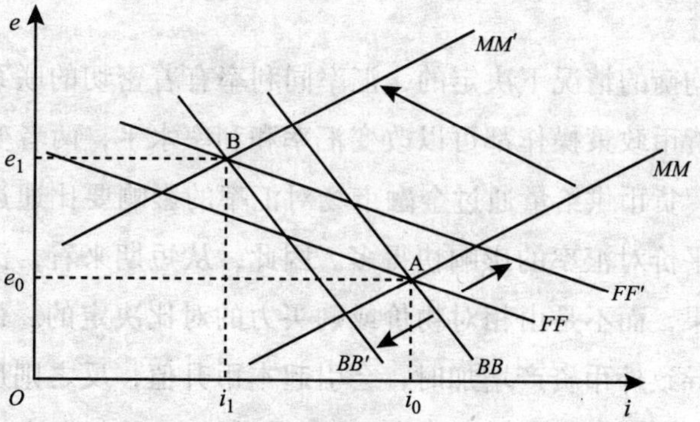

图 7－18　中央银行融通财政赤字的效应

2. 经常账户盈余导致外国债券供给增加

如图 7－19 所示，当经常账户盈余导致外国债券供给增加时，在外国债券市场上将会形成超额供给，*FF* 曲线将会左移。由于外国债券供给的增加，使得总资产也增加，这就会在本国货币市场和本国债券市场上形成超额需求，*MM* 曲线右移，而 *BB* 曲线左移。这样，利率和汇率就要重新调整以实现三个市场的同时均衡。在调整过程中，主要是通过本币升值来降低资产总量，进而降低对本国货币和本国债券的超额需求，消除外国债券的超额供给。从图形上看，即意味着与三条曲线的新交点 B 点对应的利率水平不变，汇率从 e_0 下降到 e_1，即本币升值。同理，如果经常账户赤字则会引起本币贬值。

以上讨论了资产供求变化对汇率和利率的短期影响过程。我们可以用表 7－1 来作一总结：首先，从短期来讲，汇率是在三种资产市场

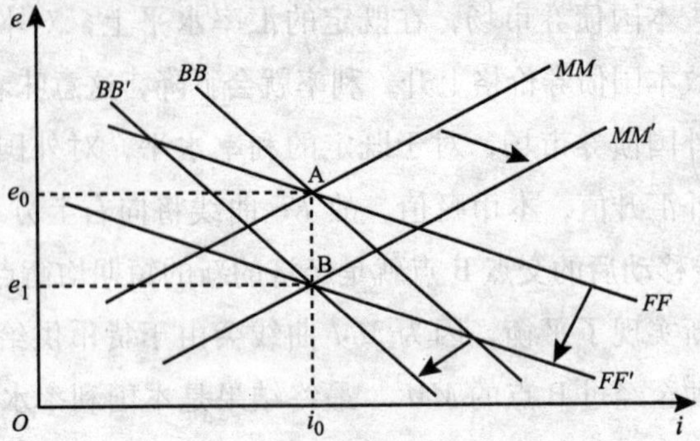

图 7－19 经常账户盈余导致外国债券供给增加的效应

同时实现均衡的情况下决定的，汇率同利率有着密切的联系。资产总量变化和货币政策操作都可以改变汇率和利率水平，两者变动方向相反。其次，货币供给量通过金融市场对汇率的影响要比通过相对物价及购买力平价对汇率的影响快得多。因此，从短期来看，汇率是资产选择的结果，而不是由相对物价或购买力的对比决定的。最后，经常账户盈余导致外币资产增加时，会引起本币升值，反之则反是。以上三点，既是短期内汇率水平决定问题的概括，又是长期内汇率决定的基础。

表 7－1 资产供给量变动对均衡汇率和均衡利率的短期影响

	资产供给绝对量的增加		资产供给相对量的增加（由扩张性货币政策导致）	
	货币供给量增加	外币资产存量增加	买进本币资产	买进外币资产
利 率	下 降	不 变	下 降	下 降
汇 率	贬 值	升 值	贬 值	贬 值

四、资产市场的长期调整

在某一特定时点上，当汇率和利率达到均衡时，经常账户可能为顺差，也可能为逆差。在浮动汇率制度和政府不干预外汇市场的情况下，经常账户的顺差（逆差）意味着资本账户的逆差（顺差），同时又意味着外币资产存量的增加（减少），这反过来又影响到汇率，使汇率下降（上升），本币升值（贬值）。这种不断的反馈过程对汇率产生不间断的影响，从而形成对汇率的动态调节，直到外币资产存量不再增加（减少）即经常账户差额为零为止。

当经济位于短期均衡位置，但存在经常账户赤字或盈余时，由短期均衡向长期均衡的调整机制就体现为经常账户差额与汇率互相作用的动态反馈机制。

五、对资产组合模型的评价

资产组合均衡模型在汇率决定的资产市场分析法中，无疑是内容最复杂的模型。在汇率理论的发展过程中，资产组合模型的地位极为重要，因为此后出现的许多新的汇率理论大多都是对资产组合模型的扩展和深化。资产组合模型的理论价值突出表现在以下几个方面：

第一，它实现了凯恩斯主义汇率理论与货币主义汇率理论的综合。资产组合模型一方面承认经常账户会影响汇率，另一方面也承认两国货币供给增长率的差异也会影响汇率。

第二，资产组合模型既区分了本国资产与外国资产的不完全替代性，又将经常账户这一流量因素纳入了存量分析之中，采用了存量—流量分析法。这种分析方法将汇率模型对各种因素的综合程度提高到了前所未有的程度，使原有的各种理论都能较好地被融入这一模型当中。

第三，资产组合模型分析法具有特殊的政策借鉴意义，尤其是被广泛运用于货币政策的分析中。运用这一模型，可以比较清楚地说明各种货币政策措施可能产生的影响，这对于一国政府和中央银行选择合适的货币政策措施具有明显的指导意义。

当然，资产组合模型的缺陷也是显而易见的。

第一，这一模型过于复杂，在很大程度上制约了对它的运用，并影响了实证检验的效果。为了分析问题的方便，资产组合模型建立在许多特定的假设前提之下，同时，该模型的某些变量（如本国资产总量）很难获得统计数据，这使得实证研究难以为继。

第二，在各种金融资产价格和收益率迅速变化的情况下，投资者必须能方便快捷地转移资产形式，不断调整资产组合的构成。而要实现这种状态，必须以发达的金融市场、较少的外汇管制和浮动汇率制度等为前提，可在现实世界中，许多国家特别是广大发展中国家并不具备这些条件，这使得资产组合模型的实用性大打折扣。

第三，资产组合模型虽然纳入了流量因素，但并没有对流量因素本身作专门的分析。一国的经常账户是受多种因素影响的，并在经济发展过程中不断调整，我们不能以它在长期内必然趋于平衡而忽视对经常账户本身的研究。

此外，商品市场失衡如何影响汇率，该模型也未作分析。从这个意义上说，资产组合模型仍带有较多的货币主义色彩，在汇率理论重新重视对流量因素进行分析的新趋势中，该模型只能是一个过渡性模型。

第四节　汇率决定理论的新发展

20 世纪 70 年代以来，随着布雷顿森林体系的崩溃，浮动汇率制逐渐成为各国汇率制度的主流。由于浮动汇率制本身的特点，外汇市场上的汇率水平跌宕起伏，波动频繁，传统的汇率决定理论越来越不能有效地解释汇率的这种易变性。经过近三十年的研究，汇率理论又有了新的发展。这些新理论不仅对传统理论的假定前提进行了修正，而且还引入了新的解释变量，并使用了新的分析工具。接下来，我们将简要地介绍外汇市场行为分析理论中的有效市场假说和“新闻”理论等内容。需要指出的是，这些理论本身仍处在不断的发展完善之中①。

一、有效市场假说

有效率的外汇市场是传统的资产组合理论的假设前提，对汇率决定分析具有重要意义。有效市场假说（Efficiency Market Hypothesis）对

① 这里引用了姜波克著《国际金融新编》（第三版）（复旦大学出版社 2001 年版）第 125—129 页的内容。

这个基本前提进行了探讨。

所谓“有效市场”，是指信息完全的市场，即信息是同质的，市场参与者不能通过分析和处理相关信息而得到额外的投机利润。

根据市场参与者能够获得的信息，我们可以把有效市场假说分为三类：

第一种是弱式有效市场假说（the Weak Form of the Efficiency Market Hypothesis）。该假说认为，现行的市场价格充分反映了包含在过去价格中的所有信息，投资者不可能通过分析过去的价格信息得到额外利润。

第二种是半强式有效市场假说（the Semi-Strong Form of the Efficiency Market Hypothesis）。这一假说认为，现行的市场价格不仅反映了包含在过去价格中的信息，而且反映了所有公之于众的当前信息，投资者不可能通过分析财务报表、红利分配、货币供给量、收入水平等当前的公开信息得到额外利润。

第三种是强式有效市场假说（the Strong Form of the Efficiency Market Hypothesis）。该假说认为，现行的市场价格充分反映了所有的信息，即包括过去的、现在的和内部信息，任何人都不能通过对信息的垄断得到额外利润。

有效市场假说自诞生以来经过了大量的实证检验，大部分检验结果都支持弱式和半强式有效市场假说。在对外汇市场的分析中，有效市场假说也得到了广泛运用。需要指出的是，尽管人们对即期和远期外汇市场进行了实证研究，但由于所使用的计量工具和数据原因，至今并没能得出一个明确的结论。同时，由于现实中的汇率波动幅度和频率越来越大，加之外汇市场上仍然存在大量投机获利机会，有效市场假说受到了有力的挑战。对此，一般的观点认为，对有效市场假说不能进行简单的接受或拒绝，而应作为一个过程来研究。即在短期内，市场上充斥着各种不同的封闭信息，使汇率不能充分反映所有的信息，故短期的外汇市场是无效率的；但在长期内，由于信息扩散和资金流动，汇率将逐步反映所有可能得到的信息，因此长期的外汇市场将更接近有效市场。

二、“新闻”理论与汇率变动研究

“新闻”理论在有效市场假说成立的前提下，对信息的作用进行了进一步的分析。如果外汇市场是有效的，那么汇率就反映了所有可能得到的信息，在数学上就可以认为远期汇率是将来的即期汇率的无偏估计。在这种情况下，两者之间的差额就是预测误差，这种误差来自于未预期到的信息对汇率的影响。根据这种观点，汇率的变动大部分是由于未预期到的信息引起的。

这些未预期到的信息就是所谓的“新闻”（News）。具体来说，“新闻”是指那些不可预料的事件，包括经济统计数字的发表、政治事件、新的国际货币安排、谣言等。需要指出的是，新的信息和“新闻”之间存在很大的差别。新的信息能否成为“新闻”，必须先经过一个剔除过程。这是因为，外汇市场对信息的反映不取决于它们是“好”的还是“坏”的，而是取决于它们是比预期中“更好”还是“更坏”。新的信息中可能不仅包括未预期到的信息，而且还包括人们已经预期到的信息。由于预期到的信息已经包含在现有的市场汇率中，汇率只是根据未预期到的信息发生变化。例如，当政府发布货币供给量、贸易差额等统计数字后，汇率的变动并不取决于这些数字本身的大小，而是取决于这些数字与人们预期之间的差额。所以，只有从“总”信息中减去预期到的信息，剩下的“净”信息才是“新闻”。

实施检验表明，“新闻”分析能够部分地解释汇率波动。但是，现实中的汇率水平比根据“新闻”理论模型回归得到的汇率波动幅度更大、频率更高。“新闻”变量不能完全解释汇率波动的原因有：

第一，“新闻”变量不能完全包括所有的未预期信息。影响汇率变动的“新闻”很多，既有经济性的，也有非经济性的，后者一般很难进行量化，如市场传言和政府公告等。所以，此类信息一般被摒弃在“新闻”模型的变量范围之外。但有时正是这种不可量化的“新闻”对汇率的影响超过了可以量化的因素，所以就削弱了“新闻”对汇率变动的解释力。

第二，外汇市场上存在“理性泡沫”，这使汇率在偏离由基本经济因素所决定的均衡水平之后可以继续维持这种状态。例如，20 世纪 80 年代中期美元曾过度升值，尽管当时的市场参与者认为美元高估的情形不能持久，但事实是这种状况持续了两年多。在这种情况下，尽管美元高估，但持有美元仍然是理性的。这是由于只要泡沫能够持续下去，持有美元的收益一定可以补偿泡沫破灭的风险。

第三，“比索问题”影响了“新闻”理论对较大汇率波动的分析和预测能力。“比索问题”的名称来自于 1976 年的墨西哥比索贬值事件。所谓“比索问题”，是指虽然人们已经预期到决定汇率水平的基本因素将会发生很大的转变，但由于基本因素变化是一个重大事件，立即发生转变的概率很小，故在一定时期内并没有发生。在这种情况下，预期的汇率变动和实际的汇率变动方向正好相反。

尽管“新闻”理论并不完善，它仍然反映了汇率作为资产价格的本质特点——新闻的不可预期性导致了汇率的不可预期性和易变性，对汇率波动具有一定的解释力。

三、现代汇率决定理论发展的特点

当然，现代汇率决定理论还有很多，如多国模型、政策偏好模型等，这里不再赘述。从新汇率理论中，我们可以看出汇率理论发展的趋势和特点：

第一，新的汇率决定理论突破了传统的分析框架，引入了新的变量。20 世纪 80 年代初，许多经济学家在检验资产市场分析法的过程中，发现其变量之间存在严重的自相关问题。他们认为，产生这种情况的原因可能是由于资产市场分析法忽略了一些重要的经济变量，从而不能解释浮动汇率制下的汇率波动。

因此，以弗兰克（Frenkel）为代表的经济学家就试图在模型中引进新的解释变量。这种研究分为两个方向：一是继续从传统的基本经济因素出发，寻找新的基本因素对传统模型进行扩充，或是对其假定前提进行修正；二是突破传统的基本因素分析框架，引进了预期、信息等全新的非基本因素的概念，甚至引进了外汇市场上用于实际操作的基本分析和技术分析等手段，并试图将其量化。随着研究技术的发展，后一种研究方向有后来居上之势。

第二，新的汇率决定理论与现实更加贴近。例如，汇率决定理论中更多地注重了对外汇市场参与者汇率预期的调查，同时，微观分析（包括外汇市场结构和外汇交易者的行为分析）成为汇率理论的研究重点。此外，由于汇率波动幅度和频率日益增大，虽然汇率均衡水平的确定仍是汇率理论的重要研究对象，但是已有越来越多的学者致力于对汇率波动的解释上，并提出了许多政策建议。

第三，新的汇率决定理论大量使用了计量经济学和统计学工具。许多学者认为，传统的模型采用的是单一方程的简化形式，解释力不足。为此，现代汇率模型则越来越多地引进了联立方程，从而能更好地体现多种经济变量变动对汇率水平的影响，以及这些变量之间的相互作用。

本章小结

20世纪70年代以来，外汇市场上的汇率越来越呈现出与股票等资产价格相同的特点，这启发人们将汇率看成一种资产价格，这一价格是在资产市场上确定的，从而在分析汇率的决定时应采用与普通资产价格决定基本相同的理论。这一分析方法被统称为汇率决定的资产市场说。根据对本币资产与外币资产可替代性的不同假定，资产市场说可分为货币分析法和资产组合分析法。货币分析法假定本币资产与外币资产完全可替代，因此非抵补的利率平价成立；而资产组合分析法则假定本币资产与外币资产不完全替代。在货币分析法内部，又可根据对价格弹性的不同假定，分为弹性价格货币分析法和黏性价格货币分析法。

弹性价格货币分析法认为，在浮动汇率制下，当其他因素不变时，本国货币供应量增加会导致本币贬值；本国实际产出增加会导致本国货币升值；外国价格水平上升会导致本国货币升值；利率上升将导致本国货币贬值。

弹性价格货币分析法认为，在固定汇率制下，当其他因素不变时，国内信贷的扩张量等于外汇储备的减少量，货币供应量的结构发生变动而总量不变；国内实际产出增加时，外汇储备将会增加，货币存量也会增加，并且货币供给的增加量等于外汇储备的增加量；固定汇率制不能阻止通货膨胀的国际传递，国内的货币供应将被迫随着国际通货膨胀而扩张，并导致国内也产生通货膨胀；贬值对国际收支的改善只能是暂时的，贬值不能长期性地改善一国的国际竞争力。

汇率的黏性价格货币分析法也称为“汇率超调模型”。该模型认为，商品市场和劳动市场的价格具有黏性，短期内价格难以针对扰动或冲击作出反应，但随着时间的推移，价格会逐渐发生变化，直到达到新的均衡状态；与商品市场不同，要素市场价格不仅对扰动或冲击立即作出反应，而且要素市场的价格调整会超过新的均衡态时的水平，然后随着时间的推移再向均衡水平回归。

与货币分析法相比，资产组合模型的根本特点是假定本币资产与外币资产是不完全替代的，风险等因素使得非抵补的利率平价不能成立，从而需要对本币资产与外币资产的供求平衡在相互独立的市场上进行研究。当货币市场、本国债券市场、外国债券市场同时达到均衡时，利率和汇率将实现短期均衡，经济处于短期均衡状态，即经济的短期均衡位于货币市场均衡线、本国债券市场均衡线和外国债券市场均衡线三条曲线的交点之处。

20世纪70年代以来，随着布雷顿森林体系的崩溃，浮动汇率制逐渐成为各国汇率制度的主流。由于浮动汇率制本身的特点，外汇市场上的汇率水平波动频繁，传统的汇率决定理论越来越不能有效地解释汇率的这种易变性。汇率决定理论的新发展不仅对传统理论的假定前提进行了修正，而且还引入了新的解释变量，并使用了新的分析工具。

重要概念

资产市场说　货币分析法　弹性价格货币分析法　黏性价格货币分析法　超调模型　资产组合分析法　有效市场　弱式有效市场假说　半强式有效市场假说　强式有效市场假说　新闻

复习思考题

1. 如何评价弹性价格货币分析法？
2. 汇率超调模型的假设前提有哪些？请证明汇率超调的程度。
3. 如何评价汇率超调模型？

4. 请论述资产组合均衡模型的分析方法。
5. 请用资产组合模型说明不同的公开市场操作方式对汇率和利率的影响。
6. 如何评价汇率的资产组合模型？
7. 试述有效市场假说的主要内容。
8. 试述“新闻”理论的基本观点。

第八章　汇率制度理论

汇率制度对一国经济乃至整个国际经济发展都有着非常重要的角色。汇率制度也是国际货币制度的有机组成部分。随着经济和金融的发展，汇率制度所引发的经济和金融危机也越来越受到各国的重视。本章的主要内容就是在回顾汇率制度演变的基础上，介绍固定汇率制与浮动汇率制各自的优缺点，探讨各种汇率选择理论。最后，本章系统回顾了人民币汇率的演变发展，并对人民币汇率机制改革给予评价。

第一节　汇率制度及其演变

汇率制度（Exchange Rate System），也称汇率安排，是指一国货币当局对本国汇率水平确定、汇率变动的基本方式等问题所作的一系列安排和规定。汇率制度表明各国货币比价确定的原则和方式，包括货币比价变动的界限、调整手段以及维持货币比价所采取的措施等。各国的汇率制度是构成国际货币制度的主要内容之一。由于汇率的特定水平及其调整方式对经济有着重大的影响，并且不同的汇率制度本身也意味着政府在实现内外均衡目标过程中需要遵循不同的规则，因此选择合理的汇率制度是一国甚至是国际面临的非常重要的问题。

一、汇率制度的分类

按照汇率变动的方式，汇率制度一般可分为固定汇率制和浮动汇率制两种主要类型，同时也包括介于固定汇率制和浮动汇率制之间的汇率制度，如爬行钉住制度、汇率目标区制度、货币局制度等。

（一）固定汇率制度（Fixed Exchange Rate System）

固定汇率制度是指政府用行政或法律手段确定、公布及维持本国货币与某种参照物之间的固定比价的汇率制度。充当参照物的可以是黄金，也可以是某一种外国货币或某一组货币。需要指出的是，在纸币流通的条件下，不同货币之间的固定比价往往会因为经济形势而调整，因此这种固定汇率制可称为可调整的钉住汇率制（Adjustable Pegging System）。固定汇率制包括金本位制下的固定汇率制和纸币本位制下的固定汇率制。

1. 金本位制下的固定汇率制

金本位制下的汇率制度是一种典型的固定汇率制度。在金币本位制下，各国没有专门制定和管理汇率的机构，国际间对汇率也没有统一的安排和规定的制度。金平价也就是金币的含金量是决定各国货币之间汇率的基础，并且市场汇率被自动控制在黄金输送点的界限内，汇率变化的幅度很小，基本上是固定的。在这种固定汇率制度下，由于各国的汇率相对很稳定，黄金能够顺利地发挥世界货币的职能，从而促进了国际间经济贸易活动的稳定发展。但是，严格的固定汇率制使各国难以根据本国的经济发展需要执行有利的货币政策，经济增长受到较大的制约。

2. 纸币本位制下的固定汇率制

经过第一次世界大战和1929—1933年的世界经济危机的连续打击，各国经济遭到严重破坏，黄金在各国分布极不均衡，金本位制必然地崩溃了。自此，纸币流通制度开始走上历史的舞台。自第二次世界大战后至20世纪70年代，各国普遍实行纸币本位制下的固定汇率制。该制度是建立在1944年7月通过的布雷顿森林体系的基础之上，因而又被称为布雷顿森林体系的固定汇率制度。这种固定汇率制度的主要内容包括：规定美元与黄金的兑换比例为1盎司黄金＝35美元，而其他国家的货币汇率都钉住美元，形成“双挂钩”；各国货币对美元的汇率只能在平价上下一定的幅度之内波动，如果波动超过规定的幅度，有关国家的货币当局有义务在外汇市场上进行干预。只有在一国的国际收支发生根本性的不平衡时，该国货币才被允许升值或贬值。因为各国汇率波动受到当局的控制，各国汇率可以保持相当程度的稳定。布雷顿森林体系下的以美元为中心的固定汇率制度与金本位制下的固定汇率制度的本质区别在于：金本位制下的固定汇率制是以各国货币的含金量为基础，汇率的波动受到黄金输送点的限制；而在布雷顿森林体系下，这种基础是通过协议人为建立起来的，各国的货币当局通过人为拟定的黄金平价来制定汇率，而且货币当局也可以通过外汇干预等手段维持本国汇率在人为规定的范围内波动。表 8－1 是两种固定汇率制度的简单比较。我们将在下文中继续探讨这两种固定汇率制度。

表 8－1 两种固定汇率制的比较

金本位制下的固定汇率制	布雷顿森林体系下的固定汇率制
以货币的含金量作为汇率决定基础	以货币的含金量作为汇率决定基础
自发形成	通过布雷顿森林协定人为制定
由铸币平价决定	由各国当局规定的虚拟金平价决定
自身“双挂钩”保证固定汇率	通过外汇干预、管制和国内经济政策来维持固定比价
稳定的固定汇率制	可调整的钉住汇率制

（二）浮动汇率制度（Floating Exchange Rate System）

浮动汇率制度是在布雷顿森林体系崩溃后，主要西方国家从 20 世纪 70 年代开始普遍实行的一种汇率制度。浮动汇率制是指汇率水平完全由外汇市场的供求决定，政府不加任何干预的汇率制度。在外汇市场上，外国货币供过于求时，外国货币的价格就下跌，外币汇率就下浮，即外币贬值；外国货币供不应求时，外国货币价格就上涨，外汇汇率就上浮，即外币升值。事实上，现在各国政府很难做到完全听任外汇市场决定汇率水平，而是或多或少地对汇率水平进行干预或指导。按照不同的分类方式，浮动汇率制度有不同的类型。

1. 按照政府是否干预来划分，浮动汇率制可分为自由浮动（Free Floating）和管理浮动（Managed Floating）两种

自由浮动又称为清洁浮动（Clean Floating），是指政府对外汇市场不加任何干预，汇率完全由外汇市场上的供求状况决定。管理浮动又

称肮脏浮动（Dirty Floating），是指政府为使本国货币对外的汇率不致波动过大，或使汇率向着有利于本国经济发展的方向波动，通过各种方式或明或暗地对外汇市场进行干预。

2. 按照汇率浮动方式来划分，浮动汇率制可分为单独浮动（Independently Floating）、联合浮动（Joint Floating）和钉住浮动（Pegging Floating）三种类型

（1）单独浮动，是指一国货币不与任何外国货币发生固定联系，其汇率根据外汇市场的供求变化而自动调整。英国、美国、日本等国家的货币均属单独浮动。

（2）联合浮动，又称为共同浮动、集体浮动，是指一些经济关系密切的国家组成集团，在成员国之间实行固定汇率并规定波动幅度，同时对非成员国货币的汇率采取共升共降即联合浮动的一种浮动汇率制度。最典型的联合浮动是1999年前欧盟内部国家实行“固定”汇率制度。

（3）钉住浮动，是指将本国货币与某一外国货币或一篮子货币挂钩，对其他国家货币的汇率随被钉住货币与其他货币的浮动而浮动。当一国钉住某一主要货币时，主要是因为该国与被钉住货币主权国的经济金融贸易集中；相应的，采用钉住某一篮子货币的国家主要是因为这种“一篮子货币”是由与本国经济金融联系最为紧密地货币和对外支付使用得最多的货币组成，钉住一篮子货币有利于降低本国货币受某一外国货币汇率变化的风险。沙特、阿联酋等国货币就与特别提款权挂钩。

（三）各国汇率制度的分类①

在亚洲金融危机爆发以后，国际货币基金组织加强了对成员国汇率制度的安排问题的研究、监督和指导，并于1999年对汇率制度进行了细化分类，将汇率制度细分为自由浮动、水平钉住、爬行钉住、爬行区间浮动、无区间的管理浮动、无独立法定货币的汇率安排、货币

---

① 2002年，以 Shogo Ishii 为首的国际货币基金组织工作组把汇率制度细分为十三种，具体内容见专栏8－1。

局制度以及其他传统的固定钉住汇率安排八类。在这八类之中，按照目前国际上比较流行的观点，其他传统固定钉住汇率安排、无独立法定货币汇率安排、货币局制度和自由浮动制属于完全固定汇率制或完全浮动汇率制，被称为“两极汇率制”（Bipolar Exchange Rate System），也叫“角点汇率制”（Corner Exchange Rate System）；而水平钉住、爬行钉住、爬行区间浮动、无区间的管理浮动等类别由于介于完全固定和完全浮动之间，被统称为“中间汇率制”（Intermediate Exchange Rate System）。表 8-2 是各国（地区）实行汇率制度的类别统计。

表 8-2　1999 年以来各国（地区）汇率制度的类别统计

汇率制度类别	国家（地区）数目				
	1999 年 1 月 1 日	1999 年 9 月 30 日	2000 年 12 月 31 日	2001 年 3 月 31 日	2003 年 4 月 30 日
1. 无独立法定货币的汇率安排	37	37	38	39	41
2. 货币局制度	8	8	8	8	7
3. 其他传统的固定钉住制	39	44	44	44	42
4. 水平钉住制	12	7	7	6	5
5. 爬行钉住制	6	5	5	4	5
6. 爬行区间浮动制	10	7	6	5	5
7. 无区间的管理浮动制	26	26	32	33	46
8. 自由浮动制	47	51	46	47	36

资料来源：IMF：International Finance Statistics，1999. 4—2003. 9.

（四）一些特殊的汇率制度简介[①]

1. 爬行钉住制（Crawling Pegging System）

爬行钉住制是指汇率可以作经常的、小幅度调整的固定汇率制度。因为这一制度负有维持某种平价的义务，因此它属于固定汇率制这一类。另外，爬行钉住制下的汇率波动幅度要小于一般的可调整的钉住制。20 世纪 60 年代爬行钉住制在国际范围内引起了广泛的关注。智利、韩国、秘鲁等国都采用过这种制度，但总体上为数并不多。

① 详细内容参见姜波克：《国际金融学》，北京：高等教育出版社 2004 年版，第 241—245 页。

2. 汇率目标区制（Exchange Rate Target-zone System）

汇率目标区制是指将汇率浮动限制在一定区域内（例如中心汇率上下浮动10%）的汇率制度，但这种限制并不是绝对的，政府有可能随着经济形势的变化对原有的汇率目标区进行修改。它与管理浮动汇率制的区别主要在两点：一是在目标区制下，当局在一定时期内对汇率波动制定出比较明确的区间限制；二是在目标区制下，当局更为关注汇率变动，必要时将利用货币政策等措施将汇率变动尽可能地限制在目标区内。它与可调整钉住制的主要区别也主要有两点：一是在目标区制下，政府并不严格承诺在任何情况下都对外汇市场进行干预以将汇率维持在目标区内；二是在目标区制下，汇率变动的范围更广。汇率目标区制一般可分为严格的目标区制与宽松的目标区制两种类型。

当目标区是完全可信的，也就是交易者确信汇率永远将在目标区以内变动，则会出现汇率变动的“蜜月效应”（Honeymoon Effect）。当汇率变动到一定程度后特别是接近目标区边缘时，由于目标区是完全可信的，汇率便会自发地进行反向调整而重新向中心汇率接近，这一情形就宛如热恋中的情侣短暂分离后便会尽可能地抗拒进一步的分离而重新寻求相聚，故称之为“蜜月效应”。当目标区不再具有可信性时，则会出现汇率变动的“离婚效应”（Divorce Effect）。汇率目标区不再具有可信性主要是因为经济基本面向某一方向变动程度很大而且这种变动已表现为长期趋势，此时，市场交易者普遍预期原有的汇率目标区的中心汇率将作较大的调整。在这种情况下，对中心汇率的投机将会发生，从而市场汇率变动将不再自动回调至中心汇率而会发生剧烈的波动。这一变动情况宛如婚姻的双方在长期共同生活中性格不合，双方的矛盾已不可调和，婚姻已不能维持，故称之为“离婚效应”。

可以看出，汇率目标区是对汇率制度可信性与灵活性的折中，目标区下汇率变动也呈现出重要的特征，因此自20世纪90年代以来，如何设立和运用合理的汇率目标区制度已成为国际金融理论和实践的热点问题。

3. 货币局制（Currency Board System）

货币局制是指在法律中明确规定本国货币与某一外国可兑换货币保持固定的兑换率，并且对本国货币的发行作特殊限制以保证履行这一法定的汇率制度。在货币局制下，货币当局被称为货币局，而不是中央银行，这是因为在这种制度下，货币发行量的多少不再完全听任货币当局的主观愿望或经济运行的实际状况，而更多地取决于可用作准备的外币数量的多少。货币局制是目前比较流行的一种趋势，被誉为“装在瓶中的资信”。中国香港和一些东欧国家实行的就是货币局制，也称为联系汇率制度（The Linked Exchange Rate System）。

二、汇率制度的演变与发展

在前面我们谈到汇率制度的分类时，其实已经涉及汇率制度的演变与发展。从另一方面讲，汇率制度的演变直接促进了新的汇率制度的诞生，丰富了汇率制度的种类。国际汇率制度的变化呈现出不规则摆动的形式，即在一定时期内固定汇率是主流，而过一段时间之后，浮动汇率又成为主流。在分析了汇率制度的演变与发展的三个阶段后，我们发现汇率制度的演变与发展也有鲜明的特征。

（一）汇率制度演变与发展的三个阶段

国际汇率制度可以从两个角度进行划分：第一个角度是根据汇率决定方式的外汇储备形式，将历史上的汇率制度划分为三种形式，即金本位体系、布雷顿森林体系和牙买加体系；第二个角度是根据汇率变动的幅度，将汇率制度划分为两大类型，即固定汇率制和浮动汇率制。我们将这两种划分角度结合起来，就是我们熟悉的汇率制度演变和发展的三个阶段，即金本位制下的固定汇率制、布雷顿森林体系下的固定汇率制和牙买加体系下的浮动汇率制。

1. 金本位体系下的固定汇率制

从19世纪70年代末到第一次世界大战期间，主要西方国家通行金本位制。在金本位制下，金币可以自由铸造、自由兑换及自由输出入。这三个“自由”被称为金本位体系下的三大前提，是其存在的基础。在金本位体系下，两国货币的汇率由它们各自的含金量之比——

金平价来决定。金本位体系下的固定汇率制度，是以各国货币的金平价为基础、汇率波动受到黄金输送点限制的汇率制度。黄金输送点是指汇价波动而引起黄金从一国输入或输出的界限。汇率波动的最高界限是铸币平价加运输费用，即黄金输出点；汇率波动的最低界限是铸币平价减运输费用，即黄金输入点。

金本位制下，国际收支可以自动调节，汇率保持稳定。当一国国际收支发生逆差时，外汇汇率上涨超过黄金输出点，将引起黄金流出，进一步引起货币流通量减少、物价下降，从而使得本国商品在国际市场上的竞争力得到提高，出口增加，进口减少，国际收支恢复平衡；当一国国际收支发生顺差时，外汇汇率下跌低于黄金输入点，将引起黄金流入，进一步引起货币流通量增加、物价上升，从而使得本国商品在国际市场的竞争力减弱，出口减少，进口增加，国际收支恢复平衡。这就是英国古典经济学家休谟提出的“价格—铸币流动机制”，它使得汇率的波动限制在一定的范围内，汇率保持了相当的稳定。

国际性的金本位制虽然持续时间不长，但是固定汇率制保障了国际贸易和信贷的安全，方便了生产成本的核算，避免了国际投资的汇率风险，推动了国际贸易和国际投资的发展。这段时期也是自由资本主义繁荣昌盛的黄金时代。随着第一次世界大战的到来，欧美各国为了应付战争，一方面尽量将黄金集中在中央银行，限制输出；另一方面大量发行银行券以应付军费开支，此时货币再也没有黄金的价值了，金本位体系土崩瓦解了。第一次世界大战到第二次世界大战期间，各国货币基本没有一个普遍遵守的汇率规则，处于各行其是的混乱状态。这段时期，全世界被“汇率战”所笼罩。

2. 布雷顿森林体系下的固定汇率制

1944年7月，在第二次世界大战即将胜利的前夕，第二次世界大战中的44国同盟在美国新罕布什尔州的布雷顿森林城召开了“联合和联盟国家国际货币金融会议”，通过了《国际货币基金协定》（International Monetary Fund Agreement）和《国际复兴开发银行协定》（International Bank of Reconstruction and Development Agreement），总称《布雷顿森林协定》。该协定确定了各国必须遵守的汇率制度以及解决各国国际收支不平衡的措施，确定了以美元为中心的国际汇率体系的原则和运行机制，因此把第二次世界大战后以固定汇率制为基本特征的国际金融体系称作布雷顿森林体系。

布雷顿森林体系下的汇率制度是一种双挂钩制度，即美元与黄金挂钩，其他货币与美元挂钩。美元与黄金的兑换比例为1盎司黄金=35美元，其他货币根据自身情况与美元挂钩，确定其与美元的汇率。这就意味着美元成为各国货币围绕的中心。美元与黄金挂钩，并不意味着所有美元可以自由兑换成黄金，美国只负责外国政府用美元兑换黄金的要求，而普通美国公民手上的美元是不可以自由兑换的。

在这种汇率体系下，各国货币对美元的汇率只能在平价上下1%的限度内波动，1971年12月后调整为平价上下2.25%的限度内波动，各国中央银行有义务对金融市场的外汇汇率进行干预，以维持本国货币汇率的稳定。只有在一国的国际收支发生“根本性不平衡”时，经过国际货币基金组织允许才可以对本国货币汇率进行较大程度的改变。同时，布雷顿森林体系下的国际收支调节不像金本位制下那样自发完成，它需要收支逆差国和顺差国共同协商、共同承担责任。因此，在这种汇率调整相对僵化的情况下，大家共同遵守规则就显得十分重要。

在布雷顿森林体系下，稳定的汇率制度促进了第二次世界大战后国际贸易的迅速发展和生产的国际化，缓解了各国国际收支困难，保障了各国稳定、高速发展。布雷顿森林体系树立了开展广泛国际货币合作的典范。但是，美元作为国际储备货币却面临着维持美元价值和提供各国清偿能力的两难选择。在黄金存量不大的情况下，美元作为黄金的代表，为了满足世界各国对美元储备增加的需要，美国只能通过对外负债的形式提供美元，而美国国际收支长期逆差，则会造成美元大量过剩，从而引起美元危机或降低美元信用；反之，如果为了保持美元的稳定，美国应保持国际收支顺差，即必须限制美元的发行，但这会导致各国缺乏必要的国际清偿手段而降低生产和贸易发展速度。美元在布雷顿森林体系下的两难处境，被称为“特里芬难题”。随着矛盾的不断发展特别是美元危机的频发，最终导致了布雷顿森林体系的彻底瓦解。

3. 牙买加体系下的浮动汇率制

布雷顿森林体系瓦解之后，国际汇率制度重新陷入了混乱，没有新的游戏规则，汇率波动更加剧烈。1976 年 1 月，国际货币基金组织在牙买加达成日后被称为《牙买加协定》的协定，承认固定汇率和浮动汇率同时并存，各会员国可自由选择汇率制度。同时，在牙买加体系下，原协定中所有的黄金条款被废除，割断了黄金与货币的联系，黄金不再作为各国货币定值的标准；废除黄金官价，成员国之间可以在自由市场上买卖黄金。牙买加体系下的国际汇率制度呈现出以浮动汇率安排为主、多种汇率安排的基本格局。需要指出的是，《牙买加协定》是对布雷顿森林体系解体后国际汇率制度现状的确认，而非一种新的国际汇率制度。事实上，自《牙买加协定》达成三十多年来的国际金融体系实际上一直处于一种“无体系”的无规则状态。

几十年来，牙买加体系经历了严峻的考验，比如 20 世纪 70 年代至 80 年代的石油危机、20 世纪 80 年代世界性的债务危机、1992 年的里拉和英镑危机、1994 年的墨西哥金融危机和 1997 年的亚洲金融危机等。这些危机都显示了牙买加体系下的国际汇率制度的不完善性和易受攻击性，这也进一步表明国际汇率制度还在发展中。

（二）汇率制度演变与发展的特征

1. 国际货币制度深刻影响着国际汇率制度，汇率的弹性化加强趋势明显

从金本位制到纸币本位制，从美元的双挂钩制度再到后来的牙买加体系下的货币制度，国际汇率制度不是简单的固定汇率和浮动汇率的交错轮回，而是汇率的弹性越来越大。同时，随着国际经济金融一体化进程加快，国际汇率制度从固定汇率制转向浮动汇率制的历史趋势不可逆转。随着国际货币制度的发展，体系参加国的经济发展越来越不平衡，差别越来越大，并且各国政府干预经济的能力越来越强，因而客观上需要货币制度的弹性也不断提高。国际汇率制度也一步步“松绑”，实行浮动制或者管理浮动制的国家越来越多。

2. 汇率制度呈两极化现象发展

实行完全自由浮动和完全固定汇率安排的国家相对比较普遍，而

且其占比也处于稳步的上升中。采用中间汇率制度的国家更易受到对冲基金等国际投机者的冲击，从而对政府干预的能力和强度提出了更高的要求。两极化趋势不是从一贯之的，不是直线型前进的，而是波动的。随着经济金融形势的变化，这种趋势是有可能暂时被遏止的。

当然，这样的趋势并不是代表每个国家的选择或将要选择的状态，只有根据本国的实际经济状况和内外部经济制度环境来选择适合自己的汇率制度，才是本国政府和中央银行的明智之举。

第二节　汇率制度的选择及理论

作为汇率制度的两极，完全固定与完全浮动的汇率制度到底孰优孰劣一直是国际金融领域长期争论不休的问题。在争论的同时，也引出许多汇率制度选择理论，给我们研究汇率制度的演变历史以及其未来可能的发展方向带来了许多有益的启示。

一、固定汇率制与浮动汇率制的优劣比较

一大批著名学者都加入了固定汇率制与浮动汇率制的论战，支持固定汇率制的代表人物有纳克斯（Nurkse）、蒙代尔和金德尔伯格（C. Kindleberger）等，支持浮动汇率制的代表人物有弗里德曼（M. Friedman）、约翰逊、哈伯勒（G. Haberler）等。这些争论主要表现在以下几个方面：哪种汇率制度更能促进国际贸易和投资的增长？哪种汇率制度更能有效地遏制通货膨胀？哪种汇率制度决定的汇率的波动与背离幅度更小、更安全？哪种汇率制度能更有效地避免不稳定的投机？哪种汇率制度能更有效地预防和抵抗各种经济金融危机？哪种汇率制度更能体现政策自主性？我们将分别从这几个方面予以分析。

1. 汇率制度与国际贸易和投资增长

一般来说，固定汇率制的支持者认为，长期稳定的汇率水平有助于投资者建立稳定的预期，为他们的决策制定提供了比较确切的基础，以促进国际贸易和跨国投资的增长；而未来汇率变动的不确定性会对

投资决策制定产生负面影响，从而必然会在一定程度上制约国际贸易和投资的增长。虽然企业可以在远期外汇市场上和期货市场上进行对冲操作以规避风险，但这会导致企业交易成本的上升。而对发展中国家来说，由于外汇市场不成熟以及套利渠道的相对匮乏，它们往往在浮动汇率面前显得束手无策。

浮动汇率制的支持者则认为，浮动汇率实际上可能更能增加外国直接投资的数量。他们认为，汇率是由外汇市场的供求决定的，而市场决定的价格信号往往是最优的，有利于经济资源的有效配置。同时，很多经验研究证明，汇率的短期易变性对于贸易的影响是极小的。而如果采用固定汇率制，政府经常不愿意采取必要的内部宏观经济政策来处理国际收支赤字，反而通过采取扩张政策来冲销国际收支赤字对本国货币供给的影响。然而，随着外汇储备的下降，这样的国家只能采取限制进口和控制资本流动的方式来削减国际收支赤字。而这样的问题在浮动汇率制下不会存在。

2. 汇率制度与通货膨胀

固定汇率制的支持者认为，固定汇率制能够有效地遏制通货膨胀。他们认为，在固定汇率制下，一国若采用通胀性的货币政策就会使该国的物价水平提高，导致国际收支逆差，国际储备流失，而由于一国的储备水平毕竟是有限的，储备流失的情况不可能长期持续下去，因此该国肯定会限制通货膨胀，这就是所谓的“制动器论”。也就是说，固定汇率制建立了清晰的、可操作的目标，同时捆住了政府的手，使得政府的反通胀的承诺更加可信。而在浮动汇率制下，一国货币贬值会导致进口价格的上升，从而直接或间接助长了国内物价的上升，并可能导致“物价上升—汇率下浮”的恶性循环，这也被称为“恶性循环论”。另外，在浮动汇率制下，存在通货膨胀的传递问题，而且这种传递具有不对称性。当一国汇率贬值时，进口成本上升，会带来物价的上升；当汇率升值时，由于物价的刚性，物价不容易下降或下降不足，结果汇率变动的净效应便是通货膨胀率的上升。扩展到两个国家的相互关系来看，一国货币的升值伴随着另一国货币的贬值，而贬值国家的物价的上升水平要超过升值国家物价的下降水平，其净效应便是世界通货膨胀率的上升，这被称为“不对称效应”或“棘轮效应”。另外，浮动汇率制下的反通货膨胀措施的紧缩性比固定汇率制下更强，它通常会导致过高的实际利率和本币高估的情况，即使在浮动汇率制下反通货膨胀措施能够取得成功，其成本也明显比在固定汇率制下要高。

浮动汇率制的支持者则认为，浮动汇率制有利于隔绝通货膨胀的国际传递。浮动汇率可通过汇率的变动保持各国通货膨胀水平的差异。当国外发生通货膨胀时，可通过本币的升值来抵消国外通货膨胀对本国物价的影响，从而避免国际性的通货膨胀的传播。浮动汇率仿佛一堵墙，隔断了通货膨胀和经济周期的传播。同时，浮动汇率制的支持者还认为，在浮动汇率制下，政府拥有更大的主动性，可以选择适当的通货膨胀率和失业率的组合，以适当的通货膨胀率上升的代价换取失业率的下降和国内经济的增长。

3. 汇率制度与汇率的波动和背离

固定汇率制的支持者认为，浮动汇率制下实际汇率变动幅度远远大于实行钉住汇率时的幅度，同样，名义汇率与实际汇率的偏差在未实行钉住时也比实行钉住时大得多。实际汇率大的波动幅度恰恰说明了名义汇率的变动幅度要远远大于同期的通货膨胀率差异变动。此时各国货币在经历超过正常水平的通货膨胀后，其货币贬值速度和幅度都超过了由通货膨胀率差异决定的长期均衡水平。货币快速贬值削弱了货币当局稳定金融的能力，增加了金融稳定的难度。同时，在浮动汇率制下，由于货币市场的调整速度快于商品市场的调整速度，存在汇率超调（Overshooting）的问题，从而导致汇率可能长期处于没有经济基本面支撑的水平。此外，投机者的套汇与套利行为可能加大名义汇率的波动幅度。

浮动汇率制的支持者则认为，由于可以通过市场消除与不确定性相关的即期汇率波动，因此汇率的波动性并不是一个严重的问题。汇率水平的波动是向真实均衡汇率水平回归的自然行为。虽然固定汇率制下，汇率水平表面上是稳定的，但是它存在一个难题，这就是真实均衡水平的制定。他们认为固定汇率制下，实际汇率的背离与波动更严重，因为持续的高估汇率水平对经济的长期竞争力和就业有重要影响，相对价格的变化可能引发高成本的资源配置。汇率持续性的高估可能导致竞争力的永久损失。

4. 汇率制度与内外冲击

固定汇率制的支持者认为，浮动汇率制会导致非稳定性投机（Destabilizing Speculation），因为投机者往往是非理性的，其表现之一就是交易者往往在价格上涨时争相买进，价格下跌时纷纷卖出，结果是扩大了而非缩小了市场价格的波幅，这被称为“羊群效应”（Bandwagon Effects）。而固定汇率制下的投机行为一般具有稳定性，因为投机者们预期汇率将会向固定水平调整，从而会在现实汇率水平与固定平价存在差异时通过缩小这一差异获利。固定汇率制可以更好地处理内部冲击，如通胀率或利率的暂时性变动等，外汇储备的增减可以作为一种缓冲器，以避免汇率的无谓频繁波动。如果实行固定汇率，国内货币的过量供应会使资本外流，因为部分超额货币可以通过国际收支赤字来消除。而在浮动汇率下，过多的货币供应量仍然滞留在国内，导致国内货币贬值。

浮动汇率制的支持者则认为，浮动汇率制下的投机主要是稳定性投机（Stabilizing Speculation），投资者只有在汇率低于均衡水平时买入或在汇率高于均衡水平时卖出，才能持续获利。这一投机策略对市场价格的影响是稳定性的，倾向于降低市场价格的波幅。另外，在浮动汇率制下，由于汇率随时都在进行调整，政府也不承诺维持某一汇率水平，因此，投机性资金不易找到汇率明显高估或低估的机会，同时在进行投机活动时还得承担汇率反向变动的风险。而在固定汇率制下，政府对汇率的调整是很少见的，投机活动就可能演变为和政府之间的较量。并且如果投机的实力非常强大，国际投机性资金可以从政府的失败干预中获得高额利润。20 世纪 90 年代后期的东南亚金融危机就充分证明了这一点。浮动汇率制的支持者还认为，如果产生的冲击是真实的，浮动汇率制仍是更有效的选择。它能给予实际冲击以平稳、适当的调整。例如，一个负面的实际冲击（如出口需求或贸易的下降）会导致名义汇率的贬值，从而降低贸易品的相对价格，提高贸易品的竞争力，因而可以部分弥补负面冲击带来的不利影响。而且在出口商品的名义价格下降时，名义贬值会使其国内价格提高，这又有利于经济得到一个更平稳的调整。也就是说，在弹性汇率制度下，汇率起着自动稳定器的作用。而当这种情况发生在固定汇率制下时，国家不得不依赖国内价格的缓慢调整，中央银行必须阻止本币贬值，这是一种内在的紧缩性行为，它必然会引起漫长而痛苦的经济萧条。

5. 汇率制度与危机

固定汇率制的支持者认为，采用浮动汇率制绝不意味着与危机绝缘。实行浮动汇率制的国家可能同时遭受金融危机和经济危机的双重打击。以美国为例，美国之所以能够在经常项目长期巨额逆差的压力下保持美元坚挺，主要是依靠源源不断流入的外国资本。一旦美国经济增长速度放缓或者经济泡沫破灭，人们对于美国经济与美元的预期就会改变，从而可能会形成资本抽逃。这将对美元造成巨大的贬值压力。为了减缓资本抽逃的冲击，美联储很可能调高利率，而利率的升高会进一步加深经济的低迷。

浮动汇率制的支持者则认为，由于固定汇率制不是完全置信的，因而很容易受到国际投机资本的攻击。投机冲击可能引发货币危机，迫使一国放弃固定汇率制度。本币的贬值会造成大量未套期保值的外债的银行和企业国内债务成本的上升，从而可能引发银行危机和债务危机；更进一步，引发金融危机和经济危机。

6. 汇率制度与政策自主性

这是要求实行浮动汇率制的重要理由。浮动汇率制的支持者认为，根据“三元悖论”，一国不可能同时实现资本的自由流动、固定汇率制和货币政策的独立性。因此，在资本账户开放的前提下，一国实行固定汇率制度意味着自己货币主权（Monetary Sovereignty）的部分让渡。此时，实现内外均衡任务只剩下单一的财政政策，而根据丁伯根法则（Tingbergen Rule），单凭财政政策不可能同时实现内部和外部均衡。因此，货币主权的让渡不仅仅是一个有关民族情感的问题，它可能会带来一国经济的内外部失衡。而实行浮动汇率制度后，货币政策可以从对汇率政策的依附中解脱出来，让汇率自发调节实现外部均衡，货币政策和财政政策则专注于实现经济的内部均衡。

固定汇率制的支持者则认为，一国的货币政策不可能完全不受外部因素的制约，完全利用汇率政策解决外部均衡也是不可能的。汇率调整必须有相应的其他国内政策的配合才能发挥效力。他们还认为，在资本自由流动的前提下，实行浮动汇率制度的小国的货币政策实际上本身就是无效的。例如，该国经济不景气时，为刺激投资和消费而降低利率，但本国利率和外国利率的差异将使资本外逃发生，从而加重衰退；当该国面临通货膨胀的压力时，调高利率以紧缩银根，但利率上升导致的国际资本的流入将加剧该国的通货膨胀。既然货币政策本身无效，货币主权让渡的成本也就大大降低了。同时，只有少数发达国家的通货膨胀率和利率变动能够左右国际汇率的走势，大多数国家只是被动的价格接受者。因此，汇率政策本身作为一种调节政策来说也是无效的。而对于寻求稳定宏观经济政策的发展中国家来说，浮动汇率并不是好的选择；浮动汇率只能是有成熟的经济政策的发达国家能够享用的奢侈品。

总结各种观点，我们可以得出一个比较明确的结论：没有任何汇率制度能适合所有的国家或者在任何时期适合同一个国家。汇率制度的选择应该取决于一国面临的特定环境，如果将某种汇率制度过于普遍化，那将是非常危险的行为。

二、汇率选择理论

1. 经济论

经济论，有时也被称为经济结构论，其核心思想是汇率制度的选择取决于一国经济结构的特点。汇率制度选择的“经济论”主要是由海勒（R. Heller）提出来的。他认为，一国汇率制度的选择主要是取决于经济结构特征因素，主要包括以下五个方面：一是经济规模，即国民生产总值（GNP）和人均 GNP 的规模；二是经济开放程度，即对外贸易值占 GNP 的比重；三是进出口贸易的商品结构与地域分布；四是通货膨胀率同世界平均水平的差异；五是国内金融市场发达程度及其同国际金融市场的一体化程度。一个经济规模大、经济开放程度较低、国内金融市场发达、进出口贸易的商品结构与外贸地域分布多元化、通货膨胀率明显不同于世界平均水平、国内金融市场发达并与国际金融市场联系密切的国家，一般倾向于使用浮动汇率制；而具有与上述经济特征相反的国家，则一般倾向于采用固定汇率制。而经济学家波尔森（H. Poirson）则认为影响汇率制度的决定性因素有：通货膨胀率、外汇储备水平、生产和产品的多样化、贸易冲击脆弱性、政治稳定性、经济规模、资本流动、通货膨胀诱因或失业率以及外币定值债务等。一国通货膨胀率、生产多样化、贸易冲击脆弱性、政治不稳定性、经济规模、资本流动性和本币定值债务程度越高，就越适宜选择浮动汇率制；反之，则宜采用固定汇率制。伍尔夫（H. Wolf）概括了选择钉住汇率国家的经济特征，即较小经济规模、较大经济开放度、较低通货膨胀水平、较小外部贸易条件变动、较大通货膨胀诱惑、较高出口集中度以及政治稳定。表 8 – 3 反映了经济结构特征与汇率制度选择在不同时期内的对应关系。

表 8 – 3　经济结构特征与汇率制度选择

时期	固定或钉住汇率制度	浮动汇率制度
短期	低通货膨胀、国际储备充足	高通货膨胀、国际储备少
中期	贸易集中度高、生产要素流动性高	贸易分布分散化、生产要素流动性低
	贸易产品多样化程度低、通货膨胀率与国际平均水平相近	贸易产品多样化程度高、通货膨胀率与国际平均水平差异大
	金融市场一体化程度低、资本流动受限制	金融市场一体化程度高、资本流动较频繁
	外债货币错配程度高、本币国际借债能力低	外债货币错配程度低、本币国际借债能力高
	政治稳定	政治不稳定
长期	经济规模小、金融市场发育不完全	经济规模大、金融市场发育完善
	经济开放程度高、政策相似性高	经济开放程度低、政策相似性低
	人均 GDP 低、进出口价格弹性低	人均 GDP 高、进出口价格弹性高

2. 依附论

“依附论”主要探讨的是发展中国家的汇率制度选择问题。“依附论”认为，发展中国家的汇率制度选择主要取决于其经济、政治、军事等方面的对外依赖关系，至于采用何种货币作为“锚货币”（参考货币），则取决于该国对外经济、政治等关系的集中程度。例如，一国从美国的进口在其进口总额中占有很大比例，或者从美国得到大量军事赠予以及与美国有其他复杂条约或关系，该国往往将本国货币钉住美元；而同美国等主要工业国的政治经济关系较为“温和”的国家，则往往选择钉住合成货币。该理论同时还指出，选择哪一种参考货币，反过来又会影响一国对外贸易的经济关系和其他各方面关系的发展。

3. 原罪论（Doctrine of the Original Sin）

“原罪论”的“原罪”是指这样一种状况：一国（地区）由于金融市场的不完全，导致其货币不能用于国际借贷（外国银行或其他机构不能用该货币提供贷款），甚至在本国（地区）市场上，也不能用本币进行长期借贷。由于金融市场的这种不完全性，一国的企业或政府在用外币进行借贷或投资时，便会面临一种“魔鬼的选择”（the Devil's Choice）：要么借外币美元而招致货币错配（Currency Mismatch），要么用短期贷款来做长期用途而出现期限错配（Maturity Mismatch），这就是原罪论的内涵。如果企业借外币用于国内业务而出现货币错配的话，当本币贬值时，就会使已借款的企业成本上升，从而容易陷入财务困境，甚至破产；如果因借本币出现期限错配的话，当利率上升时，其借款成本也会大增，这样便会使一大批对外借债企业由于资产缩水、资不抵债而陷于破产。因此，汇率或利率稍有波动，便会有一批企业应声倒地，进而银行也会被拖入，整个金融体系变得十分脆弱。

原罪论认为，由于“原罪”的存在，汇率变动会产生资产平衡表效应（The Balance Sheet Effect）。假设有企业用美元向外借款，但其在资产负债表上这种负债必须记为本币。此时，若汇率变动，比如说本币贬值，则其资产负债表上的负债数额立即上升。如其对外借款余额很大，则贬值可使其立刻在账面上变得资不抵债，乃至破产。另外，利率的上升也会有同样的效应。所以，原罪的存在导致理性的政府或企业都不愿汇率变动，更不愿本币贬值，博弈的结果使得汇率浮动不起来。一旦形成软钉住或固定钉住，政府在汇率政策上便会陷入两难境地。面对外来的投机冲击，政府既不能通过货币贬值来缓解压力，也不能通过提高利率来保卫本币，最后只得听任金融崩溃。也就是说，由于原罪的存在，对于金融市场不完善的经济体来说，无论采用浮动汇率制还是固定汇率制都会有问题。

原罪论最重要的政策结论就是：在存在原罪的情况下，由于汇率难以浮动，政府在固定汇率制度下会陷入两难，再加上现有的固定汇率制或浮动汇率制都无法解决原罪问题，因此，最好的办法就是使得经济体全部美元化。也就是说，对发展中国家来说，应该干脆没有汇率，放弃本国货币而采用某种国际货币，实行美元化或某种类似于欧元的制度。

4. 害怕浮动论（The Fear of Floating Hypothesis）

"害怕浮动论"主要是由卡尔沃（A. Calvo）和赖因哈特（M. Reinhart）提出的。所谓"害怕浮动"，可定义为这样一种现象：一些归类为实行弹性汇率制的国家，却将其汇率维持在对某一货币（通常为美元）的一个狭小幅度内，这反映了这些国家对大规模的汇率波动存在一种长期的害怕。"害怕浮动论"的主要内容可以归纳为以下四点：一是那些声称允许其货币自由浮动的国家，实际上其货币大部分并未能真正浮动。二是这种很低的汇率可变动性，是由政策行动有意识地造成的，因为它们的国际储备的变动性相当高，而在典型的浮动汇率制下，这是不应该发生的。三是这些国家的名义利率和实际利率要比那些真正实行浮动汇率制的国家高得多。利率的高变动性是因为：第一，这些国家不但在外汇市场进行干预，而且利用利率变动来进行干预。第二，这些国家存在着长期公信力问题。四是由于那些按国际货币基金组织分类属于管理浮动制的国家同实行一种不具公信力的钉住汇率制很相似，因此所谓的"固定汇率制已死"① 的说法值得商榷。害怕浮动的现象非常普遍、深入，甚至在一部分发达国家中也

---

① 奥伯斯菲尔德（M. Obstfeld）等提出"固定汇率已死"的假设。他们认为固定汇率制在资本自由流动的情况下，其维持成本是相当高的。因此，他们建议一国应该开始转向更灵活的汇率制度。

存在。

这些国家害怕汇率浮动的原因有多种。先来看汇率升值时的情形。当出现资本流入或贸易条件改善的有利情况时，其原因可能是害怕造成“荷兰病”[①] 而损害其国际竞争力和破坏出口多样化的努力。其次来看贬值时的情形。此时它们会更强烈地抵制本币贬值，因为贬值会出现投资者信心下降、资本流入急停以及资产平衡表的紧缩效应，而这同这些国家的经济政策长期缺乏公信力有关。研究证明，在新兴市场国家中，汇率变动对贸易的影响要比在发达国家大得多，贬值通过国内物价而传递到国内通货膨胀的程度也要比发达国家大得多。这些也是新兴经济体不愿汇率波动（特别是贬值）的重要原因。

5. 中间制度消失论（The Hypothesis of the Vanishing Intermediate Regime）

“中间制度消失论”首先是由艾钦格林（B. Eichengreen）明确提出的。该理论认为，唯一可持久的汇率制度是自由浮动制或具有非常强硬承诺机制的固定汇率制（如货币局制度）。介于两者之间的中间性汇率制度，包括“软”的钉住汇率制，如可调节的钉住、爬行钉住和管理浮动制等，都正在消失或应当消失。因此，未来各国不是选择完全自由的浮动汇率制，就是选择“硬”的钉住汇率制。由于中间汇率制度消失，形成所谓“空缺的中部”（Hollow Middle）现象，因而这一理论又被称为“两极汇率制度论”或“中空汇率制度理论”。

“中间制度消失论”认为，日益增长的资本流动性，使政府对汇率的承诺变得十分脆弱。换言之，由于国际资本的自由流动，“软”的钉住汇率制变得不可行。在资本自由流动的情况下，政府不可能同时实现汇率稳定、货币政策独立性和金融市场国际一体化这三个目标，必须放弃其中的一个，这也被称为“三位一体原理”。由于金融市场一体

① “荷兰病”是指当条件发生有利的变化时，某一部门的繁荣会损害其他部门的发展。例如，当条件发生有利的变化时，某一出口部门突然变得繁荣，因此大量资源被吸入该部门，结果资源流出部门的发展受到影响。或者，这时该部门的员工收入增加，他们增加消费导致物价上升。因此，其他部门的各项成本相应上升，利润受压，结果对其他部门造成不利的影响。

化由国际和国内因素同时推动，一国难以阻挡其发展，因此，一国政府实际所能做的，要么是选择汇率稳定而放弃货币主权（即实行“硬”的钉住汇率制），要么放弃汇率稳定而坚持货币独立（即实行自由浮动汇率制）。

“中间制度消失论”提出后，并没有得到一致认可，它并没有提供一个让人完全信服的理论分析的基本原则。以上文中的“三位一体原理”为例，它并没有令人信服的理由证明，为什么不可以在其中的两个目标中各放弃一半，从而有一半的汇率稳定性，同时有一半的货币政策独立性。面对质疑，“中间制度消失论”的支持者做出了相应的让步。费舍尔（S. Fischer）认为，很可能是“中间制度消失论”的支持者过分夸大了理论的效果。他认为，对该理论的准确描述应该是：钉住制度确实是不可持续的，除非实行完全的固定制度；可以实行灵活的汇率安排；绝大多数国家的政策仍然需要在一定程度上考虑汇率的变化。他解释说，“中间制度消失论”的观点不是说只有两端的形式保留，中间形式都去除，而是说明中间的形式都是不可持续的。

第三节　中国汇率制度改革

1948 年 12 月 1 日，中国人民银行成立，并发行了统一的货币——人民币。1949 年 1 月 19 日，人民币对西方国家货币的汇率首次在天津诞生，当时 1 美元折合 80 元人民币。1950 年 7 月 8 日开始，实行全国统一的人民币汇率，由中国人民银行公布。几十年来，随着经济体制和环境的不断变化，人民币汇率也处于不断变化中，特别是进入 21 世纪以来，人民币升值压力日益凸显，人民币升值会对我我国的宏观经济产生深远的影响。因此，实行人民币汇率的有效改革，已成为影响我国经济又好又快发展的关键之一。

一、人民币汇率的历史演变

总体来说，我们把人民币汇率的演变分为改革开放前和改革开放后两个大的阶段，而每个阶段又可以细分为不同的时期，并且每个时期人民币汇率安排都有不同的特点。

（一）改革开放前人民币汇率的演变

1. 第一阶段（1950—1952 年）

这是中国汇率制度的创建时期。从1949 年初至同年10 月，中国人民银行相继在华北、华东、华南等地区制定并公布人民币兑外币的比价。由于当时各地区的物价很不一致，各地区中国人民银行在中央统一政策的管理下，以天津口岸的汇率为基础，根据本地的实际情况，制定和公布本地区的人民币汇率。

当时全国解放不久，国民经济处于恢复时期，外汇资金严重短缺，国内物价波动很大，为恢复和发展经济，扶植出口，积累外汇资金，我国确定的人民币汇率的方针是“推动出口，积累汇源，保证出口，奖励侨汇”。在计算方法上采取以国内物价对比法为基础，即参照75%—80% 大宗出口商品的加权平均换汇成本，加上 5%—15% 的利润，同时考虑到侨眷五口之家国内外生活消费品指数的对比，制定人民币汇率。也就是说，当时的人民币汇率主要是根据该时期国内外的相对物价水平来制定的，并随着国内外相对物价的变动不断进行调整。依据指定的方针和方法，人民币汇率从1949 年1 月19 日的1 美元折合80 元旧人民币调整到 1950 年 3 月 13 日的 1 美元折合 42000 元旧人民币，期间一共进行了 52 次调整，人民币贬值了 525 倍。1950 年中期，国民经济有了较大的好转，物价逐渐趋于稳定，财政金融状况大大改善。1950 年 7 月 8 日，我国开始实行全国统一的人民币汇率。在此之后，国内物价日趋稳定，而同期外国物价水平却迅速上升，人民币贬值的状况得到遏制，国家开始逐步调高人民币汇价，到 1952 年 12 月，人民币对美元的汇率变为1 美元折合 26170 元旧人民币。这一时期，我国的对外贸易对象主要是美国，对外贸易主要由私营进出口商经营。因此，人民币汇率的及时调节，可以调节进出口贸易，保证出口的增长。总的来说，这段时期内的人民币汇率安排主要是依据物价水平，这是一种比较市场化的汇率安排。

2. 第二阶段（1953—1972 年）

从 1953 年起，国内物价趋于全面稳定，对外贸易开始由外贸部所属的外贸专业公司按照国家规定的计划统一经营，而且主要产品的价格也纳入国家计划。由于我国国营公司的进出口业务都按国家计划执行，人民币汇率对进出口贸易不再起调节作用，而主要作为内部核算和编制计划以及非贸易外汇兑换结算之用。同时，当时的国际汇率制度是布雷顿森林体系下的固定汇率制度，各国之间的汇率在一定程度上也保持了相对的稳定。再加上我国同西方工业国家的直接贸易关系和借贷关系很少，因此，西方各货币汇率变动对人民币的汇率影响很小。

在国内物价水平趋于稳定的情况下，为了促进国内经济和对外贸易的更好发展，我国进行了建国以来的首次币制改革。1955 年 3 月 1 日，中国人民银行发行了新人民币，新旧人民币的收兑比例为 1∶10000。自采用新人民币后，人民币对美元的汇率从 1955 年到 1971 年一直保持在 1 美元兑换 2.4618 元人民币。1971 年 12 月 18 日，美元兑黄金官价宣布贬值 7.89%，人民币汇率相应上调为 1 美元兑换 2.2673 元人民币。总的来说，这一时期人民币汇率基本保持了稳定；人民币汇率不仅与贸易无关，也与市场供求无关，而仅仅作为非贸易结算和编制计划的工具。

3. 第三阶段（1973—1978 年）

1973 年 3 月以后，布雷顿森林体系彻底解体，西方国家普遍实行浮动汇率制，各国货币间的汇率随外汇市场的供求关系自由涨落，变动十分频繁和剧烈。在这种形势之下，人民币对资本主义国家货币的汇率保持相对稳定的状况已经难以为继。为了避免西方国家转嫁通货膨胀及经济衰退的影响，我国将制定人民币汇率的原则改为参照国际市场各国汇率变化的情况进行经常调整①，以减少在复杂多变的国际经济环境中可能遭受的损失。同时，在制定人民币汇率的方法上也做了相应的调整，原则上采用钉住加权的一篮子货币的方法，根据货币篮

① 仅 1978 年人民币对美元的汇率就调整了 61 次。

子的平均汇率的变动情况来确定汇率。所选用的篮中货币，都是具有一定代表性的、与我国贸易相关性较大的、可以自由兑换的货币。篮中的货币和各个权数前后也做了几次变动①。这一时期，人民币汇率呈逐渐升值之势，从1972年期末的1美元兑换2.2401元人民币到1973年期末的1美元兑换2.0202元人民币，再到1977年期末的1美元兑换1.73元人民币。由于当时对外推行人民币计价的目的是为了保值，使得在制定人民币汇价的指导思想上要求把人民币定得高一些，因此，这段时期内人民币汇率出现高估的现象。另外，这段时期人民币汇率还有另一个显著的特点，就是我国实行贸易和非贸易的单一汇率，即对进出口贸易外汇的结算和非贸易外汇的兑换使用同一汇价。

回顾改革开放前人民币汇率体制，我们发现，虽然人民币汇率在一定时期内起到了诸如保值、维护货币稳定等积极作用，但终究因与国内外市场严重脱离、不反映市场供求的变化，很难起到经济杠杆的作用。随着我国对内改革和对外开放的启动和深入推进，原先人民币汇率的消极作用不断暴露出来，特别是高估的汇率水平，造成了进出口的严重不平衡，限制了国民经济和对外经济关系的发展。因此，为适应经济发展日益开放的需要，人民币汇率制度的改革势在必行。

（二）改革开放后人民币汇率的演变

1. 第一阶段（1979—1984年）

从1979年起，我国的外贸管理体制开始进行改革，对外贸易由国营外贸部门一家经营改为多家经营。同时，为了鼓励外贸主体增加外汇收入的积极性，也为满足外贸主体日常经营的需要，我国开始实行外汇留成的办法，即对外贸易单位和出口生产企业把收入的外汇卖给国家后，国家按一定的比例给他们相应的外汇留成。由于当时我国的物价一直由国家计划规定，长期没有变动，许多商品价格偏低且比价失调，形成了国内外市场价格的相差悬殊且出口亏损的情况②，这就使

① 如从1978年到1984年，权数曾做过7次调整。

② 例如，1979年我国出口1美元的商品，平均换汇成本为2.40元人民币，而出口企业按银行牌价只能得到1.50元人民币，因此每出口价值1美元的商品，企业就要亏损0.90元人民币。

人民币汇价不能同时照顾到贸易和非贸易两个方面。

为了加强经济核算以及适应外贸和外汇体制改革的需要，国务院决定从1981年起实行两种汇率，即另外制定贸易外汇内部结算价，并继续保留官方牌价用作非贸易外汇结算价。这就是所谓的“双重汇率制”或“汇率双轨制”。贸易内部结算汇率适用于贸易外汇收支，从1981年1月到1984年12月期间，我国贸易内部结算汇率一直被固定在1美元兑换2.80元人民币的水平上。而官方牌价即非贸易外汇的汇率适用于非贸易外汇收支，且仍沿用原来的一篮子货币加权平均的计算方法。1980年人民币官方牌价的汇率为1美元兑换1.50元人民币。随着20世纪80年初美元的逐步升值，我国相应调整了公布的人民币官方牌价。到1984年底，公布的官方牌价已调至1美元兑换2.7963元人民币，已与贸易外汇内部结算汇率基本持平。可以看出，这一时期人民币汇率制度是典型的双重汇率制，从性质上来说属于贸易性汇率，它是以我国的贸易政策为中心，为出口创汇服务的。同时，这段时期内，人民币汇率仍然处于高估的状态，难以很好地发挥经济杠杆的作用。

2. 第二阶段（1985—1993年）

在人民币双重汇率下，外资企业政策性亏损，加重了财政补贴的负担，而且国际货币基金组织和外国生产厂商对双重汇率也提出异议。为了解决汇率制度带来的诸多问题，同时加强人民币汇价调节进出口贸易和国际收支平衡的作用，以及逐步达到国际标准，更好地发展对外经贸关系，一方面，从1985年1月1日起，我国又取消了贸易外汇内部结算汇率，重新恢复单一汇率制。该汇率以贸易汇价为基础，1美元兑换2.80元人民币；另一方面，1980年10月起，我国创办了外汇调剂市场，当时规定外汇调剂价格是在官方汇率之上加10%的价格。随着留成外汇的增加，调剂外汇的交易规模越来越大。据估计，到1994年汇率并轨之前，我国外汇资源的大部分已处于调剂市场汇价的调节范围内。因此，在这段时期名义上是单一汇率，实际上又形成了新的双重汇率，出现了官方牌价和调剂市场价格并存的局面。

实行单一汇率后，由于比实行内部结算价时的汇率并不低，因此，单一汇率对出口贸易的促进作用并不大。同时，在进入20世纪80年代中期以后，我国物价上涨速度明显加快。为了使人民币汇率趋向合理，促进国际收支的平衡，我国政府有意识地运用汇率调节经济与外贸，对人民币汇率作了相应持续下调。到1985年10月30日，人民币汇率为1美元兑换3.1983元人民币。1986年7月5日，人民币汇率再度大幅调低至1美元兑换3.7036元人民币。由于调整时间间隔短以及时滞等因素的影响，这两次的汇率调整效果并不明显。1985年和1986年，我国贸易逆差分别高达84.16亿美元和60.74亿美元。为了改善国际收支状况，我国于1986年12月6日又一次大幅下调人民币汇率，人民币汇率为1美元兑换4.7221元人民币；1990年11月17日，进一步调整为1美元兑换5.2221元人民币。经过这几次调整后，我国的国际收支出现了明显的改善，1990年我国贸易出现了26.1亿美元的顺差，国有外汇库存也有所增加。同时，官方牌价已接近调剂市场价格，人民币汇率一直高估的问题在一定程度上得到了缓解，汇价水平逐步趋向合理。自1991年4月9日起，我国开始对人民币官方汇率实施有管理的浮动运行机制。国家一改以往阶段性大幅度调整汇率的做法，对人民币汇率进行适时适度、机动灵活、有升有降的浮动调整。

总的来说，这段时期内人民币汇率呈大幅贬值的趋势，市场汇率的调节作用在我国显得越来越大。但这段时期我国人民币汇率仍然实行的是官方牌价和市场汇率（即外汇调剂价格）并存的双重汇率制度。

3. 第三阶段（1994—2005年）

1994年1月1日，我国进行了外汇体制的重大改革。该项改革的主要内容是：第一，实行以市场供求为基础的、单一的、有管理的浮动汇率制，消除以前存在的官方汇率与外汇市场调剂价格并存的状况。第二，实行银行结售汇制，人民币在经常账户下实现有条件的可兑换。第三，建立全国银行间外汇市场。为了保证结售汇制度的正常运行，使银行间的外汇盈缺能够及时调整，从1994年开始，建立起了以上海为中心的银行间外汇交易市场，各外汇指定银行作为会员单位进入市场进行交易，外汇盈缺通过银行间外汇市场予以解决。第四，人民币汇率确定方法采用供求定价法，即在考虑以往汇率水平、各种其他汇率决定方式的基础上，主要由外汇的供求决定汇率水平的一种汇率确定方法。1994 年 1 月 1 日，也就是汇率制度改革的当天，人民币汇率为 1 美元兑换 8.70 元人民币。从 1994 年 1 月 1 日到 1997 年 7 月 1 日这段时间里，人民币汇率由 1 美元兑换 8.70 元人民币上涨到 1 美元兑换 8.28 元人民币，人民币对美元的汇率上涨了 5.1%。从 1997 年 7 月到 2005 年 7 月 20 日，人民币对美元的汇率一直稳定在 1 美元兑换 8.27 元人民币到 8.28 元人民币之间，基本没有太大的变化。其间亚洲爆发金融危机，中国主动加大了对人民币汇率的调控和管理力度，收窄了人民币汇率的波动区间，成功地抵御了亚洲金融危机的冲击。正是在这样特殊的历史条件下，人民币对美元的汇率基本上是在较窄的区间里波动，实际上这段时期的"有管理的浮动汇率"不知不觉发展成了"钉住美元的固定汇率制度"，这也实际上削弱了供求力量在汇率形成中的作用，汇率形成机制仍然是不健全的。

4. 第四阶段（2005 年至今）

为建立和完善社会主义市场经济体制，充分发挥市场在资源配置中的基础性作用，建立健全以市场供求为基础的、有管理的浮动汇率制，2005 年 7 月 21 日，中国人民银行发布公告，宣布对人民币汇率形成机制进行改革完善，主要内容是：

（1）自 2005 年 7 月 21 日起，我国开始实行以市场供求为基础、参考一篮子货币进行调节、有管理的浮动汇率制度。人民币汇率不再钉住单一美元，形成更富弹性的人民币汇率机制。

（2）中国人民银行于每个工作日闭市后公布当日银行间外汇市场美元等交易货币对人民币汇率的收盘价，作为下一个工作日该货币对人民币交易的中间价格。

（3）2005 年 7 月 21 日 19 时，美元对人民币交易价格调整为 1 美元兑换 8.11 元人民币，作为次日银行间外汇市场上外汇指定银行之间交易的中间价，外汇指定银行可自此时起调整对客户的挂牌汇价。

（4）现阶段，每日银行间外汇市场美元兑人民币的交易价仍在人民银行公布的美元交易价格中间价上下 3‰的幅度内浮动，非美元货币对人民币的交易价在人民银行公布的该货币交易中间价上下一定幅度内浮动。

此次人民币汇率制度改革有两点值得特别关注：第一，人民币不再钉住单一美元，而是按照我国对外经济发展的实际情况，选择若干主要货币，主要有美元、欧元、日元、韩元等，赋予各种货币相应的权重，组成一个篮子。同时，根据国内外经济金融形势，以市场供求为基础，参考一篮子货币的汇率变化，对人民币汇率进行管理和调节，维护人民币汇率在合理、均衡的水平上。"参考"一篮子货币并不等于"钉住"一篮子货币，市场供求关系也将作为一个重要依据，影响和形成有管理的浮动汇率，这有助于提高我国货币政策的独立性。第二，人民币汇率开始浮动，公告规定浮动区间为3‰，美元对人民币价格一次升值2%。同时，中国人民银行也将根据市场发育状况和经济金融形势，适当调整人民币汇率浮动区间。2007 年 5 月 21 日，浮动幅度由3‰扩大至 5‰。

人民币汇率形成机制改革后，人民币汇率处于持续的上扬中（见图 8－1）。从 2005 年 7 月 21 日到 2006 年 7 月底，人民币汇率累计升值 1.72%；从 2006 年 7 月底到 2007 年 7 月底，人民币汇率累计升值达到 5.27%；而从 2007 年 7 月底到 2007 年 12 月底仅 5 个月的时间，人民币汇率累计升值达到 3.68%。2008 年以来，人民币汇率仍延续升值的势头。从 2007 年 12 月末到 2008 年 6 月末，人民币汇率累计升值

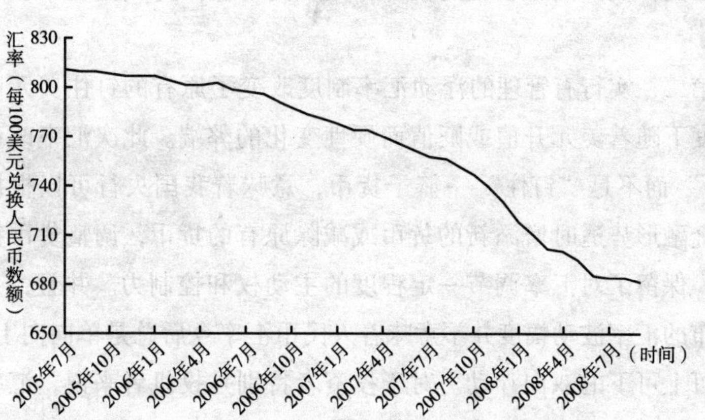

图 8－1　2005 年汇改以来人民币汇率走势

更是高达6.50%。可见，人民币汇率不仅一直保持着升值的常态，而且在这段时间内升值的速度也在加快，这是由各种因素造成的综合结果。

二、对2005年人民币汇率制度改革的评价

第一，此次汇率制度改革充分遵从了主动性、可控性和渐进性三大原则。汇率制度是一国主权的选择，各国都是根据自身经济发展水平和经济运行状况自主选择汇率制度和汇率政策。我国并非“汇率操纵国”或“货币操纵国”，而是根据我国目前国内经济发展和进出口贸易的需要，主动改革汇率确定的时机、内容和方式。对汇率改革过程中可能出现的风险进行控制，最大限度地减少风险的不利影响，也是我国此次汇率制度改革的着力点。可控并非操纵，而是加强管理，调整以市场供求为基础的、有管理的浮动汇率制度，实行管理方式和管理手段的多样化。既要考虑当前的状况，又要着眼长远的改革和发展，循序渐进，确定中长期和短期目标，稳步推进，分步实施，这是汇率改革渐进性的要求。人民币汇率改革的首要任务不是汇率水平的简单调整，而是完善汇率形成机制，完善汇率的决定基础、矫正汇率形成机制扭曲、健全和完善外汇市场、增加汇率的灵活性、改进汇率调节机制。人民币汇率制度改革的中短期目标应确定以市场供求为基础的、有管理的浮动汇率制度；长期目标应增加汇率的弹性和灵活性，扩大浮动区间，发挥国际收支的杠杆作用，同时应保持我国货币政策的独立性。

第二，实行有管理的浮动汇率制度改变了原有的钉住美元固定汇率制度下随着美元升值或贬值而硬性变化的弊端。此次汇率改革实行“参考”而不是“钉住”一篮子货币，意味着我国央行可以根据宏观经济金融形势适时增添新的货币或减除原有的货币，调整货币篮子的组成，保留了对汇率调节一定程度的主动权和控制力。并且，人民银行公布的汇率波动幅度并不意味着人民币汇率今后总是单向向上浮动，而是可上可下的双向浮动。对于投资者特别是投机者来说，汇率波动的风险比原来大了。目前实行的有管理的浮动汇率制度应对投机压力的能力要显著大于1994年以来事实上的固定汇率制度。

第三，我国适时推进人民币汇率形成机制改革，体现了作为大国积极主动的行为、促进国际经济关系和谐的智慧，有助于为贸易谈判创造良好的条件，减少与贸易伙伴国的贸易摩擦，理顺各种贸易关系，使我国对外贸易更为顺畅。

第四，此次汇率机制改革不仅对第一步的操作进行了比较充分的研究和设计，而且有进一步的配套措施来保障汇改成果的逐步显现。如2005年8月2日和8日，央行分别发布了《关于外汇指定银行对客户远期结售汇业务和开办人民币与外币掉期业务有关问题的通知》和《关于加快发展外汇市场有关问题的通知》，扩大了即期外汇市场交易主体，增加了外汇市场询价交易方式，开放了银行间远期外汇交易，使得外汇市场建设在短期内突飞猛进。2007年5月21日，央行又增大了汇率的浮动区间，这也为将来汇率制度的演变奠定了较好的微观基础。

第五，此次汇率机制改革的前景仍然充满变数。虽然人民币汇率已较汇改初期有了较大幅度的升值，但升值压力并未消除。这在多方面都有体现：我国外汇储备和贸易顺差仍在持续高速增长。截至2007年12月底，我国外汇储备已达1.53万亿美元，同比增长43.3%；2007年，我国累计贸易顺差为2622亿美元，较2006年增长47.7%。同时，美国、欧盟又在频频向中国施压，重提人民币汇率升值问题；多国的制造协会纷纷对华采取反倾销等手段，目标直指人民币汇率。更重要的是，在人民币汇率升值的过程中，要防止“超调”现象的出现。所谓“超调”是指，人民币汇率虽然升值了，不仅不能消除升值预期，反而会刺激资金流入，进一步增强升值预期，再加上一些发达国家施压，人民币汇率可能会出现不断升值的过程，上演中国版的“广场协议”①。对此，我国绝不能掉以轻心。如何稳住汇率升值预期，抑制外汇升值投机，是我国汇率机制改革在发展过程中的重大挑战。

三、人民币汇率演变的历史经验

第一，人民币汇率体制和汇率水平的每次重大调整，都是发生在

① “广场协议”的内容及影响，见专栏8－2。

国内外经济环境出现重要变化的背景下。汇率体制和汇率水平应该也能够对经济环境的重要变化做出反应。

第二，经济环境的变化也促使人民币汇率的作用发生改变。早期的人民币汇率体制和汇率水平调整主要是考虑为贸易部门减轻汇率风险和成本压力，很少需要考虑国内通货膨胀或国内外相对通货膨胀，同时也不必担心跨境流动。20 世纪 80 年代以来，汇率的调整越来越多地考虑到国内通货膨胀或国内外相对通货膨胀及外汇的跨境流动。进入 21 世纪后，汇率则面临调整我国长期双顺差局面的任务。可以说，变化了的经济环境“赋予”了汇率体制和汇率政策以新的功用，这是我们讨论近期和未来汇率问题时必须要注意的。

第三，人民币汇率越来越从原来的“被动调整”的形势向“主动调节”的方向转化。人民币汇率改革的宏观效用在逐步显现，在财政、货币及产业等政策的调整下，人民币汇率政策在扩大内需、转变经济增长动力、促进产业结构优化升级等方面发挥了积极的作用。汇率调整主动性的增强也有效降低了潜在的经济金融风险。

专栏 8-1　2002 年国际货币基金组织工作组对汇率制度的分类

2002 年，以 Shogo Ishii 为首的国际货币基金组织工作组，根据各个国家实行的汇率制度自由波动幅度，把汇率制度分为十一种，而其中爬行钉住和爬行带又分别分为向前的和向后的，所有汇率制度细分为十三种。具体见图 8-2。

（1）正式美元化（Formal Dollarization）。这种汇率制度，是指以某外国货币（通常为美元）取代本国货币，作为本国的记账单位、交易媒介以及储藏价值的工具。美元化既可以以正式的方式推行又可以以非正式的方式推行。在正式的美元化制度下，美元是本国经济体系的法定货币；在非正式的美元化制度下，美元非正式但广泛的与本国货币同时流通。巴拿马、萨尔瓦多等拉美国家走的就是正式美元化的道路。

（2）货币联盟（Currency Union）。在货币联盟制度下，联盟成员国必须使用统一的法定货币，而且各成员国货币当局不得不放弃国内货币政策的独立性。例如，成立于 1973 年的西非货币联盟（Union

Monetire Ouest Africaine, UMOA）成员国有马里、贝宁、多哥、尼日尔、科特迪瓦、塞内加尔、布基纳法索、几内亚比绍，连盟国拥有统一的货币——西非法郎（FCFA）和共同的中央银行——西非中央银行（BCEAO）。

（3）货币局安排（Currency Board Arrangement）。前文对此制度安排有所详述。中国香港1983年就开始实行货币局制度，发钞银行在增发港币时必须按照1美元兑换7.8港币的固定汇率向外汇基金缴纳等值美元，以作为发钞法定准备金。

（4）钉住单一货币（Conventional Fixed Peg Arrangement to a Single Currency）。在此制度安排下，本国货币与某外币的兑换比率被固定在一个数值上，这个固定的数值被称为中心汇率，汇率波动幅度为中心汇率±10%的范围。当汇率波动幅度超过这一范围时，本国货币当局有义务使用直接干预或是间接干预手段维持货币局制度。因此，实际操作中，中央银行的货币政策独立性虽然受到了限制，但是在一定范围内还是可以行使中央银行传统职能的。

（5）钉住一篮子货币（Conventional Fixed Peg Arrangement to a Basket）。它与钉住单一货币制度很相似。货币篮子的构成以及各种货币所占权重反映了该国贸易和金融伙伴国在与该国进行的贸易、服务、资本流动方面的分布情况。除此之外，一篮子货币也可以是标准化的，如特别提款权（SDRs）。马耳他等国目前实行的就是钉住一篮子货币的汇率制度。

（6）平行带安排（Pegged Exchange Rates with Horizontal Bands）。这种汇率制度，是指本国货币与某种外国货币的兑换比率被固定在中心汇率上，但是汇率可以在一个平行带内波动，其幅度可以大于±1%。如，1979年欧洲货币体系确立了稳定汇率机制（Exchange Rate Mechanism, ERM），对外实行平行带安排的汇率制度。因而，无须货币当局频繁的干预市场调整汇率水平，在一定程度上，中央银行损失了部分货币政策的独立性。

（7）爬行钉住（Crawling Pegs）。首先，一国货币当局宣布一个固定的汇率水平，然后根据国内通货膨胀率对汇率进行经常、小幅度的调整。如果以过去国内通货膨胀为参照，那么称之为向后的爬行钉住；如果以预期的通货膨胀为参照，那么称之为向前的爬行钉住。

（8）爬行带（Crawling Band）。在爬行带制度下，货币当局定期根据一定指标在爬行带内调整汇率使之保持在比爬行钉住略大的幅度范围内波动。

（9）严格管理浮动（Tightly Managed Floating）。在此制度下，本国货币当局时刻关注汇率，以使汇率稳定在货币当局设定的范围内。

（10）非严格管理浮动（Managed Float with No Predetermined Exchange Rate Path）。在这种制度下，货币当局根据国际收支、国际储备等因素频繁的干预汇率水平，但这种干预没有特定的汇率目标。

（11）完全浮动（Independently Floating）。在完全浮动汇率制度下，汇率完全由市场供求力量对比决定，货币当局对外汇市场的干预仅仅是为了缓和汇率的过度波动而并非设定汇率目标。

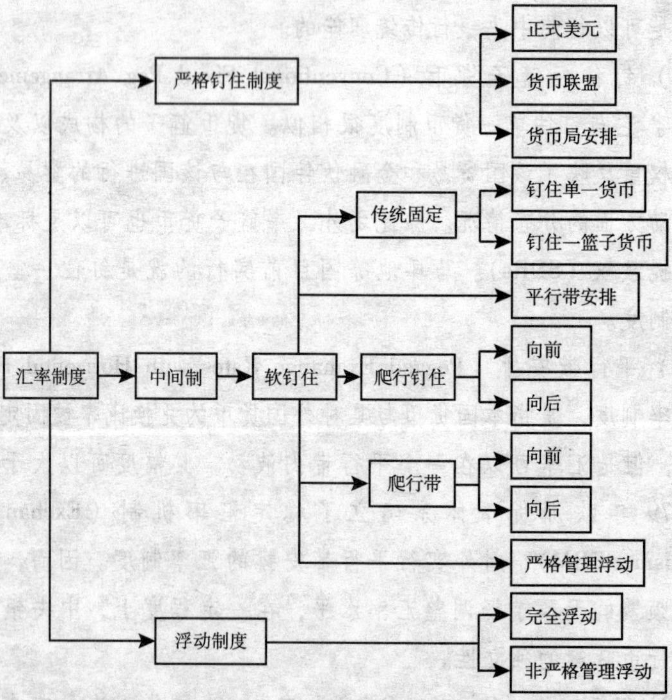

图 8－2　2002 年货币基金组织对汇率制度的细分

专栏8-2　广场协议（Plaza Accord）及其影响

20世纪80年代初期，美国财政赤字剧增，对外贸易逆差大幅增长。美国希望通过美元贬值来增加产品的出口竞争力，以改善美国国际收支不平衡的状况。1985年9月22日，美国、日本、联邦德国、法国及英国五国财政部长和中央银行行长在纽约广场饭店（Plaza Hotel）举行会议，达成五国联合干预外汇市场，诱导美元对主要货币的汇率有秩序地贬值，以解决美国巨额贸易赤字问题的协议。这就是著名的"广场协议"。

"广场协议"签订后，上述五国开始联合干预外汇市场，在国际外汇市场大量抛售美元，继而形成市场投资者的抛售狂潮，导致美元持续大幅度贬值。1985年9月，美元兑日元在1美元兑换250日元上下波动，协议签订后不到三个月的时间里，美元迅速下跌到1美元兑200日元左右，跌幅达20%。据说在广场会议上，当时的日本财长竹下登表示日本愿意协助美国采取入市干预的手段压低美元汇价，甚至说"贬值20%，OK!"在这之后，美国方面仍表示美元汇率水平仍然偏高，还有下跌空间。在美国政府强硬态度的暗示下，美元对日元继续大幅下跌，最低曾跌到1美元兑120美元。在不到三年的时间里，美元对日元贬值了50%，也就是说，日元对美元升值了一倍!

就日本经济而言，1985年广场协议促使日元升值，事实上成为日后日本发生"泡沫经济"的导火索。签署广场协议的第二年即1986年，日本出现了因日元升值引发的萧条局面。外贸出口增速由1985年的2.4%下降为1986年的-4.8%，实际经济增长率从1985年的4.1%下降至1986年的3.1%。但由于当时日本经济总体上正处在复苏增长的上升期，国内各行业对日本经济发展前景普遍充满乐观和自信，同时，广场协议使日元升值发挥了降低消费品价格、增加居民实际收益的积极作用，日本国内民间消费支出明显上升，以民间消费为先导的投资热潮，有力拉动了日本国内总需求的快速扩张。另一方面，广场协议前后，日本为缓解日美贸易摩擦，在同意日元对美元升值的同时，并没有放开进口市场，而是实行了宽松的货币政策以促进进口美国商品，特别是"超低利率"政策。从1986年1月开始，为了削减日元升值对国内经济增长带来的负面影响，日本银行在从1986年1月到1987年2月一年多的时间里连续五次下调公定贴现率，将其降低至当时国际上的最低水平2.5%。并且，日本银行将此2.5%的“超低利率”一直保持到1989年5月，持续时间长达27个月。日本银行官定利率长期处于低水平，有力地促进了金融机构贷款大量增加。日本金融机构贷款与GDP的比例20世纪80年代初为50%左右，到20世纪80年代末已升至100%。1987—1989年，日本货币供应量（M2）持续保持较高水平。由于货币政策极度扩张，日本在1988—1990年间的经济增长率明显高于其他发达国家水平。与此同时，大量过剩资金流入了股票和房地产部门，引致了股票价格和房地产价格的暴涨。1987—1989年，日本股票价格平均上涨94%，城市土地价格平均上涨103%；而此时消费物价并没有明显上涨。由于被实体经济扩张带来的经济效益所迷惑，日本决策当局并未及时采取实质性的应对措施。这样，信贷增加创造泡沫，泡沫扩大促进信贷增加，信贷增加进一步创造泡沫，如此循环促进，到1989年底日本已经全面步入泡沫经济之中。

泡沫经济不断膨胀，日本政府逐渐感受到了压力。1989年5月，日本银行改变货币政策方向，将维持了两年多2.5%的“超低利率”提高至3.25%。1989年底，强烈主张抑制泡沫的三重野出任日本银行总裁，上任伊始即将公定贴现率由3.75%提高到4.25%，结束了日本“超低利率”时代。从1989年5月到1990年8月，日本银行五次上调公定贴现率，使之高达6%。同时，日本央行明确要求金融机构限制对不动产业的贷款投入，到1991年，银行对不动产业实际上已不再增加新的贷款。日本货币供应量增长速度1990年跌至7.4%，1991年跌至2.3%。由于过急过快的信贷紧缩，日本泡沫经济1991年开始崩溃，从此陷入了持续不景气的低迷状态。

本章小结

汇率制度，也称汇率安排，是指一国货币当局对本国汇率水平确定、汇率变动的基本方式等问题所作的一系列安排和规定。汇率制度分为固定汇率制和浮动汇率制两种主要类型，同时也包括介于固定汇率制和浮动汇率制之间的汇率制度，如爬行钉住制度、汇率目标区制度、货币局制度等。

国际汇率制度可以从两个角度进行划分。第一个角度是根据汇率的决定方式的外汇储备形式，将历史上的汇率制度划分为三种形式，即金本位体系、布雷顿森林体系和牙买加体系；第二个角度是根据汇率变动的幅度，将汇率制度划分为两大类型，即固定汇率制和浮动汇率制。我们将这两种划分角度结合起来，就是我们熟悉的汇率制度演变和发展的三个阶段，即金本位制下的固定汇率制、布雷顿森林体系下的固定汇率制和牙买加体系下的浮动汇率制。汇率弹性化和两极化趋势体现了国际汇率制度的演变特征。

完全固定与完全浮动的汇率制度到底孰优孰劣一直是国际金融领域长期争论不休的问题。两者的争论主要集中在以下几个方面：哪种汇率制度更能促进国际贸易和投资的增长？哪种汇率制度更能有效地遏制通货膨胀？哪种汇率制度决定的汇率的波动与背离幅度更小、更安全？哪种汇率制度能更有效地避免不稳定的投机？哪种汇率制度能更有效地预防和抵抗各种经济金融危机？哪种汇率制度更能体现政策自主性？每个制度的支持者都给出自己的解释。

在汇率制度的选择过程中，形成了各种汇率选择理论，比较有代表性的理论有：经济论、依附论、原罪论、害怕浮动论和中间制度消失论等。

人民币汇率的演变分为改革开放前和改革开放后两个大的阶段，每个阶段又可细分为不同的时期。2005 年 7 月 21 日的人民币汇率形成机制改革是人民币汇率体制改革的重要部分，它体现了我国汇改的主动性、可控性、渐进性三大原则，有效地贴合了我国当前的经济金融发展形势。

重要概念

汇率制度　固定汇率制度　浮动汇率制度　爬行钉住制　汇率目标区制　货币局制　价格—铸币流动机制　特里芬难题　恶性循环论　棘轮效应　汇率超调　稳定性投机　非稳定性投机　羊群效应　原罪　魔鬼的选择　货币错配　期限错配　资产平衡表效应　荷兰病　空缺的中部　双重汇率

复习思考题

1. 简述汇率制度的演变过程及演变特征。
2. 简述布雷顿森林体系的主要内容。
3. 试对固定汇率制和浮动汇率制进行比较。
4. 试述“害怕浮动论”。
5. 讨论人民币汇率形成机制改革的意义及未来走向。

第九章　开放经济下的宏观经济政策

一国的经济开放是一把“双刃剑”，一方面，它为宏观经济运行提供了许多封闭条件下不可能具备的有利条件；但另一方面，它也有可能会对一国国内经济的稳定和发展造成较大冲击。因此，在开放经济条件下，政府宏观经济调控的重点任务就是在努力实现经济稳定发展的同时，确定合理的经济开放度，并及时有效解决两者之间可能存在的问题与矛盾。上述两个任务就是所谓的内部均衡和外部均衡。本章的主要内容就是在介绍有关内外均衡知识的基础上，系统探讨开放经济下内外均衡相互冲突及其调控的一般原理。

第一节　开放经济下的宏观经济政策目标——内外均衡

在开放经济下，一国的宏观经济目标主要有：充分就业、物价稳定、经济增长和国际收支平衡。当一国经济实现充分就业、物价稳定和经济增长时，就称之为内部均衡（Internal Equilibrium）；而当一国经济实现国际收支平衡时，就称之为外部均衡（External Equilibrium）。因此，在开放经济条件下，政府对宏观经济进行调控的目标就是要同时实现内部均衡和外部均衡。

一、内部均衡

1. 充分就业（Full Employment）

一个国家的劳动力能否充分就业，是衡量该国的各种资源是否达到充分利用、经济是否正常发展的标志。如果实现了充分就业，就意味着各种社会资源得到了最大限度的有效利用，经济发展也是正常的。但到底什么是充分就业很难判断。在西方经济学中，所谓“充分就业”一般是指消除了一国经济中的非自愿性失业的状态。非自愿性失业是指在愿意接受现行的工资水平和工作条件的情况下，仍然找不到工作所形成的失业现象。在现实生活中，除了非自愿性失业之外，还有两种失业实际上是不可避免的：一种是自愿失业，另一种是摩擦性失业。自愿失业是指由于劳动者不愿意接受现行的工资水平和工作条件而形成的失业。摩擦性失业是指由于短期内劳动力供求的暂时失衡而造成的失业。很显然，充分就业与这两种失业的存在是不矛盾的，充分就业并不意味着将失业率降到零。有的经济学家认为，3%的失业率就可以看成是充分就业了，而有的则认为长期维持在4%—5%的失业率是比较好的。美国多数经济学家都认为，失业率在5%以下就应算为充分就业。

2. 物价稳定（Price Stability）

物价稳定与经济发展有着密切的联系，物价稳定是经济发展的前提，经济发展又是物价稳定的基础。要实现物价稳定的目标，既要控制通货膨胀，也要防止通货紧缩。但究竟什么是物价稳定，这对于不同的国家以及不同的经济学家来说有着不同的看法，大多数经济学家都认为，在通货膨胀和通货紧缩已成为世界性经济现象的环境中，企图把物价固定在一个绝对不变的水平上是不可能的。在现代经济中，物价如果陷于绝对静止的状态，反而是一种不正常的现象。在通货膨胀的情况下，最关键的是能否把通货膨胀控制在可以承受的限度之内。有的经济学家认为，5%以内的通货膨胀率是一种温和的通货膨胀，对经济的发展有一定的刺激作用，也是经济运行所能承受的；而另一些经济学家却认为3%以内的通货膨胀率才是可取的。在不同的国家和不同的情况下，人们对物价波动的承受能力是不同的，但任何一个国家或地区都不愿意物价大幅度上涨，而是企图将通货膨胀率限制在最低水平上，以便与其他经济目标相协调。

人们之所以希望物价水平能保持稳定，是因为物价水平的持续上升会造成经济中的不确定性增加。例如，在物价水平不断变动的情况下，商品和劳务中所包含的信息就难以理解，消费者、企业和政府的决策也就难以确定。物价水平极端不稳定的事例是恶性通货膨胀，如德国在1921—1923年恶性通货膨胀的后两年中，物价水平的持续上涨严重冲击了德国经济，国内生产总值急剧下降。通货膨胀也会使人们难以对未来的行动做出妥善的计划和安排。通货膨胀还可能造成一个国家的紧张气氛，使社会失去对本国货币的信任，严重时可能会产生大量的货币替代现象，导致国家货币主权地位的丧失，引起经济和社会的动荡。

3. 经济增长（Economic Growth）

所谓经济增长是指社会经济活动中的商品和劳务总产量的增加，它是由于总供给变化引起的国民收入的长期增长。这一定义包含了三层含义：第一，经济增长集中表现在经济实力的增长上，而这种经济实力的增长就是商品和劳务总量的增加，即国民生产总值的增加。如果考虑到人口的增加和价格的变动，也可以说是人均实际国民生产总值的增加。第二，技术进步是实现经济增长的必要条件，也就是说，只有依靠技术进步，经济增长才是可能的。第三，经济增长的充分条件是制度与意识的相应调整，也就是说，只有社会制度和意识形态适合于经济增长的需要，技术进步才能有效发挥作用，经济增长才是可能的。

经济增长要保持一定的速度，过快或过慢都是不可取的，关键是一国经济要在一个较长时期内始终处于稳定增长的状态之中。但究竟多高的增长速度才是合适的，那就要视各国的具体情况而定，要在经济增长利益和经济增长成本之间进行权衡和比较。在西方一些发达国家，年经济增长率如能达到2%—3%就算是相当不错了，如美国就将人均国民生产总值的年增长率达到1%—4%为目标。更有甚者，如一个国家在较长时期内都经历着负增长，那么一旦该国出现经济正增长就可视为实现了经济增长目标。而在一些新兴工业化发展中国家，经济增长速度普遍较高，但却不能认为经济增长速度过快。因此，我国的经济增长速度不能简单地以8%或7%作为目标，而要视我国不同时期的具体情况而定，既不能片面地追求高速度，也不能当经济增长速度稍有下降就大惊小怪，关键是要看经济增长速度与不同时期的经济环境是否协调，与我国的国力是否适应。另外，一定速度的经济增长，往往是以付出一定的成本为代价的，如社会公众必须忍受当前消费的减少以进行储蓄和投资，从而谋求未来福利的较多增加。在产值增长的背后，还可能隐藏着社会资源的浪费和环境的污染等问题。所以，只要经济增长能够提高社会公众的福利水平，使稀缺的社会资源能得到充分合理的利用，那么这个经济增长速度就是合理的、适度的。

在封闭经济条件下，充分就业、物价稳定和经济增长是一国政府所追求的主要目标，这三个目标基本概括了能使经济处于合理运行状态的主要特征。随着经济理论研究的逐步深入和经济实践的发展，人们逐渐认识到经济增长应该是经济发展的一个结果，片面追求增长是低效的，甚至是得不偿失的。因此，经济理论研究将内部均衡目标通常定义为充分就业和物价稳定。但这两个目标之间却存在着矛盾，正如著名的菲利普斯曲线所描绘的，失业率和通货膨胀率之间存在着一定程度的相互替代关系，即失业率越高，通货膨胀率越低；失业率越低，通货膨胀率则越高。因此，封闭经济中宏观经济政策调控的主要问题往往就是协调这两者之间的矛盾和冲突。

二、外部均衡

经济开放对一国经济有着重大的影响。它不仅为一国经济提供了许多封闭经济条件下所不具备的有利条件，同时也对一国经济的稳定与发展产生很大的冲击。衡量一国经济开放性的一个重要工具就是国际收支，因此，开放经济的这种影响就会体现在国际收支与充分就业、物价稳定和经济增长这些内部均衡目标之间存在的复杂关系之上。

当一国国际收支逆差时，首先会引起本国汇率的下跌。如果该国政府不愿接受本币贬值的后果，就必须动用外汇储备对外汇市场的供求关系进行干预，即抛售外汇买进本国货币。但这样一来，不仅会耗费外汇储备，而且还会引起货币供应量的缩小，从而导致本国利率的上升，国内的消费和投资规模就会减小，经济增长的速度随之放缓且失业率上升。如果该国的国际收支逆差是由于出口不足以抵补进口而出现的长期性赤字，则意味着本国对国外商品存在净需求，这会使得国内生产规模下降，失业增加。如果产生逆差的原因是由于资本的净流出，则国内资金的供应就会减少，利率上升，也会影响到国内商品市场的需求。

当一国国际收支出现持续顺差，也会给国内经济带来不良影响。首先，持续顺差导致的外汇储备积累会造成中央银行的货币供应量增加，最终会引起国内的通货膨胀。其次，一国的国际收支顺差会给本币带来升值的压力，这会导致国内产品在国际市场上的竞争力下降。最后，一国的顺差必然意味着他国的逆差，这种状况的持续时间过长，必然会影响他国的经济运行状况，也易引起国际争端，最终结果对本国的经济发展也不利。

因此，将国际收支平衡纳入宏观经济的政策目标是非常必要的。国际收支平衡是指一个国家或地区与世界其他国家或地区之间在一定时期内全部经济活动往来的收支基本持平、略有顺差或略有逆差。保持国际收支平衡是保证国民经济持续稳定健康发展和国家经济安全稳定的重要条件。

三、内部均衡与外部均衡的关系

开放经济条件下宏观调控的主要内容就是如何协调内部均衡与外部均衡的关系。詹姆斯·米德（J. Meade）于1951年在他的著作《国际收支》中最早提出了固定汇率制下内外均衡冲突的问题，并且把内外经济状况的不同组合划分为四种，见表9-1。

表9-1 固定汇率制下内外均衡的搭配与矛盾

种　类	内部经济状况	外部经济状况
1	经济衰退/失业增加	国际收支逆差
2	经济衰退/失业增加	国际收支顺差
3	通货膨胀	国际收支逆差
4	通货膨胀	国际收支顺差

1. 内外均衡的一致

内外均衡的一致是指政府在实现内部（外部）均衡目标的同时使得外部（内部）均衡目标同时得以实现或改善的现象。例如，当一国同时存在经济衰退、失业增加和国际收支顺差的现象时，为解决经济衰退和失业增加的问题，实现内部均衡，政府应该采取增加社会总需求的扩张性措施进行调控，这会通过边际进口倾向的作用导致进口的相应增加，从而可以在出口保持不变的情况下，减少国际收支的顺差额，即国际收支的顺差状况得到改善。又如，当一国同时存在通货膨胀和国际收支逆差时，政府为解决通货膨胀问题往往会采取缩减社会总需求的调控措施，这样同时会导致进口的相应减少，在出口保持不变的情况下，经常项目的逆差额将会减少，从而使得国际收支逆差的状况得以改善。这样，在上述情况下，当政府采取措施实现内部均衡目标的同时，外部均衡目标也得到了实现或改善。表 9－1 中种类 2 和种类 3 的情况即为上述分析的内外均衡的一致。

2. 内外均衡的冲突

内外均衡的冲突，又称为米德冲突，是指政府在实现内部（外部）均衡目标的同时使得外部（内部）均衡目标受到干扰和恶化的现象。例如，当一国存在表 9－1 中种类 1 的情形，即同时存在经济衰退、失业增加和国际收支逆差的现象时，政府为了实现内部均衡，往往采用增加社会总需求的扩张性措施进行调控，这会通过边际进口倾向的作用导致进口量的增加，在出口总量基本保持不变的情况下，经常项目的逆差就会增加，从而使国际收支逆差状况进一步恶化。又如，当一国存在表 9－1 中种类 4 的情形，即同时存在通货膨胀和国际收支顺差的现象时，政府一般要采用紧缩社会总需求的政策来治理通货膨胀，从而实现内部均衡的目标；但与此同时，进口规模会随之减少，在出口基本保持不变的条件下，这将会导致国际收支顺差程度更加严重。以上两种情况说明，政府在通过调节社会总需求实现内部均衡目标时，会使得对外经济状况离均衡目标渐行渐远，即此时内外均衡存在着冲突。

米德的分析仅仅局限于固定汇率制下内外均衡的状况，同时也没有考虑到国际资本流动对内外均衡问题的影响。20 世纪 70 年代浮动汇率制出现后，一国政府同样还面临着外部均衡的问题，完全利用汇率浮动与资本流动机制自发调节国际收支是不可能的。在汇率水平受到政府一定程度管理的条件下，通过国内总需求的改变来调节内外均衡仍是相当普遍的做法，故在浮动汇率制下也会出现许多与固定汇率制下相似的内外均衡冲突现象。如果汇率水平发生了剧烈波动，这种内外均衡的冲突问题就会更加复杂。更加严重的是，当今活跃在国际金融市场上数以万亿美元计的国际游资会因各种原因频繁地在国与国之间流动，造成金融市场动荡不安，这会直接影响到各国的宏观经济政策，使得各国的经济政策制定受到更多制约，一国同时实现内外均衡的目标由此变得更加困难。

内外均衡冲突产生的根源在于经济的开放性。对一个开放经济体来说，一方面，要争取在经济运行中保持自身的相对稳定，努力避免出现经济衰退、失业增加和通货膨胀现象；但另一方面，由于经济的开放性使得大量商品、劳务、资本在国与国之间流动，这就必然会引起经济运行时而出现一些不协调或者是冲突的现象。而内外均衡的目标实际上就是在开放经济的内在稳定性与合理的开放性之间寻求某种平衡。直接影响开放经济的内在稳定性和合理开放性的经济变量有很多，在开放条件下，这些经济变量之间通过各种机制发生着错综复杂的联系。在开放经济运行中，同时处于内外均衡状态的情形很少，各种变量的变动所造成的冲击往往会使经济运行偏离均衡状态，为了提高开放经济的运行质量和效率，政府就要运用各种可控变量即政策工具来实现经济的稳定和合理开放。在很多情况下，经济的内在稳定性与合理开放性所要求的某种政策工具的调整方向是相反的，实现某种均衡目标就必然会导致另一均衡目标的恶化，这就形成了内外均衡的冲突问题。

第二节　开放经济下的宏观经济政策工具

在开放经济条件下，政府主要是通过对社会总需求进行调节来实现内外均衡。而对社会总需求的调节又可分为对需求总量和对需求结构进行调节两个方面。因此，我们可以将宏观经济政策分为两种类型：支出增减型政策（Expenditure-changing Policies）和支出转换型政策（Expenditure-switching Policies）。

一、支出增减型政策

所谓支出增减型政策，是指能够通过改变社会总支出水平进而引起社会总需求水平变动的宏观经济政策，主要有财政政策和货币政策。

财政政策是指政府利用财政收入、财政支出以及国债发行对经济进行调控的宏观经济政策。财政政策的主要工具有：财政收入政策、财政支出政策和国债政策。财政收入政策的工具主要是税收，当提高税率、增加税收时，政府的财政收入增加，而社会的支出水平将下降，总需求就会减少；反之，社会总需求就会增加。财政支出政策的工具主要是政府支出规模，当政府支出增加时，社会总需求也随之增加；反之，社会总需求就会减少。国债政策主要是指国债发行，当财政支出大于财政收入时，就需要通过发行国债来弥补财政赤字。因此，财政收入增加（增税）和财政支出减少为紧缩性财政政策，而财政收入减少（减税）和财政支出增加则为扩张性财政政策。

货币政策是指中央银行为实现既定的经济目标运用各种工具控制、调节货币供应量和利率水平，进而影响宏观经济的方针和措施的总和。货币政策的主要工具有法定存款准备金率、再贴现率和公开市场操作等。中央银行提高法定存款准备金率、提高再贴现率以及在公开市场上卖出短期国债都会使得货币供应量减少，从而导致社会总需求下降，这就是紧缩性货币政策；反之，当中央银行降低法定存款准备金率、降低再贴现率以及在公开市场上买进短期国债都会使得货币供应量增加，从而导致社会总需求增加，这就是扩张性货币政策。

财政政策和货币政策都属于宏观需求管理政策，都可以通过影响社会总需求水平来调节内部均衡。同时，社会总需求的变化又可通过边际进口倾向影响进口，还可以通过改变市场利率水平来影响国际资本流动，进而可以调节对外均衡。但是，单纯的支出增减型政策在实际操作中是有局限性的。我们假设世界由两个国家组成：顺差国和逆差国，表9－2列出了支出增减型政策对实现内外均衡的作用及其局限性。

表9－2 支出增减型政策实现内外均衡的局限性

世界经济状况	顺差国	逆差国	可选的政策	
			为了内部均衡	为了外部均衡
1	通货膨胀	通货膨胀	顺差国紧缩 逆差国紧缩	顺差国扩张 逆差国紧缩
2	通货膨胀	经济衰退	顺差国紧缩 逆差国扩张	顺差国扩张 逆差国紧缩
3	经济衰退	通货膨胀	顺差国扩张 逆差国紧缩	顺差国扩张 逆差国紧缩
4	经济衰退	经济衰退	顺差国扩张 逆差国扩张	顺差国扩张 逆差国紧缩

在世界性通货膨胀的情形下，逆差国实行支出增减型政策不会发生政策冲突：为了实现内部均衡采用紧缩政策，为了实现外部均衡也应采用紧缩政策。但顺差国却处于政策冲突之中：为了实现内部均衡需要实行紧缩政策，而为了实现外部均衡却需要实行扩张政策。

在顺差国通货膨胀、逆差国经济衰退的情形下，如果运用支出增减型政策试图实现内外均衡目标，则两国都处于政策冲突之中。

在顺差国经济衰退、逆差国通货膨胀的情形下，两国在政策选择上都不存在任何冲突：顺差国采用扩张性政策，逆差国采用紧缩性政策。

在世界性经济衰退的情形下，顺差国实行支出增减型政策不会发生政策冲突：为了实现内部均衡采用扩张政策，为了实现外部均衡也应采用扩张政策。但逆差国却处于政策冲突之中：为了实现内部均衡需要实行扩张政策，而为了实现外部均衡却需要实行紧缩政策。

二、支出转换型政策

所谓支出转换型政策，是指能够通过影响本国贸易商品的国际竞争力改变支出构成而使本国收入相对于支出增加的政策，主要有汇率政策与直接管制政策。狭义的支出转换型政策一般专指汇率政策。支出转换型政策的实质是在总需求的内部进行结构性调整，从而使得总需求的构成在国内吸收与净出口之间保持合理的比例。

在不进行直接管制的情况下，汇率政策主要是通过确定汇率制度和汇率水平来对经济运行产生影响，其核心问题在于确定合理的汇率水平。汇率政策对社会总需求的转换机制如下（以本币贬值为例）：通过汇率贬值使本国商品的价格在国际市场上变得相对便宜，而外国商品在国内市场的价格变得相对昂贵。这样一来，在一定条件下（马歇尔—勒纳条件），这会导致本国居民将支出方向从外国商品转向本国商品，即实现所谓的进口替代，从而减少进口需求；同时，又会刺激外国居民增加对本国商品的需求，即扩大对贬值国出口商品的需求，从而增加贬值国的出口。因此，贬值的汇率政策可以增加净出口水平，这在一国存在国际收支逆差的情况下有利于实现外部均衡；反之，本币升值的汇率政策可以减少净出口水平，这有利于在国际收支顺差时促进外部均衡目标的实现。值得注意的是，汇率政策在增加或减少净出口的基础上会增加或减少社会总需求，从而对社会总产出水平产生影响。

直接管制政策是指政府对经济主体的经济交易行为实施直接行政控制的政策，主要包括贸易管制政策（如关税政策、进出口配额和许可证制度等）和金融管制政策（如外汇兑换管制、汇率管制和资本流动管制等）。直接管制政策是通过改变各种商品的相对可获得性来改变贸易和资本的流向，进而实现支出转换的目的。直接管制政策的优点和缺点均较为突出：一方面，这种政策具有立竿见影、灵活易行的特点，可以针对不同的情况迅速采用措施并收到预期效果；但另一方面，它又不可避免地容易产生市场扭曲，导致资源配置效率的降低，甚至引起地下交易和走私等非法活动，也容易导致其他国家采取报复行动。

支出转换型政策对实现内外均衡目标的作用及局限性见表9－3。

在世界性通货膨胀的情形下，顺差国实行支出转换型政策不会发生政策冲突：为了实现内部均衡采用本币升值措施，使得净出口减少，从而减少社会总需求；为了实现外部均衡也应使本币升值。但逆差国却处于政策冲突之中：为了实现内部均衡需要本币升值，而为了实现外部均衡却需要本币贬值。

表 9-3 支出转换型政策实现内外均衡的局限性

世界经济状况	顺差国	逆差国	可选的政策	
			为了内部均衡	为了外部均衡
1	通货膨胀	通货膨胀	顺差国本币升值 逆差国本币升值	顺差国本币升值 逆差国本币贬值
2	通货膨胀	经济衰退	顺差国本币升值 逆差国本币贬值	顺差国本币升值 逆差国本币贬值
3	经济衰退	通货膨胀	顺差国本币贬值 逆差国本币升值	顺差国本币升值 逆差国本币贬值
4	经济衰退	经济衰退	顺差国本币贬值 逆差国本币贬值	顺差国本币升值 逆差国本币贬值

在顺差国通货膨胀、逆差国经济衰退的情形下，如果运用支出转换型政策试图实现内外均衡目标，两国都不会产生任何政策冲突：顺差国本币升值，逆差国本币贬值。

在顺差国经济衰退、逆差国通货膨胀的情形下，如果运用支出转换型政策来实现内外均衡目标，则两国都会处于政策冲突之中。

在世界性经济衰退的情形下，逆差国实行支出转换型政策不会发生政策冲突：为了实现内部均衡实施本币贬值措施，为了实现外部均衡也应使本币贬值。但顺差国却处于政策冲突之中：为了实现内部均衡需要实行本币贬值政策，而为了实现外部均衡却需要本币升值。

三、其他政策工具

开放经济下的宏观经济政策工具除了调节社会总需求（总量或结构）的工具外，还有调节社会总供给的工具和融资工具等。调节社会总供给的工具和融资工具的作用机制有所不同。调节社会总供给的政策工具，一般也称为结构政策，包括产业政策和科技政策等，旨在改善一国的产业结构和经济结构，提高产品竞争力，降低生产成本，增强社会产品的供给能力。这种供给政策的特点是长期性，在短期内很难收到预期效果；但它能从根本上提高一国的经济实力与科技水平，提高该国产品的国际竞争力，从而为实现内外均衡创造条件。

融资工具即指融资政策，是指在短期内通过资金融通的方式弥补国际收支赤字以实现经济稳定运行的一种政策。融资政策主要包括官方储备的使用和国际信贷的使用，它主要表现为国际储备政策。在追求外部均衡的过程中，调控当局首先要考虑的问题就是“融资还是调整”（Financing or Adjusting）。这是由于，如果国际收支状况偏离外部均衡标准是暂时性的、由短期冲击引起的，那么就可以用短期融资政策来实现外部均衡目标，同时可以避免调整可能给经济运行带来的痛苦；如果是国内经济结构、经济体制等中长期因素导致的外部非均衡，政府就可以采用其他政策进行调整。因此，融资政策与调节社会总需求的支出政策之间具有一定的互补性和替代性，这就使得一国政府在面对内外非均衡困境时具有较大的政策选择空间。

第三节　开放经济下的宏观经济政策搭配原理

由于开放经济下的宏观经济政策目标既包括了内部均衡又包括了外部均衡，如果仍像封闭经济条件下一样单纯运用调节社会总需求的政策进行调控就往往达不到预期的政策效果，甚至会造成内外均衡目标之间的冲突。这就要求宏观调控部门尽可能根据实际需要采用多种政策进行搭配使用，以求达到内外均衡的同时实现。20 世纪 50 年代以来，有关政策搭配的“丁伯根原则”和蒙代尔的政策指派与“有效市场分类原则”等理论的出现发展了开放经济下的政策调控理论。

一、丁伯根原则

首届（1969）诺贝尔经济学奖得主、荷兰经济学家丁伯根（J. Tinbergen）早在 20 世纪 50 年代就提出了政策目标与政策工具搭配的模型。为了解决米德冲突，丁伯根提出了将政策目标和政策工具联系在一起的正式模型，指出要实现若干个独立的政策目标，至少需要相互独立的若干个有效的政策工具，此即为丁伯根原则。

我们用一个简单的线性框架来分析丁伯根原则。假定存在两个政策目标 T_1、T_2 和两种政策工具 I_1、I_2，政策调控所追求的 T_1 和 T_2 的最佳目标水平为 T_1^*、T_2^*。再令政策目标是政策工具的线性函数，即有：

$$\left.\begin{aligned} T_1 &= a_1 I_1 + a_2 I_2 \\ T_2 &= b_1 I_1 + b_2 I_2 \end{aligned}\right\} \tag{9.1}$$

式（9.1）是一个简单的线性分析模型，从数学上讲，只要 $a_1/b_1 \neq a_2/b_2$（即两个政策工具线性无关），就可以解出达到最佳目标水平 T_1^*、T_2^* 所需求的 I_1 和 I_2 的水平，即：

$$\begin{aligned} I_1 &= (b_2 T_1^* - a_2 T_2^*)/(a_1 b_2 - a_2 b_1) \\ T_2 &= (a_1 T_2^* - b_1 T_1^*)/(a_1 b_2 - a_2 b_1) \end{aligned} \tag{9.2}$$

在这种情况下，只要政策制定者能够控制两种工具，且每种工具对目标的影响是独立的，政策制定者就能通过政策工具的搭配达到理想的目标水平。

而当 $a_1/b_1 = a_2/b_2$（即两个政策工具线性相关），即意味着两种工具对两个政策目标有着相同的影响时，无法求解 I_1 和 I_2 的水平。也就是说，当政策制定者实际上只有一个独立的政策工具时，要想实现两个政策目标是不可能的。

上述求解过程也可用矩阵形式表示：

$$\begin{pmatrix} a_1 & a_2 \\ b_1 & b_2 \end{pmatrix} \times \begin{pmatrix} I_1 \\ I_2 \end{pmatrix} = \begin{pmatrix} T_1 \\ T_2 \end{pmatrix}$$

更一般地可将 a_1、a_2、b_1、b_2 分别写成 a_{11}、a_{12}、a_{21}、a_{22}，相应的矩阵方程为：

$$\begin{pmatrix} a_{11} & a_{12} \\ a_{21} & a_{22} \end{pmatrix} \times \begin{pmatrix} I_1 \\ I_2 \end{pmatrix} = \begin{pmatrix} T_1 \\ T_2 \end{pmatrix} \tag{9.3}$$

即 $A \times I = T$，当政策目标 T^* 给定时，只要 A 是可逆的，就可求出相应政策力度的政策矩阵 I^*，它是唯一的（A^{-1}表示 A 的逆矩阵）：

$$I^* = A^{-1} \times T^* \tag{9.4}$$

这一结论可以进行推广：如果一个经济具有线性结构，政策制定者有 N 个目标，只要至少有 N 个线性无关的政策工具，就可以实现这 N 个目标。相应的矩阵方程为：

$$\begin{pmatrix} a_{11} & a_{12} & \cdots & a_{1N} \\ a_{21} & a_{22} & \cdots & a_{2N} \\ \vdots & \vdots & \vdots & \vdots \\ a_{N1} & a_{N2} & \cdots & a_{NN} \end{pmatrix} \times \begin{pmatrix} I_1 \\ I_2 \\ \vdots \\ I_N \end{pmatrix} = \begin{pmatrix} T_1 \\ T_2 \\ \vdots \\ T_N \end{pmatrix} \tag{9.5}$$

只要 A 可逆，同样可以求出能达到目标的唯一的政策矩阵 I^*（同式（9.4））。

对于开放经济来说，这一结论具有鲜明的政策含义：只采用支出增减型政策①通过调节支出总量的途径同时实现内外均衡的目标是不可能的，必须寻找新的政策工具（如支出转换型政策）并进行合理搭配。

丁伯根原则指出了采用 N 种独立的政策工具搭配来实现 N 个独立的政策目标的原理，这对于经济政策理论及政策制定无疑具有深远意义。但是，丁伯根原则也存在着明显的缺陷：一是没有明确指出每种工具有无必要在调控中侧重于某一特定目标的实现；二是没有说明在什么情况下采用哪种政策工具对其目标有效，在什么情况下又无效。实际上，有时一种政策目标需要通过几种政策工具搭配才能实现，而有时几种政策目标通过较少的政策工具也能实现。罗伯特·蒙代尔②于 20 世纪 60 年代提出的关于政策指派的“有效市场分类原则”则弥补了这一缺陷。

二、政策指派与“有效市场分类原则”

蒙代尔认为，不同的政策工具往往掌握在不同的决策者手中。例

---

① 这里假定财政政策和货币政策对产出的影响效果是一致的。

② 由于蒙代尔在最优货币区理论、政策指派原理及开放经济下的宏观经济分析框架等方面所做出的杰出贡献，他获得了 1999 年度诺贝尔经济学奖，并被誉为“欧元之父”。

如，货币政策的制定属于中央银行的职责，而财政政策则由财政部门掌握。如果决策者不能紧密协调这些政策工具而是独立进行决策的话，就可能达不到最佳的政策目标。蒙代尔的结论是：如果每一个政策工具被合理地指派给某一个目标，并且在该目标偏离其最佳水平时按规则进行调控，则在分散决策的情况下仍有可能实现最佳调控目标。

至于每一个政策工具应如何指派给相应目标，蒙代尔提出了“有效市场分类原则”。这一原则的含义是：每一个政策目标应分配给对这一目标有相对最大的影响力、因而在影响政策目标上有相对优势的工具。如果在政策指派问题上出现失误，则由此产生的经济波动可能会使经济与均衡点越来越远。根据这一原则，蒙代尔分析了财政政策和货币政策在影响内外均衡上的不同效果，提出了以货币政策实现外部均衡目标、以财政政策实现内部均衡目标的指派方案。具体分析过程下文将会介绍。

蒙代尔的政策指派原理与丁伯根原则共同确定了开放经济条件下宏观经济调控的基本思想，即针对内外均衡目标，确定不同政策工具的指派对象，并且尽可能地进行协调配合以同时实现内外均衡目标。通常，我们将这种政策间的指派与协调称为“政策搭配”。政策搭配虽然指出了特定政策工具在协调时的重点，但现实经济问题相当复杂，有时一个目标需要多种政策共同作用才能实现，有时又仅需要一种政策工具。至于究竟需要几种政策工具，就要视经济失衡的具体情况来定，绝不能生搬硬套或者机械地运用政策搭配理论。接下来我们将介绍两个政策搭配的案例。

三、内外均衡目标的实现与政策搭配

在运用政策搭配来实现内外均衡的实施方案中，蒙代尔提出的财政政策与货币政策的搭配以及斯旺（T. Swan）提出的支出增减型政策与支出转换型政策的搭配影响最大。

（一）财政政策与货币政策的搭配

如果以政策预算支出 G 的变化代表财政政策，以利率 i 的变化代表货币政策。G 上升即表示财政政策扩张，G 下降表示财政政策紧缩；i 上升表示货币政策紧缩，i 下降则表示货币政策扩张。依据图示的习惯，我们用 $(1-i)$ 表示货币政策，这样，$(1-i)$ 上升就表示扩张性货币政策，$(1-i)$ 下降则表示紧缩性货币政策。有效的财政政策和货币政策的搭配可以用图 9-1 来说明。

图 9-1 中的纵轴表示货币政策，向上表示货币扩张，向下表示货币紧缩；横轴表示财政政策，向右表示财政扩张，向左表示财政紧缩。*IB* 曲线为内部均衡线，表示能够维持充分就业的财政政策和货币政策的组合。*IB* 曲线斜率为负，这是由于在充分就业条件下，如果实行紧缩性货币政策，就必须相应采用扩张性财政政策才能保持国内充分就业的均衡状态。*IB* 曲线右边区域的货币政策与财政政策搭配就会产生通货膨胀，左边区域的政策搭配则会由于需求不足而形成失业。*EB* 曲线为外部均衡线，表示能够维持国际收支平衡的财政政策和货币政策的组合。图 9-1 中 *EB* 曲线的斜率也为负[①]，这是由于扩张性的财政政策会恶化国际收支，必须同时采用紧缩性的货币政策，以提高利率水平吸引国际资本流入才能保持国际收支平衡。

IB 曲线比 *EB* 曲线更为陡峭，这是因为财政政策导致收入提高一定比例对国际收支的恶化作用要比货币政策扩张形成同样比例收入提高所导致的国际收支恶化作用弱。由于财政政策扩张会导致利率水平有所提高，由此引致的国际资本注入会部分减轻国际收支恶化程度；而货币政策的扩张却会导致利率水平下降，资本的流出只会加重收入提高导致的国际收支恶化程度。所以，货币政策对保持外部均衡更有效，而财政政策对保持内部均衡更为有效。图 9-1 中加进了一个十字星的虚线坐标系，这样就形成了 8 个区域：(1) 区域为失业、国际收

① 理论上，*EB* 曲线的斜率可以是正也可以是负。因为财政政策对国际收支的影响有两个方面：一方面，财政扩张可以导致收入提高从而恶化经常账户；但另一方面，扩张性财政政策可使得利率水平提高，这样又可以吸引外部资金流入从而改善资本账户。图 9-1 中的 *EB* 曲线斜率为负是假定扩张性的财政政策对国际收支的总体净影响是负的，即经常账户的恶化程度超过了资本账户的改善程度。于是，扩张性的财政政策会恶化国际收支，当然需要通过货币政策紧缩来提高利率以吸引资金流入，从而保持国际收支平衡。

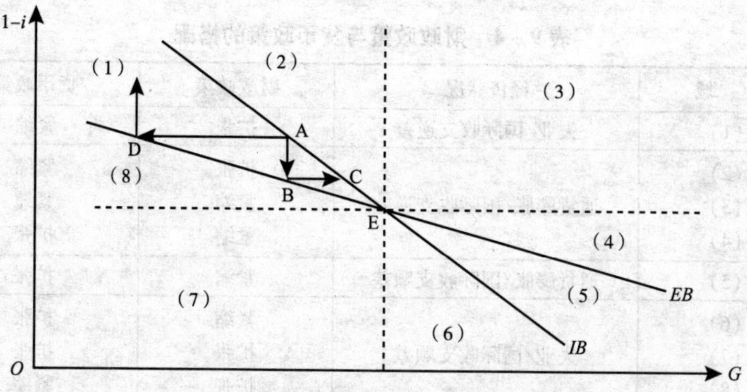

图 9-1 财政政策与货币政策的搭配

支逆差；(2)、(3)、(4) 区域为通货膨胀、国际收支逆差；(5) 区域为通货膨胀、国际收支顺差；(6)、(7) (8) 区域为失业、国际收支顺差。

蒙代尔认为在固定汇率条件下，应该运用货币政策解决外部均衡问题，而内部均衡问题则应该运用财政政策来解决。根据蒙代尔的分析，如果经济的起点为 A 点，此时对内是充分就业的均衡，对外却存在着国际收支逆差。这时应该首先运用紧缩性货币政策使经济状态运动到 B 点，使得外部均衡得以实现，但又出现了失业现象；再用扩张性财政政策使经济状态从 B 点运动到 C 点，失业消除了，但又出现了国际收支逆差；接着再用紧缩性货币政策克服逆差；如此反复下去，但政策调节的幅度会越来越小，最终经济状态会收敛到内外同时均衡的 E 点。

如果政府当局错误地进行了政策指派，即将货币政策指派给实现内部均衡目标，将财政政策指派给实现外部均衡目标。这是，紧缩性的财政政策将首先采用，经济状态从 A 点运动到 D 点，外部均衡得以暂时实现，但却出现了失业；接着又用扩张性的货币政策试图解决失业问题。我们发现，这样就会使得经济状态离 E 点越来越远，可见错误的政策指派将是非常危险的。

上述政策搭配的原理可以推广到图 9-1 中的其他区域，具体搭配情况见表 9-4。

表9-4 财政政策与货币政策的搭配

区 域	经济状况	财政政策	货币政策
(1)	失业/国际收支逆差	扩张	紧缩
(2)	通货膨胀/国际收支逆差	扩张	紧缩
(3)		紧缩	紧缩
(4)		紧缩	扩张
(5)	通货膨胀/国际收支顺差	紧缩	扩张
(6)	失业/国际收支顺差	紧缩	扩张
(7)		扩张	扩张
(8)		扩张	紧缩

蒙代尔的政策指派原理将运用政策搭配实现内外均衡的研究向前推进了一大步，但仍未完全解决米德冲突。在图9-1中，从A点运动到E点虽然是交替运用货币政策和财政政策，但总的来说是紧缩货币扩张财政，对于小型开放经济体来说，如果要维持固定汇率制，这种政策搭配未必能行得通。例如在固定汇率、资本自由流动的条件下，货币政策就可能完全是被动的，此时的利率水平完全取决于国际金融市场，有效的只有财政政策。即使这一理论完全成立，其政策搭配取得内外均衡的效果也要取决于很多因素，如边际进口倾向、边际消费（储蓄）货币、投资利率弹性、国内货币需求的利率和收入弹性以及进出口需求弹性等，而这些因素往往难以确定，故政策搭配的最终效果也很难预料。

（二）支出增减型政策与支出转换型政策的搭配

支出增减型政策与支出转换型政策的搭配，是由澳大利亚经济学家索尔特（Salter）和斯旺提出来的。按斯旺的解释，支出增减型政策与支出转换型政策的配合使用可由图9-2说明，该图也被称为斯旺图（Swan Diagram）。

图9-2中，横轴表示国内支出（消费、投资、政府购买），宏观调控部门的支出增减型政策可以明显影响国内总支出水平；纵轴表示本国货币的实际汇率（直接标价法），沿箭头方向上升表示本币贬值。

IB 曲线是内部均衡线，表示内部均衡（充分就业与物价稳定）时

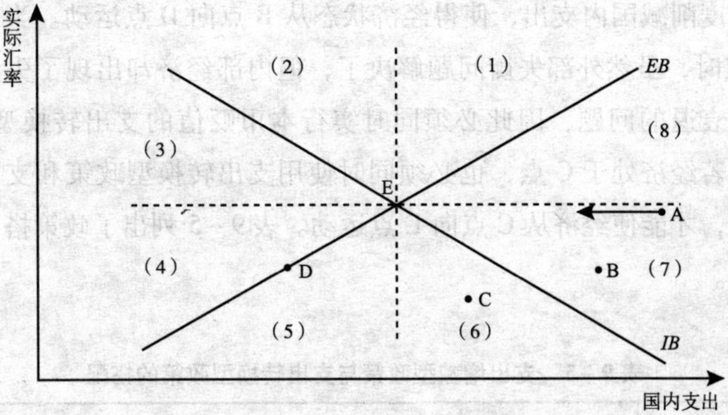

图9-2　支出增减型政策与支出转换型政策的搭配

的实际汇率与国内支出水平的结合。*IB* 曲线的斜率为负，因为本币汇率升值将使出口减少，进口增加，故要维持内部均衡就必须增加国内支出。在 *IB* 曲线的右边，由于在一定汇率水平下，国内支出大于维持内部均衡所需的国内支出，所以有通货膨胀压力；同理，在 *IB* 曲线的左边，就有失业压力。*EB* 曲线是外部均衡线，表示外部均衡（国际收支平衡）时的实际汇率与国内支出水平的结合。*EB* 曲线的斜率为正，这是因为本币贬值会使出口增加，进口减少，故要避免经常项目顺差过大，就需要通过扩大国内支出来增加进口。在 *EB* 曲线的右边，国内支出规模大于维持经常项目平衡所需要的水平，结果国际收支逆差；而在 *EB* 曲线的左边，则是国际收支顺差。这样，在图 9-2 中的（1）和（2）区域，经济处于通货膨胀和国际收支顺差状态；（3）和（4）区域处于失业和国际收支顺差状态；（5）和（6）区域处于失业和国际收支逆差状态；（7）和（8）区域处于通货膨胀和国际收支逆差状态。

当经济处于图 9-2 中的 A 点时，通过缩减国内支出，压缩总需求，通货膨胀和国际收支逆差的压力可以同时得到缓解，A 点逐渐向内外同时均衡的 E 点逼近。但如果经济的失衡位置不是对称地处于 *EB* 曲线和 *IB* 曲线之间，例如处于 B 点或 C 点上，政策搭配就会变得相当重要。例如，经济处于 B 点的位置，为了实现国际收支的平衡，就必须大幅度削减国内支出，使得经济状态从B点向D点运动。当经济到达D点时，虽然外部失衡问题解决了，但内部经济却出现了失业增加和经济衰退的问题，因此必须同时实行本币贬值的支出转换型政策。同样，若经济处于C点，也必须同时使用支出转换型政策和支出增减型政策，才能使经济从C点向E点运动。表9－5列出了政策搭配的几种情形。

表9－5 支出增减型政策与支出转换型政策的搭配

区 域	经济状况	支出增减型政策	支出转换型政策
(1)	通货膨胀/国际收支顺差	紧缩	升值
(2)		扩张	升值
(3)	失业/国际收支顺差	扩张	升值
(4)		扩张	贬值
(5)	失业/国际收支逆差	扩张	贬值
(6)		紧缩	贬值
(7)	通货膨胀/国际收支逆差	紧缩	贬值
(8)		紧缩	升值

但是，斯旺图有两大不足：一是没有考虑资本流动，它所说的外部均衡仅指贸易收支的平衡，这与当今世界存在大规模国际资本流动的现实不符；二是当汇率由于种种特殊原因无法变动时，汇率政策就失去了可操作性，在这种情况下，斯旺图的分析就陷入了两个目标（内部和外部均衡）、一种政策手段（支出增减型政策）的窘境，米德冲突就会出现。这两大不足在下文介绍的蒙代尔—弗莱明模型中将得到解决。

以上所述财政政策与货币政策的搭配以及支出增减型政策与支出转换型政策的搭配，仅仅是政策搭配的两个经典范例。实际上，在现实的宏观开放经济中，经济失衡的状况要比上文所分析的复杂得多，在决定政策取向时，不仅要考虑本国经济的需要，还要顾及外国可能做出的反应，有时使用两种政策的协调配合还不能完全解决内外失衡的问题。例如，我们在前文的论述中，假定了经济衰退与通货膨胀是两种独立的情形，但实际上，它们完全有可能同时存在，即所谓的“滞胀”（Stagflation），这时政策搭配的任务就会复杂得多，政策工具的数目也可能超过两个。再如，一国货币贬值可能会引起外国的报复行动，即可能发生竞争性贬值，此时在理论上应进行贬值与实际上能否贬值就不是一回事了，这种情况也增加了政策搭配的复杂性。

第四节　开放经济下的宏观经济分析模型——蒙代尔—弗莱明模型

美国著名经济学家弗莱明（J. Fleming）和蒙代尔分别于 1962 年和 1963 年发表有关论文，对凯恩斯主义的 *IS* - *LM* 模型进行了拓展，建立了 *IS* - *LM* - *BP* 模型，即蒙代尔—弗莱明模型（Mundell-Fleming Model），奠定了从货币金融角度对开放经济进行宏观政策分析的基本分析框架。在西方的经济学文献中，蒙代尔—弗莱明模型被称为开放经济下进行宏观分析的工作母机（Workhorse），对国际金融学的发展有着重大影响。

蒙代尔—弗莱明模型的分析对象是一个开放的小国经济，对国际资金流动采用流量分析，它的分析前提有：

第一，总供给曲线是水平的。这意味着总产出完全由总需求水平决定。此外，名义汇率与实际汇率之间不存在区别。

第二，即使在长期，购买力平价也不存在。因此，浮动汇率制下汇率完全依据国际收支状况进行调整。

第三，不存在汇率将发生变动的预期，投资者是风险中性的。

蒙代尔—弗莱明模型由三条曲线组成：*IS* 曲线、*LM* 曲线和 *BP* 曲线。

一、*IS* 曲线

IS 曲线是代表商品市场均衡的曲线，即所有能够使商品市场总支出等于总收入的市场利率和国民收入的组合。*IS* 曲线可用公式表示为：

$$IS:\quad I + G + X = S + T + M \tag{9.6}$$

其中，I、G、X、S、T、M 分别表示投资、政府支出、出口、储蓄、税收、进口。式（9.6）可以用函数表示为：

$$IS\text{：}\ I(i) + G_0 + X_0 = S(Y) + T(Y) + M(Y) \qquad (9.7)$$

由式（9.7）可以看出，*IS* 曲线是使等式能够成立的所有利率（i）和收入（Y）的组合。*IS* 曲线如图 9－3 所示。

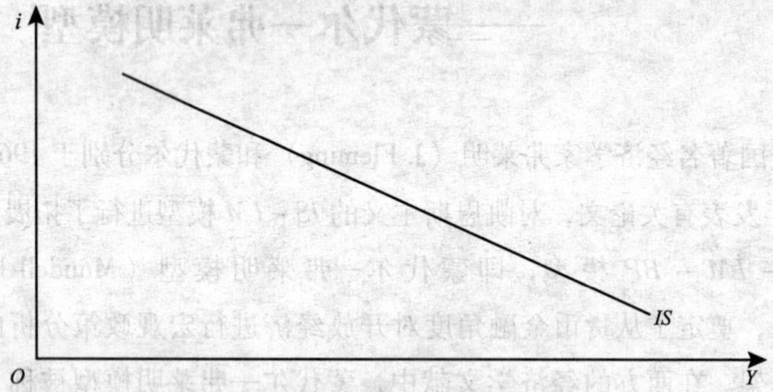

图 9－3　*IS* 曲线

IS 曲线是一条向右下方倾斜的曲线，即该曲线的斜率为负。这是由于投资水平（I）与利率（i）成反比关系，利率水平越低，投资水平越高，而投资水平越高，收入水平（Y）也就越高。*IS* 曲线上的任何一点都代表商品的均衡；在 *IS* 曲线右上方的任何一点都代表商品市场上的供给大于需求；而在 *IS* 曲线左下方的任何一点都代表商品市场上的供给小于需求。在其他条件不变的情况下，投资（I）增加、政府支出（G_0）和出口（X_0）增加，会使 *IS* 曲线向右移动；而储蓄（S）增加、政府税收（T）增加和进口（M）增加，则会使 *IS* 曲线向左移动；值得注意的是，一国货币的贬值（升值）会使得出口增加（减少），*IS* 曲线向右（左）移动。

二、*LM* 曲线

LM 曲线是货币市场均衡的曲线，即所有能够使货币市场上的货币供给等于货币需求的市场利率和国民收入的组合。*LM* 曲线可用公式表示为：

$$LM: \quad M_s = M_d \tag{9.8}$$

其中，M_s 表示货币供给，M_d 表示货币需求。式（9.6）也可以用函数表示为：

$$LM: \quad \frac{M_s}{P} = L_1(Y) + L_2(i) \tag{9.9}$$

其中，M_s/P 表示实际货币供给，名义货币供给量 M_s 是由中央银行决定的，而由于蒙代尔—弗莱明模型假定总供给曲线水平，即价格 P 保持不变，故实际货币供给量就是由中央银行外生决定的；L_1（Y）代表货币的交易性需求和预防性需求，它与收入（Y）正相关；L_2（i）代表货币的投机性需求，它与利率（i）负相关。

由式（9.9）可以看出，*LM* 曲线是使等式能够成立即货币市场均衡的所有利率（i）和收入（Y）的组合。*LM* 曲线如图 9－4 所示。

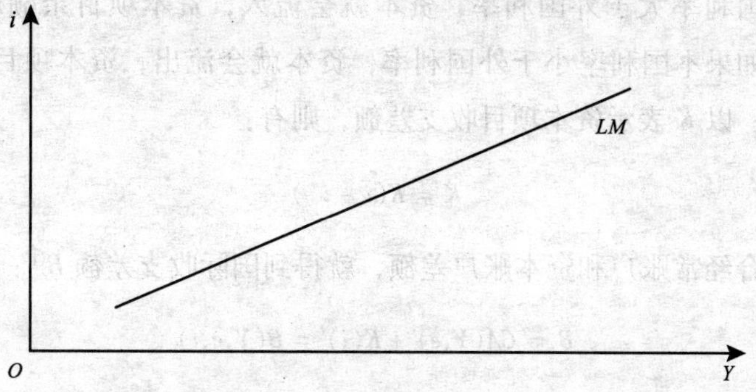

图 9－4　*LM* 曲线

LM 曲线是一条向右上方倾斜的曲线，即该曲线的斜率为正。这是由于利率（i）越高，货币的投机性需求越小，在既定的货币供应量情况下，可用于交易性需求和预防性需求的货币数量就越多，故国民收入水平也就会越高。*LM* 曲线上的任何一点都表示货币市场均衡；*LM* 曲线右下方的任何一点都表示货币供给小于货币需求；*LM* 曲线左上方的任何一点均表示货币市场上的货币供给大于货币需求。在其他条件不变的情况下，实际货币供应量增加，*LM* 曲线会向右移动；实际货币供应量减少，*LM* 曲线则向左移动。

三、*BP* 曲线

在开放经济条件下，*BP* 曲线代表国际收支平衡，即国际收支差额为零。蒙代尔—弗莱明模型在凯恩斯理论的基础上分析了经常账户和资本账户。

如果在经常账户中不考虑转移，经常账户差额 *CA* 即为出口额（*X*）和进口额（*M*）之差，故 *CA* 可以表示成收入 *Y* 和汇率 *e* 的函数：

$$CA = X(e) - M(Y) = CA(Y,e) \tag{9.10}$$

其中，$\partial CA/\partial Y<0$，$\partial CA/\partial e>0$。经常账户的均衡条件即：

$$CA(Y,e) = 0 \tag{9.11}$$

资本账户的收支状况则取决于国内和外国的利率差。通常情况下，如果本国利率大于外国利率，资本就会流入，资本项目余额就增加；相反，如果本国利率小于外国利率，资本就会流出，资本项目余额就会减少。以 *K* 表示资本项目收支差额，则有：

$$K = K(i - i^*) \tag{9.12}$$

综合经常账户和资本账户差额，就得到国际收支差额 *B*①：

$$B = CA(Y,e) + K(i) = B(Y,e,i) \tag{9.13}$$

其中，$\frac{\partial B}{\partial Y}=\frac{\partial CA}{\partial Y}<0$，$\frac{\partial B}{\partial e}=\frac{\partial CA}{\partial e}>0$，$\frac{\partial B}{\partial i}=\frac{\partial K}{\partial i}>0$。

我们知道，如果是在完全的浮动汇率制下，国际收支总是自动均衡的，即：

$$CA(Y,e) + K(i) = 0 \tag{9.14}$$

这表明，在浮动汇率制下，一个账户的盈余必定被另一个账户的赤字所抵消。

但是，如果是在固定汇率制下，两个账户的盈亏通常是不能恰好

① 这里假设外国利率水平 i^* 不变。

抵消的，不平衡的部分要通过国际储备的调整才能抵消，记国际储备为 F，其变动额为 ΔF，则有：

$$CA(Y,e) + K(i) + \Delta F = 0 \tag{9.15}$$

根据式（9.13），我们可以得到能够国际收支平衡的所有利率（i）和收入（Y）的组合，即 BP 曲线。如图 9－5 所示。

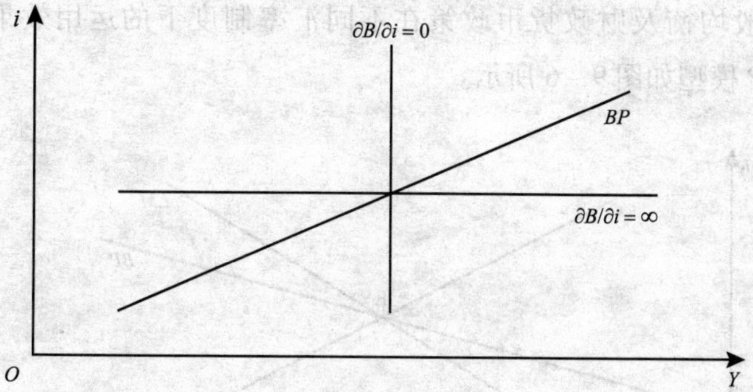

图 9－5 *BP* 曲线

通常情况下，BP 曲线是一条向右上方倾斜的曲线，即 BP 曲线的斜率是正的。这是因为，一国国民收入越高，进口就会越多，经常项目会出现恶化现象，为使国际收支平衡，就需提高利率水平，从而使流入的国际资本弥补经常项目的逆差。BP 曲线上的任何一点都表示国际收支平衡；在 BP 曲线的左上方的任何一点代表国际收支盈余；而在 BP 曲线右下方的任何一点则代表国际收支赤字。如果国际资本流动对利率的弹性越大，即国际资本对利率的变动越敏感，则 BP 曲线越平坦。当国际资本流动对利率具有完全弹性时（即资本完全流动），BP 曲线就是一条水平线；相反，如果国际资本流动对利率完全不具有弹性时（即资本完全不流动），BP 曲线则为一条垂直线[①]。当汇率水平发

① 其实，有关 BP 曲线斜率的分析可以直接由式（9.13）得出。对式（9.13）求导，有 $\frac{\partial B}{\partial Y}+\frac{\partial B}{\partial i}\cdot\frac{\partial i}{\partial Y}=0$，得到 BP 曲线的斜率 $K_{BP}=\frac{\partial i}{\partial Y}=-\frac{\partial B/\partial Y}{\partial B/\partial i}$。通常情况下，$0<\frac{\partial B}{\partial i}<\infty$（即资本不完全流动），故有 $K_{BP}>0$，即 BP 曲线向右上方倾斜；而当资本完全流动时，有 $\partial B/\partial i=\infty$，有 $K_{BP}=0$，即 BP 曲线水平；当资本完全不流动时，$\partial B/\partial i=0$，有 $K_{BP}=\infty$，即 BP 曲线垂直。

生变化时，*BP* 曲线将会移动。如果本币贬值，*BP* 曲线将向右移动；如果本币升值，*BP* 曲线将向左移动。

四、*IS－LM－BP* 模型

IS－LM－BP 模型是凯恩斯主义宏观经济模型在开放经济条件下的运用和发展。通过该模型可以比较好地分析在开放经济条件下国际收支的一般均衡及财政货币政策在不同汇率制度下的运用效果。*IS－LM－BP* 模型如图 9－6 所示。

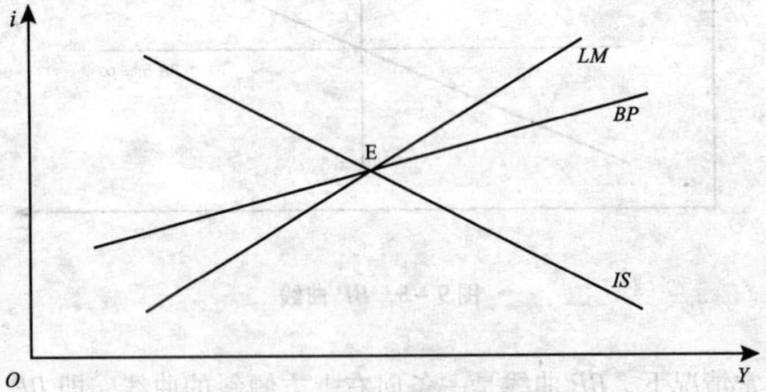

图 9－6 *IS－LM－BP* 模型

在图 9－6 中，*IS*、*LM* 和 *BP* 曲线分别代表商品市场、货币市场和国际收支的均衡，三条曲线相交于 E 点时，表示三个市场同时实现均衡。

第五节 开放经济下的财政、货币政策效应分析[①]

一、固定汇率制下的财政、货币政策效应分析

在固定汇率制条件下，政府有义务维护汇率的稳定，中央银行

① 本节主要从短期和中期的视角分析不同汇率制度下的财政、货币政策效应，长期视角的分析下一节介绍。

代表政府在固定的汇率水平上按市场要求被动地买进或卖出外汇，这样，外汇储备量就会完全受国际收支状况的影响。由于中央银行会被动地改变外汇储备量，故货币供应量也不能完全被中央银行控制。由国际收支状况导致的货币供应量的波动，是固定汇率制下经济调整的一般机制，也是我们理解这一制度下财政、货币政策效应的关键。

（一）资本完全不流动时的财政、货币政策分析

当资本完全不流动时，开放经济的均衡状态如图 9－7 所示。

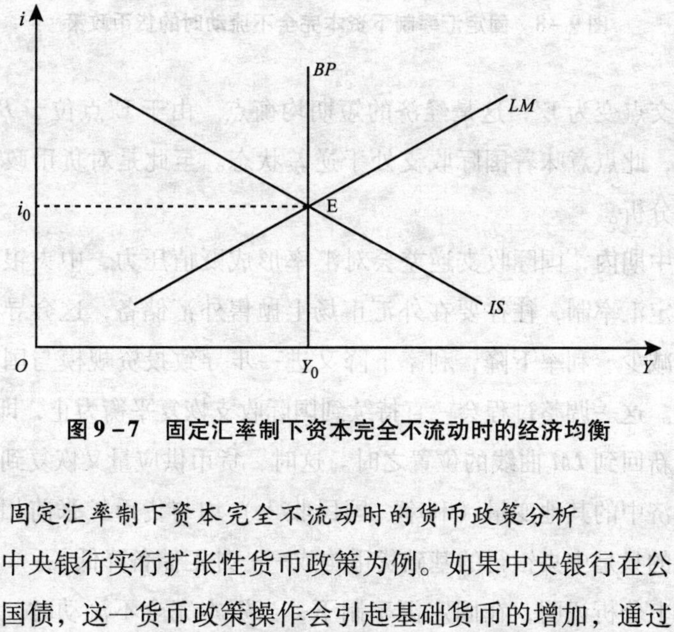

图 9－7　固定汇率制下资本完全不流动时的经济均衡

1. 固定汇率制下资本完全不流动时的货币政策分析

以中央银行实行扩张性货币政策为例。如果中央银行在公开市场上购买国债，这一货币政策操作会引起基础货币的增加，通过货币乘数的作用进一步加大货币供应量的增加幅度。货币供应量的增加意味着可用于提供信贷的资金增多，这会导致市场利率下降，利率降低又刺激投资规模的上升，于是总需求增加进而导致国民收入增加。由于边际进口倾向的作用，国民收入的增加会导致进口量的增加，在出口规模不变时，经常账户将处于赤字状态。也就是说，在短期内，扩张性货币政策会导致利率降低、国民收入提高（与封闭经济状态下一致）和经常账户的恶化。以上分析可用图 9－8 说明。

如图 9－8 所示，扩张性货币政策使 *LM* 曲线右移至 *LM′*，它与 *IS*

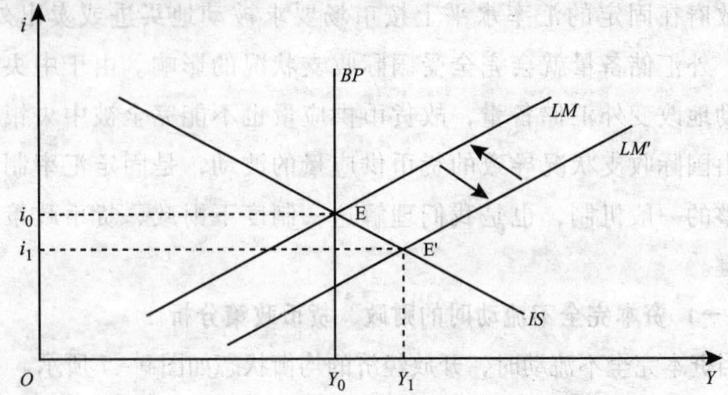

图 9-8 固定汇率制下资本完全不流动时的货币政策

曲线的交点变为 E′，这是经济的短期均衡点。由于 E′点位于 *BP* 曲线的右边，此点意味着国际收支处于逆差状态。至此是对货币政策短期效应的分析。

在中期内，国际收支逆差会对汇率形成贬值压力，中央银行为了维持固定汇率制，往往要在外汇市场上抛售外汇储备，这会导致货币供应量减少、利率下降，利率下降又进一步导致投资规模与国民收入的下降。这一调整过程会一直持续到国际收支恢复平衡为止，即当 *LM′* 曲线重新回到 *LM* 曲线的位置之时。这时，货币供应量又恢复到期初水平，经济中的其他变量（利率、国民收入）均与货币扩张前相同，发生变化的只是中央银行的基础货币构成——外汇储备降低了。

以上分析说明，在固定汇率制下，当资本完全不流动时，扩张性货币政策会引起：

（1）在短期内，利率下降，收入上升，国际收支的经常账户恶化。

（2）在中期内，收入和利率又恢复到期初水平，国际收支也恢复平衡，但基础货币的内部构成发生变化（外汇储备下降）。

因此，此时的货币政策在对国民收入等实际变量的中期影响上是无效的。

2. 固定汇率制下资本完全不流动时的财政政策分析

这里以扩张性财政政策为例。政府通过采用扩张性财政政策增加对商品与劳务的支出，会导致对本国商品总需求的上升。如图 9－9 所示，*IS* 曲线右移至 *IS′*，*IS′*曲线与 *LM* 曲线的交点 E′就是经济的新的短期均衡点。在 E′点，国民收入提高到 Y_1，利率水平上升到 i_1，国际收支却由于进口的增加而出现逆差。

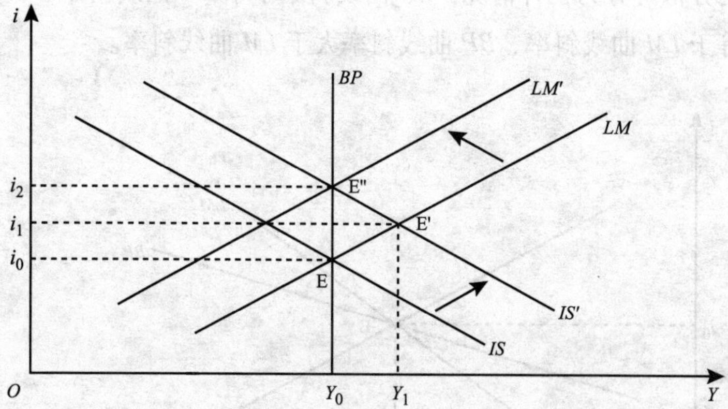

图 9－9　固定汇率制下资本完全不流动时的财政政策

在中期内，国际收支逆差将会使汇率有贬值压力，中央银行为了维持固定汇率制，必须抛售外汇储备，导致货币量紧缩，这会造成 *LM* 曲线左移。当 *LM* 曲线左移至 *LM′*位置使得其与 *IS′*的交点 E″在 *BP* 曲线上时，中央银行才会停止干预。这时，国民收入恢复至原有水平，利率水平进一步提高。在政府支出增加的情况下，社会总支出即国民收入并没有增加，说明总支出的其他部分有相应的减少，这一减少是通过利率提高而导致私人投资支出下降实现的①。

以上分析说明，在固定汇率制下，当资本完全不流动时，扩张性财政政策会引起：

（1）在短期内，利率上升，收入上升，国际收支的经常账户恶化。

（2）在中期内，收入恢复到期初水平，利率进一步上升，国际收支恢复平衡，但货币供应量减少、总支出的内部结构发生变化。

因此，此时的财政政策在对国民收入等实际变量的中期影响上也

① 也就是说，政府支出的增加对私人投资产生了完全的挤出效应。

是无效的。

（二）资本不完全流动时的财政、货币政策分析

当资本不完全流动时，经济的平衡状态如图 9 - 10 所示。由于 *BP* 曲线和 *LM* 曲线都是正斜率的，故根据 *BP* 曲线和 *LM* 曲线斜率的关系，这里的分析可分为三种情况：*BP* 曲线斜率小于 *LM* 曲线斜率、*BP* 曲线斜率等于 *LM* 曲线斜率、*BP* 曲线斜率大于 *LM* 曲线斜率。

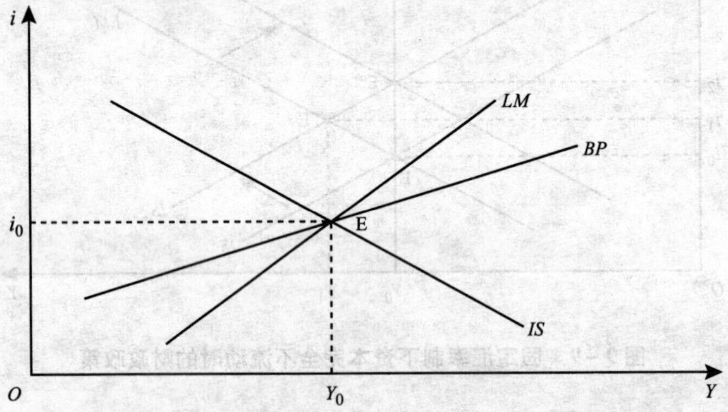

图 9 - 10　固定汇率制下资本不完全流动时的经济均衡

1. 固定汇率制下资本不完全流动时的货币政策分析

我们仍然以中央银行实行扩张性货币政策为例进行分析，如图 9 - 11 所示。扩张性的货币政策导致 *LM* 曲线向右移动到 *LM'*，*LM'* 曲线与

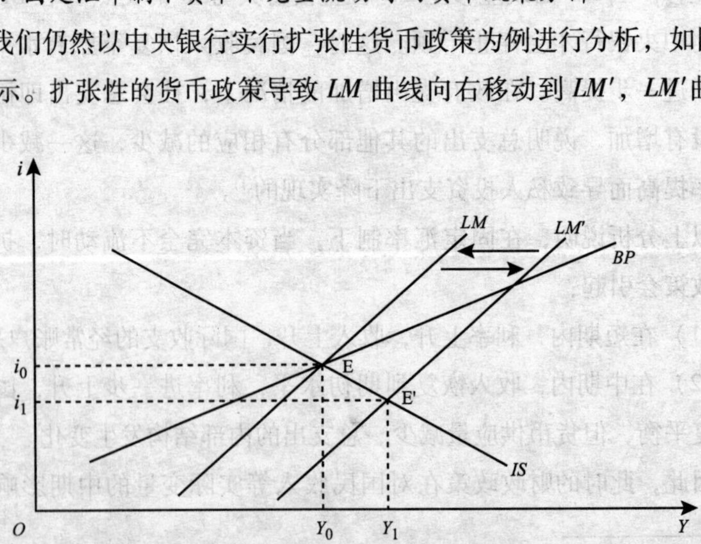

图 9 - 11　固定汇率制下资本不完全流动时的货币政策

IS 曲线的交点 E′就是经济的短期均衡点。在 E′点上，收入水平提高了，利率水平则有所下降。由于 E′点位于 *BP* 曲线的右下方，这意味着此时的国际收支是赤字的，造成这一赤字的原因有两个：一是收入增加引起的进口增加恶化了经常账户收支；二是利率下降导致资本流出引起资本与金融账户收支恶化。

在中期内，国际收支的赤字会导致本币有贬值的压力，中央银行为了维持固定汇率制，必须通过出售外汇储备来调节外汇市场上的供求关系。由于外汇储备减少，*LM′*曲线将会左移，这一移动过程将一直持续到 *LM′*曲线恢复到原来 *LM* 曲线的位置为止。此时除基础货币的内部构成发生改变外（外汇储备减少），货币供应量、利率、收入、国际收支等变量均恢复原状。

以上分析说明，在固定汇率制下，当资本不完全流动时，扩张性货币政策会引起：

（1）在短期内，利率下降，收入水平上升，国际收支恶化。

（2）在中期内，利率、收入、国际收支均恢复至期初水平，但基础货币的内部构成发生了变化。

因此，此时的货币政策在中期内是无效的①。

2. 固定汇率制下资本不完全流动时的财政政策分析

当政府的财政支出增加时，*IS* 曲线会右移，与 *LM* 曲线形成的交点 E′就是新的短期均衡点。在 E′点上，利率水平上升，国民收入水平也会增加。但 E′点的国际收支状况是需要分不同情况进行讨论的，因为在利率上升导致资本与金融账户余额增加的同时，收入的增加会引起进口增加，经常账户有所恶化。此时，国际收支状况将最终取决于这两种效应的相对大小。在边际进口倾向不变的情况下，资本的流动性越高，利率上升就能吸引更多的国际资本流入，也就能更多地抵消经常账户的赤字。由于资本的流动性大小体现在 *BP* 曲线的斜率上，流动性越高即意味着 *BP* 曲线越平缓，故我们可以根据 *BP* 曲线斜率与 *LM*

---

① 图 9－11 仅显示了 *BP* 曲线斜率小于 *LM* 曲线斜率的情形，其实，无论 *BP* 曲线斜率是小于、等于还是大于 *LM* 曲线的斜率，都不会影响这里的分析结果。

曲线斜率比较的不同状态进行分析。

（1）*BP* 曲线的斜率小于 *LM* 曲线的斜率。如图 9－12 所示，此时的 E′点位于 *BP* 曲线的上方，这意味着较高的资本流动性使得利率上升带来的资本与金融账户的改善程度超过了收入上升带来的经常账户恶化程度，从而使得 E′点处于国际收支顺差状态。当然，随着时间的推移，在中期内，国际收支顺差会迫使中央银行在外汇市场上购进外汇以阻止本币升值，结果导致 *LM* 曲线右移。当 *LM* 曲线移动到 *LM′*，使得 *LM′*曲线与 *IS′*曲线的交点 E″点正好位于 *BP* 曲线上时，中央银行才会停止干预。在 E″点的位置上，收入水平进一步增加，利率水平较 E′的水平有所下降但仍高于期初水平，国际收支恢复平衡。

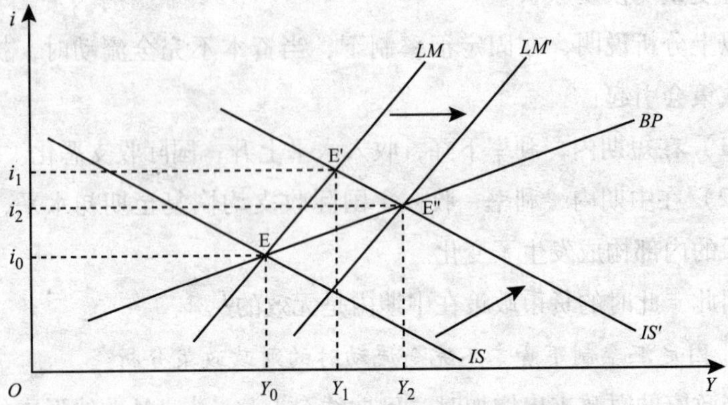

图 9－12　固定汇率制下资本不完全流动时的财政政策之一

（2）*BP* 曲线斜率等于 *LM* 曲线的斜率。如图 9－13 所示，当 *BP* 曲线斜率与 *LM* 曲线斜率相等时，即 *BP* 曲线与 *LM* 曲线重合，*IS* 曲线右移后的 *IS′*曲线与 *LM* 曲线的交点 E′点自然也位于 *BP* 曲线上。这意味着利率上升与收入增加对国际收支的影响正好相互抵消，国际收支仍处于平衡状态。显然，这一短期均衡点也就是经济的中期均衡点，经济不会进一步进行调整。

（3）*BP* 曲线的斜率大于 *LM* 曲线的斜率。如图 9－14 所示，当 *BP* 曲线斜率大于 *LM* 曲线斜率时，*IS* 曲线右移后的 *IS′*曲线与 *LM* 曲线的交点 E′点将位于 *BP* 曲线的下方。这意味着利率上升所带来的资本流入

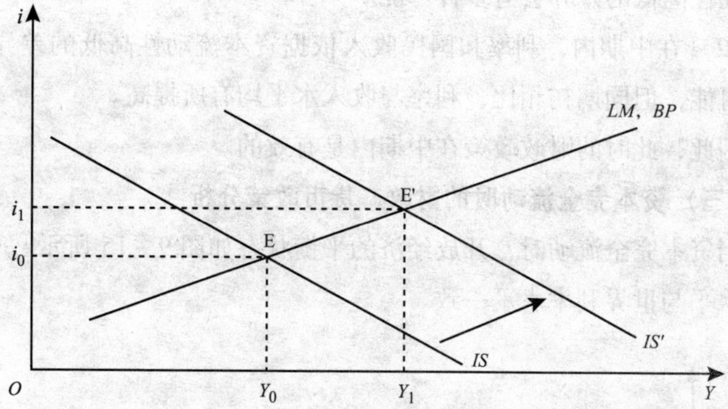

图9-13　固定汇率制下资本不完全流动时的财政政策之二

小于收入增加导致的经常账户赤字，故国际收支处于赤字状态。这样一来，中央银行就会干预外汇市场以阻止本币贬值，*LM* 曲线随之左移。当 *LM* 曲线左移至 *LM′*时，三条曲线相交于 E″点，此时的经济处于中期均衡状态。在 E″点，国民收入水平会有所下降，但仍高于期初水平，利率则进一步上升，国际收支处于平衡状态。

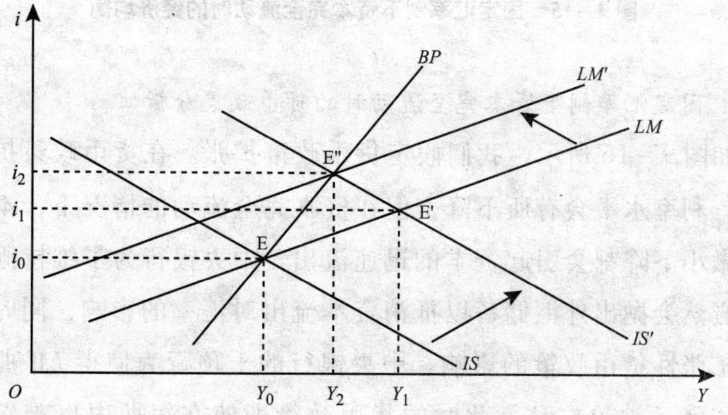

图9-14　固定汇率制下资本不完全流动时的财政政策之三

通过以上三种情况的分析，在固定汇率制下，当资本不完全流动时，扩张性财政政策会引起：

（1）在短期内，利率上升，收入水平上升，国际收支状况依据资本流动性高低的差异会有多种可能。

（2）在中期内，利率和国民收入依据资本流动性高低的差异存在多种可能，但同期初相比，利率与收入水平均有所提高。

因此，此时的财政政策在中期内是有效的。

（三）资本完全流动时的财政、货币政策分析

当资本完全流动时，开放经济的平衡状态如图 9－15 所示①，本国利率水平与世界利率水平一致。

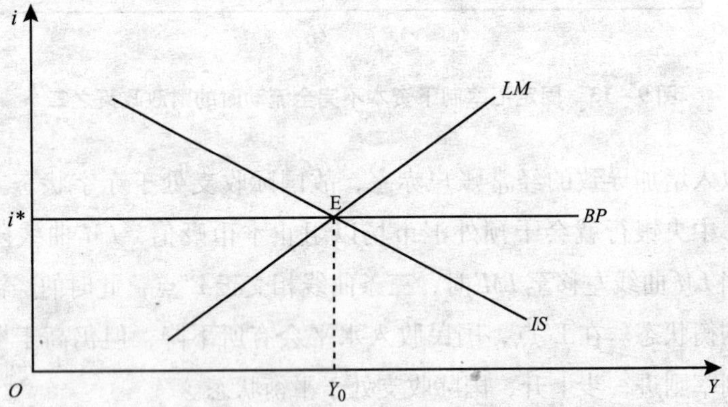

图 9－15　固定汇率制下资本完全流动时的经济均衡

1. 固定汇率制下资本完全流动时的货币政策分析

如图 9－16 所示，我们假定货币政策扩张。在货币政策扩张的初期，利率水平会有所下降，但在资本完全流动的情况下，本国利率的微小下降都会引起资本的迅速流出，中央银行为了维持固定汇率制必然会抛出外汇储备以抵消资本流出对汇率的影响，同时也抵消了扩张性货币政策的影响。中央银行的干预行为使得 *LM* 曲线刚刚右移就又被迫左移，此时的货币政策即使在短期内也难以有所作为。

因此，在固定汇率制下，当资本完全流动时，货币政策即使在短

① 由于此时的资本是完全流动的，故国内的利率水平必定与外国的利率水平 i^* 完全一致。

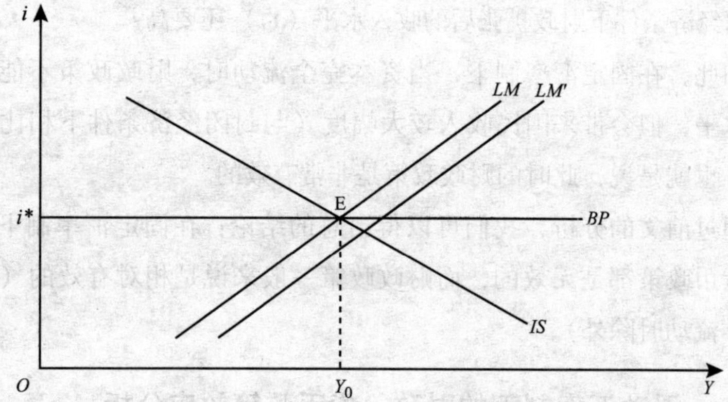

图 9－16　固定汇率制下资本完全流动时的货币政策

期内也无法对经济产生实质性影响。也就是说，此时的货币政策是无效的。

2. 固定汇率制下资本完全流动时的财政政策分析

如图 9－17 所示，扩张性财政政策会引起利率水平的上升，而微小的利率上升都会引起资本大量流入，中央银行将买进外汇储备，从而导致货币供应量增加，使 *LM* 曲线向右移动。也就是说，在 *IS* 曲线右移的过程中，*LM* 曲线将始终伴随着 *IS* 曲线一起右移，以维持利率水平不变。在扩张性财政政策实施结束后，货币供应量将相应的扩张，经济同时处于中期均衡状态。此时，利率水平不变，收入不仅高于期初水平，而且

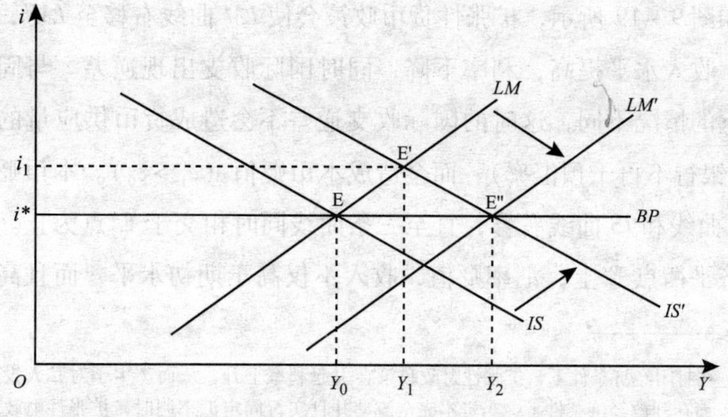

图 9－17　固定汇率制下资本完全流动时的财政政策

比封闭经济条件下财政扩张后的收入水平（Y_1）还要高①。

因此，在固定汇率制下，当资本完全流动时，财政政策不能影响利率水平，但会带来国民收入较大幅度（与封闭经济条件下相比）的提高。也就是说，此时的财政政策是非常有效的。

通过前文的分析，我们可以得出总的结论：在固定汇率制下，中期内货币政策都是无效的，而财政政策一般来说是相对有效的（资本完全不流动时除外）。

二、浮动汇率制下的财政、货币政策效应分析

在浮动汇率制下，我们对财政、货币政策效应的分析方法同固定汇率制下的分析相比有很大不同，主要体现在：第一，在浮动汇率制下，经济的主要调整机制不是由国际收支不平衡所引起的货币供应量的调整，而是由国际收支不平衡所引起的汇率调整；第二，我们假定本币贬值能改善经常账户的收支、提高国民收入（这就要求马歇尔—勒纳条件成立并且边际吸收倾向小于1），也就是说，汇率贬值能使 *BP* 曲线与 *IS* 曲线右移。

（一）资本完全不流动时的财政、货币政策分析

当资本完全不流动时，国际收支平衡就是指经常账户的平衡。此时的开放经济平衡状态如图 9－18 所示。

1. 浮动汇率制下资本完全不流动时的货币政策分析

如图 9－19 所示，扩张性货币政策会使 *LM* 曲线右移至 *LM′*，在短期内，收入水平提高，利率下降，同时国际收支出现逆差。与固定汇率制下的情况不同，这时的国际收支逆差不会造成货币供应量的减少（中央银行不再干预汇率），而会造成本币贬值（$e_1 > e_0$）。本币贬值会使 *BP* 曲线和 *IS* 曲线右移，直至三条曲线同时相交于 E″点为止。在新的经济平衡点 E″上，汇率贬值，收入不仅高于期初水平，而且高于封

① 在封闭经济条件下，扩张性财政政策会引起利率上升，从而产生了对私人投资的挤出效应；而在开放经济条件下，当资本完全流动并且实行固定汇率制时，扩张性财政政策不会引起利率水平上升，故此时的财政政策对私人投资完全不具有挤出效应。

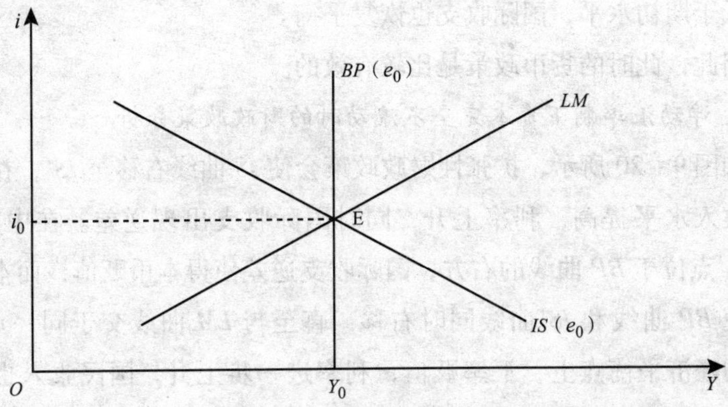

图 9－18　浮动汇率制下资本完全不流动时的经济均衡

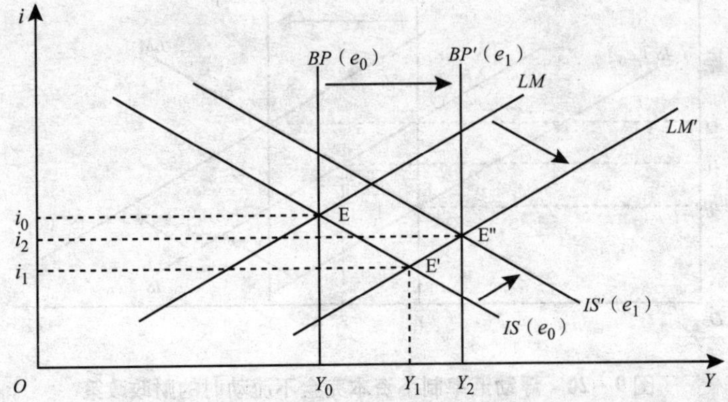

图 9－19　浮动汇率制下资本完全不流动时的货币政策

闭条件下的收入提高水平。从图形上看，似乎 E″点的利率水平与 E′点的利率水平相比孰高孰低难以确定。其实，由于 E″点的国际收支是平衡的，即有（$X-M$）＝0，而该点处的私人消费与政府支出均未发生变化，故收入水平的提高必然意味着私人投资水平的提高，由于投资与利率是负相关的，这就当然要求利率水平比期初要有所下降。

以上分析说明，在浮动汇率制下，当资本完全不流动时，扩张性货币政策会引起：

（1）在短期内，利率下降，收入上升，国际收支出现逆差。

（2）在中期内，本币贬值，收入进一步增加，利率水平有所上升但仍低于期初水平，国际收支也恢复平衡。

因此，此时的货币政策是比较有效的。

2. 浮动汇率制下资本完全不流动时的财政政策分析

如图 9－20 所示，扩张性财政政策会使 *IS* 曲线右移至 *IS*′，在短期内，收入水平提高，利率上升，同时国际收支出现逆差。在中期内，由于 E′点位于 *BP* 曲线的右方，国际收支逆差使得本币贬值，而本币贬值会使 *BP* 曲线和 *IS*′曲线同时右移，直至与 *LM* 曲线交于同一点 E″。在新的经济平衡点上，汇率贬值，利率进一步上升，国民收入也进一步增加（即高于封闭条件下的收入提高水平 Y_1）。

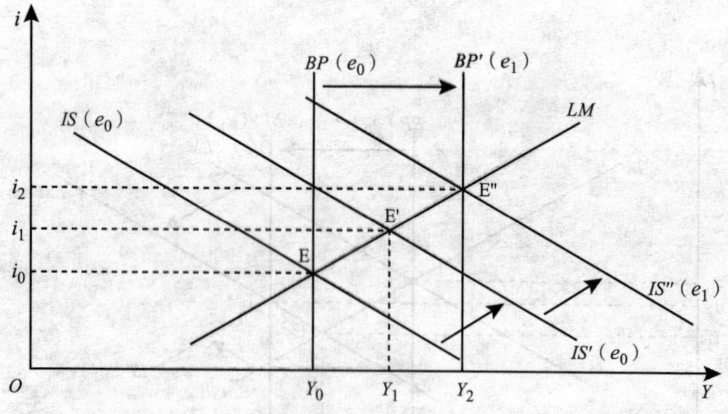

图 9－20　浮动汇率制下资本完全不流动时的财政政策

所以，在浮动汇率制下，当资本完全不流动时，扩张性财政政策会引起：

（1）在短期内，利率上升，收入增加，国际收支逆差。

（2）在中期内，利率水平继续上升，收入也进一步增加，本币贬值，国际收支恢复平衡。

因此，此时的财政政策是比较有效的。

（二）资本不完全流动时的财政、货币政策分析

当资本不完全流动时，经常账户收支和资本与金融账户收支都会对国际收支平衡产生重大影响。此时开放经济的平衡状态如图 9－21 所示。根据 *BP* 曲线和 *LM* 曲线斜率的关系，这里的分析也要分为三种情况：BP 曲线斜率小于 LM 曲线斜率、BP 曲线斜率等于 LM 曲线斜率、BP 曲线斜率大于 LM 曲线斜率。

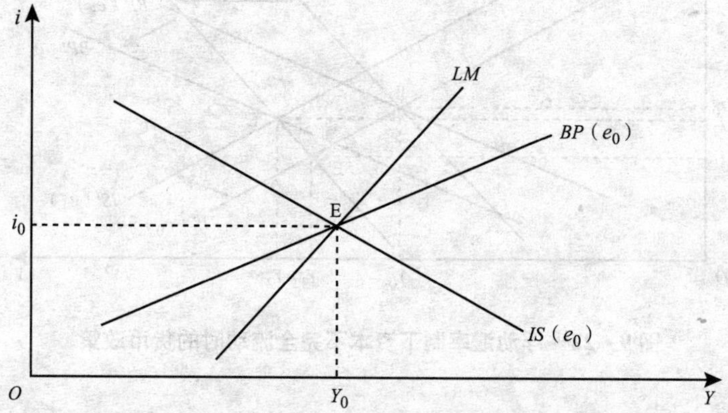

图 9－21　浮动汇率制下资本不完全流动时的经济均衡

1. 浮动汇率制下资本不完全流动时的货币政策分析

如图 9－22 所示，扩张性货币政策会使 LM 曲线右移至 LM′，短期内导致收入上升，利率下降。对于国际收支而言，一方面收入上升引起进口增加，经常账户恶化；另一方面，利率下降又导致资本与金融账户恶化，因此，国际收支总体来说是恶化了。这就会引起本币贬值，在中期内，本币贬值（$e_1>e_0$）使 IS 曲线和 BP 曲线同时向右移动，直至与 LM′曲线共同相交于 E″点。在新的均衡点上，收入进一步上升，本币贬值。但利率水平同期初相比难以确定，这要取决于各条曲线的相对弹性。如果利率比期初水平上升了，就意味着经常账户恶化，因为需要利率上升吸引资金流入以弥补经常账户赤字。从经常账户本身来说，即意味着贬值对其产生的正效应（扩大出口）小于收入增加对其产生的负效应（进口增加）。如果利率比期初值下降了，则情况反之①。

① 这里仅是比较粗略的逻辑分析。其实，严格来讲，利率水平还是可以确定的。我们知道，在 E 点有：$Y_0=C_0+I_0+G_0+(X-M)_0$，在 E″点有：$Y_2=C_0+I_2+G_0+(X-M)_2$，由于 $Y_2>Y_0$，比较两式就有：$I_2+(X-M)_2>I_0+(X-M)_0$。令函数 $f(i)=I+(X-M)$，我们知道，投资与利率是负相关的，关键是看净出口（X－M）与利率的关系。在浮动汇率制下，利率上升会引起资本流入，本币就会升值，净出口就会下降，可见，利率与净出口也是负相关的。这样一来，函数 $f(i)$ 就与利率负相关。由于 $f_2>f_0$，所以有 $i_2<i_0$。

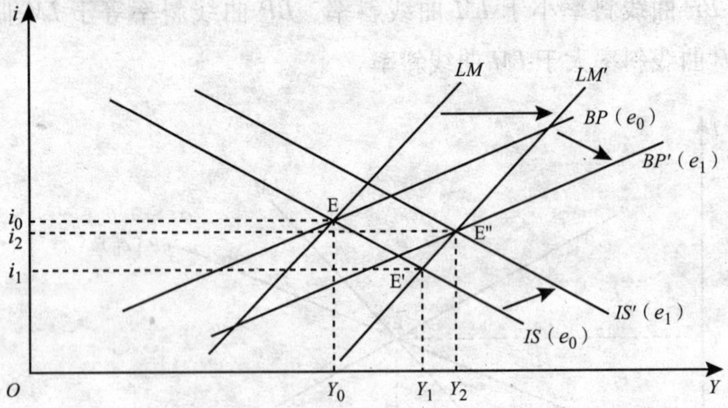

图 9－22　浮动汇率制下资本不完全流动时的货币政策

以上分析说明，在浮动汇率制下，当资本不完全流动时，扩张性货币政策会引起：

（1）在短期内，利率下降，收入上升，国际收支出现逆差。

（2）在中期内，本币贬值，收入进一步增加，利率水平有所上升但仍低于期初水平，国际收支也恢复平衡。

因此，此时的货币政策也是比较有效的①。

2. 浮动汇率制下资本不完全流动时的财政政策分析

扩张性财政政策会同时提高收入和利率水平，这给国际收支账户带来的影响是双重的。一方面，收入提高会导致进口增加，从而恶化经常账户收支；另一方面，利率上升会引起资本流入，从而改善资本与金融账户收支。国际收支账户状况究竟如何，则取决于这两种效应的相对大小；或者是在其他条件不变的情况下，取决于利率上升能吸引多少资本流入，也就是取决于资本流动性的大小。

（1）*BP* 曲线的斜率小于 *LM* 曲线的斜率。如图 9－23 所示，*BP* 曲线越平缓，则说明资本的流动性越大，利率上升就能引起更大规模的资本流入。扩张性财政政策会使 *IS* 曲线右移至 *IS*′，在短期内，收入水平提高，利率上升。*IS*′曲线与 *LM* 曲线的交点 E′位于 *BP* 曲线的上方，

① 图 9－22 仅显示了 *BP* 曲线斜率小于 *LM* 曲线斜率的情形，其实，无论 *BP* 曲线斜率是小于、等于还是大于 *LM* 曲线的斜率，都不会影响这里的分析结果。

说明国际收支出现了顺差，也就是说，利率上升对国际收支的正效应超过了收入增加对国际收支的负效应。在中期内，国际收支的顺差会使本币升值（$e_1 < e_0$），*IS′*曲线与 *BP* 曲线随之左移，当 *IS″*曲线、*BP′*曲线与 *LM* 曲线相交于 E″点时，经济就达到了新的均衡。在新的均衡点上，本币升值，收入、利率都高于期初水平，但都低于封闭条件下财政扩张后的情况（即短期均衡点 E′的情形）。

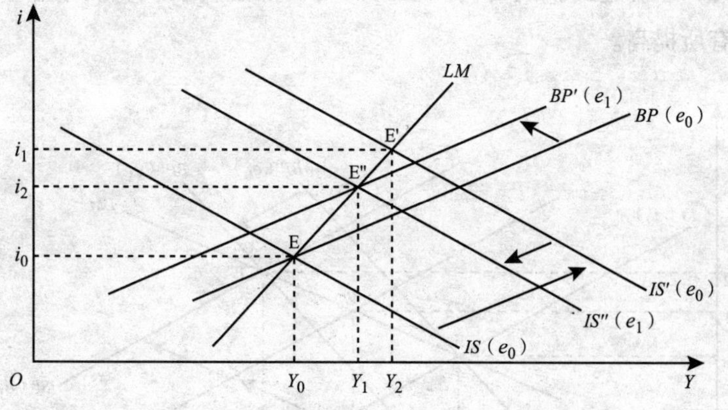

图 9－23　浮动汇率制下资本不完全流动时的财政政策之一

（2）*BP* 曲线的斜率等于 *LM* 曲线的斜率。如图 9－24 所示，扩张性财政政策使得 *IS* 曲线右移至 *IS′*，*IS′*曲线与 *LM* 曲线的交点 E′位于 *BP* 曲线上，这时的国际收支处于平衡状态。因此，这时的短期均衡点不会发生调整，此时的情况与封闭条件下相同，利率、收入均高于期

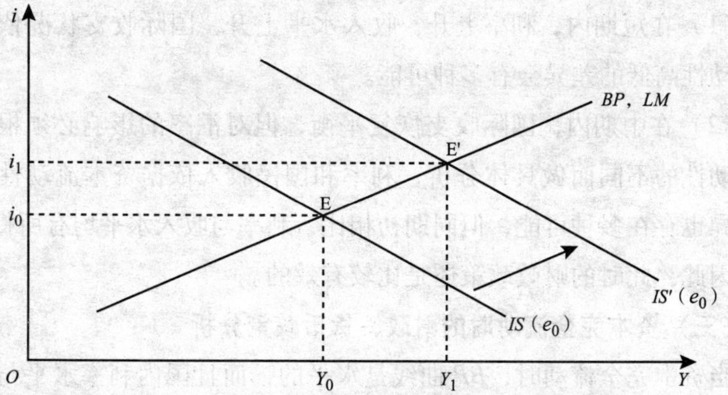

图 9－24　浮动汇率制下资本不完全流动时的财政政策之二

初水平，汇率不会发生变化。

(3) *BP* 曲线的斜率大于 *LM* 曲线的斜率。如图 9－25 所示，扩张性财政政策使得 *IS* 曲线右移至 *IS′*，收入增加，利率上升，此时 *IS′* 曲线与 *LM* 曲线的交点 E′位于 *BP* 曲线的右下方，说明短期均衡点存在国际收支逆差现象。在中期内，国际收支赤字必然造成本币贬值，这会引起 *IS′* 曲线与 *BP* 曲线同时右移，当 *IS″* 曲线、*BP′* 曲线与 *LM* 曲线交于 E″点时，经济达到新的均衡。在新的均衡点上，收入和利率水平又进一步有所提高。

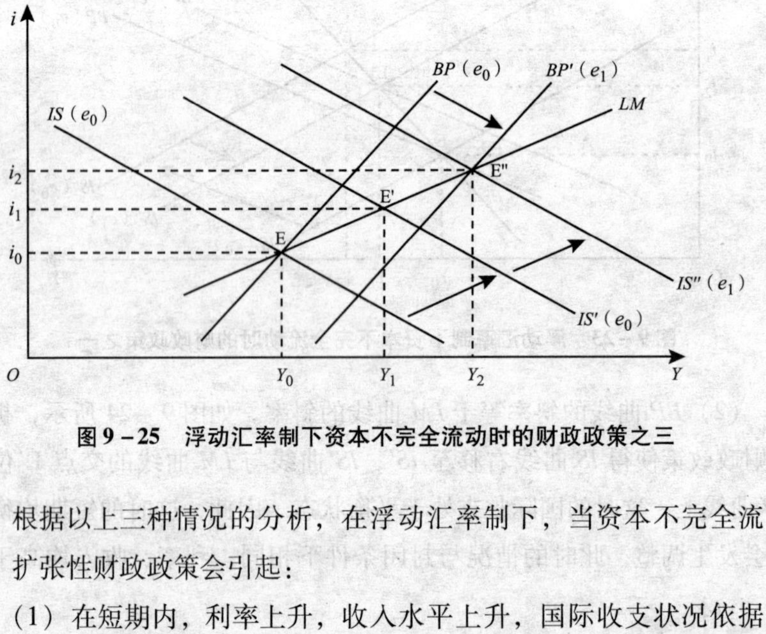

图 9－25　浮动汇率制下资本不完全流动时的财政政策之三

根据以上三种情况的分析，在浮动汇率制下，当资本不完全流动时，扩张性财政政策会引起：

(1) 在短期内，利率上升，收入水平上升，国际收支状况依据资本流动性高低的差异会有多种可能。

(2) 在中期内，国际收支恢复平衡，但对汇率的影响必须根据资本流动性的不同而做具体分析，利率和国民收入依据资本流动性高低的差异也存在多种可能，但同期初相比，利率与收入水平均有所提高。

因此，此时的财政政策还是比较有效的。

(三) 资本完全流动时的财政、货币政策分析

当资本完全流动时，*BP* 曲线是水平的，而且国内利率水平与世界利率水平一致。此时开放经济的平衡状态如图 9－26 所示。由于资本完全流动，资本与金融账户的情况就决定了国际收支的平衡状态，因此我们在假定汇率变动对资本流动没有影响的前提下汇率变动对 *BP* 曲线没有影响。

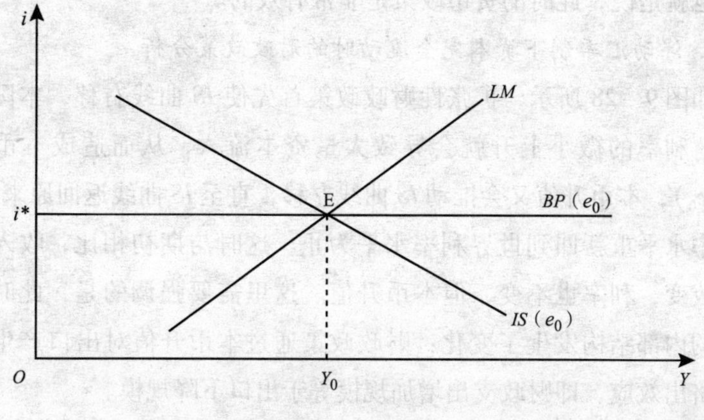

图 9－26　浮动汇率制下资本完全流动时的经济均衡

1. 浮动汇率制下资本完全流动时的货币政策分析

如图 9－27 所示，扩张性货币政策使得 *LM* 曲线向右移动，当 *LM* 曲线稍微右移时，就会造成本国利率下降，这会立即通过资本流出造成本币贬值，*IS* 曲线随即向右移动，当 *LM* 曲线最终移动至 *LM′*时，*IS* 曲线也移动至 *IS′*，且 *LM′*曲线与 *IS′*曲线的交点 E′正好位于 *BP* 曲线上。由于此时资本完全流动，故经济实际上是沿着 E→E′的轨迹运动的。在新的经济均衡点 E′上，收入不仅高于期初水平，而且高于封闭

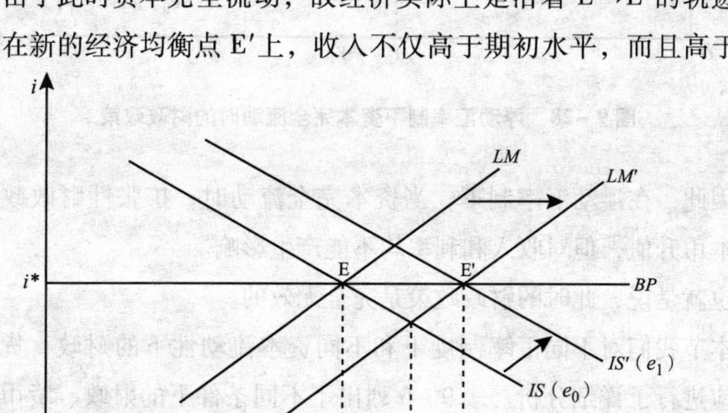

图 9－27　浮动汇率制下资本完全流动时的货币政策

经济下货币扩张后的水平，同时本币贬值。

因此，在浮动汇率制下，当资本完全流动时，扩张性货币政策会使收入上升，本币贬值，对利率则没有影响。

也就是说，此时的货币政策是非常有效的。

2. 浮动汇率制下资本完全流动时的财政政策分析

如图 9－28 所示，扩张性财政政策首先使 *IS* 曲线右移，本国利率上升，利率的微小上升就会导致大量资本流入，从而造成本币升值（$e_1 < e_0$），本币升值又会推动 *IS* 曲线左移，直至 *IS* 曲线返回原来位置，即利率水平重新回到世界利率水平为止。这时与期初相比，收入没有发生改变，利率也不变，但本币升值。这里需要强调的是，此时国民收入的内部结构发生了变化：财政政策通过本币升值对出口产生了完全的挤出效应，即财政支出增加规模等于出口下降规模。

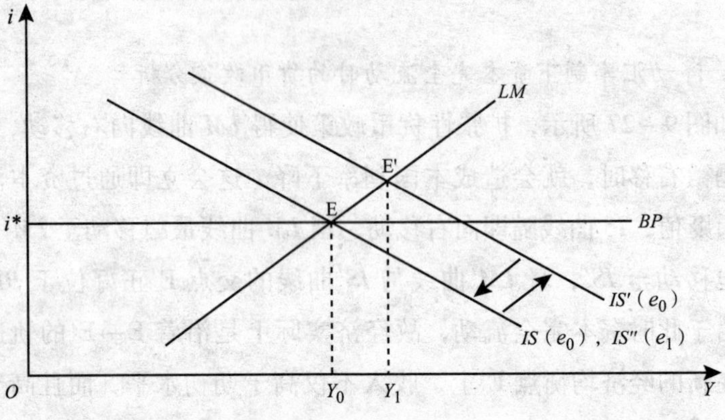

图 9－28　浮动汇率制下资本完全流动时的财政政策

因此，在浮动汇率制下，当资本完全流动时，扩张性财政政策会造成本币升值，但对收入和利率均不能产生影响。

也就是说，此时的财政政策是完全无效的。

本节我们对不同汇率制度下和不同资本流动性下的财政、货币政策效应进行了详细分析。表 9－6 列出了不同条件下的财政、货币政策对收入的影响，其中，Y_0 表示期初收入水平，Y_1 表示封闭经济条件下（或短期）实施财政、货币政策后的收入水平（$Y_1 > Y_0$）。

表 9-6　蒙代尔—弗莱明模型中财政、货币政策的效应比较

	固定汇率制			浮动汇率制		
资本流动性	0	+	∞	0	+	∞
扩张性货币政策	0	0	0	$>Y_1$	$>Y_1$	$>Y_1$
扩张性财政政策	0	$>Y_0$	$>Y_1$	$>Y_1$	$>Y_0$	0

注："0"表示政策无效，"$>Y_0$"表示政策有效，"$>Y_1$"表示政策非常有效。

蒙代尔—弗莱明模型自创建以来，在国际金融和国际经济学领域影响极大，可以说是开放经济条件下制定宏观经济政策最重要的理论依据之一。这里我们对蒙代尔—弗莱明模型作一简单总结：

第一，这一模型是分析开放经济条件下一国财政、货币政策最重要的工具。蒙代尔—弗莱明模型说明了与封闭经济条件相比，开放经济中的财政货币政策对经济有着不同的作用机制，这些政策能够发挥效应则依据于资本流动、汇率调整等一系列因素的制约，这些都为以实现内外均衡为目的的政策搭配提供了指导。尤其是这一模型论证了不同汇率制度下，财政、货币政策分别具有不同的比较优势和作用重点，这对特定汇率制度下的政策协调具有重要意义。

第二，这一模型建立在凯恩斯主义理论基础之上，在对开放经济的分析中居于主导地位，被广泛运用于各方面问题的研究。蒙代尔—弗莱明模型实际上是封闭经济条件下的 *IS-LM* 模型在开放经济条件下的衍生，特别适合分析需求管理问题，因此与黏性价格模型一起合称为开放宏观经济学的"蒙代尔—弗莱明—多恩布什"教义。在随后的分析中，这一模型被做了许多修正，其中最为重要的修正是在国际资本流动问题日益突出的条件下，通过假定利率平价始终成立而引入了汇率这一坐标，从而使原有模型更具有分析意义。这一新的分析框架如图 9-29 所示。

在图 9-29 中，代表国际收支平衡的 *BP* 曲线位于由利率和汇率构成的第二象限中，这代表在资本完全流动的情况下，利率平价成立时国际收支才处于平衡状态。*BP* 曲线反映的就是利率平价关系的成立，它之所以形如图中所示，是由于在预期未来汇率水平不发生变动的情况下，本国利率的提高会带来本国货币即期汇率的升值。这样一来，开放经济就

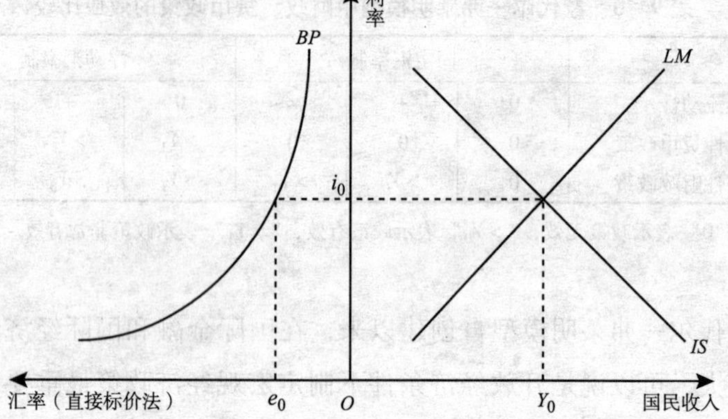

图 9－29　引入汇率后的蒙代尔—弗莱明模型

在国民收入、利率、汇率这些变量的相互作用中实现经济的内外均衡。经过改进的蒙代尔—弗莱明模型更强调资本流动的影响，这与现实情况结合得更加紧密，也更符合国际金融学科的前沿发展要求。

第三，这一模型也有其局限性，其中最为重要的是对资本流动的流量分析。资本流动受存量因素以及风险等多种因素的共同影响，如果在这一点上有着不同的分析前提，那么在对财政货币政策效应的分析上会得出许多与蒙代尔—弗莱明模型不同的结论。例如，对国际收支及汇率采用货币分析法时，扩张性货币政策只能相应引起国际收支逆差与本币贬值，不能对实际变量（如产出、利率等）产生影响。又如，这一模型假定马歇尔—勒纳条件能够满足，而事实上，这一模型基本上是短期模型，我们知道，短期内马歇尔—勒纳条件是很难成立的。再如，这一模型的理论基础是凯恩斯主义的需求分析，而忽视了供给方面因素的影响，模型实际上假定总供给曲线在实现充分就业以前是水平线，所以总需求的扩张就可以使产出增长，在政策分析中基本上没有考虑价格等重要变量的作用。

蒙代尔本人在《国际宏观经济模型的发展：回顾与展望》① 一文

① 蒙代尔著，向松祚译：《蒙代尔经济学文集》（第三卷），中国金融出版社 2003 年版，第 144 页。

中，也对该模型的发展进行了回顾，并对模型未来的运用前景进行了展望。具体包括：模型必须进行调整，对真实利率和名义利率进行必要的区分，从而将预期的通货膨胀和真实通货膨胀纳入模型之中；模型需要考虑经济增长和预期因素；模型需要纳入国际转移支付理论的许多特征；模型需要考虑国际债务问题；模型在分析税收体系变化引起的财政政策冲击时，必须考虑供给方面的激励效果等。

总之，蒙代尔—弗莱明模型是国际金融学中非常重要的理论之一，尽管它存在着不足之处，但它对分析开放经济下的宏观经济政策有着极为重要的作用。

第六节　开放经济下财政、货币政策效应的长期分析

我们前面的分析，都可以视为短期或中期内的情况，因为蒙代尔—弗莱明模型假定价格不变。而在长期中，需求的变化会带来价格的调整，这必然会使得我们的分析结论有很大的变化。

一、开放经济下的 *AD－AS* 分析框架

从长期来看，分析一国的经济均衡必须同时考虑到总需求和总供给两个方面，它们同时决定了一国的总产出和一般价格水平，如图 9－30 所示。

从短期来看，总需求曲线 *AD* 和短期总供给曲线 *SRAS* 的交点 E 即是经济的均衡点。如果总需求曲线 *AD* 发生了未预期到的移动，例如由于在浮动汇率制下实施了扩张性货币政策使得 *AD* 曲线右移到 *AD′*，价格水平的上涨将会超过原来的预期，并且总产出也会高于正常水平 Y_0。也就是说，经济将沿着短期总供给曲线 *SRAS* 移动，短期总产出高于均衡水平。然而，随着时间的推移，价格水平也会随之上升，工人就会要求提高名义工资以保证实际收入水平维持不变，这样就会增加生产成本，结果是造成短期总供给曲线向左上方移至 *SRAS′*，价格水平进一

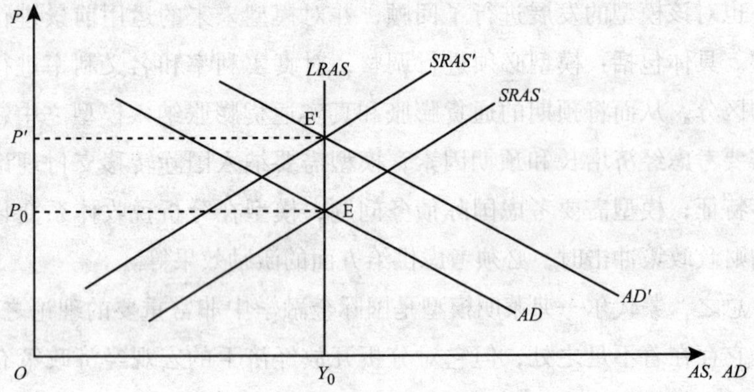

图 9－30 开放经济下的总供给与总需求

步上升，而产出却逐渐恢复至正常水平。

从长期来看，工人和企业对价格的预期与实际价格水平是一致的。因此，最终的均衡位置就在 *AD* 曲线、*SRAS* 曲线和长期总供给曲线 *LRAS* 三者的交点 E′上。需要强调的是，尽管短期总需求的变动会暂时带来收入水平的增加，但经济的总产出最终会回到最初的正常水平，而一般价格水平却比原来要高。

在开放经济条件下，长期均衡首先需要满足内部总供给与总需求实现平衡，即满足等式：

$$AD = SRAS = LRAS \tag{9.16}$$

同时，还需要实现对外的国际收支平衡。不过，国际收支的平衡与否不能在 *AD*－*SRAS*－*LRAS* 图形中反映出来，我们在分析总供给与总需求的调整时将考虑这一因素。

二、固定汇率制下的财政、货币政策效应分析

现在我们将上一节所采用的 *IS*－*LM*－*BP* 模型对不同汇率制度下财政、货币政策效应的分析统一到基本的 *AD*－*AS* 框架之下进行研究。蒙代尔—弗莱明模型只考虑了经济的总需求问题，实际上是假设企业的产出对于给定的价格水平具有完全弹性。也就是说，上一节所采用的蒙代尔—弗莱明模型分析可作为一个特例，其 *SRAS* 曲线在任何既

定的价格水平下都是一条水平线，这往往也被称为凯恩斯式的总供给曲线。

（一）固定汇率制下的货币政策分析

在固定汇率制下，货币政策扩张的情形如图 9－31 所示。扩张性货币政策使 *LM* 曲线右移，带来的结果就是 *AD* 曲线也右移至 *AD′*。正如上一节我们所讨论的，由于扩张性货币政策会引起国内利率水平的下降，从而导致国际资本迅速地流出本国。在这种情况下，中央银行为了维持固定汇率制，必须及时地出售外汇储备同时收回本币，结果是本国货币供应量随即减少，*LM* 曲线又左移。从图 9－31 中可以看出，*AD′*曲线随着 *LM* 曲线的左移也会左移，这一过程直至 *AD′*回到原来 *AD* 曲线的位置。所以，从长期来看，货币政策不会对国民收入与价格水平产生影响。

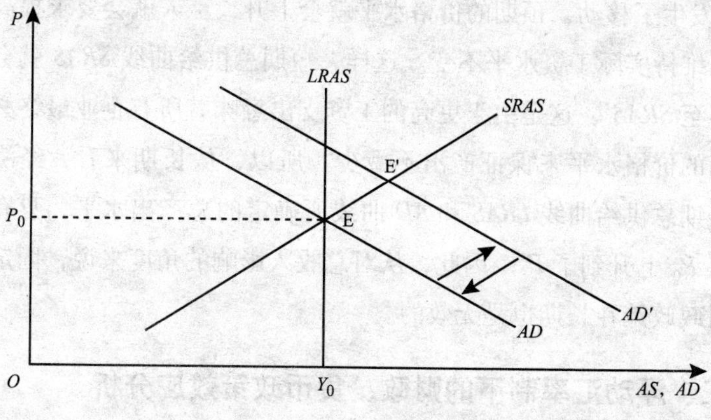

图 9－31　固定汇率制下货币政策的长期效应

（二）固定汇率制下的财政政策分析

如图 9－32 所示，假设一国经济最初处于均衡状态 E 点，在固定汇率制下由于某种原因实施了扩张性财政政策，造成 *IS* 曲线右移，在 *AD－AS* 框架中 *AD* 曲线随之右移至 *AD′*。由于扩张性财政政策会导致本国利率上升，国际资本就要流入，本国货币有升值趋势，中央银行必须干预外汇市场（买进外汇），从而使得国内的货币供给增加。这会导致 *LM* 曲线也向右移动，进一步会引起总需求曲线继续从 *AD′*右移至

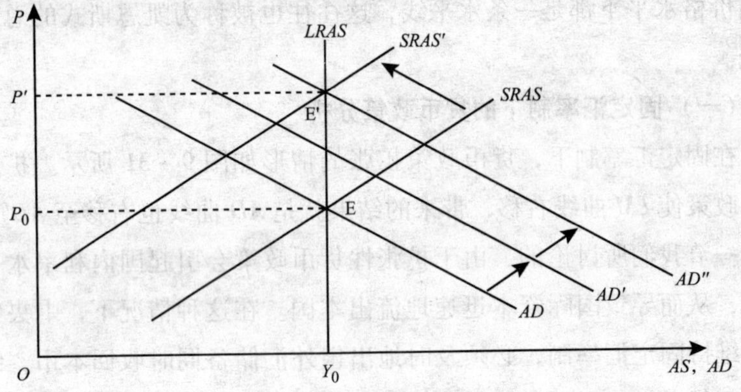

图 9-32　固定汇率制下财政政策的长期效应

AD''的位置。上一节中的 $IS-LM-BP$ 模型对总产出影响的分析就到此为止了，但我们现在还要考虑到经济中的总供给行为。由于总需求曲线 AD 发生了移动，预期的价格水平就会上升，工人就会要求提高名义工资以维持实际工资水平不变。这样，短期总供给曲线 $SRAS$ 就会向左上方移至 $SRAS'$，这是由于更高的工资支出意味着所有企业最终必定要求更高的价格水平来保证产出不减少。所以，从长期来看，经济会回归到长期总供给曲线 $LRAS$ 和 AD 曲线所确定的总产出水平，只有价格水平从 P_0 上升到了 P'。因此，从对总收入影响的角度来说，固定汇率制下财政政策在长期也是无效的。

三、浮动汇率制下的财政、货币政策效应分析

（一）浮动汇率制下的货币政策分析

如图 9-33 所示，扩张性货币政策使 LM 曲线向右移动，利率下降，资本流出，本币贬值，本国商品的竞争力增强，于是 AD 曲线右移至 AD'。而本国商品竞争力的提高同时还会带来净出口的增加，因而 IS 曲线也会右移，这就使得 AD'曲线再次右移至 AD''。这样，由于工人要求名义工资提高，经过一段时期以后，$SRAS$ 曲线将会向左上方移动。最终的均衡结果是经济重新回到期初的总产出水平上，但是价格水平提高了。因此，浮动汇率制下的货币政策在长期内是无效的。

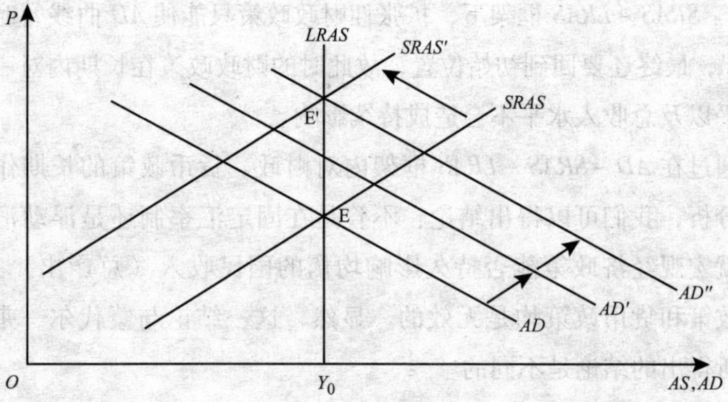

图 9－33　浮动汇率制下货币政策的长期效应

（二）浮动汇率制下的财政政策分析

图 9－34 反映的是浮动汇率制下扩张性财政政策的长期效应，从图形上看，此时的情形同固定汇率制下扩张性货币政策的结果很相似。在 *IS*－*LM*－*BP* 框架下，扩张性财政政策最初使 *IS* 曲线右移，*AD* 曲线随之右移至 *AD'*。但由于国内的利率上升导致短期国际资本大量流入，使得本币升值，本国商品在国际市场上的竞争力随之降低。本国商品国际竞争力的下降导致本国的净出口减少，*IS* 曲线又向左回移，从而 *AD'* 曲线也往左回移，这一过程一直持续到净出口的减少量等于政府支出的增加量为止，同时 *AD'* 曲线回到原来的 *AD* 曲线的位置。也就是说，这时的扩张性财政政策对净出口产生了完全的挤出效应。因此，

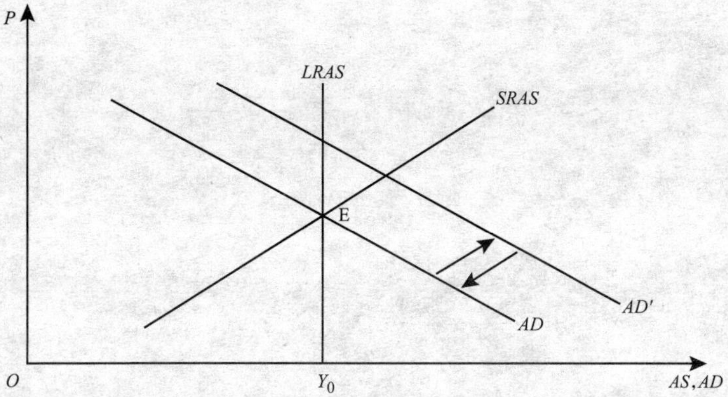

图 9－34　浮动汇率制下财政政策的长期效应

在 *AD* - *SRAS* - *LRAS* 框架下，扩张性财政政策只能使 *AD* 曲线暂时右移至 *AD'*，最终还要回到初始位置，故此时的财政政策在长期内对一般价格水平以及总收入水平不会造成持续影响。

通过在 *AD* - *SRAS* - *LRAS* 框架内对财政、货币政策的长期作用效果的分析，我们可以得出结论：不管是在固定汇率制还是浮动汇率制下，就宏观经济政策能否持久影响均衡的国民收入（总产出）来说，财政政策和货币政策均是无效的。显然，这一结论与蒙代尔—弗莱明模型所得出的结论是不同的。

本章小结

开放经济下的政策目标可分为内部均衡目标和外部均衡目标两部分。一国经济的内部均衡目标主要包括充分就业、物价稳定和经济增长；外部均衡目标主要是保持国际收支平衡。一国经济运行的理想状态是：国内实现了充分就业的均衡，同时国际收支也处于平衡状态。但在现实经济生活中这种理论状态很少能够实现，为此就需要政府采取相应的宏观经济政策进行调控。内部均衡与外部均衡是相互影响的。当政府采取措施努力实现某一均衡目标时，这一措施可能会同时造成开放经济另一均衡目标的实现，也有可能对另一均衡问题造成干扰或破坏，前者称为内外均衡的一致，后者则称为内外均衡的冲突，即米德冲突。

在开放经济条件下，政府主要是通过对社会总需求进行调节来实现内外均衡。而对社会总需求的调节又可分为对需求总量和对需求结构进行调节两个方面。因此，宏观经济政策可分为两种类型：支出增减型政策和支出转换型政策。所谓支出增减型政策，是指能够通过改变社会总支出水平进而引起社会总需求水平变动的宏观经济政策，主要有财政政策和货币政策。所谓支出转换型政策，是指能够通过影响本国贸易商品的国际竞争力，改变支出构成而使本国收入相对于支出增加的政策，主要有汇率政策与直接管制政策。狭义的支出转换型政策一般专指汇率政策。支出转换型政策的实质是在总需求的内部进行结构性调整，从而使得总需求的构成在国内吸收与净出口之间保持合理的比例。

针对米德冲突，丁伯根提出了著名的“丁伯根原则”，即要实现若干个独立的政策目标，至少需要相互独立的若干个有效的政策工具。这一思想对于经济政策理论产生了深远影响，但丁伯根原则并没有明确指出每种工具有无必要在调控中侧重于某一目标的实现。蒙代尔于20世纪60年代提出的有关政策指派的“有效市场分类原则”则弥补了这一缺陷。根据这一原则，蒙代尔区分了财政政策和货币政策在影响内外均衡上的不同效果，提出了以货币政策实现外部均衡目标、以财政政策实现内部均衡目标的政策指派方案。

蒙代尔—弗莱明模型是分析短期内财政、货币政策在开放经济下的效应的主要工具。该模型以标准的 *IS－LM* 模型为基础，纳入了国际收支因素，以小型开放经济体为分析对象。根据蒙代尔—弗莱明模型的分析，在固定汇率制下，货币政策总是无效的；而在浮动汇率制下，货币政策却总是非常有效的。在固定汇率制下，随着资本流动性的增强，财政政策的作用效果也逐渐增强；而在浮动汇率制下，财政政策的作用效果却随着资本流动性的增强而逐渐减弱，直至无效。

在分析财政、货币政策的长期效应时，我们必须考虑价格调整因素，因此需要运用 *AD－AS* 模型进行分析。根据这一模型，我们发现在开放经济条件下，不管是在固定汇率制还是浮动汇率制下，财政、货币政策均是无效的。

重要概念

内部均衡　外部均衡　米德冲突　丁伯根原则　支出增减型政策　支出转换型政策　政策指派原理　有效市场分类原则　蒙代尔—弗莱明模型　总供给—总需求模型

复习思考题

1. 开放经济下政府的宏观调控目标是什么？
2. 简要说明内部均衡与外部均衡的基本内容及相互关系。
3. 试述有效市场分类原则的基本内容及其重要意义。
4. 什么是蒙代尔—弗莱明模型？如何理解该模型在国际金融学中

的地位？

5. 试用蒙代尔—弗莱明模型分析固定汇率制度下的财政、货币政策效应。
6. 试用蒙代尔—弗莱明模型分析浮动汇率制度下的财政、货币政策效应。
7. 请用 *AD－AS* 模型分析不同汇率制度下财政、货币政策的长期效应。
8. 近年来，我国的经济开放度不断提高，请分析开放度的提高对我国货币政策效应所带来的影响。

第十章　开放经济下宏观经济政策的国际协调

我们在对开放经济体的国际收支调节和内外部均衡进行分析的过程中，遵循了一个隐含的假设前提：即该国的任何政策举措都不会对其他国家产生影响，只需考虑如何协调好内外部均衡就可以了。然而，在一个开放的相互依赖的现实世界经济中，这一假设并不成立。随着世界经济一体化和金融全球化的逐步深入，一国（特别是中国这样的大国）宏观经济政策的出台往往会对其他国家产生重要影响，当这种影响是负面的时，就会引起国际间的矛盾和冲突。

第一节　开放经济下宏观经济政策国际协调概述

宏观经济政策的国际协调（International Coordination）有广义和狭义之分。从狭义来讲，国际间宏观政策协调是指各国在制定国内宏观经济政策的过程中，通过各国之间的对话和磋商等方式来对某些宏观政策进行共同的设置。而从广义来说，凡是国际范围内能够对各国国内宏观经济政策产生一定程度制约的行为均可视为国际间的政策协调。我们所说的宏观政策的国际协调是从广义而言的。

一、宏观经济政策国际协调的层次①

根据政策协调的程度，国际间的政策协调从低到高一般分为以下六个层次：

（一）信息交换（Information Exchange）

信息交换是指各国政府相互交流本国为实现经济内外均衡而采取的宏观调控的政策目标范围、政策目标侧重点、政策工具种类、政策搭配原则等信息，但仍在独立、分散的基础上进行本国的政策决策。通过这种信息交换，各国政府可以避免对他国政府政策调控的目标、意图等作出错误判断和估计，以正确地分析本国经济与外国经济之间的溢出效应。但信息交换是一种最低层次的国际协调形式，这里有两层含义：第一，信息交换是其他各种国际政策协调的基础，没有信息交换，就谈不上更高层次的国际协调；第二，只有信息交换而没有各国实际政策或在处理重大事件时的行动协调，难以达到实质上的国际政策协调。

（二）危机管理（Crisis Management）

危机管理是指针对世界经济中出现的一些突发性、后果特别严重的事件，各相关国家或国际组织之间通过政策协调以缓解、度过危机。例如，在1997年亚洲金融危机过程中，为了处理韩国金融危机总共投入了570亿美元资金，出资的国际组织和国家包括国际货币基金组织、世界银行、亚洲开发银行、美国、英国、澳大利亚、比利时、加拿大、法国、德国、意大利、日本、荷兰、瑞典和瑞士等。但危机管理这一协调形式是比较偶然出现的、临时性的措施，其主要目标在于防止各国各行其是的政策使危机更加严重或蔓延。

（三）避免共享目标变量的冲突（Avoiding Conflicts over Shared Targets）

共享目标变量是指两国所要面对的同一目标，如浮动汇率制下两

---

① 本部分的内容主要参考了马君潞、陈平、范小云主编：《国际金融》，科学出版社2005年版，第298—301页。

国之间的汇率。由于两国的共享目标是同一个，因此当两国对此设立了不同的目标值时，两国之间就会产生直接冲突，两国间的相应政策也就成为具有竞争性的“以邻为壑”的政策。国家间的竞争性贬值就是共享目标冲突的典型例子。

（四）合作确定中介目标（Cooperation Intermediate Targeting）

合作确定中介目标是指国家间合作制定那些可能会对其他国家经济产生溢出效应的中介变量指标。各国国内的一些经济变量会通过国与国之间的联系而形成一国对另一国的溢出效应，因此各国有必要对这些中介目标进行协调，以尽量避免对外产生不良的溢出效应。另外，合作确定中介目标变量之所以重要，是因为从政策工具到政策目标实现之间往往有一个相当长的作用过程，而中介变量既可以提供政策工具是否得力的信息，又能够帮助估计政策目标的可实现程度。中介目标既可能是共享目标变量，也可能是其他变量，如一国的货币供应量。

（五）部分协调（Partial Coordination）

部分协调是指不同国家就国内经济的某一部分目标或工具进行协调。例如，仅对各国的国际收支状况进行协调，而国内经济的其他变量则不纳入协调范围。又如，仅就各国的货币政策进行协调，而财政政策则可由各国根据具体情况独立制定。1987 年的《卢浮宫协定》就是一个部分协调的例子。《卢浮宫协定》确定了以汇率目标区为基础的各国汇率政策合作的基本框架，同时也制定了合作性货币政策、财政政策的目标，包括美国削减政府赤字、联邦德国减税、日本降低利率并扩大财政预算支出等。

（六）全面协调（Full Coordination）

全面协调是指将不同国家的所有主要政策目标和工具都纳入协调的范围，目的是使政策协调收益最大化。欧洲经济共同体以及欧元区的建立是不同国家政策全面协调的最典型案例。

二、宏观经济政策国际协调的方式

宏观经济政策国际协调的方式主要有两种：相机性协调（Discretion-based Coordination）与规则性协调（Rule-based Coordination）。

所谓相机性协调是指根据实际经济面临的具体情况，在不存在规定各国应采取何种协调政策的规则的情况下，通过各国间的协商来确定针对某一特定情况各国应采取的政策组合。在这种协调中，协调采取了外在的明确形式，实际上是一国宏观经济调控中相机抉择的推广。一般认为，这种协调方式的优点在于可以针对不同的条件就更为广泛的问题进行协商，也就是具有较高的灵活性。相机性协调的缺点主要表现在可行性与可信性方面：从可行性来看，每次政策协调行动实际上意味着各国政府间的一次讨价还价，这样一次次的政策协调就会带来很高的协调成本，况且也难以对各国政府进行有效的制约，容易导致竞相违约以及“搭便车”现象，缺乏可持续性；从可信性来看，相机性协调下的协调措施完全由各国协商决定，缺乏一个明确的行动规则，这就会产生较大的不确定性，从而难以通过影响公众的心理预期来发挥预期的政策效力。

所谓规则性协调是指通过制定出明确的、各国应该遵守的规则来指导各国采取政策措施进行协调的方式。在这种协调方式中，规则的要求代替了对政策协调的反复磋商和协定，是一种内在的含蓄形式而不是外在的明确形式。规则性协调的优点在于：一是明晰的规则有助于形成对各国政府行为的外部约束，因此确保了政策的可观测性和可信性；二是政府可以国际规则为借口更容易地推行某种政策，有效减少了国内对政策的争论；三是规则的长期性可以鼓励参与政策协调的各方考虑行为的长期结果，从而可以减少“搭便车”行为。同时，规则性协调也存在着不少缺陷：一是规则的达成不易，因为各国对一系列规则达成一致认同是十分困难的；二是规则可能包含着对参与方的不对称义务，这对规则的持续性会产生影响；三是规则缺乏一定的灵活性，当经济形势发生变化时要想迅速改变规则十分困难。实际上，如果货币金融方面的协调规则对各国实现内外均衡的一些基本问题都作了比较完整的规定，那么，这一协调规则实际上就构成了国际货币制度。历史上的国际金本位制、布雷顿森林体系、欧洲货币体系都是规则性协调的例子。近几十年来，西方经济学者先后提出了一些很有影响的规则性协调方案，本章后面将会对影响较大的几个方案进行简要介绍。

三、宏观经济政策国际协调的收益

我们知道，开放经济中的各国经济体之间存在着相互依存性，一国的经济政策对其他国家会产生溢出效应。在这种情况下，各国的经济政策面临着两种选择：一种方式是完全独立分散决策，即在考虑到政策的溢出效应的情况下，尽可能地选择使本国收益最大化的政策方案；另一种方式则是对各国政策进行某种程度的国际协调。在很多情况下，第一种选择往往是不合理的，因为它在各国寻求本国利益最大化的相互作用过程中，最终结果可能是低效率的，各国都会受到损失。因此，在国与国之间进行政策协调往往是必要的，即一国在制定经济政策以及采取经济措施时，考虑他国的反应以及将会采取的措施，以做出尽可能地使自身利益最大化的决策。在进行国际协调的过程中，各国宏观经济政策的制定及选择过程实际上就是一种博弈过程，近年来对宏观经济政策协调合理性的研究多是运用博弈论方法进行的。下面我们首先介绍哈马达模型（Hamada's Model）的主要思想①。

（一）哈马达模型

哈马达模型分析了两国条件下的情形，但其结论可直接推广到多国条件的情况中。我们假定各国政策制定者的目标函数取决于两国的政策工具，那么，两国短期均衡的福利水平 U_1 和 U_2 都是政策工具 I_1 和 I_2 的函数：

$$\begin{cases} U_1 = U_1(I_1, I_2) \\ U_2 = U_2(I_1, I_2) \end{cases} \tag{10.1}$$

若以 I_1 和 I_2 为坐标轴，我们可以画出两国福利的无差异曲线。如图 10－1 所示，横轴代表国家 1 的政策工具 I_1，纵轴代表国家 2 的政策

① Hamada K.，1985，*The Political Economy of International Monetary Interdependence.* Cambridge，Mass：MIT Press.

工具 I_2。沿着坐标轴箭头方向移动，代表国家 1 和国家 2 的政策趋向扩张。国家 1 的目标函数定义为一系列连接国家 1 的福利相同点的无差异曲线，在不存在政策溢出效应的情况下，这些无差异曲线可能是垂线，福利水平由国家 1 的政策安排 I_1 唯一地确定；同样，如果不存在溢出效应，国家 2 的无差异曲线则是一系列水平线，其福利水平由政策安排 I_2 唯一地确定。这意味着两国各自的政策不会对对方造成影响，即每一国最优政策的选择是独立于别国最优政策的，各国不必考虑对方采取什么样的政策就能够制定自己的政策以实现最优福利安排，即此时各国没有必要展开政策协调。但在现实中，没有政策溢出效应几乎是不可能的，经济全球化程度越深，一国政策对别国福利的影响也越显著。由于两国经济的相互依存性，对一国而言，它的最佳政策选择必然受到别国政策选择的影响。对于国家 1，必然存在这样一点，它表示国家 1 最愿意采取的政策与国家 2 的政策所构成的组合，这个对于国家 1 而言的最佳福利点用 B_1 来表示，国家 1 的无差异曲线是一系列围绕最佳福利点 B_1 的椭圆形曲线；同样，对于国家 2 也一定存在这样一个最佳福利点，我们用 B_2 来表示，国家 2 的无差异曲线是一系列围绕最佳福利点 B_2 的椭圆形曲线。在图 10－1 中，两组无差异曲线分别表示国家 1 和国家 2 产生同等福利水平的任何政策组合：$\{U_{1i}\}$ 是国家 1 的具有同等福利水平的无差异曲线的集合，即在每一条无差异曲线 U_{1i} 上各点的福利是相同的，但距离最佳福利点 B_1 越远的无差异曲线所代表的福利水平越低；类似地，$\{U_{2i}\}$ 表示国家 2 具有同等福利水平的无差异曲线的集合，B_2 表示国家 2 的最佳福利点。由图 10－1 可知，哈马达模型分析的依据是：政策变量越是趋向扩张的国家越能获益，即其福利水平越高。

在图 10－1 中，线 B_1B_2 为两组无差异曲线 U_{1i} 和 U_{2i} 一系列相切点的连线。沿着 B_1B_2 线移动，一国的福利水平在另一国福利水平不降低的条件下不可能再提高，故 B_1B_2 线可称为“帕累托契约线”。两国选择的经济政策只有当两国无差异曲线相切时才是最有效的，在切点上的政策实现了帕累托最优，即此时一国福利的增进必须以牺牲另一国福利为代价。这些切点构成的曲线就是图中连接两国最佳福利点的帕

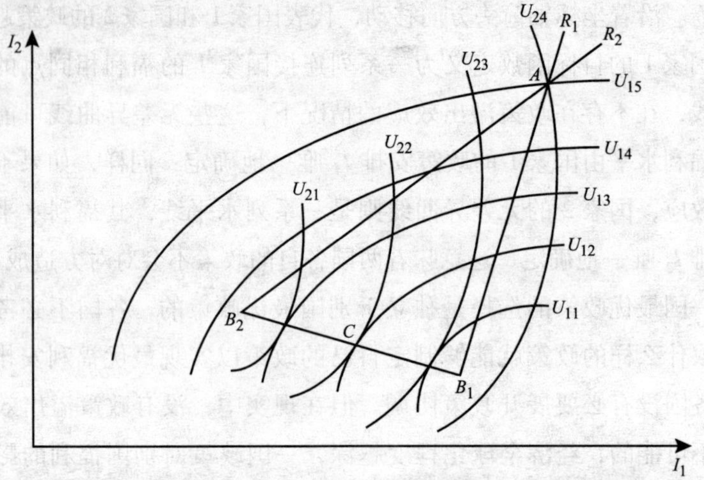

图 10－1　哈马达模型图

累托契约线 B_1B_2，契约线上的点所代表的政策是国家 1 和国家 2 进行政策协调的结果。

在不存在政策协调的情况下，每个国家在决定如何实现自己的经济目标时，面临着在给定对方政策的选择下决定自己最优政策的问题，这样就产生了每个国家的反应函数。反应函数意味着一国的最优政策是另一国最优政策的函数。一个给定的外国政策，决定了本国的最优政策，当外国政策发生改变时，本国最优政策也会相应改变。根据反应函数可以画出各国的反应曲线。在不存在协调的情况下，国家 1 在决定自己的政策时会把国家 2 的政策当成是给定的，这样，对于任何 I_2 的安排，国家 1 都将因此选择 I_1 来使其福利最大化。于是，国家 1 选定 I_1 为无差异曲线和对应 I_2 的水平线相切的点，只有如此才能保证使本国福利最大化（即最接近本国的最佳福利点 B_1），变动的 I_2 勾画出了连接国家 1 的无差异曲线 U_{1i} 上水平点的该国反应曲线 R_1。国家 2 的反应曲线 R_2 可通过在给定 I_1 的情况下描述 I_2 的最优选择的方法来相似地得到，R_2 连接国家 2 的无差异曲线 U_{2i} 与对应 I_1 的垂直线相切的点。

在不存在两国之间的政策协调时，国家 1 和国家 2 均在给定对方政策选择下，独立地、不受影响地选择自己最佳的政策，此时的纳什均衡点（Nash Equilibrium Point）为两国反应曲线 R_1 和 R_2 的交点 A。在这个纳什均衡点上，两个国家都在另一国家政策给定的情况下选择自己的最优政策，而且没有一个国家希望改变其政策。但这个纳什均衡点却是无效率的，因为它所代表的福利水平比契约线上进行适当的政策协调所对应的任意点都更远离帕累托最优状态。这说明，在存在政策溢出的前提下，进行政策协调将有助于改进参加协调国的福利水平。当存在两国之间的政策协调时，如果两国经过协调，采取比非合作均衡更能改善处境的政策组合，使得经济处于有效的帕累托契约线 B_1B_2 上，此时达到的是帕累托最优状态。至于均衡点在 B_1B_2 上的确切位置选择，将取决于达成一致协调政策双方的谈判力量。与非合作相比，通过政策协调，博弈双方的福利水平得到了明显提高。

通过对哈马达模型的分析，我们发现：在两国的最优福利点不同，即存在政策冲突的情况下，政策的协调可以改进效率，从而使协调双方的福利水平得到改进。经济政策国际不协调是无效率的，通过经济政策的国际协调可以实现帕累托效率。但需要强调的是，协调产生的合作均衡虽有助于双方福利的提高，却只具有短期效应。在短期内，协调双方福利水平的提高程度取决于博弈双方的谈判力量；在长期内，随着博弈双方地位的此消彼长，原有的利益分配格局势必被打破，双方又要开始新的谈判和协调。

对此，我们应注意三点：

第一，这种结果取决于政策的溢出效应。在不存在溢出效应的情况下，每个国家的最大福利点变成一条直线（对国家 1 来说是垂直的，而对国家 2 来说则是水平的），所以一国最优政策的选择独立于其他国家的最优政策选择。在这种情况下，两国都能获得最优福利安排，而且未协调的政策制定也不是无效率的。但是，这只是一种特殊的和很难发生的情况，因为开放经济下的政策溢出效应是普遍存在的。

第二，政策协调并不要求政府在目标上达成协定。各国政府的目标可以十分不同，而政策协调却是需要的。这在图 10－1 中已得到说明：两国的最佳福利点不同，故存在内在的政策冲突。协调依然是处理这种冲突的最好办法，通过协调可以使得经济处于有效的契约线

B_1B_2 上。在 B_1B_2 线上被选择的确切点将取决于达成一致的协调政策的谈判过程。

第三，协调的产生要受“搭便车”（Free Riding）或违约问题的影响。如果国家 1 认为国家 2 将继续执行协定的政策，比如在 C 点，那么国家 1 就能从违约中获利，表现为选择其反应曲线上离点 B_1 更近的点。如果监督政策执行比较困难的话，这种情况就很容易发生，国家 1 可以在振振有词地证明它坚持协议政策的同时违约。而且如果政策协调是在多国之间进行的，那么违约的动机会更强，这是由于非违约国可能仍有一些动机来继续它们之间的共同政策，尽管它们中有一个成员违约。

（二）囚徒困境（Prisoner's Dilemma）

以上我们通过哈马达模型分析了开放经济下宏观经济政策国际协调的必要性，接下来我们再通过一个简单的囚徒困境的例子说明同一个问题。

考虑经济规模相当的国家 1 和国家 2 之间实行的是浮动汇率制，假定一国经济运行中存在的问题主要是通货膨胀和失业问题，对这些问题的严重程度进行衡量的统计方法是社会的损失函数（Loss Function）。我们可以假定损失函数等于一国通胀率和失业率之和[①]。此时，国家 1 和国家 2 面临的突出经济问题都是高通货膨胀，两国的主要政策工具是货币政策。

在封闭经济条件下，政策制定者只要根据通货膨胀和失业之间的短期替代关系就可以确定本国货币政策的效果；但在相互依存的开放经济条件下，一国在制定货币政策时还必须考虑本国货币政策对他国的溢出效应。我们知道，在浮动汇率制下，本国货币政策的相对紧缩（即本国货币政策比外国货币政策更紧）会在提高利率降低本国产出水平与通货膨胀水平的同时，通过吸引外国资本流入而引起本币升值来降低进口商品价格，从而进一步降低本国的通货膨胀水平。因此，各国的货币政策都会试图使得本国货币升值，以遏制本国的通货膨胀。

① 损失函数有多种定义方法，这里的定义纯粹是为了分析问题的简便。

但问题在于，汇率是两国货币之间的相对价格，一国货币的升值即意味着另一国货币的贬值，故两国间的政策利益是相互冲突的。如果两国的决策者都各自行事，不进行政策协调，那么为了降低通货膨胀率，每个国家都会尽可能地实行紧缩货币政策以使本国货币升值。但两国都实行高度紧缩货币政策的净效应就是汇率不会发生变化，而两国却都要承受因实施紧缩货币政策所带来的经济衰退。

如果两国都执行原有的宽松货币政策，两国的通货膨胀率都将是6%，失业率为4%，这时两国损失函数值都是10。如果在外国实行宽松货币政策的同时，本国实施紧缩性货币政策，那么本国将获得货币升值所带来的反通胀的利益，此时国内通胀率为2%，失业率为6%，社会损失函数值为8；而外国将蒙受货币贬值与通货膨胀率上升的损失，国内通胀率为12%，失业率为3%，社会损失函数值为15。如果两国同时实行紧缩的货币政策，则两国都将发生严重的经济衰退，两国失业率都上升到10%，通胀率下降为3%，两国的社会损失函数值都是13。我们可以用表10－1来分析上述结果。

表10－1　两国经济政策博弈

		国家2	
		放松货币	紧缩货币
国家1	放松货币	(10,10)	(15,8)
	紧缩货币	(8,15)	(13,13)

从每一个国家的角度来看，不管另一个国家采取何种政策，本国采取紧缩货币政策总是占优的，因为这种策略能使本国社会损失函数值降低到最低程度。例如，在外国放松货币时，本国紧缩货币带来的社会损失函数值8小于放松货币时的社会损失函数值10；而在外国紧缩货币时，本国紧缩货币所带来的社会损失函数值13同样小于放松货币时的社会损失15。这样一来，在国家1和国家2分散决策的情况下，两国都将会选择紧缩性货币政策，这一结果不会有任何一方主动打破它，经济处于稳定状态，但这一结果却是低效率的，即所谓的囚徒困

境。如果两国通过政策协调，完全可以使两国的境况都有所好转。例如，当两国都采用宽松的货币政策时，两国的社会损失函数值均由13降低到10。因此，如果通过一定的程序对两国政府的经济政策进行协调，那么最终结果将会比没有协调时更有效率。

四、宏观经济政策国际协调的障碍

尽管宏观经济政策的国际协调在促进各国经济增长方面有着十分重要的作用，但从现实情况来看，国际间经济政策协调的发展仍然落后于世界经济的发展需要，原因就在于有不少因素构成了经济政策国际协调的障碍。

第一，从协调行为本身来说，各国从本国利益出发进行政策协调缺乏相互之间完全信任的基础。在开放经济中，宏观经济政策的国际协调是建立在协调双方（或多方）行动一致的基础上的，只有协调各方都遵循行动规则，经济政策的国际协调才能发挥作用。但如果任一协调方为了本国的自身利益而违约的话，政策协调的效果就会被削弱，严重时还会引起他国采取报复性措施和行动，最终不利于协调各方的利益。所以，要想取得政策协调的预期效果，协调各方之间必须具有良好的、稳定的信任关系。但在现实中，政策的国际协调是一个参与协调各国之间不断博弈的过程，在他国遵守协调协议的条件下，一国就往往面对违约的诱惑，因为在这种情况下一国通过违约可以获得更大的利益。各国为了本国的利益，都希望他国能采取共同约定的政策，而自己则仅仅执行对本国有利的政策。这种现实中存在的利益差异造成的违约可能性的存在使得协调各方都无法完全信任对方。此外，政策的国际协调本身也缺乏权威性监督机制，当仅有一国偏离约定的政策目标时，其他国家也许可以通过采取一些措施对其行为进行打击和报复，但如果参与协调的大部分国家都发生偏离时，预定的政策目标就必定难以实现。

第二，协调成本以及国内政策独立性下降也是阻碍政策国际协调的一个重要原因。国家之间的宏观经济政策协调并不能保证每个参与协调的国家都能获得相应的利益，有时甚至可能会出现某一参加国因为采取共同行动而遭受利益损失的现象。在这种不利于政策协调的情形下，只有当利益受损国能以某种形式获得补偿时，政策协调才有可能继续下去，这在客观上降低了国家之间政策协调的机会。阻碍政策协调的成本还表现在政策协调的艰难谈判过程之中。实践证明，国际间通过谈判达成宏观经济政策的协调是一项非常复杂和困难的工作，而且政策目标越多，参与谈判的国家越多，其谈判难度也就会越大。另外，政策协调还会使参与协调的各国国内的政策制定受到不同程度的制约，从而政策独立性受到影响。我们知道，各国的宏观经济在不同时期往往具有不同的特征，为了有效解决具有本国特色的经济运行问题，就必须保持国内政策制定上的独立性。这样，由于政策协调会损害政策独立性，这在客观上就会阻碍政策协调的达成，并有可能在达成协议后造成政策执行过程中的滞后和拖延现象。

第三，各国政府对经济运行态势的不同看法、对政策目标的不同偏好以及各国政策工具运用条件的差异，都会给政策协调带来困难。国际间政策协调的最大障碍不是来自于各国政府对协调收益的不理解，而是在于政府之间对采取何种手段来达到某一政策目标往往有着不同的认识。一般情况下，当各国政府对经济运行态势持不同观点时，在针对某一目标选择政策工具时就会存在不同的看法，这种分歧是造成政策协调困难的一个主要原因。而当面临较多目标时，各国政府互不相容的政策目标又会引起关于不同目标的争论，达成政策协调的一致的意见更是困难。此外，各国经济发展水平等诸多方面的差异也决定了各国在政策工具运用上存在较大差异，这也会对宏观经济政策的国际协调造成影响。

第四，政策还会面临政治上的障碍，一国国内不同政党之间观点的差异、政府与民众观点的差异都会导致政策的国际协调难以推行。对一个国家来说，国内问题始终是政治生活的主宰，政府当局经常面临国内反对势力不愿进行政策国际协调的压力。在政策改变之前，政府还必须努力说服公众新的政策是如何优于旧的政策。但是，国际协调在意味着国内经济政策较少自由的同时，未来收益却是不确定的，故要想消除国内不同力量之间的观点差异就存在着很多困难。

五、宏观经济政策国际协调的实践

国际货币政策的协调开始于 20 世纪 50 年代，在当时的布雷顿森林体系框架下，各国之间的汇率保持固定，大多数国家优先考虑内部均衡，除非在外部失衡问题非常严重的情况下才会考虑对外均衡。直到 1973 年固定汇率制崩溃后，世界各国面对浮动汇率制出现的种种问题，政策协调开始得到西方各国的重视。简要来说，浮动汇率制下国际政策协调实践可分为三个阶段：

第一阶段：1974—1979 年。这一时期，各主要工业国都面临布雷顿森林体系下的高通货膨胀和两次石油危机带来的经济衰退。当时各国政府的政策制定者均按照凯恩斯主义理论要求实行需求管理，以维持实际经济变量和通货膨胀率的稳定。在这一时期，每年都举行经济首脑会议商讨政策。因此，更为灵活的、相机抉择的政策协调形式取代了布雷顿森林体系下以规则为基础的政策协调形式。1978 年的波恩首脑会议就是一个典型例子。1973 年第一次石油危机后，各国政府纷纷通过减税以维持总需求水平。但由于工资刚性等原因，通货膨胀率和失业率仍然居高不下，并且出现了经常账户的严重失衡现象。为了解决这些问题，经过几年的争论终于在 1978 年的波恩首脑会议上达成协定：日本和联邦德国采取扩张性财政政策，美国采取削减石油进口计划以抑制石油价格上涨，同时美国实施反通货膨胀措施。但该协定并未涉及货币政策的具体操作问题。由于波恩会议的决定对各国政策制定者（尤其是美国和联邦德国）提出了具体要求，因此在政策协调史上具有重要意义。但后来的现实经济运行并未实现协定的预期目标。

第二阶段：1980—1984 年。这一时期，各国经济都出现了持续的高通货膨胀，如何有效地抑制通货膨胀成为当时各国政策制定者的首要任务。由于当时货币主义思想流行，各主要工业国政府都以货币主义理论为指导，为了抵制本国的通货膨胀，都采取了紧缩性的货币政策。结果导致各国国内利率急剧上升，经济严重衰退。而工业国经济的衰退又进一步导致了世界经济的衰退。可以说，这一时期内基本上不存在财政、货币政策的国际协调行为。

第三阶段：1985年以后。这一时期，主要工业国的国际收支都出现了巨大不平衡：美国出现巨额贸易赤字，而联邦德国和日本则出现了巨额贸易盈余。而且在美国和其他国家的利率不断降低的同时美元却不断升值，这说明美元的升值实际上是一种投机行为。考虑到美元汇率不会持续维持，各国政策制定者同意进行政策协调，以逐步解决美元升值问题，避免美元汇率的硬着陆和引致金融危机带来的经济衰退。政策协调采取的主要方式仍是1974—1979年那种通过经济首脑会议协商的相机抉择形式。

1985年9月，西方五国（美、英、法、德、日）财长达成协议，采取联合干预措施使得各国货币有规律地对美元升值。到1986年1月，美元贬值了20%左右。1987年在巴黎再次召开七国首脑会议，根据当时汇率不稳定和美元汇率波动幅度过大等问题讨论了国际货币合作问题，提出共同干预货币市场的建议。通过货币金融领域的广泛合作，各国意识到宏观经济政策协调对促进经济增长、克服世界经济失衡的重要性。1985年的五国财长会议就认识到，要想达到某一政策目标，不仅需要本国国内政策的搭配，更需要有其他国家相应的政策支持。1986年东京首脑会议商定，七国集团财长每年至少会晤一次考察各国经济政策目标的相容性。他们还将监督包括经济增长、通货膨胀、贸易和经常账户差额、汇率、货币供应增长、政府预算等在内的经济指标，作为各国制定政策目标的基础。1987年的《卢浮宫协定》，描绘了以汇率目标区为基础的汇率合作前景，制定了一些有关货币、财政政策的目标：美国削减政府赤字，联邦德国减税，日本通过货币扩张来降低利率并扩大政府预算支出等。《卢浮宫协定》后宏观经济政策的国际协调进程表明：政策协调一直向着协定所建议的方向迈进，但合作仍然是松散的。

第二节　两国蒙代尔—弗莱明模型

我们知道，利用 *IS* - *LM* 模型可以分析封闭经济下财政政策和货币政策的作用效果。在第九章中，我们在 *IS* - *LM* 模型的基础上引入 *BP*

曲线建立的蒙代尔—弗莱明模型（$M-F$ 模型），则可用来分析开放经济下的财政政策和货币政策的作用效果。开放经济下宏观经济政策的国际协调实际上主要是指各国财政政策和货币政策之间的协调。因此，逻辑上我们可以把分析一国在开放经济条件下财政政策和货币政策效力的蒙代尔—弗莱明模型扩展为两国模型，就可用于讨论一国宏观经济政策的国际传导问题。

我们首先将前面介绍的以开放小国经济为分析对象的蒙代尔—弗莱明模型扩展到两国情况，用两国的 $IS-LM-BP$ 模型作为基本的分析框架来说明开放经济的相互依存性。两国模型与基本的 $IS-LM-BP$ 模型不同的是考虑两个国家，同时取消小国的假定，即这两个国家对对方来说均非小国，这样，基本的 $IS-LM-BP$ 模型中本国无法影响世界利率及外国国民收入的假定都要取消，资本在两国之间的流动会使两国利率水平均发生变化。因此，当模型的其他条件不变且资本完全流动时，一国的蒙代尔—弗莱明模型可以改写为两国的蒙代尔—弗莱明模型。

一、两国商品市场均衡

本国商品市场：

$$Y = A(G,i,Y) + T\left(\frac{eP^*}{P},Y,Y^*\right) \qquad (10.2)$$

外国商品市场：

$$Y^* = A^*(G^*,i^*,Y^*) + T^*\left(\frac{P}{eP^*},Y^*,Y\right) \qquad (10.3)$$

式（10.2）和式（10.3）分别代表本国与外国的商品市场均衡条件，即两国的 IS 曲线。其中，凡是带星号上标的都表示外国的相应变量。需要注意的是，与小国 $M-F$ 模型不同，由于这里的外国国民收入不再是常量，故在各国经常账户中不能省略外国国民收入这一变量。当本国国民收入增加时，通过边际消费倾向使得本国进口上升，外国出口增加。因此，外国经常账户是本国国民收入的增函数。

二、两国货币市场均衡

本国货币市场：

$$\frac{Ms}{P} = L(i,Y) \tag{10.4}$$

外国货币市场：

$$\frac{Ms^*}{P^*} = L^*(i^*,Y^*) \tag{10.5}$$

式（10.4）和式（10.5）分别代表本国与外国的货币市场均衡条件，即两国的 LM 曲线。两国在各自的货币市场根据货币供求状况确定各自的利率水平，当两国货币供求关系发生变化时，两国各自的利率水平就会发生变化。

三、两国外汇市场均衡

本国外汇市场：

$$i = i^* \tag{10.6}$$

外国外汇市场：

$$i^* = i \tag{10.7}$$

式(10.6）和式（10.7）表示两国外汇市场均衡的条件。我们知道，如果本国利率低于外国利率水平，会导致资本从本国流向外国，从而使本币贬值，外币升值。显然，只有当两国的利率水平完全相等时，两国外汇市场才能处于均衡状态。由于蒙代尔—弗莱明模型存在资本完全流动和对汇率的静态预期，因此，两国的利率水平相等即意味着非抵补的利率平价（UIP）成立。值得注意的是，两国 $M-F$ 模型与一国（或小国）$M-F$ 模型不同，这里的世界利率水平是由两国共同确定的，而不是本国只能“接受”世界利率水平。

两国蒙代尔—弗莱明模型可以用图 10 - 2 表示。在图 10 - 2 及以下的分析中，图形中都没有标明两国的 *BP* 曲线，这是因为在资本完全流动的条件下，*BP* 曲线就是相对于利率的水平线。

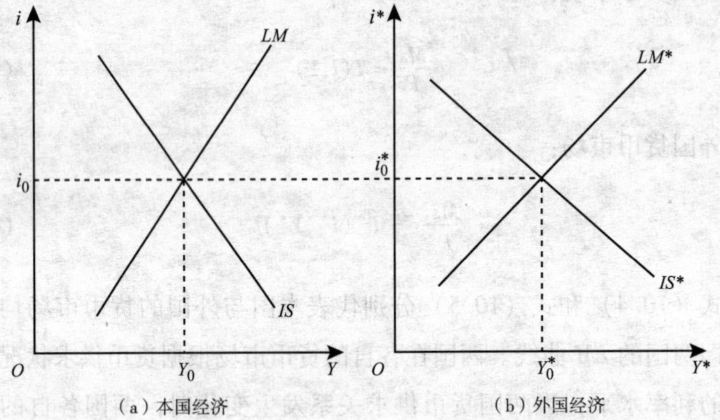

图 10－2　两国蒙代尔—弗莱明模型

四、冲击传导机制

在两国蒙代尔—弗莱明模型中，两国的国民收入通过贸易收支发生联系，两国利率水平通过外汇市场发生联系，两国的价格水平通过实际汇率发生联系。因此，从这一基本模型中，我们可以分析出当一国为实现其经济目标而实施某种宏观经济政策时，这一政策对别国经济的冲击会通过以下三种传导机制进行传递。

第一，收入机制。这一机制存在的原因在于一国边际进口倾向的存在，使得一国国民收入的变动导致该国进口（即另一国出口）发生变动，这会通过乘数效应带来另一国国民收入的变动。一国经济中的边际进口倾向越高，另一国的出口乘数越大，冲击通过这一机制向别国经济进行传递的效果就越显著。由于绝大多数国家之间都存在着商品贸易联系，故这一机制是非常重要的。

第二，利率机制。利率机制对冲击的传导主要是通过国际资本流动进行的。资本流动的目的在于逐利，当一国利率发生变动时，势必引起资本在国家间的流动，这就会带来相应经济变量（如外汇储备或汇率）发生变动，从而对别国经济造成影响。显然，这一机制的效果取决于一国实际部门和货币部门之间的一体化程度以及资本流动性程度。国际间的资本流动程度越高，这一机制对冲击的传导效果就越明显。

第三，相对价格机制。相对价格机制包含两个方面的内容：一是汇率不变但一国国内的价格水平发生变动；二是本国名义汇率发生了变动。由于实际汇率是由名义汇率和价格水平共同决定的，故上述任何一种变动都会引起实际汇率的变动，并带来两国商品竞争力的变化，从而对别国经济产生冲击和影响。

需要特别指出的是，我们在上文描述的两国 $M-F$ 模型中，没有包括两国的价格水平通过实际汇率发生联系的相关方程，即我们没有考虑相对价格机制的影响，这样处理主要是考虑到尽可能地使分析框架简单易懂。如果我们引入相对价格机制就要扩展两国 $M-F$ 模型，即要引入总供给和总需求的分析，那会使分析变得相当复杂。

在以下的分析中，我们将运用两国 $M-F$ 模型具体分析固定汇率制和浮动汇率制下宏观经济政策的国际传导。为使分析尽量简单，除了不考虑相对价格机制的影响外，我们仅考虑本国变量对外国造成的溢出效应，而不考虑外国变量进行调整后又引起本国变量发生变动的反馈效应。

第三节　开放经济下宏观经济政策的国际传导

一、固定汇率制下宏观经济政策的国际传导

（一）货币政策的国际传导

在固定汇率制下，货币政策的作用效果与由哪一个国家负责维持固定汇率制密切相关。如果一国实行扩张性货币政策，同时又要负责维持固定汇率，那么货币政策就是无效的。这是由于扩张性货币政策

会引起利率下降和资本流出，为防止本币贬值，中央银行必须在外汇市场上卖出外汇储备以维持固定汇率，并且卖出的外汇储备规模必须与当初的国内信贷扩张规模相等，从而完全抵消了最初货币供给扩张的效果。如果完全由外国承担维持固定汇率的义务，情况则相反。在下面的分析中，我们假定两国负有同等维护固定汇率制的义务。

在图 10－3 中，期初本国经济和外国经济分别处于（i_0，Y_0）点和（i_0^*，Y_0^*）点。我们假定本国采用扩张性的货币政策，这一政策会引起 LM 曲线右移至 LM'，并会导致本国产出增加至 Y_1，本国利率水平下降至 i_1。

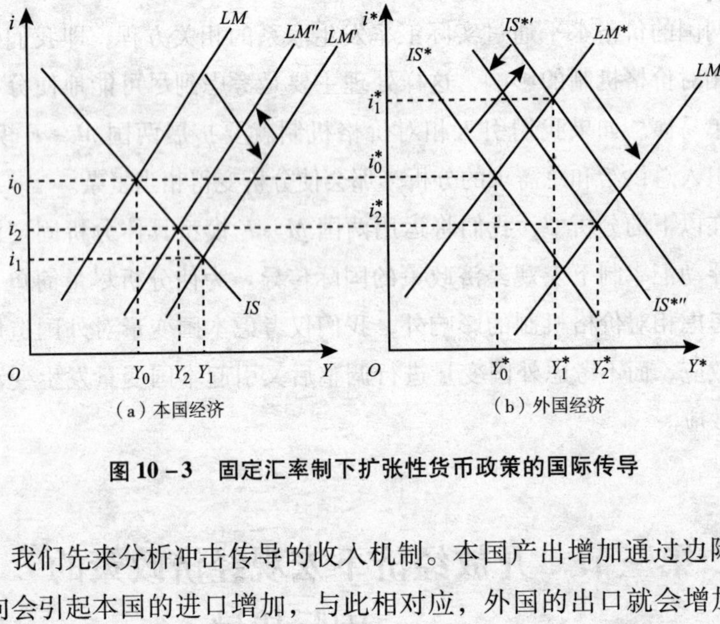

（a）本国经济　　（b）外国经济

图 10－3　固定汇率制下扩张性货币政策的国际传导

我们先来分析冲击传导的收入机制。本国产出增加通过边际进口倾向会引起本国的进口增加，与此相对应，外国的出口就会增加，从而使外国的 IS^* 曲线右移至 $IS^{*\prime}$（见图 10－3（b）），外国的产出水平增加至 Y_1^*。由于外国产出规模增加，实际货币需求就会上升，故外国利率水平将提高至 i_1^*。

接下来我们分析冲击传导的利率机制。由于本国的扩张性货币政策导致本国利率水平下降，外国利率水平上升。在资本完全流动的情况下，大量资本就会从本国流向外国，在外汇市场上本币供给增加，外币需求增加。这样，本币就会有贬值压力，而外币则有升值压力。

为了维持固定汇率制，两国政府（中央银行）会同时在外汇市场进行干预：本国政府必须在外汇市场上卖出外汇储备，这会导致本国外汇储备减少，从而货币供应量减少，图 10－3（a）中的 LM' 曲线左移至 LM''；而外国政府则在外汇市场上买进外汇，这会导致外国外汇储备增加，外国的货币供应量相应增加，图 10－3（b）中 LM^* 曲线右移至 $LM^{*\prime}$。本国和外国共同干预外汇市场的结果是：本国利率上升至 i_2，外国利率下降至 i_2^*。本国利率上升使得本国产出也下降至 Y_2，这又通过边际进口倾向带来外国出口（本国进口）的降低，外国的 $IS^{*\prime}$ 曲线左移至 $IS^{*\prime\prime}$。通过上述变量变动的共同作用，本国和外国的利率水平会逐渐趋于均衡，即有 $i_2^* = i_2$，两国经济最终重新处于均衡状态。此时，两国（或世界）货币存量高于期初水平，两国产出水平均高于货币扩张前的产出水平，但两国利率水平均低于本国货币扩张前的水平。

当考虑两国经济的相互影响时，在固定汇率制下，扩张性货币政策能同时促进两国的产出增加，并使两国的利率水平都有所下降。首先，扩张性货币政策能使本国产出增加。从第九章中我们知道，货币政策在资本完全流动时是无效的。而此时的货币政策之所以能发挥作用，是由于它可以通过影响国内利率最终对世界利率产生了影响。其次，扩张性货币政策能引起外国的产出增加，即一国国内的货币政策对外国经济有正的溢出效应。这一溢出效应通过收入机制和利率机制发挥作用，即本国收入增加通过本国进口的上升造成外国国民收入的增加；本国利率下降通过资本流动使外国货币供应量增加、利率下降，这也会造成外国产出的增加。

（二）财政政策的国际传导

在图 10－4 中，期初本国经济和外国经济分别处于（i_0，Y_0）点和（i_0^*，Y_0^*）点。我们假定本国采用扩张性的财政政策，这一政策会引起本国 IS 曲线右移至 IS'，本国产出增加至 Y_1，利率水平上升至 i_1。

我们先来分析冲击传导的收入机制。本国产出水平的增加会通过边际进口倾向引起本国进口（即外国出口）的增加，这会使外国的 IS^* 曲线右移至 $IS^{*\prime}$（见图 10－3（b）），外国的产出水平增加至 Y_1^*。

一般来说，通过收入机制的传递所带来的外国国民收入的增加幅度低于本国因财政政策扩张所带来的收入增加幅度，这在图 10－4（b）中体现为 IS^* 曲线较小幅度地右移至 $IS^{*\prime}$。由于外国产出规模增加，实际货币需求就会上升，故外国利率水平将提高至 i_1^*。

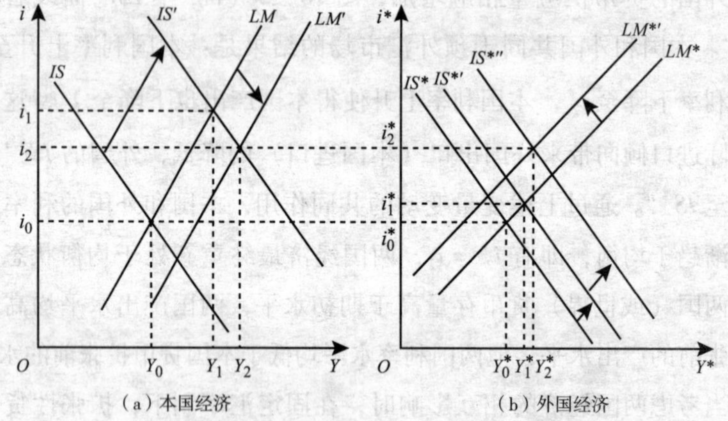

图 10－4　固定汇率制下扩张性财政政策的国际传导

再来分析冲击传导的利率机制。由于本国利率和外国利率水平都提高了，但本国利率水平的提高幅度大于外国利率水平提高的幅度。这时，国际资本将从外国流向本国，在外汇市场上就会出现本币需求增加和外币供应增加的现象。如果两国都负有维持固定汇率制的义务，那么，本国政府将在外汇市场上买进外汇，这会引起本国的货币供应扩张，图 10－4（a）中的 LM 曲线右移至 LM'，本国产出进一步增加，本国利率水平则有所下降；与此同时，外国政府则在外汇市场上抛售外汇储备，外国的货币供应量减少，图 10－4（b）中的 LM^* 曲线左移至 $LM^{*\prime}$，进而外国的产出下降，外国的利率上升。这个调整过程之后收入机制又会发挥作用：本国 LM 曲线右移带来的本国产出的进一步增加又通过边际进口倾向带来外国出口增加，即外国的 $IS^{*\prime}$ 曲线又进一步右移至 $IS^{*\prime\prime}$。这在造成外国利率水平进一步上升的同时抵消了部分因 LM^* 曲线左移至 $LM^{*\prime}$ 而引起的外国产出下降。当两国利率水平相等即有 $i_2^*=i_2$ 时，以上的调整过程才能结束。此时，世界货币存量不变，两国利率水平相等时确定的世界利率水平高于本国财政扩张前的利率水平，两国产出水平都高于财政扩张前的产出水平。

当考虑两国经济的相互影响时，在固定汇率制下，本国扩张性财政政策能促进两国的产出水平增加，同时使两国利率共同上升。首先，扩张性财政政策能促进本国产出增加。与一国条件下相比，此处财政政策对本国产出的扩张效应略低，这是由于此时的扩张性财政政策会通过对国内利率的影响导致世界利率水平的上升，这会对投资产生一定的挤出效应。其次，扩张性财政政策可以造成外国产出水平的增加，即国内的扩张性财政政策对外国经济有正的溢出效应。这一溢出效应是通过收入机制和利率机制共同发挥作用的，即本国国民收入增加通过本国进口的上升引起外国产出水平的增加，但本国更高的利率水平通过资本流动机制使外国货币供应减少，外国利率上升，这又会抵消一部分外国产出的增加效应。可见，此时扩张性财政政策的溢出效应低于同等情况下扩张性货币政策的溢出效应。

二、浮动汇率制下宏观经济政策的国际传导

浮动汇率制下的经济政策国际传导机制与固定汇率制下的最大区别，在于浮动汇率制下的国际收支不平衡不会引起货币供应量的调整，而是通过名义汇率的调整来重新达到平衡。因此，此时的宏观经济政策在国际间传导的效应也会发生变化。

（一）货币政策的国际传导

在图 10－5 中，期初本国经济和外国经济分别处于（i_0，Y_0）点和（i_0^*，Y_0^*）点。假定本国采用扩张性的货币政策，与在固定汇率制下的本国货币扩张通过收入机制对本国经济和外国经济产生的影响一样，在浮动汇率制下这一政策会引起本国 LM 曲线右移至 LM'，本国产出增加至 Y_1，利率水平下降至 i_1。本国的产出增加会引起本国进口的上升，也就是外国出口的上升，这会使外国的 IS 曲线右移至 IS'，外国产出增加至 Y_1^*，外国利率上升至 i_1^*。

由于本国的扩张性货币政策导致本国利率下降，而外国利率上升，

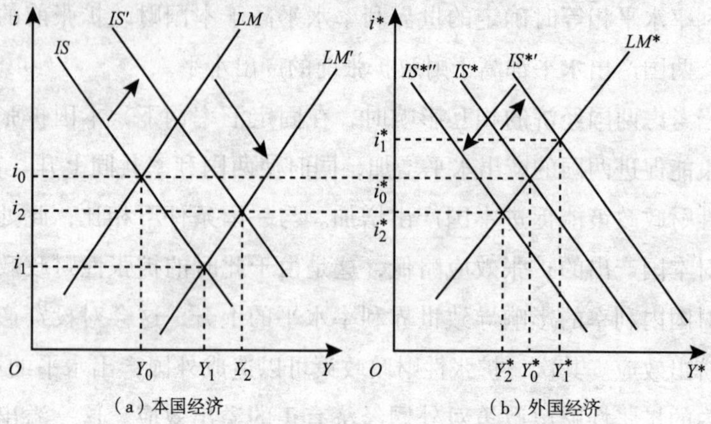

图 10－5　浮动汇率制下扩张性货币政策的国际传导

这样就会引起资本从本国流向外国。在固定汇率制下，由于本国和外国都有义务维持固定汇率制，故两国政府会同时干预外汇市场，结果两国的货币供应量会调整。但在浮动汇率制下，本国货币供应量增加必然导致本币贬值和外币升值，这会使本国产品的国际竞争力增强，本国的 *IS* 曲线会右移至 *IS'*，本国的产出会进一步增加，而利率则有所上升；与此同时，外国产品的国际竞争力则下降，外国的 *IS'* 曲线就会左移至 *IS''*，导致外国的产出和利率都下降。以上过程将持续到两国利率水平相等时为止。此时，两国（或世界）货币存量增加，两国利率水平都低于本国货币扩张前的水平，本国产出高于货币扩张前的水平，而外国产出则低于期初水平①。

当考虑到两国经济的相互影响时，浮动汇率制下扩张性货币政策的经济效应从长期来看是一种典型的"以邻为壑"（Beggar-thy-neighbor）政策，本国产出增加的一部分是以外国产出的相应下降实现的。首先，扩张性货币政策能促进本国产出增加。与一国条件下相比，货币政策对本国产出的扩张效应略低，这是由于本国货币扩张引起世界利率水平下降，本国货币贬值程度有所降低。其次，这一政策造成

① 外国产出之所以低于期初水平，是因为外币升值导致 *IS'* 曲线左移的幅度较大，使得均衡后的外国利率水平低于期初水平（由于本国货币扩张，世界货币存量增加，均衡的世界利率水平必然低于期初水平）。

外国产出下降，即此时本国扩张性货币政策对外国经济有负的溢出效应。这一负的溢出效应是因为在本国收入增加通过收入机制带来外国国民收入一定程度增加的同时，本国较低的利率通过利率机制使本国货币贬值和外国货币升值，这会引起外国经常账户恶化从而导致外国产出更大程度的下降。

（二）财政政策的国际传导

在图 10－6 中，期初本国经济和外国经济分别处于（i_0，Y_0）点和（i_0^*，Y_0^*）点。假定本国采用扩张性的财政政策，与在固定汇率制下的本国财政扩张效应通过收入机制对本国经济和外国经济产生的影响一样，在浮动汇率制下这一政策也会引起本国 IS 曲线右移至 IS'（见图 10－6（a）)，本国产出增加至 Y_1，利率则上升至 i_1。本国产出增加后，通过边际进口倾向使得外国的 IS^* 曲线右移至 $IS^{*\prime}$，这样，外国的产出也增加到 Y_1^*，外国利率则小幅上升至 i_1^*。虽然两国的利率水平都提高了，但本国利率水平提高得更多。

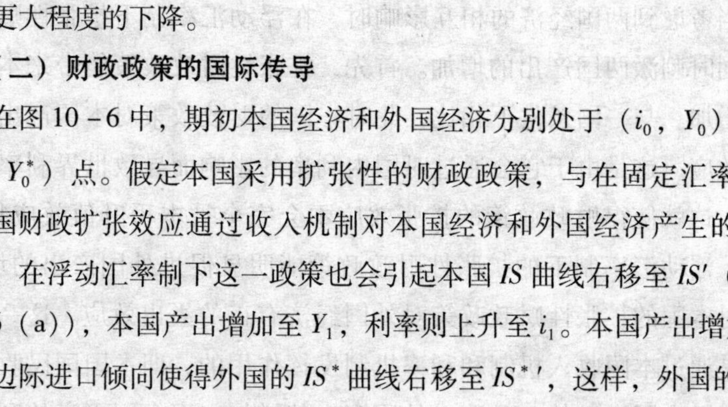

（a）本国经济　　（b）外国经济

图 10－6　浮动汇率制下扩张性财政政策的国际传导

由于本国利率水平高于外国利率水平，在利率机制的作用下，外国资本就会大量流入本国，从而导致本币升值，外币贬值。由于本币升值，本国产品的国际竞争力下降，本国出口就会减少，这会引起本国 IS' 曲线左移至 IS''，本国利率随之下降，而产出则有所减少；由于外币贬值，外国出口就会增加，导致外国的 $IS^{*\prime}$ 曲线进一步右移至 $IS^{*\prime\prime}$，外国产出也进一步增加，外国利率则继续上升。以上过程将持续到两国利率完全相等时为止。此时，世界利率水平比期初有所增加，本国和外国的国民收入水平都增加了。

当考虑到两国经济的相互影响时，在浮动汇率制下扩张性财政政策能同时刺激两国产出的增加。首先，扩张性财政政策能带来本国产出的增加。与一国条件下相比，此时本国的财政政策对本国产出存在扩张效应，这是由于它会通过对国内利率的影响而导致世界利率水平上升，这就使得财政政策的扩张效应不会完全被本币升值效应抵消。其次，浮动汇率制下的扩张性财政政策能明显促进外国产出的增加，即此时本国的扩张性财政政策对外国经济有正的溢出效应。这一溢出效应是通过本国收入机制和利率机制发挥作用的，即本国国民收入的增加通过本国进口的上升造成外国产出的增加，而本国更高的利率水平则通过本币升值和外币贬值使外国出口增加从而进一步提高了外国国民收入水平。因此，在浮动汇率制下，财政政策的溢出效应与货币政策的溢出效应正好相反。

本节我们运用两国蒙代尔—弗莱明模型分析了开放经济体之间通过收入机制、利率机制和相对价格机制等途径相互联系，并分析了一国宏观经济政策带来的冲击如何在国际间进行传导，考察了开放经济下各国经济的相互依存性。根据两国蒙代尔—弗莱明模型我们可以得出，一国的财政、货币政策会对别国产生溢出效应，这种溢出效应的存在使得一国在实现内外均衡目标的过程中会受到外国力量的制约，开放经济中的各国不可能完全不考虑各国经济之间的相互依存性来单方面实现本国经济的内外均衡。

值得一提的是，我们运用两国蒙代尔—弗莱明模型分析宏观经济政策的国际传导是在高度简化的前提下进行的。我们的分析没有涉及开放经济体之间的反馈效应，同时还建立在基本的蒙代尔—弗莱明模型预期汇率变动率为零、资本完全流动等一系列严格假设条件之上。事实上，在现实开放经济中，汇率预期的变动、资本流动性的大小、价格调整速度的差异，以及各国经济存在的不同的结构特征等都会使原有的溢出效应发生变化。开放经济中各国经济的相互依存性是非常复杂的，需要根据具体情况进行综合分析。

第四节 宏观经济政策国际协调方案

在经济存在相互依存性的条件下，一国实现内外均衡目标必须进行政策的国际协调，以避免分散决策带来的损失。在宏观经济政策的国际协调实践以相机抉择形式进行的同时，西方学者也设计出了一些具有特定规则的宏观经济政策国际协调方案，产生了广泛的影响。其中，最为重要的方案包括托宾（J. Tobin）提出的全球对外汇交易征收交易税的托宾税方案、麦金农（R. Mckinnon）提出的恢复固定汇率制方案以及威廉姆森（J. Williamson）等人提出的汇率目标区方案等。接下来我们对这几种著名国际协调方案进行简要介绍以开阔眼界和拓展思路。

一、托宾税方案

西方一些经济学家曾主张主要资本主义国家实行浮动汇率制并取消金融管制。按照他们的建议，一国采用浮动汇率制可使该国经济免遭国际货币波动的冲击，从而增强和扩大其独立执行货币政策的灵活性和范围。而取消金融管制则可以充分发挥市场机制功能，通过名义价格迅速而自发的调节以抑制短期投机性“热钱”的流动，将实际汇率和利率的波动降至最低限度，从而使金融市场趋于稳定，并促进贸易和投资性长期资本流动的增加，最终带来全球资源配置效率和福利的提高。可事实是，20 世纪 70 年代以来的浮动汇率制以及金融管制的放松在促进贸易和投资的同时，也在更大程度上引发了国际资本特别是短期投机性资本流动规模的迅速增大，由此引起了国际金融市场汇率波动的加剧，而托宾税方案正是在这一背景下提出的。

1972 年，托宾在普林斯顿大学的一次演讲中提出“往飞速运转的国际金融市场这一车轮中撒些沙子”，并首次提出对现货外汇交易课征全球统一的交易税，经济学家后来把这种外汇交易税称为“托宾税”。

托宾税具有两个显著特征：单一税率和全球性。迄今为止，西方经济学家所提议的税率从外汇交易值的0.05%至1%不等。托宾本人1978年提出的税率是1%，1994年则建议定为0.5%；多恩布什（Dornbush）的建议是0.25%；德国经济学家延斯（Uwe Jens）的建议是0.05%。至于全球性，托宾及其支持者主张至少在主要资本主义国家，最好是在世界范围内实施此项外汇交易税。

托宾税的功能主要有两个：

第一，抑制投机，稳定汇率，这是最重要的。对于这一点我们可以用非抵补的利率平价理论进行分析。在不存在托宾税的情况下，市场处于平衡状态使预期的汇率变动率等于两国间的利率差，如果这两者之间存在差异，投机活动就会从中套利。例如，如果美元一年期利率为6%，港币一年期利率为2%，则预期美元将在一年后贬值4%时市场才会处于平衡状态；但当存在托宾税时，外汇的交易成本问题就将非常显著。由于套利交易者要进行两次外汇交易，即在即期现货市场和未来现货市场的两次方向相反的操作，因此，只有当预期的汇率变动率与两国利率差之间的差异超过这一交易成本时，投机交易才有可能发生。例如，假定托宾税税率为1%，则套利交易的税收成本为2%，只有预期美元贬值率高于6%（4%+2%）时，才会发生相应的资本流动及投机交易。也就是说，如果国内外利率相同，只要预期一种货币价值变动的百分率小于托宾税的两倍，实施托宾税就可以有效阻止货币的投机交易。因此，实施托宾税可以使一国政府在中短期内依据国内经济状况和目标推行更为灵活的利率政策而无须担心它会受到短期资本流动的冲击。而且，由于托宾税是针对短期资本的往返流动而设置的，它不仅不会阻碍反而将有利于因生产率等基本面原因而引致的贸易和长期投资。由于这些长期投资的收益较高，相关的货币流动期限较长，故汇率的稳定对之更为有利。由此可见，托宾税可以抑制投机、稳定汇率，使外汇交易能对经济基本面的差异和变化做出反应，并引导资本流向生产性实体经济。

第二，为全球性收入再分配提供资金来源。考虑到目前全球外汇交易的巨大规模，即使对外汇交易课征税率很低的托宾税，也能筹集到数额相当可观的资金。如果能通过国际合作将这笔巨额资金用于全球性收入再分配，确实可以对世界经济做出巨大贡献。托宾税的筹资功能并非托宾本人提议此税的初衷，但它在近年来受到了经济学界和政界的高度重视，这主要是由于世界银行、国际货币基金组织等国际机构近年来的资金来源因种种原因增长缓慢，而资金运用则因支持前计划经济国家实现转型、为发展和环境等国际合作项目融资以及为陷入货币危机的国家提供紧急贷款等原因日益增大，资金缺口问题越来越严重。

虽然托宾税自20世纪70年代提出以来引起了热烈讨论和广泛影响，但事实上至今并无国家在实践中开征此税。这主要是由于托宾税方案有几个难以解决的问题：

第一，如何客观评价投机在外汇市场中的作用。我们知道，投机活动是一把双刃剑，它一方面造成了市场价格的波动，另一方面也正是投机者对风险的主动承担才使市场得以正常运转，这突出体现在远期外汇市场上。而且，投机活动在某些情况下还具有熨平汇率波动的作用。因此，实施托宾税可能会有损于外汇市场的流动性，从而使外汇市场更趋动荡。

第二，托宾税面临许多技术上的难题。首先，从税基的确定角度来看，根据税负的公平原则，托宾税应尽可能涵盖一切参与外汇交易的个人、企业、金融中介、政府和国际组织等，可这样的税基并不能把不同性质的外汇交易区别开来，对投机者和非投机者同等地课以托宾税显然有悖于此税的宗旨。其次，从应税交易的识别角度看，托宾税主要针对的是投机性现货交易，但目前外汇市场上最为活跃的投机活动却发生在衍生工具领域。对衍生工具交易征税将使税收的征管工作更加复杂，并有可能会破坏金融衍生工具市场的发展，从而危及外汇市场的稳定。最后，在托宾税的税率确定上，已有的建议都具有很大的随意性。如采用低税率不一定能有效阻止投机交易的发生；而如果采用足以阻止投机的高税率则又可能使外汇交易规模大幅度缩减，从而损害金融市场的活力和效率。

第三，托宾税还存在着政策协调方面的困难。托宾税是一种国际间政策协调方案，在协调过程中可能存在不少难以克服的协调障碍。例如，能否将所有国家统一纳入协调范围？如果有的国家不愿征收托宾税，那么在其他国家都征收托宾税时，该国就会迅速成为避税港型离岸金融中心，使托宾税无法收到预期效果。另外，托宾税的收入分配问题也会因为其明显的利益性而可能引起各国之间的矛盾。

尽管托宾税方案很难在现实中得以推行，但总的来说，托宾税仍是非常有影响的，尤其是在20世纪90年代以来国际资本流动问题日益突出的条件下格外引人关注的一种协调方案。

二、恢复固定汇率制的麦金农方案

在国际货币制度于20世纪70年代初由固定汇率制转向浮动汇率制后，许多经济学家对现行的浮动汇率制非常不满意，提出了许多在恢复固定汇率制基础上进行国际协调的方案。最为著名的是美国经济学家麦金农提出的设想。

麦金农方案最早于1974年提出，后在20世纪80年代又经过多次修正。麦金农认为，恢复固定汇率制的主要理由在于以浮动汇率制为特征的国际货币制度缺乏效率。除了通常的对浮动汇率制的批评以外，麦金农从两个角度分析了浮动汇率制的不足：

第一，从国际角度看，汇率的波动除了增加各国外部环境的不确定性外，并不能自动实现调节经常账户的目的。麦金农认为国际收支的经常账户反映的是一国投资和储蓄的差额，因此汇率的变动可以实现经常账户平衡是一个错误的教条，本币贬值所带来的经常账户的改善会立即被国内吸收的相应增长所抵消。

第二，从国内角度看，汇率的频繁波动意味着各国货币价值的不稳定，由此引发的货币替代以及各国资产之间的转换活动使一国的货币需求难以确定，各国原有的货币政策就难以有效地实现控制通货膨胀等目的，一国通过本国的政策搭配实现内外均衡的努力就更加困难。根据以上分析，麦金农得出了浮动汇率制不利于实现内外均衡的国内政策搭配与国际间政策协调的结论，并提出应在恢复固定汇率制的基础上进行国际间的政策协调。

具体来说，麦金农方案对国际政策协调的设计主要有以下内容：

第一，各国应根据购买力平价来确定彼此之间的汇率水平，实行固定汇率制。麦金农认为购买力平价是良好的均衡汇率确定标准，可以在较长时期内维持一国国际竞争力的稳定，从而为各国实现国际收支平衡创造条件。麦金农还具体规定了这一购买力平价的计算方法，即采用批发物价指数，并且只包括可贸易商品。在固定汇率制的实施方法上，麦金农提出可以先在美国、德国和日本这三个主要工业国之间实行，并且可以通过逐步缩小汇率波动区间的办法最终过渡到固定汇率制。

第二，各国应通过协调货币供给的方法维持固定汇率制。从全球角度讲，全世界货币供给量的确定依据应该是在考虑世界经济增长的基础上，维持全球物价水平的稳定。这一全球货币供给量在各国间的分配原则是：在考虑各国经济的具体情况差异（如经济增长情况、非贸易部门发展情况、货币流通速度等）后，能使各国可贸易商品的相对比价维持稳定，从而使根据购买力平价确定的名义汇率保持稳定。麦金农认为引起汇率不稳定的主要原因是货币替代以及各国间金融资产的替代活动，故在发生此类冲击的时候，各国应采取对称的、非冲销性的外汇市场干预措施来稳定汇率，由此引起的货币供应量的调整实际上是全球货币供给根据各国货币需求变动而自发调节其在各国之间的分配。这样，通过货币供给的国际协调就能使全球物价和汇率保持稳定，并最终实现各国的内外均衡。

尽管麦金农方案作为最典型的以恢复固定汇率制为特征的协调方案受到了广泛关注，但是这一方案也因其具有较多的货币主义特征而受到了许多批评：

第一，该方案在实现汇率稳定的同时，却牺牲了汇率的灵活性。许多学者指出，麦金农对汇率与经常账户之间关系的认识是不全面的，在许多情况下利用汇率的调整来实现外部均衡不仅必要，而且这种调整方式是低成本的。实际上，经济政策国际协调的一个重要方面就是确定何种程度与形式的汇率灵活性，而麦金农方案对这一问题的处理太过极端，最终可能并不利于各国实现内外均衡目标。

第二，该方案简单地以购买力平价作为确定均衡汇率的标准也值得商榷。购买力平价作为一种汇率决定理论存在着许多问题，如理论成立的严格假设、计量上的困难、各种因素引起的结构性偏离等，这些因素制约了购买力平价理论在经济运用中的作用。

第三，该方案以协调各国货币供给来维持固定汇率制的设想难以成为现实。麦金农的这一想法源于他认为货币替代及各国金融资产之间的替代是引起汇率变动的重要原因，但实际经济运行中的冲击既有这种货币性冲击，也有来自实物层面的冲击。在实物冲击发生的情况下，仅通过货币供给的调整也是不够的。在经济一体化迅猛发展的当今世界，国际资本流动问题相当突出，仅投机性冲击也完全可能击垮固定汇率制。因此，麦金农方案并没有真正解决国际资本流动条件下固定汇率制的维持问题。

尽管如此，作为恢复固定汇率制的突出代表，麦金农方案确实影响深远。这一方案提出从全球视野而不是局限于某一国来讨论物价和汇率的稳定问题，这对于各国实现内外均衡的努力来说，其启示意义显而易见。

三、汇率目标区方案

作为国际政策协调方案之一的汇率目标区方案是由威廉姆森和米勒（M. H. Miller）在 1987 年将汇率目标区制从政策协调角度进行扩展而形成的，又被称为扩展的汇率目标区方案（Extended Target Zone Proposal）或蓝图方案（Blueprint Proposal）。

汇率目标区方案与麦金农方案有着明显的区别。麦金农方案主张实行固定汇率制，而汇率目标区方案则主张实行更有弹性的汇率制度：汇率变动范围达中心汇率上下 10%。除此之外，这一方案的主要内容还包括：

第一，中心汇率的确定不是以购买力平价为基础，而是根据威廉姆森提出的“基本均衡汇率（FEER）”来确定。威廉姆森认为购买力平价作为政府制定汇率政策的指导是非常不合理的，因为它最大的问题在于没有考虑到实际的宏观经济运行状态。从宏观调控的角度出发，威廉姆森认为政府追求的汇率水平应是在中期内（一般为 5 年）实现经济内外均衡的汇率，即所谓的基本均衡汇率。基本均衡汇率的理论渊源可以追溯至国际货币基金组织于 20 世纪 70 年代对汇率合理水平的研究，经威廉姆森的发展后，该理论在国际货币基金组织的汇率政策确定中发挥了主导作用。基本均衡汇率的确定可用图 10－7 来说明。

图 10－7 中，横轴表示国民收入，纵轴表示实际汇率（直接标价法），Y_N 代表经济处于自然失业率时的产出水平。*IB* 曲线是内部均衡线，它是一条经过 Y_N 点的垂直线，因为在产出处于自然率水平时，经济中既不会出现通货膨胀现象也不会出现失业问题，显然这与实际汇率无关。*EB* 曲线是外部均衡线，它是一条斜率为正的直线，因为随着国民收入的增长，进口就会增加，只有通过本币贬值才能在促进出口的同时维持对外均衡，所以 *EB* 曲线的斜率为正。当 *IB* 曲线与 *EB* 曲线交于 E 点时，经济就同时实现了内外均衡，此时确定的汇率水平 q_0 即为基本均衡汇率。由于基本均衡汇率是一种实际汇率，因此汇率目标区方案要求名义汇率根据各国通货膨胀率进行及时调整，以保持实际汇率不变。

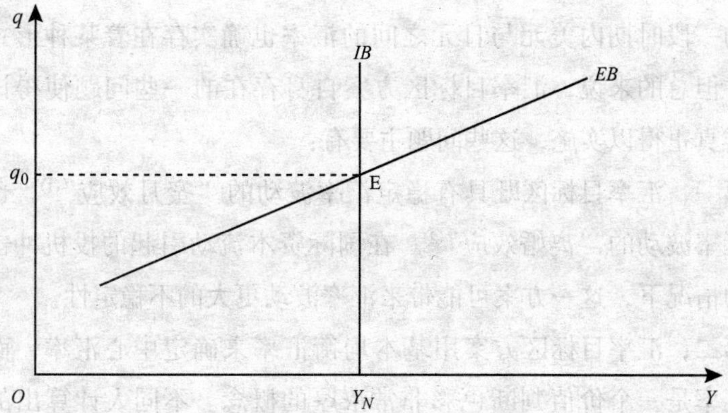

图 10－7　基本均衡汇率的确定

第二，在对汇率目标区的维持上，该方案提出各国应以货币政策实现外部均衡、以财政政策实现内部均衡这一搭配思路来进行宏观调控上的政策协调。这种政策协调办法的具体情况如下：

首先，各国通过调节利率来维持相互之间的汇率。假如世界上共有N个国家，即存在$\frac{N(N-1)}{2}$种汇率，也就要求有相应的$\frac{N(N-1)}{2}$种利率差价存在以使外汇市场维持平衡。

其次，在N个国家相互之间的利率差价确定后，只要有一国确定了具体的利率水平，世界各国的利率水平也就随之确定了。该国确定利率水平的原则是：使在此基础上推算出的世界平均利率水平正好在足以控制世界通货膨胀的前提下达到最大的世界产出水平。

最后，该国应独立地运用财政政策控制国内的产出，以使各国经济的运行维持均衡状态。由于汇率可以在一定幅度内自由波动，因此各国的货币政策就获得了一定独立性，可以在汇率波动处于目标区内时根据国内需要进行调整，而当汇率波动超出目标区范围时再运用利率政策寻求外部均衡。

汇率目标区方案几乎涉及了国际金融领域内的所有重大问题，对政策协调的具体实施办法又规定得极为详细，因此该方案引起的学术界和政界的广泛关注和争论是其他政策协调方案所无法比拟的。汇率目标区方案的基本精神在《卢浮宫协定》中得到了某种程度的重视，随后的一段时期内美元与日元之间的汇率也确实存在着某种形式的目标区。但总的来说，汇率目标区方案自身存在的一些问题使得该方案也很难真正得以实施，这些问题主要有：

第一，汇率目标区既具有稳定汇率波动的“蜜月效应”①，也具有加剧汇率波动的“离婚效应”②。在国际资本流动引起的投机冲击日益增多的情况下，这一方案可能带来汇率波动更大的不稳定性。

第二，汇率目标区方案用基本均衡汇率来确定中心汇率，而基本均衡汇率是一个价值判断色彩非常浓厚的概念。不同人计算出的基本

---

① “蜜月效应”是指：目标区下的汇率围绕中心汇率上下波动，当离开中心汇率一定程度后便会自发向其靠近。

② “离婚效应”是指：目标区下的汇率波动不再自动趋向于中心汇率，汇率波动程度很大，一般超过了浮动汇率制下的正常汇率波动程度。

均衡汇率往往差异很大，加上这种汇率的计量分析相当复杂，使得它的应用价值因此下降。

第三，该方案提出的关于财政政策和货币政策的搭配原则也存在着很大争议。例如，有学者认为用财政政策维持外部均衡可能更具有比较优势。我们以对经常账户进行改善为例，货币政策扩张在通过本币贬值改善经常账户收支的同时，本国收入的相应增长又会导致进口增加，从而一定程度上又抵消了贬值效果；而如果通过财政政策紧缩来改善经常账户收支时，不仅可以通过降低利率带来本币贬值、出口增加，而且这一政策还会引起本国收入下降，进口则相应减少。此外，还有学者认为财政政策的灵活性有限，难以根据经济形势灵活地改变政府财政收支，所以它不可能及时且有效地维持内部均衡。

尽管存在上述问题，汇率目标区方案还是非常重要的，并且仍处于不断的发展完善之中。它所倡导的基本均衡汇率理论正在发展成为一种独立的汇率决定理论，许多学者从此角度提出许多与之相近的均衡汇率概念，这实际上标志着汇率理论得到了进一步发展。另外，汇率目标区作为一种汇率制度也在近年来引起了较多关注，对它的研究主要体现在汇率理论中汇率变动的制度特征问题的产生方面。总之，作为一种宏观经济政策的国际协调方案，汇率目标区方案在理论上的贡献远远大于其在现实中的实践。

本章小结

宏观经济政策的国际协调有广义和狭义之分。从狭义来讲，国际间宏观政策协调是指各国在制定国内宏观经济政策的过程中，通过各国之间的对话和磋商等方式来对某些宏观政策进行共同的设置。而从广义来说，凡是国际范围内能够对各国国内宏观经济政策产生一定程度制约的行为均可视为国际间的政策协调。根据政策协调的程度，国际间的政策协调一般可分为六个层次：信息交换、危机管理、避免共享目标变量的冲突、合作确定中介目标、部分协调和全面协调。

宏观经济政策国际协调的方式主要有两种：相机性协调与规则性协调。所谓相机性协调是指根据实际经济面临的具体情况，在不存在规定各国应采取何种协调政策的规则的情况下，通过各国间的协商来确定针对某一特定情况各国应采取的政策组合。所谓规则性协调是指通过制定出明确的、各国应该遵守的规则来指导各国采取政策措施进行协调的方式。

我们把分析一国在开放经济条件下财政政策和货币政策效力的蒙代尔—弗莱明模型扩展为两国模型，就可用于讨论一国宏观经济政策的国际传导问题。两国模型与基本的 $IS-LM-BP$ 模型不同的是考虑两个国家，同时取消小国的假定，即这两个国家对对方来说均非小国，这样，基本的 $IS-LM-BP$ 模型中本国无法影响世界利率及外国国民收入的假定都要取消，资本在两国之间的流动会使两国利率水平均发生变化。

在固定汇率制下，当考虑两国经济的相互影响时，扩张性货币政策能同时促进两国的产出增加，并使两国的利率水平都有所下降；扩张性财政政策也能促进两国的产出水平增加，但却使两国利率共同上升。在浮动汇率制下，扩张性货币政策从长期来看是一种典型的“以邻为壑”的政策，本国产出增加的一部分是以外国产出的相应下降实现的；而扩张性财政政策能同时刺激两国产出的增加。

在经济存在相互依存性的条件下，一国实现内外均衡目标必须进行政策的国际协调，以避免分散决策带来的损失。在宏观经济政策的国际协调实践以相机抉择形式进行的同时，西方学者也设计出了一些具有特定规则的宏观经济政策国际协调方案，最有影响的方案包括全球对外汇交易征收交易税的托宾税方案、恢复固定汇率制的麦金农方案以及汇率目标区方案等。

重要概念

宏观政策的国际协调　全面协调　相机性协调　规则性协调　哈马达模型　囚徒困境　《卢浮宫协定》　两国蒙代尔—弗莱明模型　收入机制　利率机制　相对价格机制　溢出效应　“以邻为壑”政策　托宾税　麦金农方案　汇率目标区方案　基本均衡汇率

复习思考题

1. 请从经济的相互依存性角度论述宏观经济政策国际协调的必要性。
2. 为什么宏观经济政策的国际协调可以增进世界经济福利？
3. 宏观经济政策国际协调有哪些层次？
4. 宏观经济政策国际协调的障碍有哪些？
5. 运用两国蒙代尔—弗莱明模型分析固定汇率制下财政、货币政策的溢出效应。
6. 运用两国蒙代尔—弗莱明模型分析浮动汇率制下财政、货币政策的溢出效应。
7. 简述托宾税方案的主要内容及其缺陷。
8. 简述汇率目标区方案的主要内容。

第十一章　国际储备

国际储备是一国对外经济和国内经济的结合点。国际储备与国际收支有着密切的关系，国际收支既是国际储备存量的“源”，又是国际储备支出的“流”。国际储备对一国经济的内外部均衡发挥着重要作用，它不仅关系到各国国际收支调节和货币汇率的稳定，也关系到世界物价水平形成和国际贸易的发展。因此，自第二次世界大战以来，国际储备一直受到各国政府、国际金融机构以及各国经济学家的普遍重视。尤其是在布雷顿森林体系崩溃后，国际储备问题更成为各方关注的焦点。

第一节　国际储备概述

一、国际储备的概念

国际储备（International Reserve）是各国政府为弥补国际收支赤字、保持汇率稳定以及应付其他紧急支付需要而持有的国际间普遍接受的所有流动资产的总称。其主要特征是：

第一，自由兑换性。作为国际储备的资产必须可以自由地与其他金融资产相交换，充分体现储备资产的国际性。只有具备自由兑换性，储备资产价值才能实现，国际收支逆差才能弥补，汇率才能稳定。

第二，充分流动性。作为国际储备的资产必须具有较强的变现能力，可以在国际间自由调拨、自由流动。当一国国际收支失衡或汇率波动过大时，就可以动用这些资产来平衡国际收支或干预外汇市场来维持本国货币汇率的稳定。

第三，普遍接受性。作为国际储备的资产，必须能为世界各国普遍认同和使用。如果一种金融资产仅在小范围（或区域）内被接受、使用，尽管它也具备自由兑换性和充分流动性，仍不能称为国际储备资产。

第四，官方持有性。作为国际储备的资产必须是中央货币当局直接掌握并予以使用的，这种直接掌握和使用可看成是一国中央货币当局的特权。非官方金融机构、企业和私人持有的黄金和外汇等资产，不能算成是国际储备。国际储备的官方持有性使之与国际清偿力有所区分。

二、国际清偿力

与国际储备有关的另一个概念是国际清偿能力，它与国际储备之间既有联系又有区别。国际清偿力（International Liquidity）又称国际流动性，是一国现有的对外清偿能力和可能有的对外清偿能力之和，国际清偿力有广义和狭义之分。狭义国际清偿力又称第一线储备，是一国直接掌握的可用于调节国际收支、清偿国际债务的国际流动资产，包括黄金储备、外汇储备以及按规定限额可以从国际货币基金组织获得的储备资产和特别提款权。广义国际清偿力又称第二线储备，是一国从国外借入的外汇储备、该国商业银行的短期外汇资产和该国官方或私人拥有的中长期外汇资产，如表 11－1 所示。目前一般倾向于狭义解释，将国际清偿力等同于国际储备资产。

从内容看，国际清偿力除包括该国货币当局直接掌握的国际储备资产外，还包括该国官方或私人拥有的中长期外汇资产和商业银行短期外汇资产。国际清偿力中包括了国际储备的内容，又不限于国际储备。从性质看，对于国家货币当局直接掌握的国际储备的使用是无条件的，但对于货币当局不直接持有部分的使用，通常都是有条件的。从数量看，一国国际清偿力是一国货币当局在国际经济活动中所能动用的一切外汇资源总和，其数量大于国际储备。国际清偿力和国际储备之间是包含与被包含关系。国际清偿力和国际储备的主要区别在于：国际清偿力强调一国对外支付能力而不是所有权关系。在分析一国货币当局弥补国际收支逆差、干预货币汇率能力时，国际清偿力无疑更合理、更具操作性。

表 11－1　国际清偿力构成要素

自有储备(国际储备)	借入储备	诱导储备 (借入储备的广义范畴)
1. 黄金储备 2. 外汇储备 3. 在基金组织中的储备地位 4. 在基金组织的特别提款权余额	1. 备用信贷 2. 互惠信贷 3. 支付协议 4. 其他类似的安排	商业银行的对外短期可兑换货币资产

判断一国国际清偿力，除了考察该国国际储备总额以外，还需考虑另外两个因素：一是该国货币当局获得国际流动资金的可能性，二是货币当局利用这些资产直接偿付外债或干预外汇市场的方便程度。不同类型国家的国际清偿力往往差别很大，发展中国家国际清偿力不及发达国家。

三、国际储备的构成

伴随国际经济交易和金融关系的发展，国际储备的内容不断得以丰富。目前，根据国际货币基金组织规定，一国国际储备资产有黄金储备、外汇储备、储备头寸和特别提款权。

（一）黄金储备（Gold Reserve）

黄金储备是货币当局持有的货币黄金。黄金是世界货币，黄金储备“天然”地具备国际储备特点。黄金充当国际储备资产可追溯到 19 世纪。金本位制下，黄金是最主要的国际储备资产，执行世界货币职能，充当国际支付最后手段。布雷顿森林体系下，黄金仍是货币汇率的基础，仍作为重要国际储备形式执行支付手段。受黄金供应自然条件的限制，第二次世界大战后米德冲突出现、布雷顿森林体系崩溃。1976 年《牙买加协议》中有关黄金非货币化条款使黄金与各国货币脱离联系，黄金已不能按照某种确定的兑换机制兑换成用来支持汇率的资产。由于历史习惯，各国货币当局虽不能直接用黄金对外支付，但可在国际黄金市场上将其出售，换成外汇进行对外支付，黄金仍能间接发挥国际储备作用。尽管黄金作为货币的职能大大降低，但黄金仍是一国最后支付手段，以黄金作为储备资产仍具优越性，黄金在各国国际储备中仍占有相当重要的地位。

黄金之所以长期以来一直被人们当作重要的国际储备，是因为它具有以下优点：

第一，黄金是现实的货币商品，具有内在价值，当国际上出现政治、经济、金融动荡时，黄金是最可靠的保值手段。

第二，黄金储备是一国主权范围内的事情，不受任何超国家力量的干预，是最可靠的可自动控制的支付手段。

第三，其他储备货币资产受货币发行国或国内金融机构信用和偿付能力影响，具有“内在不稳定性”，相比之下黄金储备更可靠。

但黄金作为国际储备资产，也存在一些缺陷：

第一，流动性低。《牙买加协议》实施后，黄金不能按某种确定兑换机制兑换成用来支持汇率的资产。一国为弥补其国际收支逆差，必须首先将黄金资产变现为外汇资产。黄金变现及短期集中抛售黄金都会增加成本，因而黄金流动性降低。

第二，发展中国家持有黄金的机会成本大。发展中国家国民收入低、外汇资产短缺，需要充分利用一切资金来发展经济。如果大量持有黄金储备，其机会成本较高。

第三，高昂的黄金开采成本使得增加黄金储备相对困难。

（二）外汇储备（Foreign Exchange Reserve）

外汇储备是货币当局持有的流动性较高的自由外汇资产，并非货币当局持有的一切外币资产。一国货币若想成为储备货币，必须具备以下条件：该货币在国际货币体系中占有重要地位；能够自由兑换成其他储备资产，为世界各国普遍接受；内在价值稳定。国际金本位制时期，英镑代替黄金执行了国际货币的各种职能，成为各国最主要的储备货币。20 世纪 30 年代，美元与英镑并驾齐驱，成为储备货币。第二次世界大战后，英国经济实力大大削弱，美国通过国际收支逆差使大量美元流出，并在布雷顿森林体系中确定了美元与黄金直接挂钩的地位，美元成为国际货币，并成为各国外汇储备主体。20世纪70年代后美元贬值、美元危机爆发，日本、联邦德国等国经济崛起，马克和日元跻身于储备货币之列，储备货币走向多样化。近年来官方外汇储备组成，如表11－2所示。外汇储备是国际储备的重要组成部分，外汇储备在国际储备中居主导地位，国际储备日趋外汇储备化。

表11－2　官方外汇储备组成

单位：百万美元

	2005年	2006年	2007年	2008年(至6月)
总外汇储备	4174636	5036604	6397800	7008069
配额储备	2843412	3315331	4069465	4368036
美元	1902484	2170973	2599785	2729230
英镑	102243	145205	191001	207142
日元	101769	102051	119283	149155
瑞士法郎	4144	5685	6388	6773
欧元	683731	831896	1076389	1179113
其他货币	49041	59520	76620	96622
非配额储备	1331225	1721273	2328335	2640033

资料来源：国际货币基金组织官方网站。

（三）国际货币基金组织的储备头寸

储备头寸是国际货币基金组织成员国在基金组织的债权头寸，是成员国以外汇储备资产向国际货币基金组织认缴其份额25%部分而产生的对国际货币基金组织的债权。储备头寸是国际货币基金组织成员国在基金组织的自动提款权，成员国可以无条件的提取用以弥补国际收支逆差。一国若需使用其在基金组织的储备头寸，只需向基金组织提出要求，国际货币基金组织便会提供货币予以满足。

（四）特别提款权（Special Drawing Rights，SDRs）

特别提款权是国际货币基金组织为解决国际储备不足问题，于1969年在国际基金组织第24届年会上创设的新国际储备资产，是国际货币基金组织在原有一般提款权以外分配给其成员国的资金使用便利。特别提款权是一种账面资产，其主要特征是：

第一，无物质基础的记账单位。国际货币基金组织创设特别提款权时，虽然规定其含金量，但实际上特别提款权不像黄金那样具有内在价值，同时也不像美元等储备货币有一国政治和经济实力为后盾。

第二，成员国可无条件享有其份额。特别提款权由基金组织根据各成员国上年年底在基金组织缴纳的份额按同一百分比进行分配。成员国可把分配到的特别提款权与黄金、美元一起作为自己的储备。基金组织用各成员国名义开立特别提款权账户办理有关收付业务。成员国可以实际动用的特别提款权数额，平均不能超过其全部分配额的70%，如果超过则须把超支部分赎回，每一成员国手中至少保持30%分配到的特别提款权。

第三，用于弥补成员国国际收支逆差或偿还基金组织贷款。私人和企业不能持有和使用特别提款权，也不能用于贸易或非贸易支付，更不能用它兑换黄金。

第四，不受任何一国政策影响而贬值，是比较稳定的储备资产。

四、国际储备的作用

国际储备是体现一国经济实力的重要标志。各国持有国际储备有各种目的，从国际储备基本作用来看，主要有以下几点：

（一）维持国际支付能力，调节国际收支不平衡

国际储备的首要作用，是在一国国际收支发生困难时起到一定的缓冲作用，使其国内经济在某种程度上免受国际收支变化冲击。

由特大自然灾害或战争等突发情况引起的临时性国际收支逆差，无法依靠举借外债来平衡，一国首选就是动用国际储备来弥补此逆差。这么做既可维护本国国际信誉、减缓逆差国政府为平衡国际收支采取剧烈经济紧缩政策对国内经济产生负面影响，又可避免国际收支平衡后被迫采取诸如限制进口等“削足适履”的措施来平衡逆差而影响本国经济的正常发展。但当一国国际收支出现长期性、根本性、严重性不平衡时，动用国际储备并不能彻底解决问题，相反会导致国际储备

枯竭。因此，当一国经济因政策失误或经济结构不合理而造成国际收支持续性逆差时，对包括外汇储备在内的储备资产的动用必须谨慎。

虽然国际储备具备维持国际支付、调节国际收支不平衡的能力，但各国国际储备数额在一定时期内有限，国际储备调节国际收支逆差的力度、周期也有一定限度，所以不能指望国际储备从根本上解决国际收支逆差的窘境。

（二）干预外汇市场，维持汇率稳定

对于实行货币自由兑换的国家来说，它所拥有的国际储备尤其是外汇储备表明了政府干预外汇市场、维持汇价的能力。市场经济国家货币当局通常利用外汇储备对外汇市场进行干预。外汇市场上一国货币汇率发生剧烈波动，该国经济目标的实现受到影响时，该国货币当局就可动用外汇储备在外汇市场上进行干预、平抑汇价，使本国货币汇率稳定在与国内经济政策相适应的水平上。一国货币遭受非稳定性投机因素冲击，表现出汇率异常波动时，货币当局可通过增加（或减少）国际储备或调整其国际储备资产结构的方式稳定汇率。西方国家常以部分储备设立专门的“外汇平准基金”，用来干预外汇市场，抵制国际投机资本对本国货币的冲击。外汇平准基金一般由外汇、黄金和本国货币构成。某一时期外汇汇率持续上升、本币汇率持续下跌时，本国可通过平准基金在外汇市场上卖出外汇买进本币；反之则卖出本币买入外汇。外汇平准基金并非取之不尽，一国国际收支发生根本性或长期性失衡时，对平准基金的运用必须谨慎。

国际储备平抑汇价是通过改变外汇市场本外币供求关系实现的，要以一国货币自由兑换和充分发达外汇市场为前提条件，但国际储备无法从根本上改变汇率的决定，国际储备稳定汇率的作用在短期内表现明显。

（三）维持并增强国际社会对一国货币的信心

一国包括外汇储备在内的国际储备充足，表明该国弥补国际收支逆差、维持汇率稳定能力强，国际社会就会对该国货币币值与购买力充满信心。对于实行货币自由兑换的国家，尤其对其货币在国际储备体系中占有重要地位的发达国家而言，雄厚的国际储备可起到稳定本国货币国际信誉的作用，从而对其汇价等产生影响。

（四）一国举债信用的保证

一国持有国际储备的多寡，是国际金融市场评价该国资信状况、国家风险、偿债能力的重要指标，是该国对外举债和偿债能力的信用保证。无论国际金融机构、国际银团，还是各国政府，在对外贷款时首先考虑的是借款国偿债能力。国际储备充足说明国家支付能力强，对外债的偿还有坚实物质基础和可靠保证，能够吸引外资流入，从而促进本国经济发展、提高本国货币国际地位；反之，当一国对外贸易状况恶化且国际储备不足，其外部筹资就要受到很大影响。

（五）获取国际竞争优势

国际储备是国家财产，是国际清偿力的象征。一国持有充裕国际储备，就可左右其货币对外价值，获得国际竞争优势。

第二节 国际储备供给、需求及适度国际储备量决定理论

一、国际储备供给

一国国际储备来源主要有：收购黄金、国际货币基金组织储备头寸和特别提款权、储备资产收益、国际收支顺差、货币当局干预外汇市场取得的外汇、国际借贷。

（一）收购黄金

一国黄金储备的增加带来该国国际储备的增加。官方黄金存量增加的途径有两种：一种是在国内收购黄金并集中至中央银行窖藏，另一种是通过国际黄金市场收购黄金。在国际黄金市场收购黄金，是货币当局利用外汇储备或除黄金储备以外的资产换取黄金储备的方式，因而不改变一国国际储备总量，只改变国际储备结构。在国际黄金市场收购黄金的方式对于改善一国国际储备数量是无效的。

（二）在国际货币基金组织的储备头寸和特别提款权

各国在国际货币基金组织储备头寸的增长及特别提款权的分配都是成员国国际储备增长的来源。国际货币基金组织对储备头寸及特别提款权有严格规定，各成员国不能主动增加持有额，所以各国储备头寸及特别提款权对其国际储备供给率有限。

（三）储备资产的收益

一国持有的国家储备可带来额外收益，其主要来源是：国际储备中外汇储备存款所得利息；由于金价上涨，国际储备中黄金储备获得相同黄金量下黄金储备溢价；由于相对汇率变动，一国外汇储备转换成美元或特别提款权的溢价。

（四）国际收支顺差

国际收支顺差意味着国际储备存量增加或国际储备支出流量的减少。国际收支顺差与国际储备具有正相关关系。表 11－3 列示了中国国际收支顺差与外汇储备的关系。国际收支平衡表中国际收支包括经常项目、资本和金融项目以及错误与遗漏项目，若将错误与遗漏项目忽略，则有：

$$国际收支顺差 = 经常项目差额 + 资本和金融项目差额$$

表 11－3　1999—2007 年中国国际收支顺差与外汇储备

单位：亿美元

年　份	1999	2000	2001	2002	2003	2004	2005	2006	2007
经常项目差额	211.14	205.19	174.05	354.22	458.75	686.59	1608.18	2532.68	3718.33
资本与金融项目差额	51.8	19.22	347.75	322.91	527.26	1106.6	629.64	66.62	735.09
国际收支总顺差	262.94	224.41	521.8	677.13	986.01	1793.19	2237.82	2599.3	4453.42
外汇储备	1546.75	1655.74	2121.65	2864.07	4032.51	6099.32	8188.72	10663.44	15282.49

资料来源：国家外汇管理局官方网站。

国际收支顺差包括两个方面：

第一，国际收支中经常项目顺差。经常项目顺差是国际储备的主要来源，该顺差中最重要的是贸易顺差，其次是劳务顺差。不存在资本净流出时，如果一国经常项目为顺差，必然形成国际储备；不存在净流入时，如果一国经常项目为逆差，必然减少国际储备。

第二，国际收支中资本项目顺差。资本项目顺差是国际储备重要补充来源。借贷资本流入大于借贷资本流出形成资本项目顺差，此时若不存在经常项目逆差，资本项目顺差就形成国际储备。借贷资本流出大于借贷资本流入形成资本项目逆差，此时若还存在经常项目逆差，则国际储备大幅减少。

（五）货币当局干预外汇市场取得的外汇

一国货币当局干预外汇市场可取得一定数量的外汇，增加国际储备。当一国货币汇率受供求影响有上升趋势（或已上升），该国货币当局会在外汇市场上进行公开市场操作，抛售本币购进外汇，从而增加本国国际储备。当一国货币汇率有下浮趋势（或已下浮），该国货币当局会购进本币抛售其他硬货币，从而减少本国国际储备。一般来说，一国货币汇率上升的国家往往是国际收支顺差较多的国家，该类国家虽没必要通过购进外汇来增加本已充足的外汇储备，但出于共同干预需要也会自觉或不自觉地增加本国外汇储备。

（六）国际借贷

伴随着全球经济一体化、国际金融自由化的加深，各国政府、货币当局越来越方便地通过国际借贷方式融通到资金，补充本国国际储备，解决本国国际收支及本币汇率方面等问题。当一国应他国需要向其提供贷款，债权国国际储备减少，债务国国际储备相应增加。

二、国际储备需求

各国都需持有一定数量的国际储备，用于弥补国际收支赤字和稳定汇率。一国国际储备不足，可能导致国际支付危机，但一国国际储备需求并非越多越好，因为持有国际储备是有机会成本的。过多持有国际储备可能会引发国内通货膨胀，影响一国国民经济发展。对发展中国家而言，过多持有国际储备还会失去从国际货币基金组织获得优惠贷款的机会。

影响一国国际储备需求量的主要因素是：国际收支状况、对外开放程度和对外经济活动规模、金融市场发育程度及融资能力大小、一国货币在国际货币体系中的地位、汇率制度、持有国际储备的机会成本、政策偏好及国际间政策协调等。

（一）国际收支状况

国际储备最主要的作用是弥补国际收支逆差，所以一国国际收支状况对该国国际储备需求多寡具有决定性影响。任何能影响一国国际收支状况的因素都会对一国国际储备需求产生影响。

一国国际储备需求大小与该国国际收支赤字规模和概率呈正相关关系。国际收支出现逆差的数额越大、概率越高，该国对国际储备需求量就越大；国际收支出现逆差的数额越小、概率越低，该国对国际储备需求量就越少。一国国际储备需求除了与国际收支规模和概率相关，还与国际收支失衡类型有关。如果一国发生长期性、结构性国际收支失衡，该国需采取支出增减政策或支出转换政策进行调整，仅动用国际储备难以调整这种失衡状态；如果一国发生短期性国际收支失衡，该国则不必调整国内经济，仅使用国际储备就足以对国际收支非平衡进行调整。一国国际收支逆差越偏重短期，该国对国际储备需求越大。

（二）对外开放程度和对外经济活动规模

一国经济对外开放程度越高、对外经济活动规模越大，国际结算中对国际储备需求就越大。衡量一国经济对外开放程度和对外经济活动规模的主要指标是进口总额与国民生产总值之比。一国进口总额与国民生产总值比值越大，该国国际储备需求越大，反之该国国际储备需求越小。

（三）金融市场发育程度及融资能力大小

一国金融市场越发达，对利率、汇率等价格因素反应越灵敏，该国政府筹资能力就越强，货币当局持有的国际储备就可以越少。一国金融市场越不完善，对利率、汇率等价格因素反应越迟钝，该国政府筹资能力就越差，货币当局就不得不持有较多数量的国际储备。

一国出现国际收支逆差，货币当局可动用国际储备，也可向国外政府、金融机构等筹借资金弥补差额。如果该国具有高资信等级，就可以较少地持有国际储备，因为在它需要弥补国际收支逆差时可迅速、便利、稳定地获得外国政府贷款和国际金融机构贷款，或者在国际金融市场上成功融资；如果该国具有低资信等级，则需持有较多国际储备。一国国际储备需求与其融资能力负相关。信用经济中，资信较高的发达国家具有较强的融资能力，对国际储备需求较小；广大发展中国家由于经济不发达、金融市场不完善、资本市场不开放，难以从国际金融市场获得足够国际清偿力调节国际收支，因此发展中国家对国际储备需求一直较高。

（四）一国货币在国际货币体系中的地位

国际储备货币要以储备货币发行国强大的经济实力作后盾。当一国货币是主要国际储备货币时，该国可用其本国货币直接对外支付、清算，相应的减少国际储备需求。

（五）汇率制度

汇率制度与国际储备需求有密切的关系，汇率制度的选择会影响一国国际储备需求的多寡。在固定汇率制度下，如果一国出现国际收支逆差，该国货币就会有贬值的压力，货币当局有义务在外汇市场上抛出外币收回本币，此时该国货币当局对国际储备需求较大。理论上说，在完全自由浮动汇率制度下，一国国际收支失衡可由汇率自发性波动加以调节，一国可不持有任何数量国际储备。但在现实中，一般是实行有管理的浮动汇率制度，一国国际收支逆差的调节需要同时使用国际储备和贬值本币，二者调整的幅度取决于该国政府国际收支的目标。此外，国际储备需求量与汇率弹性存在负相关关系。汇率变动越富有弹性，一国国际储备需求量越小；汇率变动越缺乏弹性，一国国际储备需求量则越大。

（六）持有国际储备的机会成本

持有国际储备是成本与收益的统一。持有国际储备具有持有效益，如弥补国际收支逆差、干预汇率等，且国际储备资产是一种外汇资产，存放在外国银行有利息收入。同时，国际储备资产也是一种外国实际资源的象征，不“贮藏”而及时运用国际储备可向国外购买生产必需品或消费品，推动经济增长提高投资收益。国际储备的“贮藏”是对国外实际资源使用权的放弃，丧失由此带来的收益，即持有国际储备的机会成本。如果把因持有国际储备而放弃对一定资源的使用权用资本边际生产力表示，持有国际储备的机会成本等于资本生产力减去储备收益。一国持有国际储备的机会成本越高，该国国际储备需求量越小；一国持有国际储备的机会成本越低，该国国际储备需求量越大。一国国际储备需求与持有国际储备机会成本负相关。

（七）政策偏好及国际间政策协调

官方持有性是国际储备的重要特征，因此政府政策偏好会影响一国国际储备需求。政府对经济增长与经济稳定的选择偏好，对国际储备需求产生影响。如果一国政府偏好膨胀型经济政策，以当期国民收入提高、短期经济增长为目标，则该国国际储备需求就较小；如果一国政府偏好经济稳定，将经济增长放在第二位，则该国国际储备需求必然较大。

如果一国与他国或国际性金融组织在经济、金融、货币等方面有较好的协调合作，就可以通过订立某些协议互为支持帮助，减少国际储备需求；反之，国际储备需求就会增加。国际政策协调对国际储备需求影响表现在两个方面：一是缩小国际收支失衡程度，改善国际收支状况，直接减少作为弥补手段的国际储备需求；二是当国际收支出现国际范围内失衡，国际间政策协调可避免各行其是的弊端，减少各国国际储备需求，降低调整成本、提高调节速率、增强调节效果。

三、适度国际储备量决定理论

适度国际储备量是一国政府为实现国内经济目标而持有的用于平衡国际收支和维持汇率稳定所需的最低限度外汇储备量。适度国际储备量受多重因素影响，每一个影响因素都可以形成一定风格的决定理论。在西方国际储备理论中，对国际储备需求定量测算方法主要有三种：利用经验法则的比例分析法、利用多元回归与相关分析建立的回归分析法、成本—收益分析法。此外，还有区间分析法。

（一）比例分析法

比例分析法是一种简单的测量国际储备需求量的方法。其主要特征是把国际储备与某一个（或某些）数量相比得出比例结果，并将此结果作为衡量一国国际储备是否适度的标准。19 世纪初，人们就已运用该法来探讨国际储备需求问题了，一些著名经济学家从该法入手创立了国际储备需求理论。两次世界大战期间及其后，人们开始关注国际储备与贸易的关系，其典型代表人物是美国经济学家罗伯特·特里芬，他认为国际储备需求随国际贸易发展而增加，应将国际储备对进口比例作为衡量国际储备充分性的标准。1960 年，特里芬在《黄金与美元危机》中强调一国国际储备量应以满足三个月进口为宜，即“特里芬法则”。特里芬法则又称国际储备—进口比例计算法，将国际储备与进口变量挂钩。

特里芬认为，一国某时期国际储备需求受多种因素影响，国际储备需求量的确定不可能用一个精确的数学公式表示。处于不同发展阶段的国家，国际储备量也不同。出于数据可得性和计算方便性考虑，特里芬选择国际储备—进口比率测度适度国际储备量。首先，国际货币基金组织对外提供各成员国进口额和国际储备等数据；其次，当时绝大多数国家国际收支不平衡是由贸易项目失衡造成的，因此各国货币当局倾向于用国际储备—进口比率来测度国际储备充足度。在实证检验基础上，特里芬提出一国国际储备与进口额比率应保持一定的比例关系，即 40% 是适度比率，20% 为最低比率，国际储备与进口额比率低于 30% 时货币当局有必要采取调节措施。不过，特里芬指出，在研究国际储备适度量问题上，各国政策及具体条件存在差异，40% 的比率不是绝对的。工业国家和贸易国家的国际储备—进口比率应略高，实行严格外贸与外汇管制国的国际储备—进口比率可略低，一国适度国际储备量应以满足三个月进口为宜。

除了典型的特里芬法则外，还有两种重要的比例法：一是结合进口支付和外债还本付息的比例法。该比例法在特里芬比例法基础上，加上按外债余额 10% 计算的本息额作为比例法分母。该比例法在具有较多外债国家比较适用。二是结合外商投资资金回流的综合比例法。该比例法考虑了外商直接投资资金汇出减少外汇储备，进而减少国际储备因素，是特里芬比例法的补充。

比例法具有简便易行的优点，但仍存在缺陷。比例法可作为衡量适度储备量的参考，但不是唯一标准。其主要缺陷是：

第一，比例分析法只能粗略估计适度国际储备量，实践中需结合其他定量分析方法。

第二，国际储备的主要作用是弥补一国国际收支逆差，并非单纯为一国进口交易提供融资。因此，仅运用进口变量决定适度储备量欠妥。一切可以影响到一国国际收支差额的因素都会对适度国际储备量产生影响。适度国际储备量不是进口额的单一函数，而是由许多经济变量共同决定的多元函数。

第三，国际储备—进口比例法忽略了国际储备的规模经济效应。国际储备—进口比例法中，适度国际储备量与进口额应保持相同变动幅度，即国际储备需求与进口额之间的弹性为1。现实中，国际储备量并非随进口额变化而同幅度变化。伴随一国进口额增长，该国国际储备也增长，但二者增长速度不同。由于国际储备规模效应的存在，国际储备增长速度比较缓慢。因此，在进口贸易额不断增长的情况下，如采用比例分析法测算适度国际储备量会产生高估现象。

（二）回归分析法

20世纪60年代以来，西方经济学家运用回归技术，对影响一国适度国际储备量的诸多因素进行回归分析，建立了关于适度国际储备量的经济计量模型，以确定一国国际储备需求量。回归分析法的主要特征是系统考察影响适度国际储备的各因素及其对国际储备需求作用力大小。

弗伦克尔（J. A. Frenkel）建立了双对数模型，回归方程为：

$$\mathrm{Ln}R = a_0 + a_1\mathrm{Ln}m + a_2\mathrm{Ln}\delta + a_3\mathrm{Ln}M + u \tag{11.1}$$

其中，R是国际储备量，m是平均进口倾向，δ是国际收支变动率，M是进口水平，a_1、a_2、a_3分别为R对m、δ、M的弹性。在对经济计量模型（11.1）进行参数估计和检验基础上，弗伦克尔提出一国国际收支变动、进口水平及平均进口倾向对该国适度国际储备水平具有显著影响。同时，弗伦克尔指出，由于各国经济发展水平和对外开放水平不同，发达国家与欠发达国家适度国际储备量也不同。

埃尤哈（M. A. Iyoha）建立了滞后调整模型，回归方程为：

$$R_t = a_0 + a_1x^e + a_2\delta^2 + a_3r + a_4p + a_5R_{t-1} + a_6R_{t-2} + u \qquad (11.2)$$

式（11.2）中，x^e 是预期出口收入，δ^2 是进口收入变动率，r 是持有外汇资产的利率，p 是一国经济开放度，R_t、R_{t-1}、R_{t-2} 分别为现期、前一期、前两期国际储备水平。滞后因素的引入使得适度国际储备的研究由静态延伸到动态。

回归分析法的优点是：对适度国际储备量的分析不仅限于一国进口额，同时考虑了影响国际储备的诸多因素；将国际金融、数学及计算机三门学科有机结合，使适度国际储备量的衡量更加数量化、精确化；由单纯规范分析转向实证分析。

（三）成本—收益分析法

成本—收益分析法，是 20 世纪 60 年代以来西方学者用以研究适度储备需求量的一种新方法。适度国际储备量成本—收益分析法从全球和一国角度分析国际储备的适度水平，其主要特征是：通过对一国持有国际储备的成本和收益进行分析，得出成本—收益均衡态下的适度国际储备量。适度国际储备量成本—收益分析法主要代表人物是海勒（H. R. Heller）和阿加沃尔（J. P. Agarwal），他们提出的两种主要分析模式被称为海勒模式和阿加沃尔模式。

1. *海勒模式*

国际储备的主要作用是弥补一国国际收支逆差。海勒认为持有适度国际储备的收益体现为政府融资成本及政策调节成本的节约。一国持有越多的国际储备，弥补国际收支逆差的能力越强，国际储备总收益 *TR* 就越大，如图 11 - 1 所示。

随着国际储备量的进一步增加，弥补国际收支逆差的边际效用减小，持有国际储备边际收益递减，如图 11 - 2 所示。图 11 - 2 中 *MR* 为国际储备边际收益线，是负斜率的，说明国际储备边际收益符合递减规律。

一国盲目增加国际储备持有量并非有利，持有国际储备取得收益的同时也要付出代价。持有国际储备的成本体现为一国资本生产力与持有国际储备资产收益率间的差额。国际储备持有量越大，其成本越

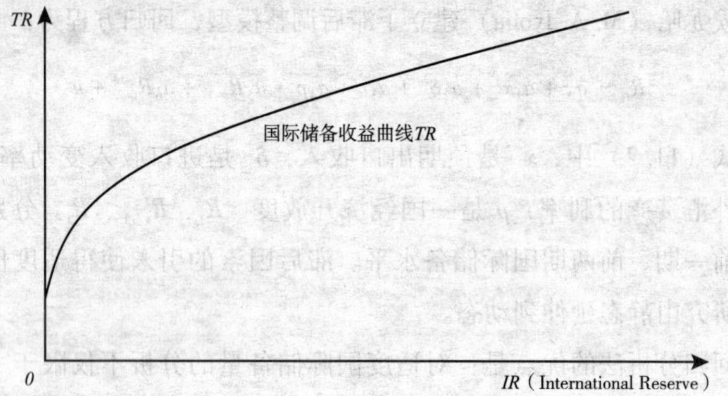

图 11-1　国际储备收益曲线

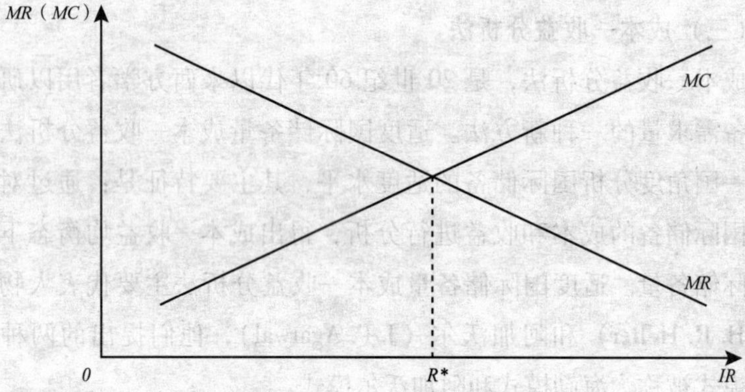

图 11-2　成本—收益分析法

高。图 11-2 中，*MC* 为国际储备边际成本线，是正斜率的，说明国际储备边际成本符合递增规律。国际储备边际成本随储备量增加而增加。当国际储备边际收益大于边际成本，即 $MR>MC$ 时，增大国际储备持有量是有利的；当国际储备边际收益小于边际成本，即 $MR<MC$ 时，减少国际储备持有量是有利的；当国际储备边际收益等于边际成本，即 $MR=MC$ 时，国际储备量达到均衡点，即此时的国际储备量是适度国际储备量。一国适度国际储备量应该是国际储备边际收益等于边际成本时的储备水平。

理论上成本—收益分析法不存在困难，但国际储备边际成本和边际收益的测量存在现实难度。

2. 阿加沃尔模式

阿加沃尔模式适用于发展中国家测算适度国际储备量。它将适度国际储备定义为：使发展中国家能够在既定固定汇率下，为一个计划期中出现的短期或非预期国际收支逆差融通资金，且使该国持有的国际储备获得边际收益等于边际成本的国际储备。发展中国家持有国际储备的主要原因是：弥补短期可预期国际收支逆差，应付非预期出口收入下降和进口品价格上涨。阿加沃尔认为持有国际储备的机会成本体现为：不以货币储备形式持有而购买生产性进口品投入国内生产得到的国内产品价值。持有国际储备的收益体现为：弥补短期或非预期国际收支逆差，避免国内经济、政策调节引致的国内产品损失。

持有国际储备机会成本取决于潜在资本投资及该投资带来的生产力、国内可获得闲置资源，潜在资本投资产量增额由资本—产量比决定。持有国际储备的机会成本用公式表示为：

$$OC = y_1 = R \times \frac{m}{M} \tag{11.3}$$

其中，OC 是持有国际储备机会成本，y_1 是国际储备购买的生产性进口品投入国内生产得到的国内产品，R 是用于进口生产性进口品的外汇数量，m 是资本—产量比倒数，M 是潜在资本投资。假设 m 和 M 是常数，不随国际储备变化而变化。

发展中国家国际收支如果出现逆差，政府通常直接限制进口、实行外汇管制，以期减少进口改善国内国际收支逆差。此做法短期虽可以改善国际收支，但对该国社会福利影响巨大。发展中国家出现国际收支逆差，政府若使用国际储备进行调节，就可避免国民收入和社会福利减少的损失。持有国际储备的收益可用公式表示为：

$$RB = y_2 = \frac{R}{r} \tag{11.4}$$

其中，RB 是持有国际储备收益，y_2 是政府采取直接限制进口、实行外汇管制带来的国内产品损失，R 是国际储备持有量，r 是进口生产性物品与经济总产量比率。现实中，适度国际储备 SR 与 R 相关，但却不同，将（11.4）修正为：

$$RB = y_2 = \frac{R \times p}{r} \tag{11.5}$$

$p = \pi^{R/D}$ 是发展中国家计划使用国际储备与调节国际收支逆差所用国际储备之比，D 是国际收支逆差预期规模，π 是国际收支逆差概率。由于 D 和 π 都是预期变量，所以国际储备收益也带有预期性质。

根据边际成本等于边际收益的利润最大化原则，求适度国际储备量：

$$R \times \frac{m}{M} = \frac{R \times p}{r} = \frac{R}{r} \times \pi^{R/D} \Rightarrow R = \frac{D}{\mathrm{Ln}\pi}(\mathrm{Ln}m + \mathrm{Ln}r - \mathrm{Ln}M)$$

（四）区间分析法

适度国际储备量分析中，比例分析法、回归分析法和成本—收益分析法都是从国际储备影响因素出发，运用历史数据建立函数关系求出适度国际储备量。现实中，该方法存在困难：

第一，影响一国适度国际储备量因素很多，不可能把所有因素都考虑进去。即使将所有因素都考虑进去，应用数学方法得到函数关系，但随时间推移，影响国际储备需求因素发生变化，整个函数关系随之会发生变化，一国适度国际储备量也就发生了变化。

第二，实际操作中，将一国国际储备维持在一定水平存在难度，极易发生调整过度或调整不足现象。

为克服模型方法的不足，经济学家为适度国际储备量确定了目标区间，创立了国际储备区间分析法。适度国际储备目标区的主要内容是：以适度国际储备量为中心，确定一个目标区域，保险国际储备量为目标区域上限，经常国际储备量为目标区域下限，一国国际储备在目标区内小幅度波动。只要一国国际储备处于目标区间范围内，该国国际储备量就是适度的。目标区内国际储备量既能保证一国进口所需，又能满足对可能出现的国际收支逆差的弥补。区间分析法为各国金融当局提供了更加灵活的国际储备管理方式。

第三节 国际储备结构管理

国际储备资产的构成是多种多样的，包括黄金、外汇、储备头寸以及特别提款权。国际储备资产的结构管理即指对这些资产的管理，也就是确定黄金、外汇、储备头寸及特别提款权的最佳构成比例，以应付国际支付，避免动荡多变的国际金融市场带来的风险。

在布雷顿森林体系下，各国间汇率绝对固定，储备资产几乎不存在任何汇率风险。因此，布雷顿森林体系时期国际储备结构管理并不必要，国际储备管理的主要内容是确定国际储备适度规模。在牙买加体系下，各国货币汇率波动频繁，各国通常采用浮动汇率制度。在储备货币多元化的背景下，一国持有的外汇储备价值极不稳定，随时有遭受贬值的风险。在不断变化的国际金融环境中，各国政府及货币当局面临国际储备结构管理的挑战。

一、国际储备结构管理的原则

（一）安全性原则

国际储备结构管理安全性要求储备资产不受损失。为此，一国货币当局在确定外汇币种及外汇资产存放国家（或银行）前，必须充分了解储备货币发行国、储备货币稳定性及资产存放国家（或银行）状况，以确保国际储备安全。

（二）流动性原则

国际储备结构管理流动性要求储备资产具有高变现能力。一旦需要对外支付或干预外汇市场，一国货币当局能够即时兑现、灵活调拨。各种外汇储备资产流动性不同，各国在安排外汇储备资产时，应根据外汇储备金额、币种及运用时间将外汇资金分为短、中、长期进行投资，以便不同类型储备资产存放期限与相应用途日期衔接，保证国际储备的充分流动性。

（三）赢利性原则

国际储备结构管理赢利性要求国际储备在具有安全性和流动性基础上，尽可能获得高收益，使储备资产增值。不同币种国际储备货币具有不同收益率。某一种特定储备货币投资实际收益率等于名义收益率减去预期通货膨胀率及汇率变化。因此，使用国际储备投资应关注收益率、通货膨胀率以及汇率变化。同一币种不同投资选择所得收益率也不相同，因此理性人应该合理安排投资组合，追求国际储备资产组合利益最大化。

国际储备结构管理应同时兼顾安全性、流动性和赢利性。但在各国货币当局对储备资产实际管理中，国际储备结构管理的三大原则并非完全一致，相互间时有矛盾。国际储备结构管理安全性、流动性和赢利性之间呈负相关关系。安全性、流动性高的资产，其赢利性往往较低；赢利性高的资产，其风险性往往较大，流动性也较差。鉴于国际储备资产特殊职能，各国货币当局进行国际储备结构管理时应始终把安全性和流动性放在首位，在二者得以保证的前提下适当考虑国际储备赢利性。在当今国际金融市场动荡的背景下，任何形式资产都具有相对安全性和绝对风险性。若想有效防范风险，唯一方法是提高资金赢利性，以较高的赢利弥补风险损失。因此，各国货币当局对国际储备结构管理的基本任务是根据国际金融市场及本国经济发展状况，灵活运用管理策略和方法，在动态的国际环境中实现国际储备安全性、流动性和赢利性的均衡。

二、国际储备结构管理的内容

国际储备资产的构成多种多样，包括黄金、外汇、储备头寸及特别提款权。国际储备资产的结构管理就是对这些资产的管理，即确定这些资产之间的最佳构成比例，以应付国际支付，避免动荡多变的国际金融市场带来的风险。国际储备四部分资产中 IMF 储备头寸和特别提款权的比例较小且变动不大，所以国际储备结构管理的主要对象是黄金储备和外汇储备。

（一）黄金储备结构管理

黄金储备结构管理的关键是确定黄金储备在国际储备中的比例。

20世纪70年代后，世界范围黄金储备占国际储备比例不断下降，但就各国而言情况不尽相同。有些国家黄金储备比例历来较高，有些国家黄金储备比例一向较低，有些国家保持了黄金储备与国际储备间不变的比率，而有些国家经常调整黄金储备—国际储备比率。黄金储备—国际储备比率取决于一国采取的黄金储备政策。由于黄金储备具有较好的安全性，在国际储备中适量保持黄金储备是必要的。但黄金储备弱流动性限制了它在国际储备中所占的比例。通常黄金储备数量不宜做过多调整，应保持其相对稳定。

（二）外汇储备结构管理

外汇储备结构管理包括两方面：一是国际储备货币币种的选择及其在国际储备中所占比例，二是外汇储备资产形式的选择。

1. 外汇储备币种的选择及其在国际储备中所占比例

外汇储备管理的首要任务是外汇储备币种的选择及其在国际储备中所占比例。在国际储备货币币种多样化背景下，一国确定外汇储备—国际储备比率应注意：

第一，尽可能选择有升值趋势的“硬”货币，减少有下跌趋势的“软”货币储备量，避免储备货币汇率下降给国际储备带来损失。一国货币当局选择外汇储备币种时，应充分考虑储备货币发行国经济、金融形势和国际收支状况，并做好对各种储备货币汇率变动的预测。

第二，充分考虑本国在对外支付中的所需币种，使国际储备币种结构尽可能与国际贸易结算结构及国际债务结构相匹配，减少国际收支兑换风险，节约交易成本，保证国际储备使用效率。

第三，充分考虑国际储备在干预外汇市场时所需币种结构，选择与干预外汇市场所需货币一致的储备货币币种。外汇储备职能之一是干预外汇市场、维持汇率稳定。一国若想保持本国货币汇率稳定，就必须持有该种储备货币。钉住单一货币汇率安排的国家应大份额持有该钉住货币，降低汇率风险；钉住一篮子货币的汇率安排国家应按篮子货币权数分配其外汇储备币种及其持有份额，降低汇率风险；浮动汇率制国家应按照某种有效汇率指数，采用资产组合方式对外汇储备进行选择，以多币种外汇储备联合降低汇率风险。

第四，在充分考虑安全性、流动性的前提下，选择具有高赢利性币种。不同储备币种具有不同名义收益率、预期通货膨胀率和汇率变动率，其实际收益率也就各不相同。在国际储备币种选择问题上，各国货币当局应尽可能持有高收益的储备币种。

2. 外汇储备资产形式的选择

一种储备货币有多种资产形式可供选择，既可将其存放于国外银行活期账户，又可将其投资于收益较高的证券。如何确定储备货币的资产结构，是国际储备结构管理的另一个重要问题。这一问题的解决需要充分考虑储备资产的流动性与赢利性。

从流动性（或赢利性）角度，将储备资产分为：

（1）一级储备。它是现金或准现金，包括活期存款、短期国库券或商业票据等，这部分储备资产流动性最高，但收益率最低。

（2）二级储备。它是指投资于高收益率、高流动性的资产，如中期债券。

（3）三级储备。它是指流动性低于上述两部分资产的长期投资工具，如长期债券。三级储备的收益率较高，但流动性差、投资期限较长、风险相对比较大。如果一国需要调整国际收支不得不动用未到期三级储备，该国将会蒙受巨大损失。

持有外汇储备最直接的目的是对外支付和干预外汇市场。虽然一级储备收益率最低，但一国货币当局必须持有足够数量的一级储备资产，以满足短期对外支付和干预外汇市场的需要。为应对非预期偶然性因素引起的国际储备需求，一国货币当局必须持有一定数量流动性较高且易上市的二级储备。各国货币当局应根据储备管理策略确定一级储备和二级储备规模后，才考虑使用三级储备充当国际储备剩余份额。

第四节　中国的国际储备管理

国际储备是一国货币当局为弥补国际收支赤字、维持本国货币汇率稳定而持有的国际间可以接受的一切资产。国际储备资产数量的多少往往体现一国国际清偿能力的强弱。对于任何国家来说，其国际储备至少包括黄金储备和外汇储备。此外，如果该国是国际货币基金组织成员国，则国际储备中还包括在国际货币基金组织的储备头寸和特别提款权。黄金储备、外汇储备、国际货币基金组织储备头寸和特别提款权的流动性、安全性和赢利性各不相同，在国际储备中所占比重不同，所以各国国际储备呈现出不同流动性、安全性和赢利性。1976年“黄金非货币化”后，黄金储备货币职能在退化，只作为最后支付手段保留在国家货币当局手中。20世纪90年代以来，在国际货币基金组织储备头寸和特别提款权占国际储备总额比重最高不超过5%，并呈现出不断下降趋势。外汇储备在国际储备中比重一直最高，且表现出不断上升的势头。国际储备体系中，外汇储备是最主要的储备资产。

一、中国国际储备的构成

中国国际储备受整个国际储备体系影响，各部分占国际储备总额比重也不平衡。黄金储备、在国际货币基金组织的储备头寸和特别提款权偏低。其中货币黄金规模长期不变，2002—2007年一直保持在1929万盎司的水平。在国际货币基金组织的储备头寸和特别提款权占国际储备总额比例也较小。中国国际储备绝大部分储备资产是外汇储备，如表11－4所示。

表11－4　中国的黄金储备和外汇储备

年　份	黄金储备(万盎司)	外汇储备(亿美元)	外汇储备比上年度增长(%)
1999	1267	1546.75	6.70
2000	1267	1655.74	7.05
2001	1608	2121.65	28.14
2002	1929	2864.07	35.00
2003	1929	4032.51	40.80
2004	1929	6099.32	51.25
2005	1929	8188.72	34.26
2006	1929	10663.44	30.22
2007	1929	15282.49	43.32

资料来源：中国人民银行网站。

中国外汇储备的主要组成部分是美元资产，主要持有形式是美国国债和机构债券。截至 2007 年底，中国大陆外汇储备总额为 15282.49 亿美元，位居全球第一。中国国际储备中外汇储备资产分配比例大约为：美元资产 70%，日元资产 10%，欧元和英镑资产 20%。

二、国际储备规模管理

国际储备可用来调节国际收支、稳定本国货币汇率稳定。国际储备是实现一国经济均衡稳定的必要手段，尤其在经济全球化、金融一体化的今天，国际储备在经济调节和内外平衡方面具有重要作用。国际储备并非越多越好，过多的外汇储备会带来高昂成本。过多外汇储备产生的成本主要是：

第一，持有高额外汇储备导致资源浪费。官方外汇储备大多投资于发达国家债权，债权的收益率一般远低于直接投资收益率。持有过多外汇储备具有很高的机会成本。

第二，高额外汇储备面临汇率风险。外汇储备作为资产项反映在货币当局的资产负债表上，对应着本币负债。中国外汇储备结构中美元资产比重较大，如果美元贬值，货币当局资产负债表的资产项（美元外汇储备）价值就会缩水，资产负债表恶化，货币当局实际债务水平增加。

第三，高额外汇储备给货币政策自主性带来压力。中国目前实行强制结售汇制度，外汇储备积累将会导致以外汇占款形式发放的基础货币存量增加。以外汇占款形式发放的基础货币存量的增加易引起股票市场和房地产市场泡沫，造成大幅度通货膨胀，给宏观调控带来困难。

第四，高额外汇储备加大了人民币汇率改革的难度。外汇储备大量增加加大了人民币升值预期，大量热钱流入中国，使人民币升值变成事实并加速上升。货币当局若想稳定人民币汇率，就必须购进外汇卖出人民币。这么做会进一步增加外汇流入，使国内经济陷入恶性循环。

适度国际储备量是一国政府对持有国际储备所付出代价与所获收

益间的权衡。适度国际储备量既可以改善国际收支状况、稳定汇率，又可以促进国内经济目标的实现。对于外汇储备规模的合理数量，国际上通用的度量方法是进口比率法和外汇储备量与国内生产总值比等指标。实践中，人们根据国际储备需求影响因素，给出了一些确定适度国际储备量的数量指标，主要是：一国国际储备与国民生产总值之比，反映了一国国民经济对国际储备依赖程度；一国国际储备与外债总额比率，反映了一国对外清偿能力；一国国际储备与一定时期（通常为一年）平均进口额比率，反映了国际储备对进口支持程度，该指标一般不低于25%；一国国际储备与国际收支差额比率，反映了国际储备对一国国际收支不平衡深度的支持程度；一国持有国际储备的成本与收益比较；影响一国国际收支的各种突发事件发生频率，反映了国际储备对一国临时性国际收支逆差（或紧急国际支付）的支持程度。

此外，国际货币基金组织采用三个指标来确定国际储备适度规模：一是一国以往实际国际储备趋势，二是一国过去国际储备对进口比率，三是一国过去国际储备对国际收支总差额比率。

世界上大多数国家是根据进口额来确定国际储备适度水平的，一般以满足本国三个月进口需要为标准。

三、国际储备结构管理

国际储备结构管理应考虑资产价值的安全性、流动性、赢利性以及国际贸易往来便利性。

（一）黄金储备结构管理

作为最后支付手段，黄金受到诸多国家的青睐。与其他大国相比，黄金资产在中国国际储备中所占比例太低，仅有1929万盎司。黄金虽然不能用于支付，不能产生利息，但其抗灾害能力较强。当货币当局持有的大部分货币资产贬值，上涨的黄金价格足以对冲货币资产贬值的损失。

（二）外汇储备结构管理

中国外汇储备中美元资产占绝大多数。以美元为主的外汇储备结构主要受到国际储备体系、中国贸易结构以及资本流动等因素影响，主要是：美元历来是国际支付手段、交易中介和价值储藏手段；中国国际贸易中的2/3以美元结算；国际金融市场上的批发交易绝大多数以美元交易，各国货币当局金融操作主要采用美元，国际银团贷款和国际债券市场绝大多数交易使用美元或美元债券；世界发达国家外汇储备主要是美元资产；美国的经济和军事地位可支撑其货币充当世界货币。尽管世界可自由兑换货币有十余种，特别是欧元的出现在一定程度上改变了世界货币格局，但美元仍是世界范围最主要支付货币。

国际货币体系的不稳定性给中国相对单一的外汇储备带来了风险。根据国际经验和中国实践，外汇储备资产管理应向着外汇储备资产多元化和外汇储备持有者分散化方向改革，在降低持有外汇储备成本的同时，提高储备资产投资收益率。

本章小结

国际储备是各国政府为弥补国际收支赤字、保持汇率稳定以及应付其他紧急支付需要而持有的国际间普遍接受的所有流动资产的总称。其主要特征是：自由兑换性、充分流动性、普遍接受性和官方持有性。

国际储备包括黄金储备、外汇储备、在国际货币基金组织的储备头寸和特别提款权。国际储备与国际清偿力既有区别又有联系。

一国国际储备来源主要有：收购黄金、在国际货币基金组织的储备头寸和特别提款权、储备资产收益、国际收支顺差、货币当局干预外汇市场取得的外汇、国际借贷。影响一国国际储备需求量主要因素是：国际收支状况、对外开放程度和对外经济活动规模、金融市场发育程度及融资能力大小、一国货币在国际货币体系中地位、汇率制度、持有国际储备的机会成本、政策偏好及国际间政策协调。

适度国际储备量是一国政府为实现国内经济目标而持有的用于平衡国际收支和维持汇率稳定所需的最低限度外汇储备量。适度国际储备量受多重因素影响，每一个影响因素都可以形成一定风格的决定理论。西方国际储备理论中，对国际储备需求定量测算方法主要有三种：利用经验法则的比例分析法、利用多元回归与相关分析建立的回归分析法、成本—收益分析法。此外，还有区间分析法。

国际储备结构管理包括黄金储备结构管理和外汇储备结构管理。外汇储备结构管理包括外汇储备货币币种管理和外汇储备资产形式管理。国际储备结构管理应同时兼顾安全性、流动性和赢利性。

重要概念

国际储备　黄金储备　外汇储备　在国际货币基金组织的储备头寸　特别提款权　国际清偿力　适度国际储备量　比例分析法　回归分析法　成本—收益分析法　区间分析法　一级储备　二级储备　三级储备　内部均衡　外部均衡

复习思考题

1. 简要说明国际储备的含义、特点、构成及作用。
2. 说明国际储备与国际清偿力的异同之处。
3. 一国国际储备供给来源有哪些？一国国际储备需求影响因素包括哪些方面？
4. 什么是适度国际储备量？如何看待中国适度国际储备量选择问题？
5. 适度国际储备量决定理论有哪些（必要时配以图示说明）？并分别说明其优缺点。
6. 国际储备结构管理原则是什么？
7. 国际储备结构管理基本内容有哪些？

第十二章　货币危机理论

20 世纪 90 年代以来，世界范围内货币危机频频爆发，给危机发生国乃至全球经济都造成了严重的影响，也由此引发了人们对货币危机的发生机制、经济影响以及政策防范的广泛争论和深入思考，并形成了一个开放经济下的货币危机理论体系。本章重点介绍货币危机的概念、现代货币危机的特点、当代主要货币危机理论以及货币危机的防范。

第一节　货币危机概述

一、货币危机的含义

货币危机（Currency Crisis）是指一国货币的汇率变动在短期内超过了一定幅度。货币危机的根源在于国内外众多的投资者由于对某种货币丧失信心而在外汇市场上大量抛售该货币，转而购买其他坚挺的货币，其通常的表现是促使被抛售的货币经历大幅度的贬值或被迫放弃原来的固定汇率制而转向浮动汇率制。

金融危机（Financial Crisis）的含义有狭义与广义之分。狭义金融危机是金融系统中爆发的危机，它集中表现为全部或大部分金融指标急剧、短暂和超周期地恶化，这些恶化的金融指标包括短期利率、证券、房地产等资产的价格，以及企业破产数和金融机构倒闭数等。广义金融危机是相对于经济危机而言的，泛指发生于金融过程和金融领域的危机，不仅包括银行危机、股市危机、房地产危机等狭义金融危机，还包括货币危机、支付危机（国际收支危机）①、债务危机②等。与广义金融危机相对应的经济危机，是指市场经济运行过程所受到的猛烈冲击，它突出地表现为由于破产或金融上的重大崩溃而使大批企业被清算，从而导致市场经济运行过程处于有可能中断的境地。经济危机的深层表现则是社会的生产和流通过程由于销售和总需求的急剧萎缩而陷入混乱。经济危机是金融危机在实质经济领域的表现。

一般来说，货币危机与金融危机是存在区别的：货币危机主要发生在外汇市场上，主要表现为外汇市场上的汇率变动；而金融危机还包括发生在证券市场、银行体系等金融市场上的价格波动以及金融机构的经营困难与破产等。一般来说，货币危机可能诱发金融危机，而一国金融危机也会引起该国货币短期内大幅度贬值，因而货币危机与金融危机两者之间存在一定的联系。为便于分析，本章并不严格区分货币危机和金融危机这两个概念。

二、20世纪90年代以来的主要货币危机回顾

（一）1992年欧洲货币体系危机

1979年3月，欧洲经济共同体建立了欧洲货币体系，成员国货币之间实行固定汇率制，对美元实行联合浮动。每个成员国的货币与欧洲货币单位都有一个法定中心汇率（即平价），允许波动的幅度一般为±2.25%，成员国货币之间双边汇率波动幅度也为±2.25%。当两个成员国之间货币汇率波动达到或超过±2.25%时，两国中央银行都必须干预外汇市场。欧洲货币体系是布雷顿森林体系解体后较为成功的区域货币体系实践，它通过国家间的汇率协调和稳定机制建立了一个“货币稳定区”。但进入20世纪90年代以来，由于各成员国的经济发

① 支付危机意味着无法履行支付义务，国际支付危机就是一国无法履行其支付外国货币的支付义务所引起的危机。国际支付危机可能由国际债务问题引起，也可由国际收支问题引起，或者由两者共同引起。

② 债务危机是指无法偿还到期债务的危机。国际间的债务危机是指债务国无力偿还其到期的国外债务的危机。

展呈现出较大的差异，欧洲货币体系所确定的各国货币之间的汇率平价越来越难以为继，并且在对待经济政策协调所要求的让渡货币主权的问题上，各国的态度也大相径庭。

1990 年 10 月两德统一后，需要向东部地区的重建工作注入大量资金。出于对这些支出的潜在通货膨胀压力的警惕，德国中央银行实行紧缩性货币政策，从 1991 年起连续调高再贴现利率，以防止经济过热，这给其他欧洲国家造成了极大的压力。因为当时这些国家为了摆脱经济萧条、刺激经济增长，先后调低了利率。对于其他欧洲国家而言，此时所面临的是一个两难抉择：若要维护与马克的汇率平价并保持欧洲货币体系的稳定，必须在其国内调高利率，但代价是牺牲本国经济发展；若降低利率刺激经济，则不得不允许本币相对马克贬值。尤其是当时的英国经济正处于比较严重的经济衰退之中，若跟随德国实行紧缩性货币政策无疑将使英国经济雪上加霜。因此，人们普遍预期英镑汇率不久将贬值。

1992 年 8 月，投机者开始高调进攻英镑。短短几个星期，英国政府在外汇市场上已经花掉了近 50 亿美元来捍卫自己的汇率，但难以见效。1992 年 9 月 16 日，投机者抛售英镑购入马克达到高潮，英格兰银行不得不在一天之内两次大幅度提高利率，此举在政治上是无法接受的，且也没有人相信英国衰退的经济能够承受得起高利率，于是相继进一步抛售英镑。英国政府不得不于当晚宣布“暂时”退出欧洲货币体系并使英镑对马克贬值 10%。与此同时，意大利里拉也抵挡不住外汇市场上的投机攻击，宣布退出欧洲货币体系，允许意大利里拉对马克贬值 15%。这便是欧洲货币体系历史上有名的“9 月危机”，这一危机因德国高利率的延续一直持续到 1993 年夏季。1992 年底，葡萄牙埃斯库多、西班牙比赛塔、瑞典克朗先后遭受冲击并被迫浮动汇率。1993 年夏天，法国法郎也成为投机攻击的对象，7 月 30 日德国中央银行抛出 500 亿马克支持法郎，但收效不大。1993 年 8 月 2 日，欧洲货币体系宣布围绕原来的汇率平价，浮动范围扩大到 ±15%。

（二）1994 年墨西哥危机

为了控制通货膨胀，墨西哥政府于 1987 年实施了一系列稳定经济的改革措施，包括重新固定比索与美元的汇率，1989 年改为实行爬行钉住汇率制，1991 年 12 月又变为移动目标区汇率制。该政策的实施取得了一定的成效，墨西哥的经济得到了快速增长，通货膨胀也大幅下降，但其缺陷也很明显。由于当时墨、美两国通货膨胀率差异很大，比索对美元的汇率长期不调整，导致比索币值高估，墨西哥经常项目连年逆差——从 1991 年的 110 亿美元增加到 1994 年的 280 亿美元。为了扭转这一局面，墨西哥一方面大量举借外债，以政府名义发行以美元计值的短期债券；另一方面大力发展国内股市，开放资本项目，吸引国外证券投资者。大量外国短期资本蜂拥而入——仅 1994 年墨西哥就吸引了 730 亿美元的外资，这些资本大多进入股票、债券及货币市场中赚取投机利润，而对真实产业部门的扶植甚少。1994 年，墨西哥比索高估程度达 30% 以上，经济增长限于停顿，加上大选中出现了政治谋杀事件，以及美国连续 6 次提高利率导致大量外资撤逃，人们对墨西哥的前景普遍表示担忧，纷纷抛售比索，抢购美元，造成比索贬值的压力越来越大。在这种情况下，墨西哥政府不得不动用外汇储备进行干预，致使外汇储备急剧下降，所剩已无法维持本国经济的正常运转，因此当局决定通过比索一次性贬值来促进出口，减少进口，阻止资金外流，稳定外汇市场。1994 年 12 月 20 日外汇市场开盘前，墨西哥政府突然宣布比索汇率上限放宽 15%。尽管中央银行实施了外汇市场干预，仍无法抑制比索跌势，1994 年 12 月 20 日当天收盘时的汇价已超过新的干预上限。比索的贬值加剧了股市的下跌，投资者竞相抛售墨西哥金融资产。为抑制比索进一步贬值和股市下跌，1994 年 12 月 22 日外汇市场开市前，政府宣布中央银行不再干预外汇市场，比索对美元实行自由浮动。至 1994 年 12 月 27 日，比索跌至 1994 年来的最低点 5.7 兑 1 美元。按美元计算的股指最严重时下跌了 40% 之多。从 1994 年 12 月 30 日到 1995 年 3 月 9 日，比索汇价达到 7.45 兑 1 美元，又下跌了 30% 之多，股指又比 1994 年跌了 40%。随着以美国为代表的国际社会的援助以及墨西哥政府的努力，从 1995 年 3 月中下旬到 4 月末，墨西哥形势逐渐稳定下来。

这场危机引发了 20 世纪 30 年代大萧条后单一国家最严重的经济

衰退。1995 年，墨西哥的实际 GNP 下降了 7%，工业生产下降了 15%，成千上万的企业倒闭，大量工人失业，银行系统处于停滞状态，外汇储备几近枯竭。这场危机还迅速波及到整个拉丁美洲。由于阿根廷、巴西、智利等其他拉美国家的经济结构与墨西哥相似，都不同程度地存在债务沉重、贸易逆差、币值高估等问题，墨西哥危机爆发首当其冲受影响的就是这些国家。在墨西哥危机发生的当天，拉美国家的股指随墨西哥股指一起下滑，同时拉美国家发行的各种债券价格也出现暴跌。不仅如此，欧洲股市、远东股市也随之下挫。

（三）1997 年东南亚危机

1997 年东南亚危机始于泰国货币危机，其持续时间之长、波及面之广、影响之深引起了全世界的关注与思考。东南亚危机的爆发和发展可分为以下几个阶段：

第一阶段，泰国实行浮动汇率制，引发危机。泰国 1996 年外债余额为 900 亿美元，相当于 GDP 的一半以上，其中短期外债就高达 400 亿美元，超过了 1997 年初的外汇储备水平。另外，大量资金流入国内房地产市场后所形成的大笔坏账直接威胁到泰国金融体系的安全。1997 年初，泰国金融机构的坏账总额已超过了 300 亿美元，其中房地产坏账就占 170 亿美元。再者，泰国的产业结构老化，出口产品竞争力日益下降，导致贸易逆差连年增加——由 1994 年的 93 亿美元增加到 1996 年的 177 亿美元，同年经常项目赤字已占 GDP 的 10.2%。1997 年初，国际投机力量试图从泰国商业银行借入泰铢并在外汇市场上抛售来冲击泰铢汇率，泰国中央银行被迫于 3 月提高金融机构的准备金率。这一举动引起了公众的信心危机，造成大规模的银行挤兑和抛售泰铢风潮，泰国的外汇储备在第二季度骤降 57 亿美元。1997 年 7 月 2 日，面对外汇储备的严重耗减以及经济形势的持续恶化，泰国中央银行被迫宣布放弃泰铢与美元挂钩的固定汇率制，允许泰铢自由浮动，当天泰铢就贬值了 20%。泰国货币危机很快扩散到整个东南亚市场，菲律宾、印度尼西亚和马来西亚也相继实行浮动汇率制，与美元脱钩。中国香港为了维持联系汇率制，不仅动用外汇储备干预外汇市场，而且提高银行间短期利率并实行资本管制，但恒生指数仍受到恐慌性卖压，达到10年来最低，并引发全球股市下跌。

第二阶段，韩元贬值引发第二轮风暴。受东南亚金融动荡影响，韩国经济急剧滑坡。至1997年11月，政府金融改革方案未获通过，股市持续下跌，韩元不断贬值。1997年11月20日，汇率已跌至1139韩元兑1美元，跌幅达20%。进入12月后，人们原本以为金融风暴已平息，却未料到韩国危机在升级。当月，韩国14家银行被政府宣布停业，韩元自由浮动，外债支付问题严重。结果，自1997年12月中旬，韩元对美元的汇价几乎是以每天跌停板的速度下跌，12月23日跌至2067韩元兑1美元。金融风波也沉重打击了日本经济和金融。1997年12月8日，东京外汇市场上日元兑美元汇价跌破130日元兑1美元，创下1992年5月以来的新低。

第三阶段，印度尼西亚危机成为东南亚危机第三波的导火索。从1997年7月，印度尼西亚经济就处于全面崩溃的边缘，总统苏哈托虽然对恢复经济作出了一系列承诺，但印度尼西亚大选在即，人们对该国前景疑虑重重，这些承诺无不受到国内外各界的质疑，其直接后果就是印度尼西亚境内的大规模骚乱。印度尼西亚政治经济形势的不明朗再次导致东南亚经济金融的激烈震荡。

（四）1998年俄罗斯危机

20世纪90年代初，俄罗斯经济转轨之后，迅速开放了国内金融市场，大量外国资本涌入。截至1997年7月1日，累计外国投资为180亿美元，其中约100亿美元为证券投资等短期资本。1997年上半年股市涨势迅猛，金融资产价格出现泡沫膨胀，而同期的国民经济却连年负增长，几次改革的结果是货币的发行不断增加，导致国内通货膨胀率居高不下。在这种情况下，俄罗斯卢布的内在价值已受到严重损害，当东南亚危机爆发并向东北亚扩散时，俄罗斯卢布首先成为市场投机力量攻击的对象。从1997年11月起，卢布汇率在投机攻击下大幅波动。

1998年初，俄罗斯政府根据1997年GDP回升和通货膨胀率下降的情况，对当年GDP和通货膨胀率作了乐观估计。但在3月和4月间政府要员的更迭使投资者开始怀疑俄罗斯的政策连续性及社会稳定性，外资开始撤离，国际收支和财政状况恶化。5 月，股市和债市价格下挫，俄罗斯中央银行为干预汇率耗费大量外汇储备，可卢布汇率在市场贬值预期压力下频频下挫。1998 年 8 月 17 日，俄罗斯中央银行被迫放宽汇率波动幅度，这一举动进一步动摇了市场信心，并引发了俄罗斯自独立以来最严重的危机。这场危机不仅导致金融市场出现混乱和瘫痪，还造成银行系统中 1/3 以上的金融机构出现亏损，失业增加，通货膨胀率攀升，此外，还对其他欧美国家带来了不利影响。

（五）2001 年阿根廷危机

1989 年梅内姆总统上台后，开始“经济政变”，实行极端的新自由主义结构调整方案，全面放开市场并积极迅速推行大规模私有化。梅内姆任命卡瓦略为经济部长，后者是哈佛大学博士，1991 年 4 月卡瓦略提出“自由兑换计划”，其核心即货币局制度。这一制度的具体内容包括：比索与美元的汇率固定为 1∶1，保证这两种货币可自由兑换；中央银行用黄金、外汇等担保每一比索的发行；允许美元成为合法支付工具。该制度实施的最初结果是令人鼓舞的，通货膨胀率得以成功下降，且在 3 年的时间里，GDP 居然增长了 25%。

自 1994 年，美国开始了战后最长时期的经济繁荣，于是采取紧缩性货币政策，使利率提高，美元不断升值，阿根廷比索对美元高估情况严重，这使阿根廷的产品在国际市场上丧失竞争力，贸易逆差不断扩大。但货币局制度不允许阿根廷通过调整汇率来改变国际收支不平衡的状况，还大大降低了阿根廷经济内部自我调整的能力。阿根廷不得不提高国内利率来吸引外资流入，希望通过资本项目顺差来弥补经常项目逆差，但高利率为日后的经济危机埋下了隐患。从 1995 年第二季度起，阿根廷经济出现负增长，财政政策成为阿根廷政府的唯一选择。为刺激经济复苏，梅内姆政府开始不断增加开支，再加上为谋求第三次连任，对各地方政府财政开支的扩张也就听之任之，因而各级政府的财政赤字不断上升，举借外债来弥补赤字就成为必然选择。随着国内外债务不断增加，阿根廷政府的信誉越来越受到怀疑，又由于受 1997 年东南亚金融危机、1999 年巴西金融震荡的影响，阿根廷经济再次步入衰退。2001 年上半年，由于经济恶化、税收减少及债务缠身等多种原因，阿根廷政府实际上已无力偿还债务和支付政府工作人员工资，不得不在2001年7月11日推出了“零财政赤字计划”，即大幅度紧缩财政开支，削减工资和养老金，减少地方政府财政支出，扩大税源。此计划一出就立即遭到了反对党、工会和企业家组织的强烈反对，证券市场空前震荡，资金大量外流，国际储备和银行储蓄严重下降，金融危机爆发。

2001年8月危机进一步加深，资本市场崩溃一触即发。8月21日，经过艰苦谈判，阿根廷政府终于获得国际货币基金组织80亿美元应急追加贷款，作为条件，阿根廷政府必须严格执行“零财政赤字计划”。新贷款的到位一度使形势危急的阿根廷金融市场渐趋稳定。10月底，当阿根廷政府准备与债权银行谈判、重新安排高达1280亿美元巨额债务的消息传出后，阿根廷金融市场再次出现剧烈动荡。尽管官方媒体将阿根廷政府进行的债务重组称为“债券置换”、“有序停付”，但对债权人而言，就是不履行契约、拖债。2001年11月，股指、政府发行的债券价格一路下滑，外资加速抽逃。由于阿根廷政府财政赤字未达到预定目标，国际货币基金组织在11月拒绝提供贷款。此时阿根廷政府内无筹资良策，外无国际援助，不得不于12月3日颁布法令，限制储户每月提取的存款数额。这一严厉紧急措施一出台，矛盾空前激化。2002年1月，阿根廷最高法院裁定政府限制储户提现行为违宪。2002年1月7日总统杜阿尔德宣誓就职，宣布放弃实施了11年之久的货币局制度。

（六）2008年全球金融危机

金融危机总是改头换面、以不同的姿态出现在经济生活中，上一次危机的影响刚刚消退，人们一直为金融体系“高效率”津津乐道的美国就爆发了次贷危机，并逐渐蔓延成了全球性的危机。自2007年初次贷危机浮出水面到目前演变成为全球金融危机，实际上经历了四个阶段的演变与深化的过程。危机逐步深化并向全球扩散的过程，是投资者的信心逐步崩溃和恐慌情绪蔓延的过程，也是从次贷危机转变为全球金融危机的过程。

第一阶段，危机的初步爆发。2007年2月至5月次贷危机开始爆发。2007年2月汇丰控股在美国次级房贷业务增加18亿美元坏账拨备；3月，美国新世纪金融公司濒临破产，美国抵押贷款风险浮出水面；之后，美国次级抵押贷款企业就发生了多米诺骨牌效应，30余家次级抵押贷款公司被迫停业，演变成了次级抵押贷款的系统性危机。但是，这一阶段次贷危机对金融体系和金融市场都没有产生太大的冲击，因此，人们对危机的严重性未给予足够的重视，美国政府对开始暴露出来的次贷危机并没有采取因应措施。

第二阶段，危机的扩散。2007年6月至9月次贷危机开始在美国金融体系扩散，金融市场（尤其是股票市场）开始作出剧烈的反应。2007年6月美国第五大投资银行贝尔斯登公司旗下两只对冲基金出现巨额次级抵押贷款投资损失；7月穆迪公司降低对总价值约52亿美元的399种次级抵押贷款债券信用评级；8月初，美国之外的法国、德国、日本等国金融机构开始披露次贷相关损失，次贷危机开始向全球金融体系扩散。紧随其后，全球股票市场开始出现强烈反应，但投资者的信心并没根本动摇。在这一阶段，由于担心次贷危机引起信贷紧缩和金融体系流动性的枯竭，在美联储的带领下，美联储、欧洲央行、英格兰银行、日本银行开始向金融体系注入流动性，美联储在2007年8月中旬开始降低美联储的再贴现率，9月开始下调联邦基金利率，扩大了金融机构从美联储获取贷款的抵押资产的品种。不过，在这一阶段，各国在危机管理时仍然对通货膨胀感到十分担心。

第三阶段，危机的深化。2008年1月至5月危机进入了深化阶段，卷入到危机当中的金融机构规模越来越大，知名度越来越高，而且公告的损失也常常让人始料未及。例如，2008年1月中旬，美国花旗集团和美林证券分别公告，因次贷净亏损98.3亿美元和98亿美元的资产减计，摩根大通公布2007年财报显示第四季度亏损35.88亿元。2008年1月底，瑞士银行预计其2007年第四季度约亏损114亿美元。2008年3月中旬，原美国第五大投资银行贝尔斯登因流动性不足和资产损失，被摩根大通以2.4亿美元的价格收购。在这一阶段，投资者的恐慌情绪开始蔓延，股票市场的波动性扩大，对经济前景预期越来越悲观。为了应对可能的经济衰退，布什政府还实施了总额高达1680亿美元的经济刺激计划，美联储在2008年1月下旬的一周之内两次大幅下调联邦基金利率的目标值。

第四阶段，危机的恶化与全球化。2008年7月以后，危机不断恶化并迅速地向全球蔓延，不仅股票市场反应强烈，许多非美元货币也开始大幅贬值，投资者陷入极度的恐慌之中。2008年7月中旬，资产总额达5万亿美元以上的房利美和房地美，因陷入财务困境和投资者的担忧，其股价双双大跌50%以上，"两房"危机把次贷危机拖向了深渊，保尔森于9月初宣布对"两房"实施大规模的救助并进行国有化；9月中旬，雷曼兄弟申请破产保护，美国保险巨头AIG陷入困境，美林证券被美国银行以503亿美元的价格收购。至此，华尔街的前五大投资银行，在次贷危机中消失了三家，另外两家暂时幸存下的投资银行高盛和摩根士丹利转变成了银行控股公司。雷曼兄弟的破产，彻底摧垮了全球投资者的信心，包括中国在内的全球股市应声而落，即便在美国国会通过了布什政府7000亿美元的救市计划、各国央行采取了协调一致的救市措施之后，投资者的恐慌情绪依然十分严重，全球股票市场出现了持续的暴跌。

在这一阶段，次贷危机发展成了全球性的金融危机，欧洲尤为突出，不仅股票市场大幅下跌，欧洲的货币兑美元汇率也大幅下挫，冰岛克朗的贬值尤甚；银行体系的流动性迅速紧张和恶化，乃至于在2008年9月底还有些乐观情绪的欧洲，在国庆之后进行了为存款者提供大规模担保、注入流动性、对主要金融机构实施国有化的一揽子救助措施，其救助的总规模达到了2万亿欧元。除了欧洲比较发达的国家外，金融危机还在不断地扩大其势力的版图，东欧国家也遭遇到了危机的冲击，股价大跌、货币贬值、银行信贷紧缩是其危机的典型特征。当然，一些新兴国家也遭受着越来越严重的危机冲击，亚洲也不例外。次贷危机演变成了名副其实的全球性金融危机。

三、20世纪90年代以来货币危机的主要特点

综合考察20世纪90年代以来的历次货币危机，不难发现，这些危机都并非在周期性经济危机的爆发下产生的，呈现出新的特点：

（一）危机大多集中于加快推行金融自由化的发展中国家

20世纪90年代以来发生危机的国家，大多是在危机前进行了金融自由化改革的发展中国家，促使它们改革的直接原因是国内严重的通货膨胀和经济增长的停滞不前。这些国家纷纷提高国内利率、放松金融管制、努力吸引外资、取消资本项目管制。然而，缺乏谨慎规划和严格监管的金融自由化是很危险的，最终可能带来极大的盲目性和破坏性。

（二）危机的传导和扩散广泛而迅速

早期的货币危机多发生在一国范围以内，或尽管同时发生在几个国家，但彼此地域分散，相互间的传导和联动不明显，如对布雷顿森林体系的投机冲击。但随着世界经济一体化的迅速发展，各国或地区之间商品和资金往来的日益频繁，贸易和金融逐渐成为各种危机跨国传导的最便捷渠道。无论是1992年的欧洲货币危机，还是1994年的墨西哥危机，抑或是1997年的东南亚危机，都是爆发于一国后迅速蔓延至其他国家或地区。而且，当今的货币危机不仅仅表现为货币汇率的波动，还涉及银行体系和证券市场，乃至国民经济各部门都遭受了严重的冲击和破坏。特别是东南亚危机，其波及面之广、影响之深引起了全世界的关注与思考。

（三）国际投机资本的冲击力量日益强大

从历史上看，对典型金本位的投机冲击很难得手，如1870—1914年间英国、美国、法国、德国等国的汇率就几乎没有变动过；对布雷顿森林体系的最初几次投机冲击虽难以得手，但后来却屡屡成功，直至该体系崩溃；20世纪80年代以来的投机冲击更是每每旗开得胜，这说明投机力量在日益强大。20世纪80年代以来，一方面，工业化国家经历了较长一段时期的经济缓慢增长，大量的资金急于寻找投资出路；另一方面，发展中国家纷纷加快推行金融自由化和开放化，实行高利率政策以吸引外资。外资大量流入后，当局并未很好地加以引导和监管，以促进本国经济结构、产业结构的调整，而是有相当一部分资金进入了房地产、股市、金融衍生产品市场等领域投机获利。一旦有风吹草动，这些资金将加速抽逃，从而加剧国内的金融动荡。越来越强大的国际投机势力对国际货币体系的安全构成了极大的威胁，也对各国货币当局的监管能力提出了严峻的挑战。

（四）危机的缓解更多地依赖于国际间的政策协调

就早期的货币危机而言，一国政府所拥有的外汇储备的多少直接决定了其成功捍卫本国货币汇率的可能性，而当今的货币危机无论从其规模还是手段或策略衡量，都远远超过早期，危机的成功化解更依赖于国际间的政策协调。例如，在1992年欧洲货币危机中，德国中央银行曾分别抛出240亿和500亿德国马克支持意大利里拉和法国法郎，法国几乎也动用了所有的外汇储备来干预市场，才使得这次危机得以停息；墨西哥之所以能较快地从1994年危机中恢复，一个重要原因就是国际援助的作用，其中美国提供了400亿美元，国际货币基金组织、世界银行等提供了130亿美元；1997年东南亚危机后，国际金融组织先后向泰国提供了200多亿美元的紧急贷款，向印度尼西亚提供了380亿美元的援助，与韩国签订了550亿美元的金融援助计划。1997年11月，亚太财政金融官员会议在马尼拉提出了加强亚洲金融合作的新架构，北美、亚洲和大洋洲也同意向国际货币基金组织的紧急援助一揽子计划提供资金。

第二节　货币危机理论

20世纪70年代以来，日益频繁的货币危机引起了各国经济学界的普遍重视，许多西方学者对货币危机进行了广泛和深入的研究，涉及危机的诱发因素、发生和扩散机制、经济影响及防范政策等内容，已初步形成了一个开放经济下的货币危机理论体系。特别是进入20世纪90年代以来，针对货币危机所表现出来的新特点，学者们不断补充和修正原有的理论假设，提出更新的理论模型，使得货币危机理论体系得到极大地丰富和完善。

从货币危机理论的发展脉络看，它主要分为以下几个阶段：第一阶段，主要集中于20世纪70年代末至80年代中期，以克鲁格曼模型为主，被称为“第一代货币危机理论”；第二阶段，从20世纪80年代中期至90年代中期，以奥布斯特菲尔德的“预期自我实现”货币危机理论模型为代表，被称为“第二代货币危机理论”；第三阶段，从1997年亚洲金融危机开始，围绕对这一阶段货币危机的理论解释，产生了“第三代货币危机理论”。

一、第一代货币危机理论

以克鲁格曼（Paul Krugman）及弗拉德（Flood）和加勒（Garber）等人为代表的早期从事货币危机理论研究的学者，以20世纪70年代末80年代初发生在拉美国家的货币危机（如墨西哥1973—1982年危机、阿根廷1978—1981年危机）为研究对象，针对这些国家钉住美元的汇率政策与国内日益增长的财政赤字和通胀压力之间的不协调导致危机爆发的事实，提出了第一代货币危机模型，它是研究现代国际金融危机的理论开端。其主要结论是：与固定汇率制度相矛盾的宏观经济政策，特别是扩张性的财政政策，最终将不可避免地导致外汇储备的枯竭，从而导致固定汇率制的崩溃。不过，外汇储备的枯竭并不是一个平稳、渐进的过程，而是有一个临界点。在临界点上，投机者会突然将政府手中的所有外汇储备全部买光，从而使固定汇率制提前崩溃。换言之，固定汇率极易受到突然的投机攻击。由于克鲁格曼模型的非线性，不能得到固定汇率制崩溃的时间，弗拉德和加勒研究了线性模型，得出在有投机或无投机情形下固定汇率制崩溃的时间解，因而第一代货币危机理论被合称为克鲁格曼—弗拉德—加勒模型。

（一）理论框架

第一代货币危机模型的假设前提包括：

1. 一国的国际收支赤字和货币危机，是由该国政府执行过度扩张的财政与货币政策所导致的，扩张的货币政策主要是为了给财政赤字融资，即赤字货币化；

2. 固定汇率制下，政府有干预外汇市场的义务，但政府赖以支撑固定汇率的主要资源是自有的外汇储备，没有借入储备；

3. 没有资本控制，货币可自由兑换，资本可自由流动；

4. 实际货币需求是稳定的，在政府增发的货币中，超过实际货币需求的部分将被用于购买政府外汇储备；

5. 利率平价条件成立，影响居民进行本外币金融资产选择的唯一变量是本币的预期贬值率；

6. 购买力平价条件成立，假定外国物价水平固定不变，进而可假定为1，则本国汇率水平等于国内物价水平；

7. 在完全预期路径约束下，实际的通胀率等于预期通胀率，实际贬值率等于预期贬值率；

8. 本外币金融资产之间、国内外商品之间均是同质的，不存在特殊偏好的约束，相互之间可以完全替代，在替代过程中不存在转换成本，即交易成本为零。

第一代货币危机模型可以概括如下：

$$m_d/p_t = a - b\pi_t(b > 0) \tag{12.1}$$

式（12.1）式表示货币需求函数，实际货币需求与预期通货膨胀率成反向关系，其中，m_d 为名义货币存量，p_t 为价格水平，π_t 为预期通货膨胀率。

$$\pi_t = p_t'/p_t \tag{12.2}$$

式（12.2）假设预期的通货膨胀率与实际的通货膨胀率完全相等，其中 p'_t 为物价水平对时间的导数。

$$p_t = E_t \tag{12.3}$$

式（12.3）表示汇率等于国内物价水平。

$$m_s = D_t + R_t \tag{12.4}$$

式（12.4）代表名义货币供给由国内信贷与外汇储备构成，其中，D_t 为国内信贷，R_t 为中央银行持有的外汇储备。

$$D'_t = \mu(\mu > 0) \tag{12.5}$$

式（12.5）表示为弥补国内财政赤字，国内信贷以常数 u 的速度增长，D'_t 为国内信贷对时间的导数。

将式（12.2）、式（12.3）代入式（12.1），得到：

$$m_d = aE_t - bE_t' \quad (12.6)$$

若政府实施固定汇率政策，汇率固定为 $\bar{E}$，即有 $E_t' = 0$，式（12.6）可转换为：

$$m_d = a\bar{E} \quad (12.7)$$

根据 $m_d = m_s$，并将式（12.7）代入式（12.4），则有：

$$R_t = a\bar{E} - D_t \quad (12.8)$$

式（12.8）两边对时间 t 求导，得到：

$$R_t' = -D_t' = -\mu(\mu > 0) \quad (12.9)$$

由式（12.9）可知，政府财政赤字的货币化将导致外汇储备的不断下降，下降速度恰好等于赤字货币化下国内信贷的增长速度。这一结论意味着在存在财政赤字和赤字货币化发行的长期趋势下，随着赤字的累积和国内信贷的持续扩张，作为固定汇率制度物质基础的外汇储备，无论其初始存量有多大，最终都将被消耗殆尽，从而宣告固定汇率的终结，汇率大幅度贬值后自由浮动。

受外汇储备条件的制约，固定汇率制度本身存在一个自然的生命周期，即使没有外部的投机攻击，它最终也将自然走向崩溃。假定初始外汇储备量为 R_0，则固定汇率的自然生命周期即其存续期限为 R_0/μ，待外汇储备耗尽，汇率将转向自由浮动。

若考虑投机冲击，固定汇率的生命周期将被缩短，其崩溃可能提前发生，这与外部攻击的时点选择有关。当投机者预期到在没有投机的情形下，储备在某一时点达到最低限，固定汇率制将崩溃时，为了避免固定汇率制在这一时点崩溃给自己造成损失，投机者就会提前作出反应，导致危机在这一时点到达之前就发生。为了说明危机爆发的时间，这里引入影子汇率（Shadow Floating Exchange Rate）这一概念。影子汇率是指在没有中央银行干预的条件下，汇率自由浮动时所确定的汇率水平。若固定汇率超过影子汇率，则固定汇率制就是安全的；

反之，则是不稳定的。影子汇率在固定汇率之下，投机者不能获利；反之，将能获得投机利得。国内信贷的持续扩张将使影子汇率不断变化，当影子汇率到达与固定汇率相等的那一点时，投机者就会发动攻击，导致储备突然降到最低限，固定汇率制提前崩溃。

如图 12－1（a）所示，D_0、R_0 为初始的国内信贷存量与外汇储备量，若无投机出现，D_0 以稳定的速度 μ 上升，R_0 以稳定的速度 μ 下降，总的货币供给不变，在图中体现为一条水平线，外汇储备最终将在 t_0 点耗竭，固定汇率制崩溃。由图可见，初始的外汇储备越多，或国内信贷增长的速度越慢，汇率制度崩溃所需的时间越长，危机的发生也就越晚。引入投机因素后，理性投机者预期汇率制度将崩溃，将提前抛售本币，抢购外币，外汇储备加速耗尽，固定汇率制在 t_1 点提前崩溃。如图 12－1（b）所示，$\bar{S}$ 表示固定的汇率水平，AC 线表示影子汇率的变动。若固定汇率制在 t_0 点自然崩溃，则汇率将由 E 点直接向上跳跃至影子汇率曲线 AC 上的 C 点；若存在投机攻击，投机者在影子汇率与固定汇率相等的那一点即 A 点就会发动攻击，使固定汇率制在 t_1 点提前崩溃，汇率将由 A 点沿 AC 曲线持续攀升至 C 点，这时汇率没有出现跳跃现象。

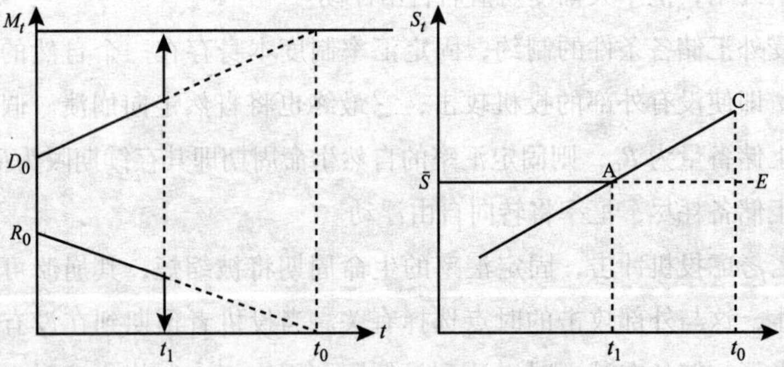

（a）投机与国内信贷及外汇储备的变化轨迹　　（b）影子汇率轨迹

图 12－1　固定汇率制的崩溃

（二）第一代货币危机理论的扩展

近年来，随着世界经济的不断变化，第一代货币危机理论也出现了一些新发展。

基于第一代模型中有关中央银行政策目标和干预手段的假设，即基础货币的下降等于外汇储备的损失量，弗拉德、加勃和克莱默（Kramer）在1996年发表的题为《崩溃的汇率体系：另一个线性例子》的论文中将这一假设修正为：货币当局在投机冲击期间通过在债券市场上买入本币债券投放本币，主动冲销外汇储备的下降，从而保证基础货币在受到冲击时保持不变。他们认为中央银行的政策目标不再是在财政赤字融资后维持价格水平的稳定，而是通过冲销外汇储备的变化来维持一个稳定的基础货币总量。这一修正更符合现实，以1994年墨西哥危机为例，当墨西哥比索受到投机冲击而大幅度贬值后，墨西哥国内信贷的增长速度几乎等同于外汇储备的下降速度。从1994年12月到1995年9月，墨西哥外汇储备的价值净减7500万比索，而国内信贷也净增长了约7500万比索。

弗拉德和马里恩（Marion）（1998）在其《自我实现的预期：对投机冲击的应用》一文中，修改了第一代模型中投资者是完全理性预期的假设，引入了利率平价条件下的随机变量——随时间变化的风险溢价因素，风险溢价因素决定于影子汇率，而影子汇率又决定于随机扰动因素。人们的预期变得十分重要，因为不同的预期决定了不同的投机风险和收益，从而有可能使得国民经济从一个无投机攻击的均衡状态跳跃至投机攻击的均衡状态。这意味着即使是在政府政策没有发生不利变动的条件下，也有可能因风险因素的变动而引发危机。

在第一代货币危机模型中，不用积极的利率政策维持固定汇率，利率是货币贬值预期的被动反映，弗拉德和詹尼（Jeanne）（2000）对此进行了扩展，考虑了利率防范的效应。其分析显示，若提高国内货币利率以防范投机冲击，由于资产替代效应，国内资产的吸引力将增强，但增加了政府的财政负担，本国货币有贬值压力，因而若投机主要是由于潜在的财政脆弱性（扩张性政策）所导致的，则提高利率将加速投机冲击。他们指出，在投机攻击前提高国内利率并非有效的汇率防范措施，这样的政策是自我失败（Self-defeating）的政策，它总是加速固定汇率制的崩溃，而在投机攻击后提高利率却能够延迟危机的爆发。

以上理论在很大程度上丰富和发展了传统的第一代货币危机理论，但从总体上看，上述这些理论都未脱离传统的第一代理论的核心内容，即认为一国基本因素的恶化是引发货币危机的主要原因，故第一代货币危机理论也被称为货币危机的“宏观经济基本因素理论”(Macroeconomic Fundamentals Theory)。

（三）评价

第一代货币危机理论是一种较为简单而直观的学说，为后来的相关研究提供了良好的理论指导。第一代货币危机理论具有以下特点：

第一，从货币危机发生的根源来看，强调一国基本经济因素的恶化导致了危机的发生，特别是扩张性财政货币政策与固定汇率制的维持之间不可调和的矛盾将导致名义汇率与影子汇率之间的差距，并进而被投机者所利用。投机者对本币的攻击是理性选择的结果，因而第一代危机理论也被称为“理性冲击模型”。

第二，从货币当局的干预手段来看，传统的第一代理论只能通过出售外汇储备来维持固定汇率制，储备存量是决定是否放弃固定汇率制的中心变量，当储备耗尽时，危机就会发生。在扩展的第一代危机理论中，又加入了央行冲销因素。

第三，从投机冲击发生的临界点来看，第一代理论提出爆发危机时的经济处于单一均衡中，投机冲击的时间可准确预期，即固定汇率与影子汇率相等的瞬间。

第四，从政策含义来看，第一代危机理论认为实行固定汇率制的国家必须实施恰当的宏观经济政策，保持经济基本面健康运行，货币当局不能采取和固定汇率制目标不一致的财政货币政策，否则投机冲击以及汇率制度的崩溃将不可避免。

第一代货币危机模型突出强调了与固定汇率制相抵触的赤字财政政策导致货币危机的必然性，这一点与大量的经验事实是相吻合的。爱德华兹（Edwards，1995）研究了1954—1975年的87次货币危机，发现这些危机的一个共同特征是：其发生都伴随着巨额的财政赤字，而这些赤字往往通过中央银行对政府的扩张性信贷政策来加以弥补。

第一代货币危机模型的主要不足在于：

第一，其理论假定与现实偏离较大。例如，它假设政府坚持通过增发信贷来弥补财政赤字、对固定汇率的承诺僵化不变、只能通过出售外汇储备来维持固定汇率等，这些假设难与现实相符。

第二，该理论单纯依靠一国内部基本经济变量来预测和解释危机，现实中，不少发生危机的国家在危机爆发前并没有明显的财政、货币扩张，如1994年的墨西哥以及1997年的泰国，财政赤字并不突出，甚至略有盈余，这表明，货币危机还可能由某些其他原因所引发。

二、第二代货币危机理论

20世纪90年代后爆发的危机中有许多现象是第一代货币危机理论所无法解释的，其中一个较为突出的问题就是货币危机的爆发似乎与经济基本面的好坏并不存在必然联系，因而在客观上要求有新的理论来解释危机的发生机制。在这一背景下，弗拉德和加勃、奥布斯特菲尔德（Maurice Obstfeld）等提出了第二代货币危机理论。第二代货币危机理论认为货币危机的发生是由于投机者的贬值预期自我实现所导致的。

弗拉德和加勃于1984年发表了一篇题为《黄金货币化和黄金纪律》的论文，他们修正了第一代货币危机模型中对经济主体行为线性化的假设，提出了非线性行为假说，认为央行不再固守货币政策单一规则，而是针对市场参与者的不同行为制定不同的反应函数以相机抉择，同时市场交易主体也根据其对经济发展前景和央行干预行为的预期来灵活调整其交易行为，而他们之间的相互影响将导致有危机发生和无危机发生的“多重均衡”。

奥布斯特菲尔德于1994年发表了《货币危机的逻辑》一文，提出了具有代表性的“自我实现”（Self-fulfilling）货币危机模型，成为第二代货币危机理论模型的经典之作。他认为，货币危机发生的原因可能并非经济基本面的恶化，而是由贬值预期的自我实现所导致，其中名义利率发挥了很大作用。

（一）理论框架

第二代货币危机理论假定：政府行为是非线性的，政府的经济政策是内生变量，随经济环境的变化而不断作出反应和调整。政府的决策是最大化效用函数或最小化损失函数的结果，因而对固定汇率的承诺也是“状态依存”的，取决于政府在“维持”和“放弃”之间的利弊权衡。与此相比，第一代货币危机理论却假定政府的行为是单一线性的，政府政策是外生变量。

从理论上讲，当投机攻击爆发后，政府可以通过提高利率以抵消市场的贬值预期，吸引外资获得储备来维持平价。但是，如果提高利率维持平价的成本大大高于维持平价所能获得的收益，政府就会被迫放弃固定汇率制。反之，投机者是否继续攻击也视攻击对投机者带来的成本收益而定。

首先，我们来考察投机者的成本收益比较。投机冲击的出现有可能与经济基本面因素无关，而是在国际短期资金流动独特的内在运动规律下主要由心理预期因素导致的。投机者对一国货币的冲击步骤往往是先在该国国内货币市场上借入本币，再在外汇市场对本币进行抛售。如果这一攻击能取得成功，投机者会在本币贬值后再用外汇购回本币，归还本币借款。这样，投机者攻击的成本是由本币市场上的利率所确定的利息，预期收益是持有外汇资产期间外国货币市场上的利率所确定的利息收益以及预期本币贬值幅度所确定的收入。只要预期投机攻击成功后该国货币贬值幅度超过该国提高利率后两国利率之间的差额，投机者就会进行投机攻击。

其次，再来考察政府维持平价的成本收益比较。从理论上讲，政府总可以将利率提高到一定水平来维持固定汇率制。问题在于，提高利率不是没有成本的，当政府被迫放弃固定汇率制时，一定是因为提高利率来维系固定汇率制的成本大大高于收益。政府提高利率以维持平价的成本可能是因为：如果政府债务存量很大，高利率会加大预算赤字；或者高利率不利于金融稳定。高利率不仅会导致经济紧缩和失业，而且会导致股市暴跌、房地产价格低迷。政府维持平价的收益一般包括：一是消除汇率自由浮动给国际贸易与投资带来的不利影响，为一国经济创造一个较为稳定的外部环境；二是发挥固定汇率的“名义锚”作用，遏制通货膨胀；三是政府可在维持汇率的过程中获得政策一致性的名声，这在政府政策对象是具有理性预期的公众时是极为重要的，可使政府以后的经济政策容易收到成效。当政府面临投机冲击时，是否提高利率维持固定汇率将取决于对以上成本和收益的权衡。

当政府被迫放弃平价时，一定是提高利率以维系平价的成本大大高于维系平价所能获得的收益。货币危机的发生机制可体现为一种恶性循环：政府通过提高利率的方法来维持平价的努力将增加政府维持固定汇率制的成本，而这又将增强市场的贬值预期，促使利率进一步上升。在信息不对称的条件下，市场对政府放弃平价的成本只能推测出大致区间，在此区间内不断进行投机攻击。若政府在捍卫平价期间有足以改变投机者预期的好消息来临，则货币危机将不发生；否则，政府将被迫进行货币贬值。可见，货币危机是否发生取决于政府与投机者之间的动态博弈结果。

如图 12－2 所示，横轴代表本国利率水平，纵轴代表政府维持固定汇率制的成本与收益，*CC* 曲线表示维持固定汇率制的成本的变化，*BB* 曲线表示维持固定汇率制的收益。假定经济中存在最佳利率水平 i_0，此时维持固定汇率制的成本为零。此后，随着利率水平的逐步提高，政府维持固定汇率制的成本也不断增加，而维持固定汇率制的收益却保持不变。当利率水平为 i^* 时，维持固定汇率制的成本与收益相等。当利率水平高于 i^* 时，政府维持固定汇率制的成本高于收益，于是政府放弃固定汇率制，货币危机爆发。

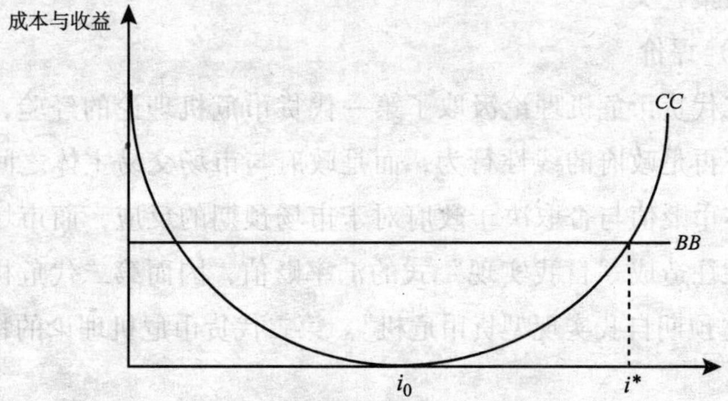

图 12－2　维持固定汇率制的成本与收益

（二）对第二代货币危机理论的扩展

第二代货币危机理论指出，自发引致的货币危机有多重均衡（Multiple Equilibrium）：既可能存在“好的均衡”（Good Equilibrium），即公众的贬值预期为零，汇率稳定；也可能存在另一种均衡，即贬值预期达到一定程度，政府不断提高利率以维持汇率平价直至最终放弃，货币危机发生。多重均衡意味着一个“中间地带”的存在，在此地带之内，发生与不发生危机的可能性同时存在，这时投机冲击发生的临界点就非唯一的了，它可能是中间地带中的任一点。

1998 年莫瑞斯（Morris）和沈（Shin）在其论文《自发引致货币攻击模型中的唯一均衡》中分析了一些不确定因素如何消除了多重均衡的可能性，并使投机均衡成为唯一可能。他们放松了第二代货币理论模型的前提假设，强调投机者预期行为的不确定性。莫瑞斯和沈认为货币危机的多重解是由于假设过于简单的结果，尽管每个人都可能知道宏观经济的基本面是安全的，但并非每个人都知道别人也是这么认为的。对其他市场参与者预期的不确定性是投机分析的一个重要因素，因为投机冲击的开始在一定程度上依赖于投机者行为的协调。当投机者观察到基本因素的一个独立的噪音信号，拥有同样信息的假定就会被打破，这足以导致模型的唯一解，即在模型中有一个关键值，在这个关键值之上，投机冲击不可能出现，而在这个关键值之下，投机冲击将发生。这个关键值依赖于投机者的数量、攻击的交易成本、宏观经济状况以及投机资金的规模等。莫瑞斯和沈的模型有控制货币攻击的政策含义。

（三）评价

第二代货币危机理论汲取了第一代货币危机理论的经验，其关注的重点不再是政府的线性行为，而是政府与市场交易主体之间的行为博弈。本币贬值与否取决于政府对于市场预期的反应，而市场对贬值的预期往往造成“自我实现”式的汇率贬值，因而第二代危机理论又被称为“预期自我实现型货币危机”。第二代货币危机理论的特点主要表现在：

第一，从货币危机发生的根源来看，第二代货币危机理论认为，政府与投资者是一对对立统一的行为主体，政府的主动行为及其对投资者反应行为的相机性对策是导致投机冲击的原因，宏观经济政策与市场预期之间的相互影响和相互作用可能导致“自我实现”式的投机冲击，即政府顺应市场预期主动贬值而引起投机攻击。

第二，从货币当局的干预手段来看，第二代货币危机理论未提及具体的干预措施，甚至不再强调央行对外汇市场的强力干预或冲销，因为维持固定汇率的任何努力都要付出成本。

第三，从投机冲击发生的临界点来看，第二代货币危机理论中危机发生的时间难以确定，由于央行与市场投资者的行为相互影响、相互决定，双方都根据对方的行为不断修正自身的行为，从而使经济处于一个多重均衡的状态中。

第四，从政策含义来看，第二代货币危机理论认为，防范危机发生的主要措施是提高政府政策的可信性，即政府政策的规则性越强，危机发生的可能性就越小。

第二代货币危机理论的主要不足之处在于：未说明是否任何一种货币都可能遭受投机攻击，或是否所有的投机攻击均与经济基本面无关。不能否认，危机的发生与经济基本面的恶化是有联系的，因而不应绝对地认为货币危机就是一种主观因素的产物而与经济的客观表现无关。此外，第二代危机理论中多重均衡意味着一个“中间地带”的存在，在此地带内，发生与不发生危机的可能性同时存在。这一“中间地带”及其宽度如何确定，第二代货币危机理论未有定论，因而在实际应用时缺乏明确的指导性。

三、第三代货币危机理论

1997 年东南亚危机的爆发，使第一代和第二代货币危机理论模型受到了严重的挑战，因为它们不能对危机的爆发作出事前的预测，至多是差强人意地作出了多少带有牵强色彩的事后解释。实际上，在 20 世纪 80 年代末 90 年代初关于美国储蓄贷款协会破产危机的理论研究中，就出现了从金融机构所面临的风险来对危机根源进行考察的新视角，这一理论上的发展为探讨发展中国家的危机提供了新的思路，从而为第三代货币危机理论模型奠定了理论基础。第一代货币危机理论强调宏观基本因素的恶化是导致货币危机的重要原因，第二代货币危机理论认为预期引致是关键因素，而第三代货币危机理论则强调金融机制的作用。

尽管第三代货币危机模型尚在发展之中，但已取得了相当重要的阶段性成果，代表性的文献有：麦金农和皮尔（Mckinnon 和 Pill，1997，1998）、多利（Dooley，1997）以及克鲁格曼（Krugman，1998）。麦金农和皮尔的开拓性贡献主要在于他们首先研究了发展中国家的存款担保（显性或隐性）与过度借债（Over-borrowing）之间的关系。而多利和克鲁格曼则把东南亚金融危机归因于“裙带资本主义”和“政府的隐含担保”。在第三代货币危机模型的众多文献中，最具代表性且最著名的当推克鲁格曼的道德风险论，以下予以重点介绍。

（一）理论框架

克鲁格曼提出，东南亚危机在许多方面不同于传统的货币危机理论：

第一，在危机前夕，东南亚各国政府或多或少保持着财政平衡，他们也未进行不负责任的信用扩张或失控的货币扩张，其通货膨胀率相当低。

第二，尽管东南亚国家在1996年曾出现经济增长率的下降，但危机刚发生时失业并不严重，政府缺乏放弃固定汇率而去追求扩张性货币政策的动机。

第三，东南亚国家在危机发生前，资产市场都出现过“高涨—跌落”的过程。

第四，东南亚国家的金融机构看似风险中性者，它们借入短期资金（通常是美元），然后贷给投资于股票、房地产的高杠杆公司。

以上这些特征表明东南亚危机并非如第一代危机理论所阐述的是由财政赤字所引发，也并非如第二代危机理论所提出的是由预期所导致，而是由于资产市场的过度膨胀乃至崩溃。货币及汇率问题可能与东南亚危机联系甚少，它们更多地为一种现象而非原因。

克鲁格曼认为，东南亚国家的货币危机，充其量只是这些国家国内金融危机的一个表现，而不是其原因。因为早在这些国家货币贬值之前，这些国家已经出现了一个资产价格急剧膨胀和快速跌落的过程。他认为，之所以会出现这种狂涨狂跌的过程，主要是因为这些国家的金融机构和企业财阀被政府作为实施经济发展战略的工具，它们与政府有着千丝万缕的联系，享受着事实上的政府担保，但缺乏监管，由此带来严重的道德风险问题。隐性的政府担保使其能很容易地以较低的利率从国际市场借入资金，同时又使它们有极强的动力进行过度放款和过度投机，从而促成金融泡沫。而危机的发生则包含了相反的循环。当金融泡沫破灭时，银行的巨额呆坏账使政府担保难于兑现，金融机构出现偿付危机并引发大规模的资本外逃，资产价格暴跌，其结果便是国际收支的恶化和钉住汇率的崩溃或者是浮动汇率之下货币的过度贬值。

以下是克鲁格曼就这一运作机制展开的阐述。为了分析问题的方便，克鲁格曼假设：

第一，金融机构没有任何自有资本，这使得金融机构自身不会因为放款失误而承担任何损失；

第二，有众多的由政府担保的金融机构，它们之间的相互竞争使得资产价格上升到即使是有政府担保的金融机构也不可能从对这些资产的投资中获得任何预期经济利润的水平，也就是说，资产价格将上升到它所有可能实现的价值中的最大值，克鲁格曼称这一最大值为盘损值（Pangloss Values）；

第三，将金融机构放款给高负债企业从事风险投资这一过程简化为金融机构自己直接从事风险投资。

1. 道德风险与过度投资

若金融机构由政府担保，那么将带来严重的道德风险问题。克鲁格曼引用了米尔格罗姆和罗伯特（Milgrom 和 Roberts，1992）的一个经典例子进行说明。假定金融机构筹集了 1 亿美元，表 12 - 1 显示了金融机构所面临的投资选择：一种为安全投资，收益为 1.07 亿美元；另一种投资则具有风险性，成功时收益为 1.2 亿美元，失败时只有 0.8 亿美元，若成功和失败的概率各为 50%，则风险性投资的预期收益为

1 亿美元。显然，风险中性的投资者将选择第一种安全投资。然而，对于金融机构而言，若选择第一种投资，则能获得确定的 700 万美元收益，但若选择风险性投资的话，它在成功时将能获取全部剩余 2000 万美元，而失败时损失的并不是其自有资金，因此，金融机构将选择风险性投资。可见，政府担保的存在使投机机制扭曲并导致了严重的社会损失——投资的预期净利润从 700 万美元下降到了 0。

表 12-1 道德风险与投资决策

单位：百万美元

	安全投资	风险性投资
收益(好状态)	107	120
收益(差状态)	107	80
预期收益	107	100
所有者的预期利润	7	0

那么，受到担保和疏于监管的金融机构是如何导致整个经济过度投资的呢？考虑一个简单的两期情形，金融机构在第一期筹集资金，在第二期运用资金以获利。假定该国为一小型开放经济体，能以固定的世界利率借款，真实利率水平为 0。

设生产函数为：

$$Q = (A + u)K - BK^2 \tag{12.10}$$

式（12.10）中，Q 为产量，K 为资本，A、B 为系数，u 为随机变量，给投资决策带来不确定性。资本的边际收益 R 为：

$$R = A + u - 2BK \tag{12.11}$$

在金融机构未受政府担保、投资无扭曲的情形下，资本投资将进行到边际收益等于边际成本，我们定义 $R=0$，于是有：

$$K = (A + Eu)/2B \tag{12.12}$$

式（12.12）中，E 为 u 出现特定数值的概率。再来考虑金融机构受到担保的情形。$R>0$ 代表净利润，但任何的净利润都将因金融机构间的激烈竞争而不复存在。最有利的情形（即 u 为最大可能值）是金融机构的投资持续进行到 $R=0$ 的水平。

假设 $A=2$，$B=0.5$，u 为 1 或 0 的可能性各为 50%，则未扭曲的投资水平 $K=2.5$，但若存在道德风险问题，则 $K=3$。超额投资将降低预期福利，因为成功情形下收益的增加并不能抵消失败情形下损失的增加。值得一提的是，若该国不能进入国际资本市场，依赖于相对固定的国内储蓄供给，那么，由金融机构所导致的超额投资需求将不会导致超额投资，只能推动利率上升；而若该国资本项目放开，国内金融机构易于进入国际资本市场自由融资，那么由政府担保所引发的道德风险就可能导致经济的过度投资。

2. 资产价格的高涨与跌落

东南亚各国在投资及资产价格方面都经历了一个显著的“高涨—跌落”的过程。这可能反映了一个事实：资产并非完全弹性供给。接下来考虑一个资产供给完全无弹性模型。

假定有一块土地，它在第一期出售，在第二期实现一个不确定的租金。显然，第一期的土地价格取决于第二期可能产生的租金。假设土地租金为 100 元的概率为 1/3，为 25 元的概率为 2/3，若不考虑资金的时间价值，即利率为 0，则一个风险中性的投资者愿意在第一期支付的土地价格为 50 元（$=25\times2/3+100\times1/3$）。但对于“赚了归自己，亏了归别人”的金融机构来说，只要土地价格低于 100 元就有利可图。若有众多这样的金融机构，土地的价格必然被抬到其盘损值，也就是这块土地在最好情况下的价值，因而土地的价格将翻番为 100 元，这多出来的 50 元就是一种资产泡沫。

再将这一模型扩展到三期，第三期租金与第二期租金呈独立分布。设第三期的租金仍旧是 1/3 的概率为 100 元，2/3 的概率为 25 元，且仍不考虑资金的时间价值。若无政府担保，则一个风险中性的投资者愿意在第一期支付的土地价格为 100 元，它等于第二期预期租金 50 元加上土地在第二期的预期转手价，后者又是由第三期的预期租金决定的，同样为 50 元（在这个例子中，土地价格随时间下降，从第一期的 100 元下降到 50 元是由有限博弈的模型结构所决定的，而非金融危机)。若存在政府担保，那么根据前面的推理，土地在第一期的价格就会被抬到200元（它等于第二期预期租金加上土地在第二期的预期转手价，均达到其盘损值即100元)，这是无担保情形下的两倍。

3. 脱媒与危机

现在假设政府担保体制不再继续——从第二期到第三期金融机构的负债将不再被担保。

设想第二期的租金是令人失望的，只有25元而非100元，此时政府就得出面清偿债务，拿出75元来偿还金融机构的债权人，以避免金融机构的倒闭。但政府的财力有限，无力再为金融机构第二期至第三期的债务提供担保，这样金融机构就将崩溃，既无法获得政府救助，也不再能以安全利率从国际金融市场获得资金，第二期的土地价格将从其盘损值100元下降到预期值50元。由此看出，当第二期的租金为25元时，将出现土地价格的暴跌，由200元下降到50元。金融机构200元买来的土地将只产生25元的租金，加上50元的再出售价格，将损失125元而非75元。这一损失放大效应是由脱媒循环所导致：由于投资者对不再受到政府担保的金融机构的未来的悲观预期，使资产价格下跌，从而放大了这些损失。简言之，跳跃的资产价格毁灭了金融机构，金融机构的崩溃反过来又导致了资产价格的进一步下跌。

虽然克鲁格曼给出的上述这个例子较为简单，但它说明了在这次东南亚危机中，金融机构确实扮演了非常重要的角色。它们凭借与政府之间的密切关系，从国际金融市场借入廉价资金，再转手以很高的利率贷出，推动了这些国家股市和房地产市场的膨胀。但泡沫终究是要破灭的，当金融机构的巨额呆账使得挽救它们的成本过于高昂时，政府将不得不将它们关闭。当外国的存款人和贷款人发现他们对这些金融机构的债权并不安全时，巨额的资本流入将转化为恐慌性的资本流出，从而使得这些国家的货币不得不贬值。

（二）评价

道德风险论对东南亚危机具有一定的解释力，对于理解货币危机的深层机理以及更加有效地防范货币危机，具有重要意义。根据道德风险理论，危机是危机发生国制度扭曲的必然结果，只能依靠危机国自身的结构调整，而危机的预防则应通过取消政府担保和加强监管来实现。

但道德风险论遭到了 Radelet 和 Sachs（1998a，1998b）等的有力抨击。他们指出，危机发生前这些国家的过度投资并不十分明显，不能用危机后的投资损失来说明先前的投资决策是错误的。他们还指出，有相当一部分外资是以不可能有任何政府担保形式的股权投资的形式流入到这些国家的，这些外资流入显然不能用道德风险问题来解释。因此，根据这一理论，在危机发生前，大量国际资本流入亚洲，究竟在多大程度上是因为这些国家有隐性的政府担保，在多大程度上是因为看好这些国家的经济发展前景，还是一个疑问。

第三节　货币危机的防范

由于亚洲货币危机和墨西哥危机的影响最为严重和深远，尤其是亚洲货币危机几乎震撼了整个世界，因而本节以这两大危机为例，具体说明危机发生的主要原因，同时探索有效的危机防范措施。

一、保持宏观经济稳定健康发展

事实证明，宏观经济运行的大起大落是货币危机的诱因，而造成宏观经济运行大起大落的深层原因一般为一国经济结构的失衡。进入20世纪90年代以来，世界经济金融一体化进程加快，不少发展中国家尤其是新兴市场经济国家，其生产的高速增长和国际开放程度的提高，致使经济发展过热（特别表现为金融证券热和房地产热），对外贸易逆差扩大，银行体系不良债务剧增，而这些国家的宏观调控普遍落后，于是经济失衡的矛盾逐渐暴露，并继而引发货币危机。

危机发生国宏观经济的失衡具体表现在：

第一，对外贸易形势恶化，经常项目逆差过大。亚洲国家多采取出口导向型发展战略，主要出口劳动密集型的产品和资源、原材料与半成品。随着劳动力成本的上升以及各国彼此之间竞争的增强，其出口优势逐步丧失，对外贸易赤字开始增加，经常项目逆差占 GDP 的比重日益上升。但这些国家未适时进行产业结构调整和加快产业转型，未重新确定其发展战略，从而加剧了经济的失衡。

第二，外债规模过大，且结构不合理。自 20 世纪 90 年代初起，墨西哥实行高利率政策和对外资进入的优惠政策，且无资本流动限制，因此，墨西哥吸引了大量外资涌入。1990—1993 年间，墨西哥吸引了 910 亿美元的净资本流入，约占流入发展中国家的净资本的 1/5，平均每年流入量达 250 亿—300 亿美元，超过其 GDP 的 6%。但是，墨西哥引进的外资只有约 1/5 为直接投资，大部分被投入到房地产等高风险领域中，不但推动了资产价格的上升，造成了国民经济的虚假繁荣，而且一旦有风吹草动，它们将立即抽逃，从而加剧经济崩溃。

第三，资本市场过早开放，而政府的管理能力有限。墨西哥于 1993 年、泰国于 1992 年开放资本市场，允许货币可兑换。这些国家的资本市场实行了对外开放，国际资本可以自由进出，但政府未对其进行必要的引导、监督与调控。例如，在韩国，由于缺乏明确的产业投向引导，一些短期资本进入汽车生产、电气制造等长期生产领域。危机发生后，短期资本撤出，使许多生产项目无法运转，陷入瘫痪。

因此，必须注重经济结构调整，引导企业增加产品技术含量，注意外债规模和结构，审慎开放资本项目，以实现宏观经济的稳定健康发展。

二、及时调整汇率制度

墨西哥自 1988 年开始实行钉住美元的汇率制度，比索对美元的比价限定在 3—3.5 比索兑 1 美元的狭窄范围内。汇率波动幅度由一个固定下限和浮动上限组成，上限允许每日增加 0.0004 比索。泰国实行的也是钉住美元的汇率制度，24—27 铢兑 1 美元。韩国、印度尼西亚实行的是管理浮动，但带有很浓的官方色彩，实际上与钉住制差异很小。汇率的基础是各国的经济发展水平，当本国和挂钩货币国的经济发展出现不一致时，本币就会出现高估或低估。20 世纪 80 年代，美元因美国的经济衰退而走软，使挂钩货币国因其货币与美元挂钩而受益，出口大幅增加，经济高速增长，亚洲国家还出现了“亚洲奇迹”。但进入20世纪90年代，美国经济逐渐复苏，美元开始向强势货币转变。由于挂钩国货币钉住美元，造成币值被大大高估，从而大大降低了其出口竞争力，对外贸易出现了巨额赤字。

为维持汇率的稳定，墨西哥等国家在资本流入时不得不用新创造的基础货币购买美元，结果导致货币总供给增加。墨西哥政府对此采取了对冲措施，出售墨西哥政府债券，但是墨西哥的货币供给量增长仍然快于美国，造成价格和工资上涨的压力，且要求变动汇率。1994年12月，墨西哥政府不得不做出决断，或提高利率（增加比索对国内外投资者的吸引力，减缓外汇流失，但将打击工商业活动和消费者支出，而此时墨西哥正处于衰退的边缘），或将比索贬值（使出口具有竞争力，让投资者觉得墨西哥的资产值得投资，从而带动利率下降）。墨西哥选择了贬值，墨西哥比索初步贬值15%，这只是经济学家建议的一半，结果大规模的资本外逃及危机爆发成为不可避免的事。墨西哥不得不取消钉住美元的汇率制度，比索很快就跌到了危机前汇价的一半。

由上可见，对一国来说，独立的货币政策、稳定的汇率以及资本自由流动这三大目标几乎不可能同时实现，这也就是所谓的“三元悖论”，故应有所取舍。例如，可放弃独立的货币政策，选择追求稳定的汇率与资本自由流动这两大目标，像中国香港那样，甚至像欧盟国家那样取消本国货币；或放弃资本自由流动这一目标，实行资本管制，如中国和马来西亚等；或可选择实现灵活的货币政策、资本自由流动这两大目标，而放弃汇率的稳定，实行浮动汇率制，像美国和澳大利亚等国那样。

三、健全金融体系

发展中国家的金融体系不健全是这些国家发生货币危机的重要原因之一。银行信贷规模盲目扩张，政府干预银行信贷，企业受到政府庇护造成投资盲目，过度追求规模扩张，忽视经济效益。

在20世纪80年代末90年代初，墨西哥的银行信贷年均增长约

27%，其中，对私人部门的信贷扩张高达51.9%（信用卡负债的年增长率为31%，耐用消费品的直接信贷的年增长率为67%，抵押贷款的年增长率为47%）。对私人部门的信贷迅速扩张的主要原因包括：对国有企业的私有化以及金融服务的改进；法定存款准备金要求的降低和政府借款的减少，使银行体系的可用资金增多；对金融部门管制的放松和金融自由化，减少了银行业对贷款的限制和依赖。但银行业由于缺乏有效的风险控制及信息披露机制，信贷的快速扩张带来了信贷资产质量的恶化。银行业流动性负债年均扩张43%，加剧了银行业的脆弱性。货币供应过度增长，导致了利率的降低，鼓励了消费、进口的增加和投机的盛行。大量资金涌入股市，出现严重泡沫。在亚洲，金融体系的脆弱性问题更为突出，这可能与这些国家的政府主导型经济体制有关。这一模式曾创造了“亚洲奇迹”，该模式在集中国内资源、协调经济主体之间的关系、控制与监督经济行为等方面优势突出，但也正是这种“父爱”般的“包办”模式，形成了政府、银行、企业之间的畸形关系，并由此导致金融体系的大量不良债权。

因此，发展中国家应按市场化原则重组金融体系，及时关闭濒临破产的金融机构，加强金融监管，避免政府干涉银行信贷或提供隐性担保。

四、建立货币危机预警机制

通过对货币危机的理论分析和实践检验，建立一套货币危机预警机制可预防和化解危机，避免经济因危机的破坏产生剧烈动荡。关于预警机制的建立，可借鉴国外经验。国外用来预警危机的机制主要有两类：一是在一确定理论模型的基础上，计算危机发生的可能性，如Frankel和Rose（1996）的probit模型、Kumar、Moorthy和Perraudin（2003）的simple logit模型。与第一代、第二代货币危机有关的十多个相关变量基本在这些模型中都得到考察，其中包括国内信贷增长率、政府预算/GDP、国内储备/进口、GDP增长率、经常项目/GDP、实际汇率高估程度等。二是“信号法”，即通过对特定经济变量在危机前和正常时的数值的对比，来寻找对货币危机有预警作用的经济指标，设计出一个对货币危机有预警作用的经济指标的参照系及相关阈值，如 Kaminsky，Lizondo 和 Reinhart（1998）的 KLR 模型。他们提出可作为货币危机先行指标的变量变动表现为国际储备下降、本币汇率高估、信贷扩张、持续通货膨胀、贸易账户恶化、实际 GDP 增长率放缓、货币供给增长速度上升、财政赤字扩大等。

事实上，一些因素可能会限制从历史数据估计出的模型对货币危机的预测性，如决定危机的变量可能会随时间而发生重大变化、某些理论上与危机发生概率高度相关的制度性变量难以量化、管理当局可能对预警信号作出反应以避免危机发生等。但对一国来说，强化危机防范意识、建立有效预警机制还是极其有益的。

五、对金融创新实行审慎监管

市场机制下的持续繁荣离不开审慎的风险控制和监管，监管者应当及时地评估金融创新的潜在风险；要更加慎重地对待金融创新，加强风险管理。金融创新，尤其是金融产品的创新不能过于脱离实体经济的运行，防止金融机构为了短期利益，通过复杂的产品来掩盖无法消失的金融风险，更要防止通过金融产品的创新将风险传递的链条不断延长，加大金融风险一旦暴露后的传播范围和破坏力。近年来，中国金融创新不断发展、金融开放度越来越高，但其潜在的风险应当引起我们的注意。例如，中国正在兴起的不良资产证券化、各类金融机构发行的理财产品的结构化特征和潜在风险应给予高度关注。此外，传统的风险管理和评估方法对金融体系的健全仍然是不可缺少的，例如，抵押和净值仍然是基本的风险防范手段。监管者不能纵容金融机构为了在竞争中争取更多的客户而进行机会主义行为，次级抵押贷款及其证券化，实际上就是金融机构制造过高风险的机会主义行为，结果才酿成了今天的全球性危机。

本章小结

货币危机是指一国货币的汇率变动在短期内超过一定幅度。一般来说，货币危机与金融危机是存在区别的：货币危机主要发生在外汇市场上，主要表现为外汇市场上的汇率变动；而金融危机还包括发生在证券市场、银行体系等金融市场上的价格波动以及金融机构的经营困难与破产等。

20世纪90年代以来，世界范围内货币危机频频爆发，且呈现出新的特点：危机大多集中于加快推行金融自由化的发展中国家，危机的传导和扩散广泛而迅速，国际投机资本的冲击力量日益强大，危机的缓解更多地依赖于国际间的政策协调。

从货币危机理论的发展脉络看，它主要分为三大阶段：第一阶段，主要集中于20世纪70年代末至80年代中期，以克鲁格曼模型为主，被称为"第一代货币危机理论"，强调宏观基本因素的恶化是导致货币危机的重要原因；第二阶段，从20世纪80年代中期至90年代中期，以奥布斯特菲尔德的"预期自我实现"货币危机理论模型为代表，被称为"第二代货币危机理论"，认为预期引致是导致货币危机的关键因素；第三阶段，从1997年亚洲金融危机开始，围绕对这一阶段货币危机的理论解释，产生了"第三代货币危机理论"，强调金融机制的特殊作用。

货币危机的防范措施主要包括：保持宏观经济稳定健康发展、及时调整汇率制度、健全金融体系、建立货币危机预警机制、对金融创新实行审慎监管等。

重要概念

货币危机　金融危机　第一代货币危机理论　影子汇率　第二代货币危机理论　预期自我实现　第三代货币危机理论　政府隐含担保　道德风险

复习思考题

1. 试分析20世纪90年代以来货币危机的新特点。
2. 请对第一代货币危机理论进行简介和评价。
3. 请对第二代货币危机理论进行简介和评价。
4. 请从理论框架和政策建议两方面对第一代和第二代货币危机理论进行比较。
5. 阐述第三代货币危机理论的主要观点。
6. 思考20世纪90年代以来发展中国家不断爆发货币危机的主要原因及对我国的启示。

附录：历史上的货币危机概览（1618—1990）

年　份	国家(城市)	相关的事件	此前投机于	货币扩张于	投机高峰	危机(崩溃、恐慌)	最后贷款人
1618—1623	圣罗马帝国	三十年战争	辅币,以旧换新	因重量、成色和面值变化硬币贬值	1622. 2	1622. 2	无
1636—1637	荷兰共和国	对西班牙战争中出现的繁荣	荷兰东印度公司股票,房地产,郁金香球茎,运河	无,用实物作押金	1637. 2	1637. 2	无
1720	英格兰	1713 年 Utrecht 条约	南海公司股票,政府债务	剑刃银行	1720. 4	1720. 9	英格兰银行
1720	法国	1715 年路易十六去世	密西西比公司,通用银行,皇家银行	约翰 · 罗银行	1719. 12	1720. 5	无
1763	阿姆斯特丹	七年战争结束	商品,特别是糖	食宿票据链	1763. 1	1763. 9	英格兰银行
1772	英国	七年战争(十年后)	住房,高速公路,运河	埃尔银行,国家银行	1772. 6	1773. 1	英格兰银行
1793	英国	恐怖时代(法国)	运河狂热	来自法国的资本	1792. 11	1793. 2	财政票据
1797	英国	证券崩溃,法国占领菲斯格尔德	运河证券	国家银行	1796	1797. 2—6	财政票据,放弃黄金
1799	汉堡	冲破欧洲大陆封锁	商品	威切塞尔雷特雷	1799	1799. 8—11	海军票据
1810	英国	威灵顿的半岛战役	向巴西与斯堪的纳维亚地区的出口	国家银行	1809	1810,1811. 1	财政票据
1815—1816	英国	拿破仑战争结束	大陆与美国的出口商品	银行	1815	1816	

续表

年　份	国家(城市)	相关的事件	此前投机于	货币扩张于	投机高峰	危机(崩溃、恐慌)	最后贷款人
1819	英国	滑铁卢(五年后)	商品、证券	银行	1818.1	无	不需要
1819	美国		禁令下的制造业	美国银行	1818.8	1818.11—1819.6	财政部货币存款
1825	英国	巴林贷款的成功,利率下降	拉美债券,矿产与棉花	分批出售债券,国家银行	1825 初	1825.12	英格兰银行
1828	法国	利率下降	运河,棉花与建筑地	巴黎银行		1827.12	巴黎、巴塞尔的银行
1836	英国	纺织品业兴起	棉花与铁路	股份银行	1836.4	1836.12	法兰西银行和汉堡银行帮助英格兰银行
1837	美国	杰克逊任总统	棉花,土地	野猫银行,滞留白银	1836.11	1837.9	
1838	法国	1830.6 君主制建立	棉花,建筑地	区城银行			
1847	英国	1846 年土豆枯萎,小麦歉收	铁路,小麦	铁路证券分期出售	1847.1	1848.3	暂停执行《1844 年银行法》
1848	欧洲大陆	1846 年土豆枯萎,小麦歉收	铁路,小麦,建筑	区域银行	1848.3—1848.4	1857.8	英格兰银行对法兰西银行贷款,俄罗斯购买法国公债
1857	美国		铁路,公共土地	黄金发现,清算所	1856 末	1857.10	资金从英国流入
1857	英国		铁路,小麦	银行合并,清算所		1857.11	暂停执行《1844 年银行法》
1857	欧洲大陆	克里米亚战争结束	铁路,重工业	莫比利信贷,新德国银行	1857.3		汉堡的 Silberzug
1864	法国	内战结束		莫比利信贷	1863	1864.1	延长票据期限

续表

年　份	国家(城市)	相关的事件	此前投机于	货币扩张于	投机高峰	危机(崩溃、恐慌)	最后贷款人
1866	英国/意大利	一般有限责任	棉花,一般船运公司	股份贴现所	1865.7	1866.5	暂停实行《银行法》,意大利取消固定平价制度
1873	德国/奥地利	普法战争赔偿	建筑工地,铁路,证券,商品	新的实业银行,经纪人银行,建设银行	1872 秋	1873.5	无
1873	美国	1872 年战役中出现欺诈	铁路,公地,芝加哥大桥	短期信贷,欧洲资本流入	1873.3	1873.9	无
1882	法国	向欧洲东南部扩张	新银行股票,里昂	抵押购买证券	1881.12	1882.1	巴黎银行的有限帮助
1890	英国	阿根廷南部土地清算,巴西咖啡,智利硝酸盐,南非黄金	阿根廷证券,私人公司上市	哥珊地转换	1890.8	1890.11	巴林债务担保,法兰西银行、俄罗斯对英国的黄金贷款
1893	美国	1890 年《谢尔曼白银法》	金银,黄金	收缩	1892.12	1893.5	1893.8 取消《谢尔曼白银法》
1893	奥地利	城市发展	土地	资本流入	1891	1893 春	无
1907	美国	日—俄战争,三藩市地震	咖啡,联合太平洋	信托公司	1907 初	1907.10	从英国流入 1 亿美元
1907	法国/意大利	日—俄战争,三藩市地震	银行的工业信贷	意大利巴卡利联合社	1906.3	1907.8	意大利银行
1920—1921	英国/美国	战后繁荣结束	证券,船舶,商品,库存	银行	1920 夏	1921 春	无
1929	美国	战后繁荣结束	1925 年前于土地,1928—1929 年间于股票	股票抵押买卖	1929.9	1929.10	纽约联邦储备银行公开市场操作(不适当)

续表

年　份	国家(城市)	相关的事件	此前投机于	货币扩张于	投机高峰	危机(崩溃、恐慌)	最后贷款人
1931—1933	欧洲	美国切断对外借贷	不适用	美国借贷	1929	①	美国、法国的努力微小
20 世纪五六十年代	世界	缺少宏观协调下进行货币可兑换	外汇	不适用	投机货币	②	国际清算银行的掉期网
1974—1975	美国/世界	布雷顿森林体系崩溃,OPEC1973 年石油提价	股票,房地产,办公建筑,油轮,波音 747 飞机	1970—1971 欧洲美元泛滥	1973	1974—1975	国际清算银行的掉期网
1979—1982	美国/世界	第三世界银团贷款,OPEC 石油提价,美国西南部房地产,美国农场,美元			1979	1979 美元、农场,1980 石油,1982 第三世界债务	国际货币基金组织,纽约联邦储备银行,美国政府,农场贷款银行委员会
1982—1987	美国	股票市场,豪华住宅,办公楼,美元		资本流入	1985 美元,1987 股票,1987 房地产	1987. 10. 19	纽约联邦储备银行公开市场操作,联邦存款保险公司,联邦储贷保险公司,掉期
1990	日本	日经股票指数,房地产		1986 减息	1989 上半年	1990. 1	大藏省、日本银行反应迟缓

注:①1931. 5 奥地利，1931. 6 德国，1931. 9 英国，1931. 12 日本，1933. 3 美国。

②法国 1958，加拿大 1962，意大利 1963，英国 1964，法国 1968，美国 1973。

资料来源:［美］查理斯・P. 金德尔伯格:《经济过热、经济恐慌及经济崩溃》，北京大学出版社 2000 年版，第 278—287 页。

第十三章　国际货币体系

国际货币体系（International Monetary System，IMS）又称国际货币制度。它是国际货币关系的集中反映。国际货币体系构成国际金融活动总的框架，各国之间的货币金融交往，在各个方面都要受到国际货币体系的约束。历史上有过不同类型的国际货币体系。国际金本位制是一种比较稳定的货币制度，但其缺陷是世界经济增长受到世界黄金产量增长及各国持有量不平衡的限制。第二次世界大战后建立起来的国际货币体系又称布雷顿森林体系，其基本内容是“双挂钩”制度。布雷顿森林体系对当时的世界经济起过积极作用，但由于其本身存在致命的缺陷，于20世纪70年代崩溃。目前的国际货币体系被称为牙买加体系，主要特点是黄金非货币化、汇率制度多样化及储备货币多元化。牙买加体系对国际经济的正常运转起到了一定的积极作用，但这个体系也存在一定的缺陷，需进一步改革。

第一节　国际货币体系概述

国际货币体系是国际货币运行的基本规则，对于整个国际金融活动具有基本的制约作用，因而对国际间的贸易结算、资本流动、国际储备安排及各国的汇率制度选择、国际收支调节等都会产生重要的影响。

一、国际货币体系的内涵

一般认为这里的“体系”是指“有组织的整体”、“某种有规则有秩序的整合体"[1]。综合来说，体系是一个有机的整体，首先有其组成部分，然后有其运作的规则。再从系统论的角度来看，任何体系的存在必然有其意义或者使命，必然有其生存的外部条件，并且必然有产生、发展、衰退的过程。

对于国际货币体系的概念有许多定义。有观点认为"国际货币体系是指国际间进行各种交易支付所采用的一系列安排和惯例以及支配各国货币关系的一套规则和机构"。有观点从国际贸易和国际支付的角度出发，认为"为适应国际贸易与国际支付的需要，各国政府对货币在国际范围内发挥世界货币职能所确定的原则、采取的措施和建立的组织形式就是国际货币体系"[2]。还有观点认为"国际货币体系是指国际货币制度、国际货币金融机构及由习惯和历史沿革形成的约定俗成的国际货币秩序的总和"[3]。

这里需要说明的是，国际货币体系是国际金融中非常重要的一个部分。国际金融描述的是国与国之间的货币关系，而国际货币体系所要解决的问题就是理顺这些货币关系，为国际金融活动铺平道路。目前这项理顺国际间货币关系的工作还没有完成，其进展也是困难重重。

二、国际货币体系的主要内容

无论是何种国际货币体系，其主要内容都是对其运行所遵照的规则与制度进行规范。一个完整的国际货币体系应该包含以下几个方面的内容：

（一）各国货币比价的确定

为适应国际交往、国际支付和货币在国际范围发挥世界货币职能的需要，必须确定各国货币之间的比价即汇率，并相应地明确货币比价确定的依据、货币比价浮动的范围、货币比价的调整，以及维持货币比价的措施。

---

① 姜波克著：《国际金融新编》，复旦大学出版社 1997 年版，第 204 页。

② 朱淑珍、孙新宇著：《国际金融：理论·应用·创新》，中国纺织大学出版社 2002 年版，第 315 页。

③ 姜波克著：《国际金融新编》，复旦大学出版社 1997 年版，第 204 页。

（二）国际储备制度和国际储备资产的确定

国际储备制度包括国际储备资产的形式，如黄金、美元或其他货币，还包括国际储备资产的数量。为避免支付危机或汇率的大幅波动，要求各国的国际储备资产满足一定的条件。国际储备资产代表国际清偿能力，其内容、结构随着历史的推进而发生变化。各国储备的标准是什么、需要多少储备资产、新的储备资产如何供应与创造等，这都需要有国际性的规则和制度作出规定。

（三）各国货币的兑换性与国际结算原则

各国货币的兑换性与国际结算原则主要涉及一国货币能否自由兑换成其他货币、是否对支付施加限制、国与国之间进行债权债务结算的原则和方法等。

（四）国际收支的调节方式

国际货币体系的良好运作有赖于对各国国际收支的适当调节，从而可以促进国际贸易和世界经济的发展，以及国际经济合作的加强。

三、国际货币体系的类型

迄今为止的国际货币体系类型并不多，对于国际货币体系的类型划分，一般根据两个主要的分类标准：货币本位和汇率体制。

（一）货币本位（Standard Coin）

按储备资产的性质可将国际货币体系划分为三类：纯粹商品本位（如金本位）、纯粹信用本位（如不兑换的纸币本位）和混合本位（如金汇兑本位）。在历史上的纯粹商品本位只有一个，即19世纪80年代到1914年第一次世界大战时期的国际金本位体系。目前的国际货币体系是纯粹信用本位的不兑换纸币本位。在这两个体系之间，国际货币体系经历了金汇兑本位和美元—黄金本位即布雷顿森林体系两种混合本位。

（二）汇率体制（Exchange Rate Regime/Exchange Rate System）

按汇率弹性可将国际货币体系划分为永远固定的汇率制、绝对富有弹性的汇率制以及介于两者之间的可调整的钉住汇率制、爬行钉住汇率制与管理浮动汇率制。其中固定汇率制又有金本位制下的固定汇率制和纸币流通制度下的固定汇率制之分。在金本位之下国际货币体系是永远固定的汇率体系，因为各国货币的币值由其黄金含量决定，各国汇率是通过货币的含金量决定的。在布雷顿森林体系崩溃后，各国普遍实行浮动汇率制。

四、国际货币体系的作用

如同一国国内的经济一样，世界经贸往来自以货币为媒介起，世界经济的发展与稳定就与货币问题紧密地联系在一起。国际货币体系的主要任务就在于促进世界经济的稳定和各国经济的平衡发展。具体来讲，国际货币体系有三大任务：

第一，确定国际收支调节机制的形式和性质，以确保世界经济的稳定和各国经济的平衡发展。调节机制涉及三个方面的内容：一是汇率机制，二是对逆差国的资金融通机制，三是对国际货币（储备货币）发行国的国际收支纪律约束机制。

在国际金本位制时期，国际收支调节机制是“物价—铸币流动机制”，即通过物价的变动和铸币的流动来调节国际收支的不平衡。

在布雷顿森林体系下，由于基本上是固定汇率制，一国将不得不经常性地采用财政政策、货币政策和管制政策来维持国际收支的平衡。因为国际收支的逆差，尤其是大幅度的逆差，将导致本国货币汇率的贬值；而国际收支的顺差，尤其是大幅度的顺差，将导致本国货币的升值。固定汇率已经失去调节国际收支的功能。为了维持汇率的固定，政府将不得不采取其他措施来维持国际收支的平衡。

在当前的浮动汇率制下，汇率的波动本身具有调节国际收支的功能。汇率的波动既反映了国际收支的状况，又能调节国际收支。国际货币体系的任务之一便是根据世界经济形势和各国经济的状况，确定世界范围的汇率制度。确定资金融通机制，是指确定当某国发生国际收支逆差时，能在什么样的条件下从何处获得资金及资金的数量和币种，以弥补其国际收支逆差，避免采取不必要的调节措施或有损别国的政策。资金融通的数量大、条件松，则国际收支政策调节的必要性就下降。反之，可供融通的资金数量小、条件严，则国际收支政策调节的必要性就增加。国际货币体系的任务就是要确定恰当的资金融通机制，使融资数量和融资条件相宜，以避免不必要的国际收支政策调节或拖延必要的国际收支政策调节。当一个国家的主权货币能充当国际货币（或储备货币）时，它就能够用输出货币（纸币）的方式来弥补其国际收支逆差。如果对国际货币发行国没有适当的约束机制，那么，它可能为达到某种本国目的而持续性地保持国际收支逆差和输出纸币。国际货币供应的持续增长，可能会引起世界性的通货膨胀，破坏国际货币金融领域的稳定。因此，确定一项机制来约束国际货币发行国的国际收支行为，也是国际货币体系的任务之一。

第二，确定国际清算和支付手段的来源、形式和数量，为世界经济的发展提供必要的、充分的国际货币，并规定国际货币及其同各国货币的相互关系的准则。例如，当确定黄金或特别提款权作为世界清算和支付手段的来源时，国际货币体系还需就黄金或特别提款权与其他国际货币及各国货币的比价关系和兑换方式作出规定。此外，对黄金或特别提款权本身的定价方式、运动范围等，也要作出具体的规定。

第三，确立有关国际货币金融事务的协商机制或建立有关的协调和监督机构。在早期，有关国际货币金融的事务，多半通过双边协商。随着第二次世界大战后各国间经济联系的加强，参与国际货币金融业务的国家日益增多，形势日益复杂，程度日益加深，范围日益广阔。因此，双边磋商已不能解决所有的问题，有必要建立多边的带有一定权威性的国际货币金融机构，以监督各国的行为，提供磋商的场所，制定各国必须共同遵守的基本行为准则，并在必要时向各国提供资金帮助。国际货币体系的建立，使各国有了共同遵守的准则和惯例，通过国际货币机构，各国也获得了发表关于国际货币问题主张的讲坛。这样，便在一定程度上使各国获得了参与国际货币事务决策和管理的机会。

第二节　国际货币体系的演变

国际货币体系迄今为止已经经历了三个发展阶段：

第一阶段，国际金本位时期。这一时期大体上是从 1816 年英国实行金本位制开始，19 世纪中叶到第一次世界大战前是它的全盛时期。在 20 世纪 20 年代末 30 年代初的世界经济大危机中，国际金本位制终于彻底崩溃。

第二阶段，布雷顿森林体系时期。它大体上从 1945 年底开始，到 20 世纪 70 年代初结束。布雷顿森林体系在国际货币体系发展史上占有重要地位。第二次世界大战后世界经济的重建，实际上是以布雷顿森林体系的建立为开端的。

第三阶段，"牙买加体系"时期。它从 1976 年 1 月国际货币基金组织临时委员会的《牙买加协定》正式订立开始至今，国际上也有人把这一阶段称为"无体系时代"。

一、国际金本位制

金本位制（Gold Standard），是以一定量黄金为本位货币的制度。英国是最早实行金本位制的国家（1816 年实行），到第一次世界大战前，主要的西方贸易国普遍实行了金本位制。但通常认为 1880 年为国际金本位体系的起始年，因为这一年欧美主要国家都已经实行了金本位制。

国际金本位体系有三个显著的特征：一是黄金作为最终清偿手段，是"价值的最后标准"，充当国际货币；二是汇率体系呈现为严格的固定汇率制，在国际金本位体系盛行的 35 年间，英国、美国、法国、德国等主要资本主义国家间汇率十分稳定，从未发生过升值、贬值波动；三是国际金本位体系是一个松散、无组织的体系。国际金本位体系没有一个常设机构来规范和协调各国的行为，也没有各国货币会议宣告成立金本位体系，但是各国通行金本位制，遵守金本位的原则和惯例，因而构成一个体系。

（一）国际金本位制的类型

金本位制（Gold Standard）按其货币与黄金的联系程度，可以分为金币本位制（Gold Specie Standard）、金块本位制（Gold Bullion Standard）和金汇兑本位制（Gold Exchange Standard）三种类型。

1. 金币本位制

金币本位制是以黄金作为本位货币的货币制度。这种货币制度的特点是：

（1）法定货币含金量。即用含有一定重量、成色的黄金金币为本位币在市场上流通，而各国货币都按所含的黄金量来确定彼此间的比价。如20世纪初，1美元含金23.22格令，1英镑含金113.0016格令，则20.672美元或4.248英镑等于1盎司黄金的价值，并由此确定美元与英镑间的汇率，即1英镑=4.8665美元。

（2）自由铸造。任何人都可以自由铸造或熔化金币。

（3）自由兑换。市面上流通的其他金属辅币和银行券可以按法定比率自由兑换成金币或等量的黄金，同时，准许人们自由贮藏黄金。

（4）自由输出入。黄金可以自由地输出或输入本国。1880—1914年是金币本位制的全盛时期。

相对于其他货币体系而言，金币本位制是一种比较稳定的货币制度，汇率的波动幅度以黄金输送点为限。因为金币本位制下各国既可用外汇结算，又可直接运送黄金结算。当汇率对一国有利时，该国就利用外汇结算；否则，就改用输入或输出黄金的方法结算。黄金输送点限制了汇率的波动，汇率基本上保持稳定，从而有利于国际资本的流动，促进商品的流通和生产的发展，协调各国经济政策。

但是，金币本位制并非完美无缺。其主要缺陷在于这种货币制度以黄金为基础，一国的经济受黄金流出和流入的数量影响较大，且深受黄金供求关系的影响。事实上，到第一次世界大战前夕，国际货币体系已形成金字塔形的格局，绝大多数的黄金被美国、法国、英国、德国、俄国所占有，这五个国家共占有世界黄金存量的2/3，使其能够操纵弱小国家的金融命脉，大大削弱了其他国家金币本位制的基础。这种状况不可避免地引起世界各国之间的利益冲突和经济矛盾。

正因为如此，第一次世界大战爆发时，一些国家为了准备战争，政府支出急剧增加，而黄金流通量又严重不足，故大量发行银行券，造成银行券兑换黄金的难度越来越高，破坏了自由兑换的原则。加上欧洲各国为限制黄金外流相继作出了禁止黄金出口的决定，以至于除美国继续保持金币本位制外，其余各国均放弃之。

2. 金块本位制

第一次世界大战结束后，世界货币体系的重建问题受到各国的普遍重视。但由于黄金供应不足和分配不均等原因，传统的金本位制很难恢复。1922 年在意大利热那亚城召开的货币会议上，决定采用“节约黄金”的原则，除美国外，各国相继实行了金块本位制（如英国、法国、比利时、荷兰）和金汇兑本位制（如德国、意大利、奥地利等 30 个国家）。

金块本位制是以黄金作为准备金，以有法定含金量的价值符号作为流通手段的一种货币制度。黄金只作为货币发行的准备金集中于中央银行，而不再铸造金币和实行金币流通。流通中的货币完全由银行券等价值符号代替，银行券可以在一定数额上按含金量与黄金兑换。中央银行保持一定数量的黄金储备，以维持黄金与货币之间的联系。在金块本位制度下，金币的铸造和流通以及黄金的自由输出入已被禁止，黄金已不可能发挥自动调节货币供求和稳定汇率的作用，从而使金块本位制失去了稳定的基础。因此，金块本位制实际上是一种残缺不全的金本位制度。

3. 金汇兑本位制

金汇兑本位制又称为虚金本位制，它将本国货币间接地与黄金联系起来。实行金汇兑本位制的国家，对货币只规定法定含金量，禁止金币的铸造和流通。国内实行纸币流通，纸币不能与黄金兑换，而只能兑换外汇，外汇可以在国外兑换黄金。本国货币与某一实行金块本位制或金本位制国家的货币保持固定汇价，以存放外汇资产作为准备金，以备随时出售外汇。

在金汇兑本位制度下，国家虽规定了货币的含金量，但流通中的货币是不能与黄金保持兑换的纸币，黄金已不能发挥自发地调节货币流通的作用，货币流通失去了调节机制和稳定的基础，从而削弱了货币制度的稳定性。因为如果纸币流通量超过了流通对货币的需要量，就会发生货币贬值。假如国家为弥补财政赤字而大量发行纸币，就会引起通货膨胀，导致物价上涨，影响经济的发展。而实行金汇兑本位制度的国家，其货币与某大国货币保持固定比价，其对外贸易和金融政策又必然受到与之相联系国家的货币政策的影响与控制。因此，金汇兑本位制度是一种削弱了的、极不稳定的金本位制度。

（二）国际金本位制的作用

国际金本位制是一种比较稳定的国际货币体系，它对世界经济发展所起的积极作用主要有：第一，由于各国货币直接与黄金挂钩，黄金可以自由买卖、自由输出入，因而对国际收支的平衡可以起到自动调节的作用。第二，由于货币汇率以铸币平价为基础，其变动只限于在黄金输送点的界限以内，因而汇率一般比较稳定。第三，由于实行金本位制的国家把对外收支平衡作为经济政策的首要目标，而把国内平衡放在次要的地位，并服从对外收支平衡的需要，因而各国的经济政策易于协调。

国际金本位制的消极作用在于：第一，国际货币秩序呈金字塔型，当时经济、金融实力最强的英国处于最高顶尖。由于当时国际间广泛使用英镑及伦敦在国际金融活动中所处的中心地位，英国获得了控制世界金融的特权，英国的货币政策影响和支配着其他国家的货币金融活动。这种国际货币关系给英国带来了巨大利益。第二，国际金本位制有着明显的紧缩倾向。由于缺少监督，国际收支顺差国可以将黄金的流入累积起来，将盈余冻结以获得更大的盈余，这样国际收支的调节，就要全部靠逆差国通过国内紧缩来实现。而一国发生紧缩，又往往会加速其他国家经济的衰退，进而引起各国经济普遍的紧缩。

（三）国际金本位制的崩溃

在1929—1933年世界经济危机的风暴中，西方国家受到了灾难性、毁灭性的打击。国际社会对英镑失去信心，迫使英国放弃金块本位制；美国先后出现证券危机和信用危机，大量银行倒闭，大量黄金外流，迫使美国放弃金币本位制，以美元纸币流通；随后法国、比利时、意大利、捷克、瑞士等国组成的黄金集团也不得不放弃金汇兑本位制，致使国际金本位制彻底瓦解。

国际金本位制崩溃的主要原因是维持金本位制的三个必要条件遭到破坏：

1. 自由铸造和自由流通遭到破坏

由于资本主义国家加紧对黄金的掠夺，以增加本国的经济实力，所以，在20世纪30年代世界经济危机爆发前，约占世界铸币黄金总量2/3的黄金被集中于英国、美国、德国、法国等少数几个国家手里，其他国家货币流通的黄金基础已不存在，使自由铸造和自由流通完全遭到了破坏。

2. 自由兑换的条件已不具备

黄金既被剥夺作为流通手段的职能，就无法发挥其自动调节货币流通的作用，不能防止通货膨胀和货币贬值。银行券不能稳定地代表其规定的含金量，自然也就不具备自由兑换的条件。

3. 自由输出入的条件不复存在

在资本主义发展不平衡的情况下，国际收支逆差的国家流失巨额黄金往往无法弥补。为了防止黄金外流，各国纷纷采取限制黄金输出的措施。于是，黄金自由输出入的条件已不复存在。

从1816年英国第一个实行金本位制算起，一直到1936年荷兰、瑞士、意大利等最后一批国家放弃金本位制为止，金本位制维持了整整一个多世纪。国际金本位制正式宣告全面瓦解后，国际货币制度进入了一个新的曲折的历史时期。

二、布雷顿森林体系

（一）布雷顿森林体系建立的历史背景

国际金本位制瓦解后，进入了无体系状态。西方国家普遍实行纸币流通制度，各自为政，组建了以英镑为中心货币的英镑集团和以法国法郎为中心货币的法郎集团。这些货币集团内部的外汇支付与资金流动完全自由，但对集团外的收付与结算则实行严格管制。集团之间壁垒森严，限制重重，外汇战、贸易战、货币战接连不断，阻碍了国际贸易的发展和货币金融活动的开展。尤其是随之而来的第二次世界大战，造成参战国国际收支恶化，汇率极端不稳定，国际货币关系处于严重混乱状态。

1943年，第二次世界大战胜负已逐渐明朗，为解决上述问题，保持各国之间良好的国际货币金融关系，美、英两国在战争硝烟未熄灭之时，就开始了建立统一、稳定的战后国际货币体系的谋划，并于同年4月发表了各自的方案，即所谓的“怀特计划”和“凯恩斯计划”。

怀特计划，又称国际稳定基金计划，是美国财政部官员怀特于1943年4月草拟的方案。此计划采取存款原则，提议设立一个国际货币稳定基金的常设机构，其基金总额至少为50亿美元，各成员国用黄金、本币和政府债券认缴，且认缴基金份额的比例大小决定了成员国在基金管理中的投票权和发言权。同时，该机构发行一种名为“尤尼他”（Unita）的国际货币单位，其含金量相当于10美元。“尤尼他”可以兑换黄金，各成员国货币与“尤尼他”之间保持固定平价，以达到稳定汇率，并向成员国提供短期信贷解决国际收支逆差。很明显，怀特计划符合美国的利益。美国凭借第二次世界大战大发横财而带来的雄厚的经济金融实力（如国际收支巨额顺差、拥有巨额的黄金储备和对外债券等），企图利用重建国际货币体系之机来夺取国际货币金融霸权，以便于对外进行经济扩张和资本输出。

凯恩斯计划，又称国际清算同盟计划，是由著名经济学家、英国财政部顾问凯恩斯于1943年3月提出的。此方案主张采取透支原则，提议设立一个世界性的中央银行，称之为国际清算联盟，并以一种名为“班柯”（Bancor）的国际信用货币作为国际清算单位，各成员国货币与“班柯”挂钩，允许成员国调整汇率；同时各成员国在国际清算联盟中开设往来账户，用“班柯”清算，顺差时将盈余存入账户，逆差时按规定的份额透支或提存。各成员国透支总额为300亿美元。很显然，凯恩斯计划符合英国利益。元气大伤的英国，其经济实力无法与美国抗衡，为避免因黄金储备匮乏可能导致的英国对外贸易萎缩，力图乘重建国际货币体系之机，借助美国巨额贷款来恢复元气，重振经济，以达到与美国分享世界经济领导权的目的。

可以说怀特计划的基金方案正好击中了英国黄金短缺的要害，而英国凭借帝国特惠制的存在以及当时国际贸易40%仍用英镑结算等有利条件，力争通过透支方案来克服英国的国际收支逆差，但毕竟美国雄厚的实力占据上风。英国在美国作出适当让步后，被迫接受了美国提出的方案。而后，1944 年 7 月联合国 44 个成员国在美国新罕布什尔州的布雷顿森林召开了“联合国国际货币金融会议”。经过三周的激烈讨论，会议通过了以怀特计划为基础的《国际货币基金协定》和《国际复兴开发银行协定》，总称《布雷顿森林协定》，并于 1945 年 12 月 27 日经占份额 65% 以上的成员国政府批准而生效。至此，确定了第二次世界大战后以美国为中心的国际货币体系，亦标志着布雷顿森林体系正式建成。

（二）布雷顿森林体系的内容

布雷顿森林体系是一种典型的通过国际合作建立的而不是自发形成的国际货币体系。主要内容包括如下几个方面：

第一，建立一个永久性的国际金融机构（International Financial Institution），即国际货币基金组织。其宗旨可概括为：促进国际货币合作；发展世界贸易，开发各国生产资源；促进汇率稳定，防止竞争性的外汇贬值；建立多边支付制度，取消外汇管制；对会员国融通资金，调节国际收支不平衡；缩短各会员国国际收支不平衡的时间，并减轻不平衡程度。国际货币基金组织是第二次世界大战后国际货币制度的中心。

第二，确立黄金和美元并列的储备体制。在布雷顿森林体系中，黄金是基础，而美元则是最主要的储备资产。黄金起着两方面的重要作用：一方面，它是官方储备资产的重要构成部分，并且是国际收支结算的最后工具；另一方面，各国货币的价格以美元或黄金来表示，而美元的价格也以黄金来表示，因此美元直接与黄金挂钩，取得了等同黄金的资格。

第三，各会员国货币与美元挂钩。在这一体系中，美元自然起着突出的重要作用。因为这时美元与黄金挂钩，各国官方可按一盎司 35 美元的平价向美国兑换黄金，其他国家的货币则与美元挂钩。各种可兑换货币要先兑换成美元，然后才能换成黄金。在这个意义上，布雷顿森林体系实际上是国际金汇兑本位制，也被有些经济学家称为“黄金—美元本位制”，以区别于 20 世纪 20 年代末 30 年代初的“金汇兑本位制”。

第四，实行固定汇率制度。根据《布雷顿森林协定》规定，美元直接与黄金挂钩（按1934年35美元折合1盎司黄金），各国货币与美元挂钩，以美元的含金量作为各国规定货币平价的标准。各国货币的汇率一经确定，就不得随意变动。各国货币含金量如果需要变动，超过1%就必须得到国际货币基金组织的同意。各会员国在进行外汇交易和黄金买卖时，其汇率和金价只能在法定比率和黄金官价上下1%的范围内波动，各国政府有义务对此进行干预，以保持汇率和金价的稳定。

（三）布雷顿森林体系的作用

布雷顿森林体系的建立和运转，一方面，确立了美元的中心地位，实现了美国夺取金融霸权的夙愿，为美国的侵略扩张创造了有利条件；另一方面，基于当时货币金融领域的实际状况，避免了重蹈以往货币制度的覆辙，对第二次世界大战后国际贸易经济发展起到了积极的作用。

1. 弥补了国际清偿能力的不足

布雷顿森林体系以黄金为基础、以美元为中心，美元等同于黄金，是最主要的一种国际储备货币。这在第二次世界大战后黄金产量增长停滞的情形下，起到了弥补国际清偿能力不足的作用，在一定程度上解决了国际储备短缺问题，促进了国际贸易的顺利拓展。

2. 稳定了国际货币金融关系

“双挂钩”和固定汇率制这两大支柱的确立，使汇率的波动受到严格限制，在一定程度上减轻了外汇市场的动荡，维持了汇率的相对稳定，为第二次世界大战后国际贸易、国际信贷和国际投资创造了一个比较稳定的环境。

3. 促进了国际货币合作

国际货币基金组织作为布雷顿森林体系正常运转的中心机构，发挥了国际的管理职能、信贷职能和协调职能，促进了世界经济的发展。布雷顿森林体系本身就是各成员国协商和合作的成果。它通过对成员国提供的各种类型的短期和中期贷款，暂时缓和了成员国国际收支逆差所带来的困境。通过规定一整套具有约束力的行为准则，把成员国置于一种统一严整而又彼此协调的金融环境之中，可以说是创国际货币合作之先河，为随之而来的国际经济合作打下了良好的基础。

总之，布雷顿森林体系是第二次世界大战后国际货币合作的一个成功的事例。而整个20世纪50年代世界经济迅速发展，国际货币金融秩序井然，也从一个侧面反映出布雷顿森林体系所发挥的积极作用。

（四）布雷顿森林体系的危机

众所周知，布雷顿森林体系之所以能正常运作，完全取决于三个基本条件的满足：一是美国国际收支保持顺差，美元汇价稳定；二是美国黄金储备充足，美国履行其美元对黄金的有限兑换义务；三是黄金价格维持在不超过35美元上下1盎司的官价水平。一旦这三个条件无法满足，布雷顿森林体系就会处于危机之中。

1. 布雷顿森林体系的内在不稳定性

（1）由于美元是最主要的储备资产，它就享有一种特权地位。美国可以利用美元弥补国际收支赤字，使美元持有国的实际资源向美国转移。美国可以利用美元直接对外投资，购买外国企业，操纵国际金融事务。由于各国货币钉住美元，使美国的货币政策对各国经济有重大的影响。

（2）随着国际贸易的发展，对国际储备的要求增加，第二次世界大战后由于黄金生产的停滞，美元在国际储备总额中所占的比重显著增加。如果美国国际收支长期保持逆差，必然影响美元信用，引起美元危机；如果美元保持国际收支平衡，稳定美元，则又会断绝国际储备来源，引起国际清偿能力不足的问题。这就是著名的“特里芬难题”的“两难”困境。

（3）布雷顿森林体系所实行的固定汇率制，对美元输出通货膨胀有一定的影响。在各国货币对美元的汇率超过《布雷顿森林协定》所规定的界限时，各国政府有义务进行干预。如果美元汇率下跌，各国政府就要大量抛出本国货币，买进美元，促使美元的需求增加，美元汇率回升，结果这些国家的货币流通量增多，从而加剧世界通货膨胀。而且，在美元过剩的情形下，持有大量美元的国家如果抛售美元，则会引起美元危机；如果继续持有，又将遭受贬值的损失，这也使它们处于两难境地。

（4）布雷顿森林体系过分强调汇率的稳定，忽视了国际收支的调节机制。各国难以利用汇率的变化来调节国际收支，只能消极地实行贸易管制或放弃稳定国内经济的政策目标，这又将阻碍贸易的发展或牺牲国内经济的稳定。由于汇率体系缺乏弹性，不能适应各国经济情况的急剧变化。因此，国际收支的调节机制具有僵硬的特点。

（5）发展中国家所获得的基金份额太少，利用基金组织贷款的条件过严，不利于它们调节国际收支，稳定国内经济。

（6）各国政府可以把出口收入和干预市场回购到的美元随时按官价向美国兑换黄金，这会造成美国黄金大量流失，动摇布雷顿森林体系的根基。

如果说布雷顿森林体系的建立对第二次世界大战后一定时期内国际金融的稳定与国际贸易的扩大有一定作用的话，那么随着时间的推移，布雷顿森林体系的种种缺陷日益暴露出来，使布雷顿森林体系逐渐处于危机状态。

2. 美元危机

美元危机是引起布雷顿森林体系崩溃的直接原因。布雷顿森林体系是一种以美元为中心的目标货币体系。因此，美元在国际金融中心的地位及其变动，对这个体系有着举足轻重的影响。第二次世界大战以后，美元的变动有这么一个过程：

（1）美元荒（Dollar Shortage）。第二次世界大战后，欧洲各主要资本主义国家因受战争的严重破坏，物质匮乏，资金短缺，生产很难恢复，生活必需品的供应也极端困难。而当时美国的国内经济实力不但没有削弱，反而增强，生产大大发展，各国所需要的各种商品都必须向美国购买。但购买美国商品，需要黄金或美元支付，而各国的黄金数量终究有限，不足以应付巨额贸易逆差。同时，欧洲各国以及其他一些地区的国家因经济尚未恢复，也没有多少商品可以输往美国换取美元，因此，各国普遍感到缺乏美元，因而形成所谓美元荒。美国的商品却源源不断地输入西欧、日本和世界各地，结果美国国际收支大量盈余，到 1949 年美国的黄金储备高达 245 亿美元之多，占了整个资本主义世界黄金储备的 3/4。

（2）美元灾（Dollar Glut）。1948 年美国实行“马歇尔计划”，对外提供经济援助，大量美元开始流入西欧各国，促使这些国家的经济逐步得到恢复，他们的商品打入国际市场后也与美货竞争，使其国际收支状况大为好转，不仅国际收支逆差转为顺差，而且获得了较多的黄金和美元。1950 年美国开始推行对外扩张政策，发动侵略战争，使美国在国外的驻军费用支出大大增加；另外，美国的低利率政策也促使国内资金外流，这些都导致美元大量外流。因而美国自 1950 年起，国际收支开始出现逆差，黄金储备也随之减少。1958 年欧洲共同市场成立，欧洲许多国家的货币恢复自由兑换，美国国际收支逆差的程度更为严重，各国持有的美元大量增加，这样，第二次世界大战后普遍存在的美元缺乏转而变成美元过剩，这就是所谓的美元灾。

（3）美元危机（Dollar Crisis）。美元危机是指世界各国对美元币值稳定的信心发生动摇，出现抛售美元、抢购黄金与其他国家货币的现象。

由于美国国际收支连年逆差，因而黄金不断外流，黄金储备持续减少，由第二次世界大战后初期的 245 亿美元减至 1960 年底的 178 亿美元，而当时美国的短期外债高达 210 亿美元，这就说明美国的黄金储备已不够抵偿其所负担的短期外债，这使人们对美元币值能否稳定、美国能否维持黄金官价兑换美元产生怀疑，于是出现了挤兑黄金的现象，也就是用美元向美国兑换黄金，并在金融市场上大量抛售美元抢购黄金和其他国家货币，造成金价上涨和美元汇率下跌。从 20 世纪 60 年代到 70 年代，美元曾发生过多次危机。1960 年，美国对外短期债务已超过了它的黄金储备额，美元信用不断下跌，黄金市场达 1 盎司 41.5 美元，伦敦金融市场出现了抛售美元、抢购黄金的风潮，由此爆发了第一次美元危机，作为关键货币的美元从此处于岌岌可危的境地。美元危机的出现，使得这个以美元为中心的布雷顿森林体系开始进入动荡阶段。

3. 维持布雷顿森林体系的挽救措施

为减缓美元危机，不致削弱国际货币制度运转的基础，自 1960 年第一次美元危机爆发以后，美国、西欧各国及国际货币基金组织先后采取了许多措施进行补救，以维持布雷顿森林体系的稳定。这些措施包括：

（1）美国和西欧7国拿出价值2.7亿美元的黄金组成“黄金总库”，以平抑国际市场的金价涨势和维持美元的中心地位，但因美元信用日趋下跌，金价只涨不跌，“黄金总库”如杯水车薪，无以应付抢购黄金风潮，于1968年3月被迫解散。

（2）美国等10个工业国签订借款总安排，筹集60亿美元，借款给面临国际收支危机的国际货币基金成员国，但实际上是美国借用其他9国货币，以缓和美元危机和维持国际货币体系正常运转。

（3）美国先后同14个工业国签订了《货币互换协定》，以优惠汇率相互提供货币，以稳定外汇市场，虽也提高了兑付能力，但难以遏制美元汇价日下的趋势。

（4）实行“黄金双价”，美国不再以官价向黄金市场提供黄金，任凭黄金市场金价自由涨落，但各国政府仍可按黄金官价向美国兑换，二价背离，美元实际上已经贬值，加速了黄金—美元本位制的瓦解。

（5）创设“特别提款权”，这是国际货币基金组织分配给会员国的一种特别使用资金的权利，创立时与美元等值，但不能兑换黄金（1974年改用16种货币加权平均定值，后又改用5种货币，美元、马克、英镑、日元和法国法郎加权平均定值），俗称“纸黄金”，可作为国际储备，也能用于会员国之间的国际结算。美国分到的特别提款权最多，增强了其应付国际收支逆差的能力并减少了黄金储备的流失。

上述措施虽在一定程度上发挥了减缓美元危机的作用，但鉴于美国国际收支存在逆差，美国经济实力的进一步衰退这一根本性问题无法解决，它们对于风雨飘摇的美元地位来说终究无济于事。特别是进入1971年后出现的美元与黄金脱钩以及后来发生的两次美元贬值，最终导致了布雷顿森林体系的崩溃。

（五）布雷顿森林体系的崩溃

1. 美元与黄金脱钩

黄金双价制实行后，美国的国际收支状况并未因此而改善，又于1969—1970年爆发了周期性的经济危机。这个时期，美国工业产值下降8.1%，失业率达6.1%，失业人数506万人，贸易逆差高达220亿美元，黄金储备下降为110亿美元，而外债却高达533亿美元。这导致1971年5月在西欧主要金融市场掀起了又一次抛售美元、抢购黄金和西德马克的风潮。这是第二次世界大战后最严重的一次美元危机。美国尼克松政府被迫于1971年8月15日宣布实施“新经济政策”：对内采取冻结物价和工资，并削减政府开支；对外停止履行外国中央银行按黄金官价以美元向美国兑换黄金的义务，并对进口商品征收10%的附加税，以限制进口，改善美国的国际收支和美元地位。“新经济政策”的推行，意味着美元与黄金脱钩，这样布雷顿森林体系的两大支柱之一——美元可兑换黄金倒塌了，它标志着布雷顿森林体系开始走向崩溃。

2. 美元贬值

美国的“新经济政策”引起西方各国的强烈不满和反对，西德、荷兰以及其他国家先后实行浮动汇率，法国则实行双重汇率，西方各国货币金融市场一片混乱。在这种情况下，1971年12月，“十国集团”在美国华盛顿的史密森学会大厦举行财政部长和中央银行行长会议，达成“史密森学会协议”（又称华盛顿协议）。其主要内容是：自1971年12月18日起，美元对黄金贬值7.89%，黄金官价以每盎司35美元提高到38美元；美国取消10%的进口附加税，但仍然停止美元兑换黄金；各国货币对美元汇率的波动幅度，从过去按平价上下限的1%扩大到2.25%，继续维持固定汇率制；日本、西德、比利时、荷兰、瑞典、瑞士、意大利7国的货币根据其定值变化和美元贬值幅度分别调整其对美元的汇率。

美元停止兑换黄金与美元的小幅度贬值，并未能阻止美元危机与美国国际收支危机的继续发展。1973年1月和3月初，在国际金融市场又连续爆发大量抛售美元，抢购西德马克、日元和黄金的两次美元危机。对此，美国于1973年2月被迫宣布美元第二次贬值，美元对黄金贬值10%，即黄金官价由每盎司38美元提高到42.22美元；西欧各国先后取消了本国货币与美元的固定比价，宣布实行浮动汇率制；欧共体9国财政部长达成协议，建立由西德、法国、荷兰、比利时、卢森堡、丹麦组成的“联合浮动集团”，并于1973年3月19日开始实施。英国、爱尔兰、意大利3个欧共体成员国继续实行单独浮动。日本也实行单独浮动。至此，固定汇率制已为浮动汇率制所替代，布雷顿森林体系的另一支柱——固定汇率制也倒塌了。如前所述，布雷顿森林体系所必备的三个基本条件无一能满足，这标志着布雷顿森林体系彻底崩溃。

第三节 国际货币体系的改革与前景

布雷顿森林体系的种种缺陷，实际上早已被各国学者所发现。美国耶鲁大学特里芬教授在1959年就发表文章，指出布雷顿森林体系的根本缺陷和内在不稳定性。此后，许多学者纷纷就布雷顿森林体系的缺陷提出了自己的改革建议，基金组织的专家也于20世纪60年代上半期开始了改革研究，并且在1968年第二次美元危机爆发后，采取了创设特别提款权的具体措施，组成了“国际货币制度改革及有关问题专门委员会”（简称“二十国委员会”，成立于1972年7月）和“临时委员会”（成立于1974年9月基金组织第二十九届年会），开始了在基金组织框架内的货币改革的历程。

一、改革历程

（一）第一阶段——“牙买加货币体系”的建立

1. 牙买加货币体系的形成

自布雷顿森林体系瓦解后，国际货币金融局势一直处在动荡之中，世界各国都希望建立一种新的国际货币制度，以结束这种混乱局面。国际货币基金组织在1972年就成立了由20个国家组成的国际货币体系改革及有关问题专家委员会，简称“二十国委员会”。1974年7月，基金组织根据“二十国委员会”的建议，设立了“国际货币制度临时委员会”（简称“临时委员会”），负责研究有关国际货币制度改革的问题，并向基金组织理事会提供意见。“临时委员会”由二十国财长、中央银行行长组成。经过反复研讨磋商，1976年1月8日在牙买加召开的会议上，达成了综合性协议，即《牙买加协定》。1976年4月，基金组织理事会通过《国际货币基金协定第二次修正案》，从1978年4月1日起正式生效。国际上把牙买加协定后的国际货币体系称为"牙买加货币体系"。

2. 牙买加货币体系的主要内容

（1）增加成员国在基金组织中的基金份额，由原来的292亿特别提款权单位增加到390亿特别提款权单位，比原来增加了33.6%。各成员国应缴份额所占比重也有所改变，发展中国家维持不变，主要西方国家除联邦德国、日本外，份额均有所降低。石油输出国组织的份额提高了一倍（由5%增为10%）。增加基金份额，目的是提高基金组织的清偿能力。

（2）承认浮动汇率的合法化，成员国可以自由作出汇率方面的安排，使固定汇率制度和浮动汇率制度暂时并存。但成员国的汇率政策须受基金组织监督，以防止各国采取损人利己的贬值政策；实行浮动汇率制的成员国，还应根据经济条件，逐步恢复固定汇率制。

（3）规定特别提款权作为主要国际储备资产。新协定规定：特别提款权可以作为各国货币定值的标准，可以供参加这种账户的国家用来清偿对基金组织的债务，也可以用特别提款权进行借贷。

（4）扩大对发展中国家的资金融通。国际货币基金组织出售了其会员国所缴纳的1/6的黄金作为"信托基金"，对最不发达国家以优惠条件提供援助，帮助他们改善国际收支状况。同时，国际货币基金组织扩大信用贷款总额，由占会员国份额的100%增加到145%。并放宽"出口波动补偿贷款"，由占份额的50%提高到75%。放松贷款的条件，延长偿还的期限，资助持续发生国际收支逆差的国家。

3. 牙买加货币体系的作用

牙买加货币体系形成之后，对维持国际经济运转和推动世界经济发展具有积极的作用：

（1）打破了布雷顿森林体系的僵化局面。实行浮动汇率制，可以使一国的宏观经济政策更具有独立性和有效性。当一国国际收支出现问题时，可以由汇率变动来自动调节，不必实行紧缩或扩张的宏观经济政策来维持汇率，从而能够保持国内经济政策的连续性，使宏观经济政策的力度和范围得到保障，市场效率更高。

（2）实行了国际储备多元化。美元已经不是唯一的国际储备货币和国际清算及支付手段。即使美元贬值，也不会从根本上影响到其他国家货币的稳定。由于美元早已与黄金脱钩，即使发生美元可能贬值的预兆，各国也不可能用自己的美元储备向美国挤兑黄金，基本上摆脱了基准通货国家与依附国家相互牵连的弊端。

（3）用综合机制共同调节国际收支。牙买加货币体系对国际收支的调节，采取多种调节机制相互补充的办法，除了依靠基金组织和汇率变动外，还通过利率机制及国际金融市场的媒介作用、国际商业银行的活动、有关国家外汇储备的变动以及债权债务、投资等因素来调节国际收支。在一定程度上缓解了布雷顿森林货币体系调节机制失灵的困难，从而对世界经济的运转和发展起到了一定的积极作用。

4. 牙买加货币体系的弊端

随着复杂多变的国际经济关系的发展，牙买加体系被人们称为“无体制的体系”的弊端日益明显地暴露出来了，其主要表现为：

（1）汇率体系极不稳定。牙买加体系中，全球多数国家实行独立浮动和管理浮动，其余国家实行钉住汇率制，在这种情况下，汇率波动频繁剧烈，许多弊端显现出来：一是影响国际贸易和世界生产的发展。汇率的变动不定，在国际借贷关系上不是债权方蒙受损失，便是债务方负担加重，甚至引发债务危机，汇率频繁剧烈波动，也使进出口商难以核算成本和利润，难免蒙受外汇风险损失，因而往往影响世界贸易的进展。二是汇率可以自由地向下浮动，因而比较容易导致通货膨胀。三是这一汇率体制助长了外汇投机活动。在汇率频繁剧烈波动下，外汇投机商乘机倒卖外汇谋取暴利，加剧了国际金融市场的动荡和混乱。

（2）国际货币缺乏统一的货币标准。随着国际货币多元化趋势的日益增强，美元国际货币地位不断下降，牙买加货币体系这一以美元为中心的国际储备日益多元化，浮动汇率体系日益复杂混乱不稳定。多元化国际货币缺乏统一、稳定的货币标准，国际货币格局错综复杂，因此带来许多不利影响。

(3) 国际收支调节机制不健全。牙买加体系对国际收支的调节性也不够完善。由于汇率机制运转失灵，利率机制有副作用，基金组织又无力指导和监督顺差国与逆差国双方对称地调节国际收支等，导致逆差国储备锐减、债台高筑，顺差国则储备猛增，有的成为重要资本输出国，甚至成为最大债权国，全球性国际收支失衡现象日趋严重。

近年来，牙买加货币体系暴露出来的弊端，已引起世界各国的重视。在西方七国首脑会议上，在基金组织历届年会及其他会议上，都曾讨论过国际货币制度改革问题。建立更加合理、稳定的国际货币新秩序，已被提到议事日程上来。

（二）第二阶段——百家争鸣

随着《牙买加协定》以及《第二修正案》的签订，国际货币体系的改革告一段落。但是由于牙买加体系只是对既成事实的一种法律承认，而没有建立稳定货币体系的机构，没有制定硬性的规则或自动的制裁办法，各国可以根据自己的考虑和责任来履行其义务。因此，有关国际货币体系改革的争论不断，各种学派、国际组织不断提出其见解，可谓百家争鸣。

1977 年 12 月，联合国成立了“国际发展问题独立委员会”，又称“南北委员会”（North/South Committee），简称“勃兰特委员会”（Brant Committee）。该委员会于 1980 年春发表了题为《争取世界的生存——发展中国家与发达国家经济关系研究》的报告。报告内容有一节专门论述“世界货币秩序”，指出在当时货币混乱的情况下建立货币新秩序的重要性。报告认为国际货币体系迫切需要改革的问题包括：汇率制度、储备制度、调节程序。在汇率制度方面，应该以国际货币更大程度的稳定作为目标，降低主要货币浮动后对国际贸易和外债管理的难度和复杂度；并且提出要对国际货币市场的境外活动加以控制，加强基金组织对汇率的监督以及国际货币合作。在储备制度方面，国际货币制度不能建立在任何一种占统治地位国家的货币的基础上，要使特别提款权最终成为国际货币体系中的主要储备资产。特别提款权的分配应公平有效，即将大部分新储备分配给发展中国家。在调节程序方面，顺差国和逆差国都承担调节的责任。具体措施可以包括：扩大顺差国对逆差国的长期贷款、减少对顺差国的特别提款权分配而将其分配给广大发展中国家、放宽国际货币基金组织的贷款条件等。报告指出：新的国际货币体系要多元化，应让发展中国家发挥更大的作用。报告具有一定的远见和进步意义，但是由于发达国家力图维持现有的国际货币体系，反对对国际货币体系进行结构性的改革，所以这份报告很难得以实施。

1980 年，在坦桑尼亚阿鲁沙举行了“关于国际货币体系和国际经济新秩序的南北会议”。这次会议提出了《阿鲁沙倡议》（*Arusha Initiative*）。该倡议指出国际货币体系必须进行根本性变革，才可能执行真正的国际发展战略，要求召开一次联合国国际货币金融会议，为国际货币体系改革的相关谈判提供场所。《阿鲁沙倡议》要求在国际货币事务的管理中实行民主和普遍的原则；创立一种国际货币单位用作国际交换的工具和主要储备；设立一个国际性的世界中央银行，并发行国际货币；改善基金组织的贷款设施、贷款条件和决策结构，以适应发展中国家的需要。该倡议所设想的国际货币单位是一种由若干商品的价格所确定的一篮子货币，这就要求初级商品国际价格的稳定，这是相当困难的。同时，建立国际性世界中央银行在技术上、政治上和经济上的条件都不成熟。但是，它反映了第三世界国家要求改革现行国际货币体系的愿望和对国际货币金融事务平等、民主的要求，仍具有其积极意义。

1983 年 5 月在威廉斯堡召开西方七国首脑会议时，七国的首脑要求他们的财政部长与国际货币基金组织总裁磋商，以确定改革国际货币体系的条件和召开一次高级国际货币会议的适当时机。于是，十国集团的财长和中央银行行长的代表在经过一年半时间的讨论研究后，提出了题为《国际货币体系的运行》（*The Functioning of the International Monetary System*）的报告，该报告获得十国集团财长和中央银行行长东京会议的批准，并提交给在汉城举行的国际货币基金组织临时委员会和国际货币基金组织与世界银行理事会年会。报告认为：国际货币基金协定中所体现的现行国际货币体系的基本结构是健全的，没有必要进行重大改革，只需要改善一些缺陷；在目前情况下恢复固定汇率制的条件还不成熟，以主要货币为基础的浮动汇率制是可行的；支持国际货币基金组织向国际收支暂时有困难的会员国提供资助，但其贷款通常应由份额决定。这份报告主要反映了主要工业国家关于国际货币体系改革的观点，与前两个报告相比较可以明显地看出发达国家和发展中国家在这个问题上的分歧。

1984年9月，二十四国集团（Twenty-four Group）① 在《国际货币改革行动计划大纲》的基础上完成了《二十四国集团报告》，反映了广大发展中国家的基本立场。主要内容包括：改革当前的浮动汇率制，对主要货币的汇价规定一个目标范围；加强国际货币基金组织对主要工业国家货币政策的监督，以支持世界经济尤其是发展中国家的经济增长，促进对称的调节过程；国际货币基金组织特别提款权的分配应同发展中国家对发展资金的需要相联系；放宽对发展中国家贷款条件，增加发展中国家在国际货币基金组织的投票权；重新安排发展中国家的国际债务等。

在这一时期，除了发达国家和发展中国家以及国际货币基金组织所讨论的计划外，世界各国的经济学家也对国际货币体系改革问题发表了许多见解。其中最著名的是“特里芬2000年计划”和“目标区提议”。

1982年曾提出布雷顿森林体系“特里芬难题”的美国经济学家特里芬发表题为《2000年的国际货币制度》的论文，进一步阐述了他的主张。特里芬建议实行集中的国际信用储备制度，在2000年完成，主要包括以下几个方面：一是各会员国应将其货币准备总额的一定比例交给国际货币基金组织来管理，用国际货币基金组织的余额取代外汇储备余额。国际货币基金组织的信用储备等同于黄金，可广泛应用于国际支付、国际清算，会员国必须无条件地接受国际货币基金组织的

① 发展中国家七十七国集团为了协调在国际货币体系改革方面的意见，于1972年建立了二十四国集团。1972年，二十四国集团起草了一份《国际货币改革行动大纲》，该计划经七十七国集团批准后，提交国际货币基金组织理事会。该计划也被称为“蓝皮书”计划，是发展中国家争取建立国际货币新秩序的重要文件。

存款作为国际清算手段。二是国际货币基金组织所持有的国际储备总量应由各国共同决定，并按世界贸易和生产发展的需要加以调整。三是储备的创造可以通过对会员国贷款、定期分配新的特别提款权或进入各国金融市场购买金融资产来实现。四是储备中心建立后，就可以建立国际货币。这就要求主权国家接受集体制定的货币纪律并放弃使用本国的货币主权。集中储备制最终将取代现行储备货币，实现全球的货币联合与稳定。特里芬一贯的思想就是要建立“国际信用储备制度”，但从当前的国际经济金融形式来看，实现这一目标的可能性还很小。

“目标区提议”（Target Zone Proposal）的主要倡议者是约翰·威廉姆森（John Williamson）。这项计划试图减少引起内部目标和外部目标冲突的那些因素。主要的工业化国家先协商一组符合相互利益的实际有效汇率目标，不设想要绝对固定这些汇率，而是各国都允许它的实际有效汇率在目标汇率上下一定幅度的目标区内变化。每个国家的目标汇率都按照这样的方式来确定，即估计这样一个汇率水平，在中期这样的时间跨度内，它能够协调外部和内部不平衡。如果汇率接近目标区的上限值或下限值，这就是一种信号，表明要采取政策来缓和或扭转汇率的走势，但又不绝对要求汇率必须保持在上限值和下限值之间。更确切地说，可以把目标汇率的上下限看成是软边界而非硬约束。在目标区体制下，最重要的政策工具将是货币政策而不是财政政策。如果实际有效汇率开始向对外国货币的上限变化（本国货币实际贬值），这就表明，与外国的贸易伙伴相比，本国的通胀水平较高，利率的上升将有助于减缓通胀，并导致短期资本的流入，这样就减轻了本国货币贬值的压力；同样的，实际有效汇率向下变化（本国货币实际升值），表明本国的宏观政策相对于其他国家来说较紧，从而需要放宽货币政策才能实现内部和外部目标。

此时的国际金融关系，一方面是矛盾日益尖锐复杂，另一方面是合作日益兴旺发达。在货币领域，不但表现为货币危机频繁爆发，也表现为货币集团纷纷建立。1979 年 3 月，由欧共体成员国组成的欧洲货币体系正式成立，随着欧洲经济一体化的发展，欧洲货币一体化的进程也十分迅速。

（三）第三阶段——动荡与危机

从20世纪80年代末至90年代，全球经济与金融经历了有史以来最剧烈的动荡和最严重的挑战。在国际金融危机频繁发生和全球经济一体化进程日益发展的大背景下，改革国际货币体系的呼声越来越大，并且其讨论范围也不再局限于国际货币体系本身，而是扩展到有关国际货币的各个国际金融领域。各国政府及专家也纷纷发表改革国际货币金融体系的建议。

英国政府建议将国际货币基金组织、世界银行、巴塞尔委员会和其他管理组织合并共同创建一个永久性全球金融监管常务委员会，它的主要任务是确立和实施关于金融监管的国际准则。英国将推动各方面遵守由世界银行和国际货币基金组织颁布的关于财政政策、货币政策、公司治理和社会政策的法规。

法国政府建议将临时委员会转变为对国际货币基金组织具有最终决定权的议会实体。这个议会将由各国的财政部长组成，定期召开会议，对涉及国际货币基金组织的战略问题（包括金融责任）进行投票决定。法国政府建议国际货币基金组织给予私人金融机构“信息披露特许权”。它要求管理者严格管理制度，控制离岸金融中心的金融活动。它建议这些国家应当缓慢和谨慎地开放其资本项目，并建议在与国际货币基金组织“协商”的条件下保护他们自己免受非稳定资本流动的影响，订立“金融保护条款”。但这个建议并不详细。

美国建议建立临时金融机制。这个机制可以在国际货币基金组织延长某些国家的信贷限额时发挥“稳定作用”，这些国家是指那些还没经受过金融危机，但金融稳定性受到潜在威胁的国家。相对于具有高利率的短期资金而言，这个机制将给这些国家提供坚强的政策基础。

各国专家的建议有索罗斯的信贷保险机构（1997）、考夫曼的国际管理者和评估机构（1998）、阮菲的国际破产法庭（1990）、麦尔兹的国际最后贷款者（1998）、坎尔默里斯的国际货币基金组织贷款原则（1998）、卡顿的全球中央银行（1998）、李坦的给予银行信贷选择权（1998）、爱德华的专业机构（1998）、博格斯坦的汇率目标区（1998）等。

二、现行国际货币体系面临的问题

在国际货币体系改革第一阶段结束后，国际货币体系就进入了以多种储备货币和浮动汇率制为特点的“牙买加体系”时期。牙买加体系除了保留并加强了国际货币基金组织的作用外，与布雷顿森林体系有着截然不同的特点。

牙买加体系在国际货币体系的三个核心内容方面对布雷顿森林体系作了一定的改进，具体表现在：首先，在汇率机制上，实行有管理的浮动汇率制，会员国可以自由选择汇率方面的安排，可以采取固定汇率制或浮动汇率制，两者可以同时并存；其次，在国际储备上，一定程度上改变了美元一统天下的局面，实行以美元、马克、日元、英镑和法国法郎等同时并存的多种货币储备体系，而在欧元出现后，实际上是美元、欧元和日元三足鼎立的国际储备格局；再次，在国际收支调节上，国际收支的不平衡是由多种调节机制相互配合来进行调节的，主要通过汇率机制、利率机制、国际金融机构调节和动用国际储备资产来进行。

牙买加体系的主要特征是：浮动汇率制度的广泛实行，使各国政府有了解决国际收支不平衡的重要手段，即汇率变动手段；各国采取不同的浮动形式，欧共体实质上是联合浮动，日元是单独浮动，还有众多的国家是钉住浮动，这使国际货币体系变得复杂而难以控制；各国中央银行对汇率实行干预制度；特别提款权作为国际储备资产和记账单位的作用大大加强；美元仍然是重要的国际储备资产，而黄金作为储备资产的作用大大削减，各国货币价值也基本上与黄金脱钩。概括起来就是黄金非货币化、储备货币多样化和汇率制度多样化。

但是，牙买加体系并未彻底消除布雷顿森林体系的一些弊端，主要表现在：美元的本位货币地位虽然遭到削弱，但它在国际货币中的领导地位和独特的储备货币职能仍得到延续；浮动性汇率机制并未改变成员国仅从本国自己的偏好和利益来决定汇率和干预管理的现状；在国际收支调节上，为了继续维持现存的以现金为基础的多边自由支付原则，国际货币基金组织的原组织机构也得到延续和保留，但国际货币体系三个核心内容方面即国际储备资产的确定、汇率制度的确定以及国际收支的调节方式的秩序却不复存在。因此，现存国际货币体系又被人们称为“无秩序的体系”或“无体系的体系”，而这种“无秩序”的国际货币体系在新的国际金融环境下已逐渐成为国际金融市场动荡的根源之一。

从国际货币体系的发展史我们可以看出，国际货币体系发展的实质是储备货币形态发展及其与汇率制度安排之间关系的演变。国际货币制度的形成可以是市场力量的自发作用，也可以是国际货币合作的产物，但是制度能否持续而稳定地运行是客观经济环境的选择。如果说布雷顿森林体系是国际货币合作的产物，那么牙买加体系实际上是国际金融市场选择的产物。但是，越来越多的事实证明，这个体系已经很难维持国际贸易和支付的稳定发展，必须进行改革。

三、有关国际货币体系改革的争论

从国际货币体系改革历程中我们也可以看出，发达国家和发展中国家、大国和小国、强国和弱国之间出于各自利益的考虑，充满了斗争；不同学派的经济学家，出于不同的研究方法，也提出了许多截然不同的计划。

（一）各国间争论的焦点

布雷顿森林体系崩溃后，虽然美国在国际货币金融领域内的地位有所削弱，但是其经济实力毕竟仍占有优势。同时美国是现行国际货币体系最大的受益者，所以它力图把调整和变革限制在确保其既得利益的范围内。美国倾向于汇率的自由浮动，强调国际收支调节的对称性，反对强制性的资产结算，因为这要求美国用美元以外的储备资产来结算其国际收支赤字。美国也反对任何试图取消美元储备货币地位的计划。在外汇干预方面，美国赞同欧洲共同体那样的多种通货干预体系，认为这使各国所承担的义务较为平等。

战后其他主要发达国家经济实力同美国相比发生了有利的变化。在国际货币金融领域内与美国既有矛盾，又有共同利益。他们在不同程度上倾向于在保持现有体制和机制的前提下，在局部范围内和特定问题上进行一些适应性的调整或变革。例如，西欧国家和日本主张实行可调整的钉住汇率制，用需求管理而不是汇率管理来调节国际收支；恢复各国货币的可兑换性，各国货币能自由兑换成国际储备资产，实行国际收支不平衡的资产结算。他们还关心美元的大量过剩问题，要对世界清偿能力的供应实行有效的国际管理。他们一般都比较赞成发展中国家提出的储备资产的创造应同发展援助相联系的建议。

发展中国家由于在国际货币金融体系内基本上仍处于无权地位，要求对现行体制和机构进行比较全面和根本性的改革，并把召开国际货币金融会议视为全面改革的一个重要步骤。他们提出了一系列改革方案，如"蓝皮书计划"和"阿鲁沙倡议"等。他们不赞成完全固定汇率安排，而倾向于建立一种既有灵活性又有稳定性的汇率制度。他们主张公平对称地对待顺差国和逆差国，通过集体行动来创造国际储备，以适应世界经济扩张的要求和发展中国家的特殊要求。他们认为，特别提款权应成为主要储备资产，并实行较为合理的分配，来满足世界各国的需要，促进世界经济的发展。

所以，目前在国际货币新秩序的谈判中各国意见分歧很大，这就决定了国际货币体系改革将是一个长期的过程。

（二）各学术流派争论的焦点

鉴于现行国际货币体系的种种弊端，就国际货币体系的改革问题各学术流派也形成许多不同的见解，这些方案可以归结为三种学术流派。

第一种流派主要是以现有国际金融机构为代表，他们认为现行国际货币体系已经基本完善，目前需要解决的只是推广的进程问题。国际货币基金组织临时委员会1998年10月讨论了几个重要的建议，其要点是：

第一，私人部门成为阻止和解决金融危机的一个环节，国际货币基金组织和其他官方贷款方提供的融资不能也不应代替私人部门融资。

第二，关于资本账户的自由化问题，重点是安排一个有秩序、逐步的自由化进程。这一流派的核心在于通过建立、加强富有活力的、谨慎而稳健的行为标准和游戏规则，而不是通过烦琐的行政管制来达到目标。但批评者认为：国际货币基金组织最根本的认识误区在于将金融自由化当成目的本身，而不是作为实现有效的金融体制的手段。而且经济学中的“次优定理”早已指出：现实经济不符合理想的完全竞争条件，经济自由并不一定能提高效率。越来越多的人认识到国际金融机构坚持推行“西方式”的金融制度，实质是把新兴市场国家的市场体系纳入以西方国家资本特别是以美国资本为主宰的全球金融市场，成为其附庸。

第二种流派可称之为“回归布雷顿森林体系派”，他们认为现存的国际金融体系已经“江河日下”，简单的修修补补已经无济于事，必须进行根本性改革，建立新的“布雷顿森林体系”。美国前财政部长鲁宾提出建立世界金融体系的“新大厦”，甚至乔治·索罗斯也同意这一主张。这一流派虽然也坚持全球自由化，但同时建议重新设立“托宾税”来控制资本流动，即对所有与货币兑换有关的国际证券和外汇即期交易征收税率统一的国际税，以交易成本的提高来减少国际资本流动的不稳定性，并降低国际证券价格和汇率的波动性。托宾将国际交易税形容为“向国际金融的车轮撒沙子”。其优势在于减少汇率的脆弱性，削减国际金融市场对国家政策的影响力，有利于维护政府在决定预算和货币政策方面的权力。该流派的某些分析家指出：资本控制不仅仅为了限制套利资本的破坏性影响，鼓励长期投资资本与长期信贷资本更大规模流入，而且应该把资本管制看成是与贸易限制一样的合法工具，是旨在促进一国经济发展的贸易和产业政策。另外，该流派的拥护者还指出：新的国际金融机构应提供给发展中国家更多的投票权，它应该是一个能为危机国家创造更大流动性的机构，而不是像现在的国际货币基金组织那样在提供紧急贷款时附加苛刻的条件。

第三种流派认为现在的国际金融机构盲目倡导并推行全球自由化，误导了世界各国尤其是发展中国家的发展模式，使得这些国家错误地、过高地估计了引进外资和出口增长对经济的促进作用，从而不加区分地一体化本国经济。因此，防止持续化、经常性的金融危机的出路在于：一国经济应“反全球化”，更多地依赖国内市场和国内资本来源；

进一步加强与周边国家的经济合作，形成地区性的保护市场；革除旧体制，实行更加健康的增长模式。可以肯定的是，现行的国际货币体系已明显不适应世界经济发展的需要，一种合理、稳定的国际货币新秩序必将在不久的将来出现。这一流派的倡导者对第一种流派改革多边机构的可能性持怀疑态度：鉴于发达国家与发展中国家的政治、经济实力对比难以在短期内发生显著变化，国际金融机构的改革也不可能有突破性进展。同样，它们对第二种流派关于国际资本管制的有效性也表示怀疑："托宾税"的想法虽好，但由于目前资金流动的速度"近于光速"，只有全世界所有的国家都接受它才行得通，但这几乎是不可能的，尤其是美国、英国、日本等国家，征收"托宾税"带来的税收收入根本弥补不了它们因征税而减少的交易费用收入。

四、国际货币体系的发展与创新

布雷顿森林体系是国际货币合作的创举，曾试图实现人类对国际货币供应的主观控制。然而事实证明这个体制在运行机制上是失败的。牙买加体系矫枉过正，市场机制的力量重新发挥了作用，导致短期的动荡和波动性在所难免，而长期的稳定性又由于各国政府政策的不同以及经济发展的不平衡等原因很难体现出来。由此看来，这个矛盾只有通过国际货币合作才能解决。

如果要完全消除波动与不稳定性，唯一的方法就是各国放弃其货币主权，实现对国际货币供给的全球范围控制。实现这一目标的前提是国际经济高度一体化，建立统一的世界中央银行并实行统一的世界货币政策。但是全球经济一体化任重而道远，前景如何还有待考证。近期建立世界中央银行和单一的国际货币的计划显然是不可行的。那么，国际货币体系的发展与创新的方向又在哪里？

就近阶段而言，由于现行的国际货币体系还在发挥作用，一时还没有条件建立一种更好的国际货币体系，对目前货币体系进行改革似乎是切实可行的，并且能为各方所接受，这正是目前的现状。改革主要解决的问题是建立一套国际金融监管与危机防范机制，让现有的机制更好地发挥作用。综合来看，目前关于未来的国际货币体系发展有如下方案和设想①：

（一）建立单一世界中央银行

美国经济学家特里芬主张彻底改革基金组织，把它变成世界中央银行，用一种“国际货币”来代替美国境外流通的美元，这种“国际货币”采取世界中央银行存款的形式，以便保证货币储备按适当的速度增加，以克服一国货币作为国际储备资产所带来的困难。这是一种“国际管理通货制度”。建立世界中央银行并让其发行统一的货币在20世纪70年代就有讨论。但是这个方案一直被认为没有可能实现，因而束之高阁。但是，随着欧洲联盟的发展和欧元的问世，这个方案也被人们纳入考虑的范围。

（二）恢复金本位制

这是法国经济学家吕埃夫（J. Rueff）提出的。考虑到目前的汇率制度被认为是“无体系的”，货币价值在货币市场上自由浮动并不可避免地要受到金融投机者以及那些受政治驱动的金融官员的影响，提出建立以黄金为基准货币的固定汇率货币体系，即所谓的“新金本位制”。他主张将金价提高两倍以上，以便美国用黄金兑换各国所持有的美元，之后各国国际收支逆差全部用黄金结算。金价提高后，将会刺激黄金生产，从而保证国际储备的适当增长，不致发生国际清偿能力问题。这种新的全球金本位制不依赖于实际存在的原黄金储备，而是以中央银行发行保证本国货币比率购回黄金的远期合约的意愿为基础。新金本位制相对于布雷顿森林体系而言具有一定优势，因为黄金作为货币由来已久，并且在这种情况下各国中央银行仍能采取主动的政策。但是该方案的局限性也不小，特别是对本国货币按比率购回黄金的保证就很容易受到破坏。

（三）改进金汇兑本位制方案

曾任美国财政部和国际货币基金组织高级官员的伯恩斯坦（E. M. Bernstein）主张保持美元的储备货币地位，但美国要消除国际收

① 世界经济年鉴编辑委员会编：《世界经济年鉴1999—2000》，经济科学出版社2001年版。

支赤字，各国中央银行所持有的美元不能继续增加，零星建立一种“储备单位”（Reserve Unit）来满足国际储备的需要，这种储备资产以一定的黄金价值来保证，但不能兑换黄金。它具有黄金的世界货币职能，可以用于国际结算。

（四）世界美元本位制方案

美国经济学家金德伯格主张实行“世界美元本位”，停止美元兑换黄金，让市场力量决定各国官方和私人所需要的美元数量。一国想减少美元持有量，就应对美元升值；反之，一国想增加美元持有量，就应对美元贬值。美元则在国内推行稳定增长的货币政策和财政政策，不必考虑国际收支逆差问题。

（五）改革现有的国际货币基金组织和世界银行以稳定国际市场

以索罗斯为首的一批金融家认为，金融市场生来就是不稳定的，而国际金融市场尤为如此。由于市场本身的反应存在过度性，加上垄断市场是所有竞争者的目标，所以市场无法纠正其自身的错误，这就需要一定程度的国家干预。在经济日趋全球化的今天，我们更需要进行国际合作。索罗斯建议建立“国际信贷保险公司”，和国际货币基金组织一起按照该机构认定的安全标准对国际贷款予以担保。有人进一步提出将世界银行改成国际信贷保险公司，让它从一个贷款者转化为一个国际信贷的保险者，从而稳定国际金融市场。

（六）建立区域性货币联盟

在亚洲金融危机后，亚洲国家很自然地想到建立类似欧洲货币联盟式的制度。此外，还有人提出建立日元区，比较而言，更为现实一些的还有马来西亚前总理马哈蒂尔提出的旨在降低对美元依赖度的货币联盟方案。在东盟的四个关键国家（马来西亚、泰国、菲律宾和印度尼西亚）间进行贸易时，用新加坡元来取代美元，并使之成为东盟各国货币的标准。这一建议已经受到泰国的欢迎，并在其他东盟国家认真讨论。有分析家指出，此方案将减少30%甚至更多的美元需求，并且缓和这一地区的货币波动。但是，这个建议仍面临不少问题，包括新加坡元是否充足、新加坡元与美元的兑换等。

（七）在现行的国际货币基金组织体系下继续推行金融自由化

其具体含义是，要求各国进一步开放金融服务业以及其他市场，减少政府管制，增强其透明度，并力求凭借国际货币基金组织等国际金融机构来完成上述目标。1998 年 2 月，22 个主要国家的官员在华盛顿就以下三个问题达成共识：一是解决并防止金融危机的基础是自由市场；二是各国政府在提供金融信息时要增加透明度；三是国际货币基金组织应该继续发挥其不可或缺的作用。这一方案，一方面顾及了金融家和国际金融机构等既得利益者的利益，另一方面又迎合了市场化和全球化的时代潮流。其中包含这样一个道理：金融自由化无疑对世界贸易和分工有着巨大的促进意义，但它本身却不是无条件的，存在一个像国际货币组织这样的国际金融机构是保证全球市场化的必要条件。

（八）解散现有的国际货币机构

索罗斯的这一观点一经提出，马上就受到了来自主流经济学家的强烈反对。美国前国务卿，现任胡佛研究所高级研究员乔治等人认为让国际金融机构去营救那些国际投资者的做法，甚至作这样的承诺本身，都会使得金融家和政治家不去考虑其失当的经济和金融行为的后果，并且鼓励原本不会发生的投资行为，引发金融道德败坏问题。这种观点似乎过于激进，但也反映了国际货币基金组织存在问题，如果不进行改革，很有可能会被抛弃。

（九）实行“真正自由的”货币体系

这个方案的基本含义在于让政府退出市场，而让私人货币取而代之。私人货币发行者和政府不同，他们必须为公众提供至少和其他竞争对手一样好的货币，否则就会被逐出市场。如果说建立世界中央银行的方案是全球货币体系的一极的话，所谓真正自由的货币体系便是与之相对的另一极。随着计算机技术的发展和电子货币的产生，该方案无疑最具有创新精神。但是真正实现的可能性还是微乎其微。

这些方案各有其优缺点、可操作性与不现实性，国际货币体系的发展也不是我们所能预料的。一个偶然的事件，或者一个新理论的产生都随时有可能改变国际货币体系的发展轨迹。但可以肯定的是，现行的国际货币体系已明显不适应世界经济发展的需要。

在本节结束之前再回顾一下国际货币体系有多少种选择方案，见表13－1。

表13－1 国际货币体系的选择方案①

储备货币	汇率制度	资本账户
A 黄金	Ⅰ 固定	1 充分
B 特别提款权	Ⅱ 可调整平价	2 双重
C 美元和其他国家货币	Ⅲ 爬行钉住	3 管制
D 某些国家货币和区域合作货币	Ⅳ 管理浮动	
E 各区域合作货币	Ⅴ 自由浮动	

从表中我们可以看到储备货币的选择有黄金、特别提款权或国际货币、美元和其他国家货币、某些国家货币和区域合作货币、各区域合作货币等5种选择。汇率制度也有固定、可调整平价、爬行钉住、管理浮动、自由浮动5种选择。

从现有的理论和技术水平来看，最理想的状态是采用国际货币，此时将不存在汇率制度选择问题，这应该也是最终的趋势。在没有实现国际货币一元化之前有几种可能：第一，各大洲或经济共同体创建区域性货币，如欧元。在区域内实行固定汇率，使用统一的区域货币。在区域之间实行浮动汇率制。国际储备货币为这几种区域货币的组合。第二，某些洲或经济共同体创建区域货币，其他国家的货币或钉住这些货币中的一种或一篮子货币，或采取一种有弹性又足够稳定的汇率制度。第三，仍保持现有状态采用美元和其他国家货币作为国际储备货币，各国实行有管理的浮动汇率制。

总之，面对目前复杂的国际货币金融形势，世界需要建立一种健全的新货币体系，使之既能保持世界经济持续增长、贸易不断扩大，又能消除发展中国家和一些发达国家的低增长、高失业情形，但这一体系的建立必将是一个长期的、复杂的和曲折的过程。

---

① 朱淑珍、孙新宇著：《国际金融：理论·应用·创新》，中国纺织大学出版社2002年版，第352页。

本章小结

国际货币体系是国际金融中非常重要的一个部分。国际金融描述的是国与国之间的货币关系，而国际货币体系所要解决的问题就是理顺这些货币关系，为国际金融活动铺平道路。国际货币体系的主要任务就在于促进世界经济的发展和稳定。其基本内容包括各国货币比价的确定、国际储备制度和国际储备资产的确定、各国货币的兑换性与国际结算原则、国际收支的调节方式。

历史上有过不同类型的国际货币体系。

国际金本位制是以黄金作为国际货币体制的基础，这是一种比较稳定的货币制度。但其缺陷是世界经济的增长受制于世界黄金产量的增长。

第二次世界大战以后建立的国际货币体系称为布雷顿森林体系，其基本内容可以概括为以黄金为基础，以美元为中心，各国货币与美元保持固定汇率制的所谓“双挂钩”制度。布雷顿森林体系对当时的世界经济起到积极的作用，但本身却存在着致命的缺陷，这一缺陷导致美元危机的不断爆发，以至于造成20世纪70年代该货币体制的彻底崩溃。

20世纪60年代开始的国际货币体系的改革过程充满着各种各样的矛盾。焦点集中在美国与其他国家以及发达国家同发展中国家之间的矛盾上，其核心问题是美元与美国在未来国际货币体系中的作用以及发展中国家关于在货币金融领域方面建立公正的国际经济秩序的问题。

牙买加体系是对布雷顿森林体系的改革，主要内容集中在黄金非货币化、汇率制度多样化及储备货币多样化这三点上。牙买加体系在很大程度上是对事实的一种法律追认，有许多问题并没有得到反映和解决。

重要概念

国际货币体系　金本位制　金币本位制　金块本位制　金汇兑本位制　特里芬难题　布雷顿森林体系　美元荒　美元灾　美元危机　管理浮动汇率制

复习思考题

1. 什么是国际货币体系？其主要内容有哪些方面？
2. 布雷顿森林体系崩溃的原因是什么？
3. 有关国际货币体系改革的争论有哪些？

第十四章　区域性货币同盟与欧洲货币体系

区域性货币体系或区域性货币一体化是国际货币体系改革的重要内容和组成部分，是布雷顿森林体系解体的产物，也是当前世界及区域经济一体化的必然结果。它对整个世界的国际收支、国际储备、汇率体系和国际货币管理等都有重大的影响。因此，它在国际货币关系中有着重要的作用。在国际货币体系改革的尝试过程中，有一个重要的发展，那就是欧洲货币体系的创立。

第一节　货币集团和通货区

区域性货币一体化是指一定地区内的有关国家在货币金融领域中实行协调与结合，形成一个统一体，最终实现一种统一的货币运行规则。它包括区域货币合作、区域货币同盟和通货区三种不同程度的合作形式。而最适度通货区理论简述了通货区成员国的特性及其加入通货区的利弊，是国际货币体系理论的一个重要组成部分。

一、货币集团和通货区概述

根据区域内各国货币合作的程度，可将货币一体化的含义分成三个层次：一是指区域货币合作，即有关国家在货币问题上实行的协商、协调乃至共同行动，它在合作形式、时间和内容等方面都有较大的选择余地。二是区域货币同盟，这是区域货币合作形式的深入发展，指通过法律文件（共同遵守的国际协议）就货币金融的某些重大问题进行合作。三是通货区，它是货币一体化的一种高级表现形式，其特征是：有一种占主导地位的货币作为各国货币汇率的共同基础；成员国货币之间的名义比价是相互固定的，且主导货币与成员国货币之间可充分地自由兑换；存在一个协调和管理机构，从而成员国的货币政策主权受到削弱。

在成员国的货币之间保持严格的固定利率且不同货币之间可以充分自由兑换的前提下，货币集团与通货区具有一致性。例如，英国是一个独立的通货区，但在英国国内，苏格兰中央银行也具有发行钞票的权利，苏格兰中央银行发行的 1 英镑等值于英格兰银行发行的 1 英镑，两者相互间可充分自由兑换。扩大到世界范围看，随着世界经济尤其是区域经济一体化的发展，区域性的货币合作、货币同盟或通货区确实引起众多国家的兴趣。例如，1961 年中美洲一些国家成立了中美洲经济一体化银行；1962 年西非 6 国成立了西非货币联盟；1968 年和 1977 年拉美 5 国分别成立了安第斯开发公司和安第斯储备基金；1972 年 21 个阿拉伯国家建立了阿拉伯货币基金；1963 年苏联和东欧诸国建立了以转账卢布为中心的经互会货币区；1972 年西欧诸国实行的货币汇率联合浮动（蛇形浮动），进而演变为较紧密的欧洲货币体系，再发展到更紧密的欧洲货币联盟；如此等等，都是区域货币合作、区域货币同盟和通货区的具体表现。

从通货区的特征可知，加入通货区可以带来不少益处，也要付出一定的代价。从益处方面讲，通货区内实行以主导货币为中心的货币自由兑换，有利于多边贸易和多边支付制度的建立，有利于资金在区域内的自由流动，从而有助于国际分工及投资机会的增加；通货区内实行固定汇率可以避免汇率波动对贸易和物价的不利影响，有助于商品的流通和物价的稳定；通货区有一个协调与管理机构，有助于加强各成员国之间在货币问题上的合作，获取资金融通，减少摩擦。从代价方面讲，通货区内的固定汇率制度使成员国运用汇率政策的自由受到了限制，对非稳定性资本流动的控制能力也有所下降；当本国利益与区域整体利益（或另一成员国的利益）发生矛盾时，运用货币政策加以调节的能力也有所下降。因此，就需要将益处与代价进行比较，由此产生了最适度通货区理论。最适度通货区理论所研究的问题，就是在什么样的条件下加入通货区是利大于弊，是应该的；在什么样的条件下，加入通货区是利小于弊，是不应该的。或者说，该理论研究的是具有什么样特性的国家相互之间可以结合成为一个通货区。由于汇率问题、主导货币问题、货币兑换性问题都是国际货币体系中的重大问题，因此，最适度通货区理论实际上就是国际货币体系理论的一个组成部分。这个理论最早见于对固定汇率安排和浮动汇率安排的争论中，其内容主要是结合某种经济特征来判断汇率制度安排的优劣，并说明在何种情况下实行固定汇率安排和货币同盟或货币一体化是最佳的。

二、最适度通货区理论

西方的最适度通货区理论（Optimal Currency Area Theory）是进入20世纪60年代后才兴起的关于汇率机制和货币一体化的理论，主要说明在什么样的情况下实行固定汇率和货币同盟或货币一体化是最佳的。布雷顿森林体系建立后不久，西方经济学界就围绕这一体系下可调整钉住汇率制的理论上的优劣展开了争论。1953年，米尔顿·弗里德曼就系统论述了选择浮动汇率的理由。素门是灵活汇率论的集大成者，他在1961年出版的《灵活汇率》一书中，系统地总结了灵活汇率的优点，批判了钉住汇率的缺点。另外，以金德尔伯格为代表的另一些学者则竭力推崇固定汇率。在这样的背景下，西方有些学者认为，不能笼统地、抽象地谈论汇率制度的优劣，应当结合某些经济特征来判断汇率制度的优劣，于是产生了最适度通货区的理论。

（一）生产要素的高度流动

首先明确提出最适度通货区理论的是罗伯特·蒙代尔（Robert Mundell）。1961年，他提出用生产要素的高度流动作为确定最适度通货区（Optimal Currency Area，OCA）的标准。他认为，一个国家国际收支失衡的主要原因是发生了需求转移。假定有A、B两个区域，原来对B的产品的需求现在转向对A的产品的需求；若A正巧是A国，B正巧是B国，则B国货币汇率的下跌将有助于减轻B国的失业，A国货币汇率的上升有助于降低 A 国的通货膨胀压力；但若 A、B 是同一国家内的两个区域，则汇率变动无助于解决 A 区域的通货膨胀和 B 区域的失业，除非这两个区域使用自己的区域货币。蒙代尔指出，浮动汇率只能解决两个不同通货区之间的需求转移问题，而不能解决同一通货区内不同地区之间的需求转移；同一通货区内不同地区之间的需求转移只能通过生产要素的流动来解决。因此，他认为，若要在几个国家之间保持固定汇率并保持物价稳定和充分就业，必须要有一个调节需求转移和国际收支的机制，这个机制只能是生产要素的高度流动。

蒙代尔的理论是把需求转移放在等式的一方，把生产要素的流动放在等式的另一方，试图通过生产要素的流动适应需求的转移来保持同一通货区内各国经济的平衡发展。但是，资本主义各国发展是不平衡的，生产要素的高度流动反而可能使货币同盟中的富国越富、穷国越穷，因为穷国在经济增长上得到的坏处可能会超过贸易上得到的好处。此外，蒙代尔没有认识到区分资本流动和劳动力流动的重要性。例如，当上述例子中 A 区域正巧是 A 国，B 区域正巧是 B 国，A 和 B 结成一个保持固定汇率的通货区时，B 国国际收支的恶化会造成 B 国经济收缩，A 国国际收支的盈余会造成 A 国物价的上涨；于是，对投资的刺激将在 B 国下降而在 A 国上升，资本反而可能从 B 国流向 A 国，从而更加恶化 B 国的失业和 A 国的通货膨胀。至于劳动力流向，情况同资本流动不一样。B 国发生国际收支逆差，要求劳动力从 B 国流动到 A 国，迁移到可能具有不同气候、不同生活习惯、不同文化和道德风俗的遥远地区。这种迁移即便发生，数量肯定是不多的，迁移费用肯定是巨大的，调节效应肯定是在很久以后才发生的。劳动力迁移只能影响一国经济长期发展，而不能成为解决国际收支短期波动的一个机制。总之，当国际收支发生失衡时，资本高度流动很可能是非均衡性的。至于劳动力的高度流动，由于迁移费用很高、时效滞后、数量少，因而也不能成为调节收支的一个机制。因此，我们难以仅凭此标准来判断最适度通货区。

（二）经济高度开放

1963 年，罗纳德·麦金农指出，应当将经济高度开放作为最适度通货区的一个标准。他把一个社会的总产品区分成可贸易商品和不可贸易商品，经济开放性是指可贸易商品在社会总产品中的比重，这个比重越高，经济越是开放。麦金农指出了一个经济高度开放的小国难以采用浮动汇率的两条理由：一是由于经济高度开放，市场汇率稍有波动，就会引起国内物价的剧烈波动；二是在一个进口占消费很大比重的高度开放的小国中，汇率波动对居民实际收入的影响是如此之大，以至于存在于封闭经济中的货币幻觉会消失，由此，汇率变动在纠正对外收支失衡方面会失去作用。麦金农强调，假定一国经济完全开放，汇率波动就会引起国内成本和物价的同比例变动，汇率的调节功能就会全部失效。换句话说，在经济高度开放的国家中，实现国际收支一定程度的改善要求比相对封闭的经济实行更大幅度的贬值，形成进口物价（并导致全部物价）的猛涨，这显然会遭到居民们的反对，从而实行起来相当困难。

该理论的缺陷首先在于它以世界其他各国物价普遍稳定为前提来考察汇率变动的后果。事实上，世界经济稳定的假设是缺乏活力的。即便在20世纪60年代中期以前相对稳定的情况下，发达国家也可通过固定汇率向外传递通货膨胀和经济不稳定性。其次，麦金农考察的主要是经济高度开放的小国，如果小国的贸易伙伴主要是一个大国，从而钉住该大国的货币，或几个小国彼此在贸易上有密切联系而结成货币同盟，麦金农的标准是有意义的；若一个小国的贸易分散于几个大国而大国之间的货币又彼此浮动，则麦金农的经济开放性指标就失去了意义。再次，麦金农的重点仅放在贸易账户上，忽略了资本移动对汇率制度和国内经济的影响，因此，麦金农的这个指标也不能成为最适度通货区的唯一指标。

（三）低程度的产品多样化

彼得·凯南（Peter Kenen）在1969年提出以低程度的产品多样化作为确定一个最适度通货区的标准。凯南的建议同蒙代尔一样，也是建立在国际收支失衡的主要原因是宏观经济的需求波动这一假设上的。他认为，一个产品相当多样化的国家，出口也将是多样化的。在固定汇率下，某一种出口商品的需求下跌了，由于它在整个出口中所占的比重不大，因而对国内就业影响也不会很大。相反，如果外国对本国出口商品的需求曲线下降了，低程度产品多样化（因而出口产品种类也是不多的）的国家，势必要更大幅度地变动汇率，才能维持原来的就业水平。由于出口的多样化，外部动荡对内部经济的影响经过平均化后变小了，出口收益可以相当稳定。因此，产品多样化国家可以容忍固定汇率的后果；而产品非多样化的国家难以容忍固定汇率的后果，它们应当是一个采用灵活汇率的独立（最适度）的通货区。

凯南的基本出发点在于按国际货币的被动性权力（受别人制约的能力）来划分最适度通货区。在这一点上，他同麦金农是一致的。但凯南没有考虑国际货币的主动性权力（迫使别人采取符合自己愿望的行为的能力）在汇率制度选择中的作用。在复杂的世界经济中，各国必须综合权衡自己的国际货币被动性权力、主动性权力和阻止性权力（阻止别人采取不符合自己愿望的行为的能力），才能确定汇率制度的选择。例如，英国是一个产品多样化的国家，但英国却不拥有足够的国际货币主动权力，因此它没有加入1972年西欧的联合浮动。甚至于在英国加入共同体约三十年后的今天，英国也仅仅维持住参加欧洲货币体系的共同基金，而没有能够维持住参加它的平价体系。此外，凯南同麦金农一样，忽视了资本流动对国际货币被动性权力的影响，从而使他的被动性权力建立在片面的基础上。凯南的理论是以世界经济不稳定为前提的，他没有考虑国内经济比世界经济具有更大不稳定性的情况，因而犯了同麦金农类似的错误。

以上三个最适度通货区标准都是一种真实的经济特征，都注意从经常账户下来考察货币汇率的选择，但它们彼此之间存在着严重的矛盾。这些矛盾主要表现在：对于资本账户，重视第一个标准而忽视后两个标准；对于最适度通货区标准的选择，蒙代尔是从固定汇率的维护机制来考虑的，麦金农是从汇率变动对国内经济的影响来评判的，而凯南则是从抵制汇率变动影响的能力这一角度出发的。稍加分析便知，麦金农和凯南的标准有可能导致相反的结论。因为产品越是多样化，国家的规模可能就越大，对外贸易占整个经济的比重就可能越低；按照凯南的理论，这类国家应实行固定汇率，而按麦金农的理论，这类国家应实行浮动汇率。这些矛盾表明了单一标准的最适度通货区理论的片面性和局限性。无论按照上面哪一种标准，都不能对区域性货币合作作出完满的理论上的解释和说明。

（四）国际金融高度一体化

在上述情况下，詹姆斯·伊格拉姆（James Ingram）在1969年指出，为了决定通货区的最优规模，有必要考察经济社会的金融特征（而不是真实的特征），并在1973年提出用国际金融高度一体化作为一个最适度通货区的标准。他认为，一个区域内各国国际收支的不平衡同资金的流动有关，尤其同缺乏长期证券的自由交易有关。如果国际金融市场的一体化不充分。那么，外国人大多会主要买卖短期外国证券，因为买卖短期证券的外汇风险可以通过远期市场抛补来避免，这样，各国长期利率的结构就会发生明显差异。但如果国际金融市场高度一体化（尤其是长期资本市场高度一体化），只要国际收支失衡导致利率发生微小变动，便会引起足够的均衡性（非投机性短期）资本流动，从而汇率的变动就可以避免。

伊格拉姆的金融高度一体化标准，同蒙代尔的要素高度流动的标准有点类似，只不过它只强调了资本要素的流动。因此，他的理论同蒙代尔的理论具有相似的缺陷（即资本要素的流动不一定能成为国际收支的一种有效调节机制）。他还犯了同麦金农和凯南相似的但方向不一样的错误，后两人忽视了资本账户，而伊格拉姆忽视了经常账户。更重要的是，伊格拉姆没有区别调节和融资对平衡国际收支差额的不同意义。伊格拉姆实际上同蒙代尔一样，是从固定汇率的维护机制来考虑最适度通货区的标准的。但是，他把资金融通看成是平衡国际收支的唯一方法。事实上，在这个现实世界中，即使在货币同盟中（如欧洲货币体系中），盈余国是不愿意无止境地向赤字国提供融资的。因此，伊格拉姆理论的这一重大缺陷足以否定由他提出的用国际金融高度一体化作为最适度通货区的唯一标准。

（五）政策一体化

1970年，爱德华·托尔（Edward Tower）和托马斯·威莱特（Thomas Willett）指出，一个具有不太完善的内部调节机制的成功通货区，最重要的或许在于各成员国对通货膨胀和失业增长的看法，以及对达成它们两者之间交替的能力具有一种合理的一致性；一个不能容忍失业的国家是难以同另一个不能容忍通货膨胀的国家相处的。从而，他们提出用政策一体化作为确定最适度通货区的标准。

这个建议是以政策合作作为国际收支的平衡机制，这就要求建立一个超国家的统一的中央银行和一个统一的财政制度，这显然是困难的。退一步说，即使建立了这样的机构和制度，各国不平衡的问题仍然不一定能得到解决，反而可能恶化。通过区域中央银行实现的银行业务集中化，不一定能促进短期利率的均衡化和全通货区的均衡性资本流动。某些发达国家中长期存在非常不发达的地区就是一个证明。

（六）通货膨胀率的相似

1970 年和 1971 年，哈伯勒（G. Harberler）和弗莱明（G. M. Fleming）确提出用通货膨胀率的相似性作为确定最适度通货区的标准。采用这一标准的理由是：国际收支失衡最经常的原因是由于各国发展结构不同、工会力量不同和货币政策不同所引起的通货膨胀的离散趋势，它除了会造成国际收支基本账户（经常账户加长期资本账户）的失衡外，还会引起短期资本的投机性流动。因此，这个标准不再注重宏观经济的需求和供应条件的波动，而是注重宏观经济的现象。

这个标准的实际含义是：通货膨胀率差异是国际收支失衡和汇率波动的主要原因。因此，如果区域中各国的通货膨胀率趋于一致，便可避免汇率的波动。

这种理论实际上同当时正在形成之中的国际收支货币分析法有关。货币分析法认为，国际收支失衡本质上是一种货币现象，因此需要运用货币理论来分析国际收支失衡的原因。如果以 X 和 M 分别代表出口和进口，以 g、s、m 分别代表商品、证券和货币，以 B 表示国际收支差额，则有下列恒等式：

$$B = (X_g - M_g) + (X_s - M_s)$$
$$= (M_m - X_m)$$

货币分析法以西方经济学中的瓦尔拉定律为基础，即在一个经济社会中，对商品（g）、证券（s）和货币（m）的超额需求的总和必等于零，从这个角度出发来考察国际收支失衡和国内货币存量的关系。也就是说，把国际收支状况与国内货币市场的均衡与否联系起来。货币分析法认为，在固定汇率下，如果国内的实际货币余额大于预期的货币余额时（如货币当局创造了更多的新货币从而发生通货膨胀压力时），这部分超额货币必然形成额外支出，除了购买本国货币外，还会增购进口货物和外国证券，于是，货币的出口便大于货币的进口（$X_m > M_m$），进而引起商品进口大于商品出口（$M_g > X_g$）或证券进口大于证券出口（$M_s > X_s$），这就意味着国际收支（B）的恶化。

我们不否定通货膨胀会使国际收支恶化，但同时必须指出，把通货膨胀说成是国际收支失衡的最主要的原因是不完全符合现实的。首先剖析货币分析法，可以发现它关于货币需求函数的稳定及具有完善的传递超额需求的市场机制等假定前提是令人怀疑的。它颠倒了货币流通和商品流通的关系，把货币流通从属于商品流通歪曲为商品流通从属于货币流通。其次，事实也证明，通货膨胀不一定是国际收支失衡的主要原因，以它作为最适度通货区的唯一标准是令人怀疑的。例如，20 世纪 50 年代至 60 年代，美国、加拿大和西欧的通货膨胀率差异非常小，但加拿大几次对美元实行浮动汇率，而西欧在 20 世纪 60 年代则经常对美国发生巨额国际收支顺差。由此可知，国际收支逆差是由滥用国际货币发行特权、各国经济结构差异、国际交换中的不平等、劳动生产率差异、利率差异和通货膨胀率差异等因素共同造成的，这几项因素有时甚至更加重要。

国际金融高度一体化标准、政策一体化标准和通货膨胀率相似标准同前三个标准一样，仍然是按单一标准来考察最适度通货区的。实际上，经济高度开放性标准是从货币流通手段职能来考察最适度通货区的，国际金融高度一体化标准则是从货币的支付手段职能来考察最适度通货区的，政策一体化标准却把货币视作一种政策工具，而通货膨胀率相似性标准则立足于货币的价值由货币的数量决定这一货币数量论上。尽管上述各项标准都片面地理解了货币的职能和本质，但我们也应承认，所有这些标准，每一个或多或少都反映了国际经济形势的客观变化。生产要素高度流动和经济高度开放标准无疑反映了国际经济高度依存的事实，国际金融高度一体化标准则是诞生于20世纪60年代大量短期投机性资金对固定汇率的冲击之中，通货膨胀率相似性标准显然是1968年后奔腾式通货膨胀的产物，而政策一体化标准则反映了国家垄断资本主义对国际经济关系的巨大影响。因此，我们在否认它们各自成为最适度通货区唯一标准的同时，承认它们的结合将有助于说明最适度通货区。例如，用国际货币基金组织发表的1970—1980年的统计数据考察实行货币同盟的欧洲经济共同体和未实行货币同盟的东盟的，可以发现上述六项标准中，没有一项标准能单独完满地同时说明为什么欧洲经济共同体实行货币同盟而东盟却不实行，但若把这六项标准综合起来，就能较完满地说明之。因此，只有把这六项标准综合起来，才能对区域性货币一体化作出较完满的解释。进一步说，某一地区只有基本具备或大部分具备了上述各项标准的国家，才可能或才适宜实行货币同盟。

三、最适度通货区理论的新发展

早期最适度通货区的理论研究主要是试图区分一国经济的结构特征，并就这些特征给出某些标准，满足这些标准使得组成货币联盟是有必要的。进入20世纪90年代之后，最适度通货区理论又有了新的发展。它随着宏观经济学理论的发展而有所修正，这些修正集中在加入货币区的收益和成本分析上。

（一）克鲁格曼的单一货币区成本—收益分析

20世纪90年代以来，关于在一个区域内各经济体如何选择是否加入货币区的问题又产生了一些新的理论。欧洲货币与经济合作的现实发展使最优货币区理论与实践的研究出现新的高潮。人们在均衡框架下综合并发展了早期的各种单一标准分析，这主要体现在克鲁格曼（1990）的*GG－LL*模型中。

*GG－LL*模型分析的前提假设为：

1. 货币区规模越大，区内价格水平的稳定性与可测性就越高；
2. 货币区内固定汇率的承诺有保证；
3. 货币区内各国市场联系越紧密，加入货币区的收益越高。

在图 14－1 中，横轴表示货币区参加国与货币区的经济一体化程度，纵轴表示加入货币区的成本与收益。*GG* 曲线是一条向右上方倾斜的曲线，它表示一国同所在固定汇率货币区的经济一体化程度与其加入货币区的货币汇率收益之间的关系。若一国与所在固定汇率货币区的一体化程度越高，其加入货币区的收益则越大，因为货币区内的固定汇率安排避免了结算、交易成本损失以及浮动汇率带来的不确定性。

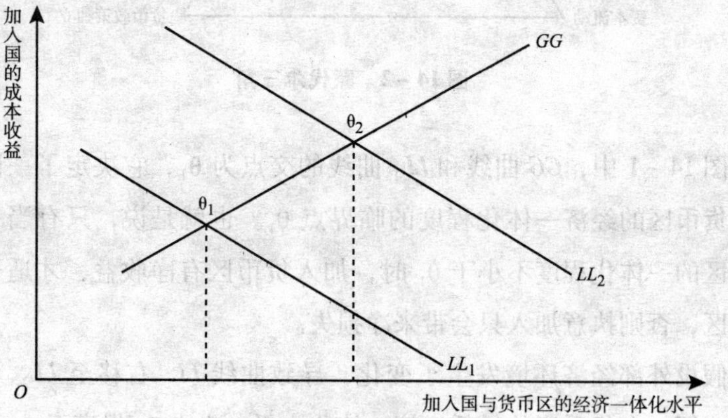

图 14－1　*GG*－*LL* 模型

LL 曲线为一条向右下方倾斜的成本曲线，说明一个国家的经济与其所在固定汇率货币区的一体化程度越高，其加入货币区的成本越小。若一国与货币区之间保持着较高的经济一体化程度，就可以降低其加入货币区时由于实行固定汇率安排而不得不放弃汇率调节工具以及货币政策自主权所产生的不确定性。在货币区内实行固定汇率，而且由于单一货币流动不可能再对资本流动加以限制，这样，一国的货币政策自主权就不得不放弃。因为，根据“蒙代尔三角”，一国政府最多只能同时实现以下三项目标中的两项：完全资本流动、货币政策独立性和固定汇率制（见图 14－2）。在资本完全自由流动并维持固定汇率的情况下，必须牺牲货币政策的有效性，如政府为抑制通货膨胀，提高利率以平抑总需求，就会导致大规模的资本流入；为维持固定汇率，对外汇市场进行干预，使国际储备增加，本币投放也相应增加，从而使利率降到国际利率水平，这样，货币政策有效性将大大降低。

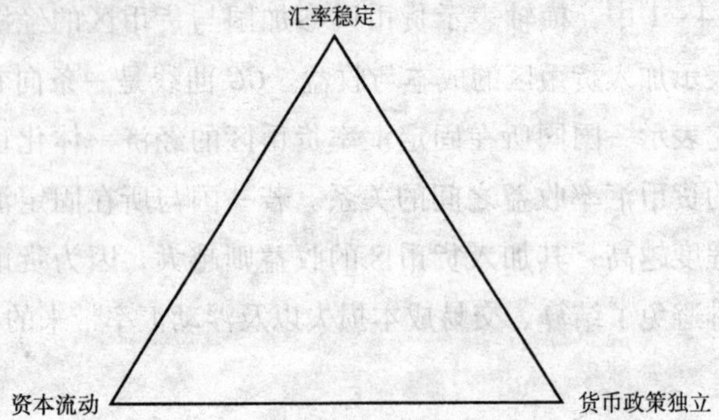

图 14-2　蒙代尔三角

图 14-1 中，GG 曲线和 LL_1 曲线的交点为 θ_1，它决定了一国是否加入货币区的经济一体化程度的临界点 θ_1。也就是说，只有当一国与货币区的一体化程度不小于 θ_1 时，加入货币区有净收益，才适合加入货币区，否则执意加入只会带来净损失。

假设外部经济环境发生了变化，导致曲线 LL_1 右移至 LL_2，此时，决定一国加入货币区的最低经济一体化水平，也由 θ_1 提高至 θ_2。

$GG-LL$ 模型可以反映出一国经济环境的变化是如何影响其加入货币区的选择的。克鲁格曼的 $GG-LL$ 模型借用传统的成本—收益分析方法，从单个国家是否加入货币区为切入点，分析了加入货币区的成本、收益因素，有助于人们直观形象地分析单个国家加入货币区的利弊得失，从而成为确定一国是否加入货币区的一个重要分析工具。但是，克鲁格曼的单一货币区成本—收益分析只考虑了加入货币联盟的成本与收益，而未比较加入货币联盟的净收益与独立发行货币的净收益孰大孰小，而后者才是决定单一货币制度变迁的主要因素，因此出现了对传统的单一货币区成本—收益分析加以修正的理论。

（二）修正后的单一货币区成本—收益对比分析

修正后的单一货币区成本—收益对比分析包括两个方面：一是自主发行货币的成本与收益，二是加入货币联盟后的成本与收益。这二者的净收益对比是一国决定是否加入货币联盟的现实依据。首先，在自主发行货币时，其收益有货币政策的自主权、本国货币的铸币税的独自享有等，而成本则包括由于国际资本的冲击而带来的本国货币的剧烈震荡，甚至引发金融危机以及通货膨胀等。前者在当今的国际经济金融环境下日益明显，高度流动的国际资本使其成本越来越大，对资本项目开放的发展中国家来讲尤其如此；后者是指许多小国对通货缺乏有效控制，容易引起通货膨胀。其次，加入货币联盟后，也会产生成本，包括货币政策自主权的丧失、财政政策受到限制等。收益则包括区内消除了货币汇率的不稳定性，可以促进区内贸易的发展，拓宽市场；消除了货币兑换成本，促进了投资；统一后的货币更加稳定，不易受国际资本的冲击，发生金融危机的可能性也很小，对于对外贸易也有促进；在外汇储备上也会节俭一部分等。这些成本与收益的情况各国不一，虽然难以具体计量成本与收益，但各国可以对这些成本与收益进行分析与对比，做出自己的判断，决定是否加入货币联盟。如果以 W 表示各国加入货币联盟的意愿程度，R_1 表示自主发行货币的成本与收益（净收益），R_2 表示加入货币联盟的净收益，只要 $R_2 \geqslant R_1$，则 $W \geqslant 0$，从理论上说可以组成货币区。

修正了的成本—收益对比分析考虑了加入货币区这一制度变迁的机会成本，比较了独立发行货币的净收益（R_1）与加入货币区的净收益（R_2），当 R_2 大于 R_1 时（见图 14－3，在 E 点的右面），经济上适于组成货币区。当 $W \geqslant 0$ 时，其具体大小取决于函数 $W = f(F, D, T, L, S, V, P, O, E, C, I)$，$W$ 与这些代表标准的变量成正比例关系，

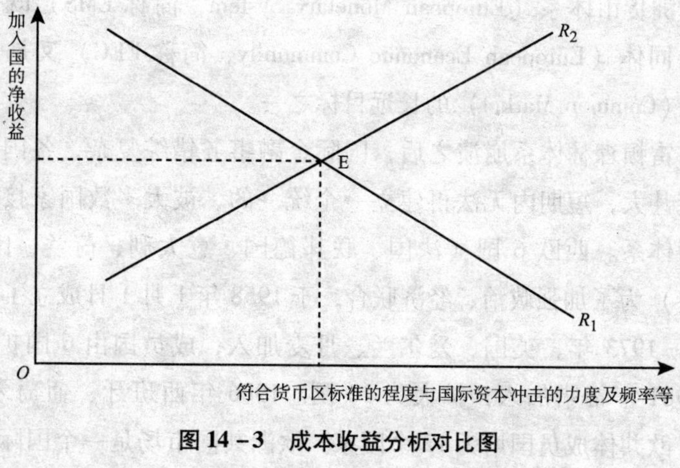

图 14－3　成本收益分析对比图

符合标准程度越高，W 越大，即加入意愿越强。同时，还要分析大国与小国因素，大国还要考虑对货币联盟的控制权，小国则更多考虑的是货币的稳定与调整成本。此外，各国在决定是否实行这一货币制度变迁时，政治因素也起着很重要的作用，特别是在加入货币联盟与自主发行货币的具体成本与收益相近时，政治因素起决定作用。至于其他因素如协调等也会影响货币联盟的进程，但不会是决定性因素。

最适度通货区理论虽然在不断地完善，但随着世界经济一体化和国际化的推进，最适度通货区理论还将得到更进一步的发展。

第二节　欧洲货币体系

欧洲经济共同体成员国经过十多年的酝酿、准备，终于就建立欧洲货币体系达成了协议。协议已在 1979 年 3 月 13 日正式生效。欧洲货币体系是迈向一个欧洲中央银行、一个欧洲货币联盟和一个欧洲共同通货这个目标的重要第一步，它的建立标志着资本主义世界国际货币制度的演变正式进入一个新阶段，是国际货币金融领域中的一件大事。

一、欧洲货币体系产生的历史背景

欧洲货币体系（European Monetary System，简称 EMS）既是欧洲经济共同体（European Economic Community，简称 EEC）又是“共同市场”（Common Market）的长远目标之一。

布雷顿森林体系崩溃之后，国际金融事务错综复杂，各国之间利害冲突甚大，短期内无法再建立一个统一的、被大多数国家接受的国际货币体系。西欧 6 国（法国、联邦德国、意大利、荷兰、比利时、卢森堡）为了加强政治、经济联合，于 1958 年 1 月 1 日成立了“共同市场”。1973 年，英国、爱尔兰、丹麦加入，成员国由 6 国扩大为 9 国。1981 年希腊加入，扩大为 10 国。1986 年西班牙、葡萄牙参加。至此，欧共体成员国增为 12 个国家。欧洲共同市场是一个国际联合组织，其共同目标是：在经济领域里逐步统一经济政策，建立工农业产品的统一市场，在共同体内实现资本和劳动力的自由流动，协调各成员国财政、金融、货币等方面的政策和立法，当时机成熟时，再从经济联盟发展成为政治联盟。共同市场成立后，在经济一体化方面的主要措施：一是建立关税同盟，对内取消工业品关税，对外实行统一的进口关税；二是实行共同农业政策，内部主要产品统一价格，基本取消内部农产品关税，在成员国之间实现农产品自由流通；三是建立"欧洲经济和货币同盟"（European Economic and Monetary Union, EMU），逐步统一财政、经济政策并逐步实现成员国货币的统一。

欧洲经济共同体在建立初期，由于以美元为中心的布雷顿森林货币体系运转尚好，没有明确提出货币一体化的目标，只是注意到了协调货币金融政策问题。20 世纪 60 年代初，布雷顿森林货币体系陷入危机，1960 年 10 月爆发了第二次世界大战后第一次抛售美元、抢购黄金的风潮，引起了欧洲经济共同体成员国货币汇率的波动。于是，共同体成员要求协调货币政策，逐步实现货币一体化的呼声日益高涨。1971 年 2 月 9 日，欧洲共同体部长理事会达成协议，决定着手建立经济和货币同盟。1977 年初，联邦德国总统德斯坦建议重新推动经济和货币同盟的计划，并提出先从建立欧洲货币体系着手。1977 年 10 月，欧共体主席詹金斯也旧事重提。他们的建议得到共同体大多数成员国的响应。1978 年 4 月在丹麦哥本哈根举行的共同体首脑会议上，对建立欧洲货币体系的可能性首次交换了意见，1978 年 7 月和 12 月两次讨论了欧洲货币体系问题，决定于 1979 年 1 月 1 日起正式建立欧洲货币联盟。1989 年 6 月，欧共体主席德洛尔提出关于欧洲货币联盟的定义是：成员国货币之间的完全的可兑换性，资本自由流动，完善汇率机制，创设欧共体中央银行，统一货币。这一定义逐步为欧共体成员国所接受。1991 年 12 月 9 日至 10 日，欧共体 12 个成员国首脑在荷兰小镇马斯特里赫特召开会议，并于 1992 年 2 月 7 日签署了《马斯特里赫特条约》（《欧洲联盟条约》）。《马斯特里赫特条约》是欧洲货币一体化道路上的一个里程碑，它为实现欧洲货币联盟制定了一个明确的时间表。在 1994 年 1 月 1 日以前建立欧洲货币协会，作为1999年成立的欧洲中央银行的前身，最终实现由欧洲中央银行统一发行货币。

二、欧洲货币体系的主要内容

（一）建立“欧洲货币单位”

建立“欧洲货币单位”是欧洲货币体系的核心，它是由欧共体12个成员国货币各占一定比重加权计算定值的一揽子货币，各成员国货币所占的比重取决于各自的经济实力（如外贸和国民生产总值）。每隔五年调整一次。但如果任何一种货币的比重变动超过25%时，权数构成可重新调整。

欧洲货币单位作为欧洲货币体系的核心，具体表现在它的作用上：它是确定成员国货币之间中心汇率的计算标准，它是衡量各成员国货币的强弱及其对欧洲货币单位中心汇率偏离幅度的指示器，它是成员国与欧洲货币基金之间信贷融通的计值标准，它将逐步发展成国际结算和国际储备货币。

（二）实行稳定汇率的机制

欧洲货币体系建立后，实行以两个中心汇率制为核心的联合浮动汇率制度。开始参加联合浮动的国家有联邦德国、荷兰、比利时、卢森堡和丹麦，后来法国、意大利和爱尔兰加入，扩大为8国。希腊于1984年加入欧洲货币体系，但未加入联合浮动机制，仅有理论上的中心汇率。西班牙于1989年6月19日加入欧洲货币体系，同时参加了联合浮动机制。英国于1990年10月加入欧洲货币体系和联合浮动机制。葡萄牙于1989年9月21日加入欧洲货币体系，1992年4月6日加入联合浮动汇率机制。在这种汇率机制下，成员国货币间都确定有中心汇率和汇率波动的上下界限。除意大利、西班牙、英国和葡萄牙等国的中心汇率均可在±6%范围内波动外，其他国家汇率的波幅仍维持在±2.25%的界限内。另外，成员国对欧洲货币单位也确定有中心汇率和差异界限（Divergence Threshold）。所谓差异界限，实际上是允许成员国货币对欧洲货币单位的比价偏离其中心汇率的最大限度（75%）。

当一国货币对欧洲货币单位的比价超过其差异界限时，该国货币当局应采取干预外汇市场、调整财政和货币政策、重定本币与欧洲货币单位的中心汇率等措施，以将其货币对欧洲货币单位的比价控制在差异界限之内。差异界限还可以指示两个成员国之间汇率波动过大时谁应当承担调节责任，从而能使成员国对其货币汇率的失常变动采取预防性措施，维护成员国货币间的汇率稳定。1992 年 7 月，西欧金融风潮爆发，暴露出欧共体成员国之间的经济增长率、通货膨胀率、失业率等方面的差距有所扩大。1993 年 8 月 1 日，欧共体召开会议决定，在成员国货币之间中心汇率保持不变的前提下，允许其上下浮动从原来的幅度扩大为 ±15%（德国马克、荷兰盾不变），以适应市场波动的变化，但欧洲经济与货币联盟的目标和进程不变。

（三）建立欧洲货币基金

欧洲货币基金是欧洲货币体系的基础。1973 年 4 月，共同体为稳定汇率而建立“欧洲货币合作基金”，对成员国提供信贷，但总共只有 28 亿欧洲货币单位，远不足以适应干预市场的需要。1979 年 4 月，欧洲货币基金又集中了共同体 9 个成员国 20% 的黄金、外汇储备以及相同数额的各国本国货币。到 1981 年 4 月，上述基金总额达 730 亿美元，约合 540 亿欧洲货币单位。与此同时，欧洲货币基金还规定了信贷体制，各成员国中央银行可以相互提供本国货币的短期信贷数量不限，作为干预市场能力的补充，最终形成了实力雄厚、为稳定市场所必需的共同储备。

综上所述，欧洲货币体系是一个以欧洲货币单位为核心，以稳定汇率机制为主体，以信贷体系为辅助手段的区域性可调整的固定汇率制度，它与国际金本位制下严格典型的固定汇率制的最大区别，首先在于它是以特定经济条件为客观基础、人为制定并共同执行的、为保持汇率稳定而形成的；其次在于它的这种固定汇率制度的可调整性，有别于国际金本位制的严格固定而有序变动特征。

三、欧洲货币体系的发展及欧元的产生

欧洲货币体系的建立和运转，对欧洲经济一体化建设起到了显著的积极作用。这尤为突出表现在该货币体系当中加入 ERM 的各成员国

货币汇率波动的幅度大大缩小、通货膨胀率明显降低、多数成员国国际收支状况总体趋于改善等不同方面。除此之外，该货币体系起到的对国际金融市场的稳定作用，不仅使成员国受益匪浅，而且对整个国际金融市场的动荡起到了一定的平抑作用。

正是基于这一现实，为巩固和进一步推进经济一体化的成果，1991 年 12 月，在荷兰的小镇马斯特里赫特召开的欧盟首脑会议上，就欧共体政治、经济和货币同盟的深化所达成的《马斯特里赫特条约》(简称《马约》)，进一步将建立欧洲经济和货币联盟（EMU）提到议事日程。按此条约关于货币联盟的最终要求，最迟在 1999 年要在欧共体建立一个负责制定和执行欧共体共同货币政策的欧洲中央银行(ECB)，并实行单一货币。

从实际情况看，经济趋同的实施主要是从 1993 年以后开始的。绝大多数欧盟成员国为了赶上欧元头班车，做了积极的努力，采取了种种措施，在较短的几年时间内，克服了重重困难。到 1998 年，除希腊外，都基本达到了《马约》规定的趋同标准。1998 年 5 月 2 日，在布鲁塞尔召开的欧盟特别首脑会议，正式批准欧盟 11 个国家，比利时、德国、西班牙、法国、爱尔兰、意大利、卢森堡、荷兰、奥地利、葡萄牙和芬兰首批参加欧洲货币联盟，成为欧元的创始国。欧元的产生和运行，不论是对欧盟经济一体化的深化，还是对当代国际货币金融体系，乃至整个世界经济，都产生着重要的影响。

1999 年 1 月 1 日，欧元正式启动。欧元的问世给欧盟各国带来了巨大的利益。11 国统一货币后，成员国之间消除了原有货币汇率的不确定性，贸易结算中的汇率风险不复存在，这大大降低了贸易成本。汇率障碍的消除，促进了成员国之间的贸易和投资。但是，由于各成员国的局部利益和欧盟的整体利益还存在着潜在冲突的可能，各成员国利益存在差异，各国在欧元启动后，经历了一段“磨合期”。但从长期来看，欧元正逐渐成为在国际金融与贸易中与美元抗衡的强有力的竞争者，它的启动为欧洲一体化大市场的发展提供了强有力的保障。

第三节 欧洲单一货币

欧洲货币体系自1979年建立以来，不断扩展，加入的国家越来越多，所起的作用越来越大。1989年6月欧洲理事会马德里会议上，成员国首脑们通过了由欧共体委员会主席德洛尔为首的委员会制定的《关于欧洲共同体经济与货币联盟》的报告，决定自1990年7月1日开始实施该计划。

一、欧洲货币联盟的发展过程

在欧洲联盟内建立一个负责制定和执行共同货币政策的欧洲中央银行并发行统一的欧洲货币是《马约》对货币联盟的最终要求。为实现这一目标，《马约》规定了实现货币一体化的三阶段计划，见表14－1。

表14－1 《马斯特里赫特条约》的三阶段计划

阶 段	时 间	主要目标
第一阶段	1990年7月1日至1993年底	实现所有成员国加入欧洲货币体系的汇率机制，实现资本的自由流动，协调各成员国的经济政策，建立相应的监督机制
第二阶段	1994年1月1日至1997年	进一步实现各国宏观经济政策的协调，加强成员国之间的经济趋同；建立独立的欧洲货币管理体系——欧洲局（EMI），作为欧洲中央银行的前身，为统一货币做技术和程序上的准备；各国货币汇率的波动在原有基础上进一步缩小并趋于固定
第三阶段	1997年至1999年1月1日	最终建立统一的欧洲货币和独立的欧洲中央银行

从表14－1不难发现，《马约》所规定的前两个阶段都是为第三阶段的顺利实施打基础的。当时规定，在1996年底，由欧共体理事会就各成员国经济状况是否符合加入第三阶段的条件进行一次评估。如果至少有7个国家（不包括英国）达标，并且当时欧共体的情况允许，

则这些达标国家将首先进入第三阶段，其余国家待到以后条件成熟时再加入。如果达标国家少于7个，或者欧共体理事会认为于1997年实施第三阶段不合适，则已达标国家应推迟到1999年1月1日进入第三阶段，其余国家同样待条件成熟时再加入。换句话说，1999年1月1日是开始实施第三阶段的最后期限，不管当时有多少国家达标，欧洲货币一体化都将进入《马约》规定的第三阶段，建立独立的欧洲中央银行和发行统一的欧洲货币。

《马约》规定的成员国进入第三阶段的条件（也即成员国的趋同标准）主要包括：通货膨胀率最多只能比欧共体3个最低国家的平均水平高1.5个百分点；公共债务累计额必须不高于国内生产总值的60%；货币汇率必须维持在欧洲货币体系规定的幅度内，并且至少有两年未发生过贬值；政府长期债券利率最多只能比欧共体3个通货膨胀率最低国家的平均水平高2个百分点；财政赤字占国内生产总值的比重必须不高于3%；成员国中央银行的法则法规必须同《马约》规定的欧洲中央银行的法则法规相兼容。此外，意大利代表团曾在马斯特里赫特会议上提出一个“动态解释”方案，即在1996年欧共体首脑会议评估各国是否达标时，以动态趋势取代静态水平来评估各国是否有条件进入第三阶段。该方案被《马约》所采纳。所谓动态趋势，是指各项指标的变化趋势是否多年来一直朝向《马约》规定的绝对值标准。如果是向这个标准靠近的，成员国就有资格进入第三阶段。

各成员国要满足上述条件是实现货币一体化目标的关键。而其中可以量化的是通货膨胀率、政府长期债券利率、财政赤字占国内生产总值的比重和公共债务累计额占国内生产总值的比重这四项指标。《马约》之所以规定了以渐进的方式和动态的解释方法来达成货币一体化目标，主要原因是为了使所有有关国家能有时间将其经济运行逐步向《马约》的要求靠拢。事实证明，这种方法是积极而富有建设性的。虽然欧洲货币一体化第三阶段未能在1997年开始实施，但各国的经济发展却是朝《马约》规定的趋同标准迈进的。为了增加与美国、日本抗衡的实力，欧盟各国政府在1993年以后不断调整各自的经济政策，努力压缩公共开支、减少财政赤字、排除各种干扰以争取达到《马约》

规定的趋同标准，从而为1999年货币联盟第三阶段的顺利实施奠定了基础。

由于1992年欧洲货币体系危机的冲击，使《马约》在欧洲联盟各成员国的批准经历了一个较为艰难的过程。虽然各国议会最终于1993年11月1日完成了批准程序，但这一时间比原定计划晚了10个月。

在《马约》获得通过以后，欧洲联盟在制度方面为欧洲货币一体化的实施做了大量的准备工作。

1993年1月1日，欧盟实现了包括资本项目在内的四大要素（商品、劳务、服务和资本）的自由流动，建立了欧盟内部的统一大市场。并宣告其单一银行业市场（Single Banking Market）的成立，为1999年1月1日启动单一货币建立货币联盟铺平了道路。设立单一银行业市场的目的，在于减少各国政府对银行业市场的管制，形成统一的欧洲联盟银行体系，保证自由竞争，提高市场效率。

1994年1月1日，欧盟在法兰克福成立了作为未来欧洲中央银行前身的欧洲货币局（European Monetary Institute，EMI），从事欧洲中央银行的各项技术准备工作。该机构在规定时间内完成了欧洲中央银行政策运作框架的设计工作，并于1997年1月和9月发表了关于欧洲中央银行可能采用的包括货币政策目标、工具、程序和技术手段等在内的两份报告。欧洲货币局的这一框架性设计主要是以德意志联邦银行的运作模式为蓝本的。在制度架构上，主要分欧洲中央银行（European Central Bank，ECB）本身和由欧洲中央银行及所有参加欧元区成员国中央银行（National Central Banks，NCBs）组成的欧洲中央银行体系（European System of Central Banks，ESCB）两个层次，各国中央银行按照其人口和GDP的比例向欧洲中央银行认购股本。欧洲中央银行的决策机构是理事会，它负责制定重大的货币政策，日常管理职能则由执行委员会行使。按照规定，欧洲中央银行不得为成员国政府的财政赤字提供资金融通，从而使其具备了独立地位。欧洲中央银行体系的主要目标是保持物价的稳定，在不与此目标相抵触的情况下，也可在促进就业和经济增长等方面对成员国提供支持。欧洲中央银行的货币政策中介目标在货币供应量和物价指数之间选择，货币政策工具包括公开市场操作、存贷款利率和最低存款准备金要求。

1997年6月，在阿姆斯特丹举行的欧盟首脑会议批准了《稳定和增长公约》、《欧元的法律地位》和《新的货币汇率机制》三个文件，为欧元1999年1月1日的按期启动完成了技术准备和法律保障。

至1998年1月，大多数国家在完成达标任务方面成绩明显：除希腊以外的所有成员国的通货膨胀率都低于2%；平均长期利率下降到了比较低的水平；财政赤字占国民生产总值的比重已降到了2.4%，一些成员国的预算赤字实际上已经消失；汇率总体上继续保持稳定。1998年3月25日，欧盟委员会发表了各国经济趋同情况评估报告以及首批流通欧洲统一货币——欧元的入选国家名单。根据对各国1997年经济实绩及今后趋势的评估，欧盟委员会认为有11个欧盟成员国已总体达到《马约》所规定的经济趋同标准，从而有资格成为首批流通欧元的国家。在欧盟其余的4个成员国中，希腊因为经济未能全面达标而暂时落选；英国、丹麦和瑞典三国的经济虽已达标，但出于国内政治考虑，均已明确表示不打算成为首批进入货币联盟第三阶段的国家。1998年5月2日，欧盟特别首脑会议批准欧盟委员会的这一报告和名单，在提交欧盟各成员国政府讨论通过后，欧元发行的法律程序即告完成。同日，荷兰人杜伊森贝赫当选欧洲中央银行的首任行长。在这次会议上，各国财政部长还对各国间货币的转换比率做出了双边规定。

按照欧盟制定的时间表（见表14－2），1999年1月1日欧元正式启动，欧元作为11个参加国的非现金交易的“货币”，以支票、信用卡、股票和债券等方式进行流通。自2002年1月起，欧元11国将总计700亿欧元现金投入流通领域。在2002年7月1日后，欧元11国各自的货币终止流通，由欧元完全取代。

表14－2　欧元实施时间表

时　间	内　容	时　间	内　容
1998年5月	决定参加国	2002年1月1日	欧元现金投入市场流通
1999年1月1日	欧元正式启动	2002年7月1日	各参加国货币完全退出流通

二、欧洲单一货币的可行性

尽管欧洲单一货币于1999年1月1日在欧盟11个成员国中正式启动，但各界对其前景的认识并不一致。

支持实行单一货币的人认为：单一货币的作用如同历史上货币中介对易货贸易的替代作用一样，可以降低成员国在国际贸易及货币兑换方面的信息成本与交易成本，便利价格与成本水平在国际间的比较，而汇率的不确定性和货币兑换方面的成本支出也会不同程度地降低；在一个实行单一货币的货币区内，由于执行统一的货币政策，各成员国更易在政策目标方面达成一致，并可避免各国货币供应的政治化以及因国内选举而产生的所谓“政治商业周期”；单一货币的实行，有利于提高各国经济的开放性，推进成员国经济的一体化进程，可以提高价格机制在货币区内配置资源的效率，从而创造一个相对合理的竞争环境，提高整个货币区经济的平均增长率；货币区内投资收益预期的确定性和相对价格的透明度都因内部汇率不确定性的消除而大大增加。从而促进货币区内物价水平的稳定，并减轻固定汇率安排下国际收支调节对一国经济增长的约束及汇率投机的可能性，这就提高了成员国运用金融交易调节国际收支的能力，降低它们干预外汇市场、管理外汇储备的成本。

反对单一货币的人则认为：单一货币的实行不仅降低了各国进行汇率调整的自由度，而且削弱了各成员国的货币主权，使它们失去了独立选择通货膨胀率、失业率、利率和经济增长率的自由。在经济和货币一体化背景下，一国政策对其他相关国家的溢出效应将得到更大的反馈，使货币区成员国的财政政策也受到很大程度的约束。一旦一国内部均衡问题的严重性超越了外部均衡的重要性，货币区的稳定性就会面临极大的冲击与危险。欧元区是在各国经济发展相对不平衡的现实基础上建立起来的，其稳定性与能否通过资源在区内的重新分配从而使不发达国家的生产水平与经济效益得到提高有密切的关系，而这种资源的重新分配必然要以某些国家付出相应代价的形式出现，它是否能够顺利进行是存在疑问的，如果这一问题得不到有效解决，货币区以及单一货币的稳定性就面临挑战。

无论对单一货币支持也好，反对也罢，欧洲联盟已于 1999 年 1 月 1 日启动了欧元的步伐，并且 2002 年 1 月 1 日，第一阶段参与国的本国货币已全面退出了流通。其实，任何理论上的成本—收益分析都存在衡量指标难以量化的缺陷。检验单一货币可行性的准确判断尚待时日。不过，有一点还是可以肯定的，各国的内外均衡矛盾能否在这一体制下得到较好的解决是单一货币能否稳定运行的关键。从目前来讲，这一矛盾主要表现在两个方面：一是货币联盟内部成员国经济发展的不平衡（这种不平衡会因欧盟的东扩而进一步加强）；二是各国因贯彻经济趋同指标而出现的高失业率状况。这两个问题能否得到有效缓解或解决，将直接影响各国公众对单一货币的态度，并进而影响各国政府约束其财政政策的意愿。

三、单一货币的影响

从便利国际贸易与国际投资的角度分析，单一货币对于那些与欧盟经济关系密切的国家来说有着积极的影响。它们与欧盟国家相互之间的支付及兑换成本，因单一货币的引入必然降低，进出口结算和投资收益预期的稳定性都将得到提高，对欧元区的汇率风险也可能有所减弱。

但是，欧元的出现会对现有的以美元为主的国际外汇储备格局形成冲击，欧元在各国外汇储备中的比例肯定将比德国马克原有的比例有所提高，欧盟以外国家货币当局的外汇储备币种管理也因此要做出相应的调整；但这种构成比例的提高能否使欧元与美元形成抗衡，仍要视欧元的稳定性及美元地位的变化而定。欧元币值的强弱和稳定程度是未来欧元地位走向的决定因素，二者又取决于欧盟经济的稳定增长与货币联盟稳定性及各成员国政策的协调程度。

欧元实施的成功与否，对国际货币体系改革及区域性货币一体化的发展都会产生深远的影响。欧元区的成功无疑将为未来国际货币体系的改革提供一个可借鉴的范例，并推动世界其他地区国家对货币一体化的尝试，加剧全球范围内的货币集团化倾向，从而将国际货币体系改革引向一个新的阶段。但是，如果欧元区的运作出现反复或失败，也会对国际货币体系改革与区域性货币一体化尝试形成打击，并引起外汇市场的混乱。

欧元区的运行时间还不长，理论上对其影响的分析远不能涵盖所有现实中的复杂性。从客观的角度出发，这一新兴事物的前景及影响存在正反两方面的可能，我们对此应有正确的认识。

本章小结

区域性货币一体化包括区域货币合作、区域货币同盟和通货区三种不同程度的合作形式。最适度通货区理论简述了通货区成员国的特性及其加入通货区的利弊分析，是国际货币体系理论的一个重要组成部分。

西方关于最适度通货区的主要理论中，最适度通货区的标准包括生产要素高度流动、经济高度开放、低程度的产品多样化、国际金融高度一体化、政策一体化以及通货膨胀的相似等。所有这些标准或多或少都反映了国际经济形势的客观变化，但只强调其一都未免失之偏颇，只有综合说明才能对区域性货币一体化作出较完满的解释。20世纪90年代最适度通货理论的最新发展解决了加入通货区的成本问题，并把它纳入了宏观经济决策的理论体系。

通货区的演变既是本位制演变的结果，又是区域经济一体化的产物。到目前为止最令人瞩目的演进是欧洲货币体系的发展。欧洲货币体系是区域性的货币体系，其建立是欧洲共同市场经济一体化发展的要求。1991年《马斯特里赫特条约》是关于欧洲货币一体化的里程碑式的文献。《马斯特里赫特条约》关于货币联盟的最终要求是在欧共体建立一个负责制定和执行欧共体货币政策的欧洲中央银行并发行统一的货币。欧元的启动将对21世纪的国际金融与世界经济产生重大的影响。

重要概念

最适度通货区理论　欧洲货币体系　欧洲经济共同体　欧洲经济和货币同盟　《马斯特里赫特条约》　欧洲中央银行　欧洲中央银行体系　欧洲货币局

复习思考题

1. 最适度通货区各派理论之间的异同有哪些?
2. 欧洲货币体系的主要内容是什么?
3. 简述《马斯特里赫特条约》的主要内容，并说说欧洲经济与货币联盟的前景是什么?
4. 简评20世纪90年代最适度通货区理论的新进展。
5. 关于实行欧洲单一货币的可行性方面的正反两派主要观点是什么?

第十五章　国际金融组织

国际金融组织泛指从事国际金融业务，促进各国货币合作，协调各国金融货币政策，维护国际货币、信用体系正常运作的跨国组织机构。国际货币制度的安全及有效运行，类似于国内货币制度，需要货币当局、金融机构的居间策应。目前，国际间并无真正的世界中央银行（或货币当局），而是由具备中央银行功能的国际货币组织（如国际货币基金组织、国际清算银行、世界银行及欧洲地区的欧洲中央银行等）来管理国际间的货币事务。至于促进国际间资金互通有无的功能，则是委由许多国际金融机构来担当重任。这些称为国际金融组织的机构，是以国家之间签订的多边条约为基础而建立的，它们在法律上具有一定的行为能力，并在国际金融领域独自承担和履行义务，同时直接参与国际货币、金融事务的管理和国际金融业务的经营。

第一节　国际金融组织概述

国际金融组织在全球经济金融活动中的作用举足轻重。本节将对第二次世界大战后国际金融组织是如何产生和发展起来的，国际金融组织的类型划分、性质、作用、缺陷以及改革的趋势等基本问题和焦点问题进行简要地阐述。

一、国际金融组织的产生与发展

国际金融组织是国际经济交往发展到一定程度的产物。世界上主要的国际金融组织都是在第二次世界大战后陆续建立和发展起来的。

第一次世界大战以前，资本主义国家的货币信用和国际结算制度尚处于建立和形成阶段，虽然它们在货币信用与国际结算领域也存在着一定的矛盾，但还不十分尖锐。一些国家的国际收支顺差，资金可以自由调拨，外汇汇率也基本保持稳定。

第一次世界大战爆发以后，由于资本主义发展的不平衡加剧，资本主义国家之间的矛盾日益尖锐。最强大的国家，不仅运用自己的经济、政治和军事力量，还希望利用国际组织来控制别国，因此提出设立国际金融组织的问题。同时，由于通货膨胀的急速发展与国际收支逆差严重，多数资本主义国家在货币、外汇和国际结算方面发生了困难，于是对外部的援助寄予希望，因而产生了设立国际金融组织的要求。

基于上述原因，第一次世界大战以后，资本主义国家召开了一系列的国际金融会议，讨论货币、外汇问题。例如，1922 年在热那亚召开的世界金融会议，提出了建立“节约黄金”的金汇兑本位制度问题，并且产生了广泛的影响。20 世纪 30 年代的资本主义世界性经济危机爆发后，资本主义国家在货币贬值、外汇倾销、外汇管制、清算结算以及贸易政策方面矛盾重重，斗争尖锐。资本主义国家曾于 1933 年召开世界经济会议，企图对这些问题进行协调，但是，由于它们的利益冲突空前激烈，会议未能取得成果。为了处理德国的赔款问题，西方国家于 1930 年成立了国际清算银行，这是设立国际金融组织的主要开端。它的主要任务是处理第一次世界大战后德国赔款的支付及协约国之间债务清算问题。但是，这一机构当时并不具有普遍性，对世界经济金融活动的实际影响并不大。

第二次世界大战后初期，西方资本主义国家的信用制度与国际收支危机不断加深，困难重重。有些国家只能依赖“外援”来恢复经济和发展生产，因此，它们希望有更强大的国际金融组织对其发放短期或长期贷款，以满足需要。与此同时，亚洲、非洲、拉丁美洲逐步走向独立的发展中国家迫切要求发展民族经济，但是，它们在货币信用和国际收支等方面困难也很大，缺乏资本，因而对国际金融组织的“援助”或贷款也寄予较大的期望。当时，在第二次世界大战期间积累了巨额财富的美国在工业生产、对外贸易、资本输出、黄金储备等各方面都夺得了世界霸权。美国一方面依靠自己的经济、政治和军事力量，对外进行扩张；另一方面也打算利用国际金融组织冲破其他国家的防御壁垒，以便进一步在金融贸易领域中扩大市场，称霸世界。基于上述原因，在美国的积极策划下，在联合国先后成立了国际货币基金组织、世界银行等国际金融组织。

二、国际金融组织的划分

（一）从辐射的地区范围角度划分

国际上众多的国际金融组织从地区范围的角度可以划分为三种类型：一是全球性国际金融组织。最重要的首推国际货币基金组织、世界银行集团。它们是联合国专门的金融机构，拥有会员国最多，影响力和作用最大。二是洲际性（或称“半区域性”）国际金融组织。洲际性国际金融组织一般都有区域外的国家参加，例如，国际清算银行；联合国附属的进行区域性货币信贷安排的国际金融组织，如亚洲开发银行、非洲开发银行、泛美开发银行（或称美洲开发银行）等。三是区域性国际金融组织。它是某一地区内一些国家组成的真正意义上的地区性国际金融组织。例如，欧洲投资银行、阿拉伯货币基金组织、伊斯兰开发银行、西非经济与货币联盟、加勒比开发银行、阿拉伯货币基金组织等。

（二）从其作用与宗旨角度划分

国际金融组织从其作用与宗旨角度可以划分为四种类型：一是以促进货币合作、汇率稳定和帮助国际收支逆差国为主要宗旨的国际金融机构。例如，国际货币基金组织、阿拉伯货币基金等。二是以促进资源开发、项目投资和技术援助为主要宗旨的国际金融机构。例如，世界银行集团、亚洲开发银行等。三是以增进成员国中央银行间合作、实现自由多边国际结算为主要宗旨的国际金融机构。例如，国际清算银行、亚洲清算联盟等。四是以提供贸易融资、促进会员国贸易发展为主要宗旨的国际金融机构。例如，拉丁美洲出口银行、阿拉伯—拉美银行等。

（三）从其服务的对象来划分

国际金融组织从其服务的对象的角度可以划分为三种类型：一是只向会员国政府提供贷款的国际金融机构，如国际货币基金组织。二是只向会员国私人提供贷款的国际金融机构，如国际金融公司。三是同时向会员国政府和私人提供贷款的国际金融机构，如亚洲开发银行。

（四）从其会员国的类型来划分

按国际金融组织会员国的类型可以分为：发达国家国际金融机构、发展中国家国际金融机构、中央计划国家国际金融机构、不同类型国家共同参与的国际金融机构等。

三、国际金融组织的性质、作用及缺陷

（一）国际金融组织的共同性质

尽管众多的国际金融组织所属类型不同，但却有着许多共同点，它们都是：

1. 政府间国际金融组织

国际金融组织都是超国家的经济组织。尽管有的国际金融机构并不排斥私人银行参加，但是所有的国际金融机构都是各国政府出面组织的。这些称为国际金融组织的机构，是以国家间签订的多边条约为基础而建立的。通过有关的国际协议，各国政府都在不同程度上让渡了一些政府权限或限制政府权限的力度和范围。正因为以国际协议为基础，所以他们在法律上具有一定的行为能力，在国际金融领域独自承担和履行义务，同时直接参与国际货币金融事务的管理和国际金融业务的经营。第二次世界大战前建立的国际清算银行是国有资本和私人垄断资本联合建立的国际金融组织，因而其业务活动范围和所起的作用都非常有限。第二次世界大战后建立的国际金融组织则不同，它们都由各国政府出资建立，并委派代表组成国际金融组织的领导机构。

2. 股份公司式的企业组织

同联合国的其他国际组织不同，各国际金融组织都是经营国际资金信贷的企业。它们的组织原则也不同于联合国所属的其他国际组织的一国一票的原则，而同股份公司的投票原则非常相似。会员国根据

各自的经济实力缴纳股金，作为国际金融组织的资本。每个会员国均在理事会（类似于股份公司的股东大会）有投票权，但其投票表决权的大小同出资额多少成正比例关系。出资最多的若干国家各委派代表组成处理该国际金融组织日常业务的执行董事会。

3. 大多以提供贷款为主要的日常业务活动，且其业务活动不是完全按照市场经济原则进行

换言之，它们提供的贷款在不同程度上带有援助的性质。有时尽管贷款利率接近于市场利率，但由于其贷款对象时常是国际收支发生困难的穷国，而后者进入国际金融市场融资受到诸多限制，国际金融组织在向这样的国家和地区提供贷款和援助时，实际上承担了较大的信用风险，因此仍被看成是援助行动。

4. 具有不平等性

各会员国在其参加的国际金融机构中都有一定的发言权，但由于会员国的发言权与其出资额和经济实力直接成正比，因此各国的地位并不平等，甚至十分悬殊。国际金融组织在处理某些具体事务中会呈现一定的不平等性。

（二）国际金融组织的作用及缺陷

企业若资金周转困难，除了向同行借、找银行贷款外，还可以到资本市场发行股票和债券来筹集资金。若一国政府融通资金，渠道则更为广泛。不过，涉及巨额款项的借贷，政府往往求助于国际金融组织，因为它们提供的贷款，不仅数额巨大，而且利率较低，额外的费用也要少许多。作为超国家的组织机构，国际金融组织不仅从事资金融通，还负责处理国际金融事务，从事各国金融监管的组织与协调，在加强国际经济金融合作，发展世界经济和区域经济方面起到了积极的作用：

第一，提供短期资金，解决国际收支逆差和国际支付困难，这在一定程度上缓和了国际支付危机。

第二，提供中长期发展建设资金，促进发展中国家的经济发展。

第三，稳定汇率，促进国际贸易的发展。

第四，保证世界经济运行中的货币流通条件，创造出新的结算手

段，解决了不少发展中国家国际结算手段匮乏的矛盾，克服了传统国际结算手段存在的某些缺陷，适应了世界经济发展的需要，有利于国际经济贸易往来的进一步扩大。

第五，维护正常的国际货币秩序，建立了国际货币问题的磋商机制，加强了国际货币合作。

然而，又必须看到，目前的国际金融组织也存在一定的问题与缺陷，这些问题对国际金融、贸易以及世界经济的稳定可持续增长的影响是不可忽视的。具体表现在：国际金融组织的领导权大都掌握在西方工业国家手里，各项组织制度如份额分配、投票制度、选举制度等不尽合理。发展中国家的意见和建议往往得不到充分的反映，很少付诸实施。国际金融组织对发展中国家提供的贷款条件有时过分苛刻，更有甚者，这类贷款竟还成为发达国家打击和胁迫一些经济落后国家改变其政治立场的手段。国际金融组织有时又要求支付较高利率，加重了发展中国家的债务负担。国际金融机构对有关发展中国家的经济政策和发展规划进行的过多干预，在一定程度上阻碍了发展中国家民族经济的自由顺利发展。正因为如此，发展中国家要求改革贷款政策、放松贷款限制的呼声渐高。发展中国家正通过各种形式，要求和争取获得在国际金融组织的平等权利。

四、国际金融组织改革的背景及趋势

（一）国际金融组织改革的背景

布雷顿森林体系虽已解体，但布雷顿森林机构（国际货币基金组织和世界银行集团）仍继续存在，至今已有六十多年的历史。应该说，这两个机构长期以来，对包括中国在内的发展中国家经济增长提供了重要的信贷资金支持。但是时至今日，世界经济格局发生了巨大的变化，许多发展中国家经济发展迅速，国际经济一体化的进程在加速。新的国际经济格局要求建立新的国际经济秩序，也要求国际金融机构做相应的改革：

第一，全球经济发展不平衡的现象日趋严重，国际社会呼吁国际货币基金组织和世界银行进行改革以适应新的经济发展需求。

第二，随着各国金融市场日益开放，相应的国际金融风险也在加剧，国际货币危机爆发频繁，这对国际金融秩序的稳定和经济增长的可持续性构成了极大的威胁，需要从国际货币合作、各国宏观经济政策与金融监管协调的角度来维持国际货币制度的稳定。

第三，近年来发展中国家经济发展的现状和增长的潜力，已经使国际经济贸易格局发生了深刻的变化。伴随着发展中国家政治经济地位的提高，它们势必要求增加在国际金融组织中的投票权和话语权。同时，中国渐进式经济改革的成效和市场化的进程及其举世瞩目的经济发展成就，都对国际货币基金组织和世界银行基于传统自由市场经济至上经济学思维的经营理念构成了有力的挑战。

（二）国际金融组织改革的趋势

国际货币基金组织和世界银行这两个布雷顿森林体系最重要的支柱能否适时改革适应新的形势，不仅取决于机构制度设计的公平和公正，还取决于它们能否随多变的国际环境与时俱进地调整。份额和投票权的分配是这两个国际金融机构决策机制的基础，其设计一直都遵循着同样的基于经济规模的分配原则。这就使主要发达国家在决策机制中占据了主导地位，同时有效多数的规定又赋予了少数发达国家以否决权。久而久之，就形成了事实上的"富人俱乐部"，难以反映多数发展中国家成员的诉求。

多年来，包括中国、印度在内的发展中国家经济增长的成就早已使原有的"份额"不能准确反映目前的国际经济格局。为此，发展中国家多年以来要求改革两机构的治理框架，包括要求重新审核基金份额、扩大基础投票权、增加发展中国家投票权比重和话语权、废止少数发达国家事实上的否定权等。虽然发达国家也要求进行改革，但是又不愿放弃在投票权等问题上的既得利益，这就决定了布雷顿森林机构改革不易取得实质性进展。

就目前国际社会的改革要求而言，发达国家与发展中国家的侧重各有不同。2005 年 10 月 16 日在中国河北香河闭幕的第七届 G20 会议（二十国集团财长和央行行长会议，中国是 2005 年的主席国）发表了《关于布雷顿森林机构改革的联合声明》，向国际社会表明了与会各方决定促进全球经济平衡有序发展的共同愿望和政策主张，为国际金融组织的改革提供了重要的政治推动力。

国际金融机构改革的动力最终在于国际社会，特别是发展中国家保障自己的权益的要求，而这些要求的实现也能够使国际货币基金组织和世界银行的发展方向更符合全球发展的共同利益。国际金融组织改革的基本方向应是以多边主义原则指导全球经济治理，强化多边机制的职能和效率，促进世界经济平衡有序地发展。发展理念的创新和发展中国家声音的增强是改革的思想基础和制度保障。布雷顿森林机构的制度设计应继续坚持促进宏观经济和金融稳定、经济增长和全球减贫的目标。在设计份额和投票权及其分配的过程中，除了反映已有经济规模的总量指标，还应前瞻性地考虑能够反映经济发展速度和质量的指标，从而保证制度设计的前瞻性和动态的公正性，体现发展中国家的经济增长潜力及相应的话语权，从而有助于推动建立公正合理的国际经济新秩序，促进世界经济的可持续发展。

第二节　国际货币基金组织

从布雷顿森林体系成立至今，国际货币基金组织在国际货币体系中充当了重要的协调作用。国际货币基金组织是联合国系统的一个专营国际金融业务的机构，基金组织的总部设在华盛顿特区，有 180 多个成员。它是根据 1944 年 7 月在美国新罕布什尔州布雷顿森林召开联合国和联盟国家的国际货币金融会议上的构想成立的基金组织，目的是避免再次实施导致 20 世纪 30 年代大萧条的灾难性经济政策。1945 年 12 月 27 日签署《国际货币基金组织协定》，国际货币基金组织成立。1947 年 3 月 1 日开始运作。1947 年 11 月 15 日成为联合国的一个专门机构，但在经营上有其独立性。

国际货币基金组织的发展是非常迅速的。它在成立时共有 39 个创始国，都是当时参加布雷顿森林会议的成员国。20 世纪 60 年代以后，许多发展中国家独立后纷纷加入国际货币基金组织。从 1990 年苏联和东欧国家发生剧变以来，许多东欧和独联体国家，如保加利亚、阿尔巴尼亚、俄罗斯、爱沙尼亚、立陶宛、格鲁吉亚、亚美尼亚、哈萨克斯坦、白俄罗斯、吉尔吉斯斯坦，以及瑞士、纳米比亚、马绍尔群岛等国家加入国际货币基金组织。至今，国际货币基金组织已有180多个成员。

一、国际货币基金组织的宗旨与任务

（一）国际货币基金组织的宗旨

《国际货币基金协定》第一条中对国际货币基金组织的宗旨明确作了如下阐述：通过设置一常设机构就国际货币问题进行磋商与协作，从而促进国际货币领域的合作；促进国际贸易的扩大和平衡发展，从而有助于提高和保持高水平的就业和实际收入以及各成员生产性资源的开发，并以此作为经济政策的首要目标；促进汇率的稳定，保持成员之间有秩序的汇率安排，避免竞争性通货贬值；协助在成员之间建立经常性交易的多边支付体系，取消阻碍国际贸易发展的外汇管制；在具有充分保障的前提下，向成员提供暂时性普通资金，以增强其改善国际收支失调的信心，使其能有机会在无须采取有损本国和国际繁荣的措施的情况下，纠正国际收支失衡；根据上述宗旨，缩短成员国际收支失衡的时间，减轻失衡的程度。

（二）国际货币基金组织的任务

上述宗旨将指导国际货币基金组织的各项政策和所作的决定。由此可见，国际货币基金组织的主要任务是稳定国际汇率，消除妨碍世界贸易的外汇管制，在货币问题上促进国际合作，并通过提供短期贷款，帮助会员国解决在国际收支出现暂时困难时的外汇资金需要；提高会员国的就业和所得水平，完善多边支付体系，加强国际货币合作，促进世界经济发展。

二、国际货币基金组织的组织机构

（一）理事会（Board of Governors）

理事会是国际货币基金组织的最高权力机构，主要制定重大政策问题。每个成员各任命一名理事（财长或央行行长）及一名副理事，任期5年。理事通常由该成员的财政部长或中央银行行长担任，有投票表决权。副理事在理事缺席时才有投票权。理事会的主要职权是：批准接纳新的成员，批准国际货币基金组织的份额规模与特别提款权的分配，批准成员国货币平价的普遍调查，决定成员退出国际货币基金组织，讨论决定有关国际货币制度等重大问题。理事会通常每年秋季召开一次定期会议，一般同世界银行理事会年会联合举行，必要时可以召开特别会议。理事会和执行董事会决议的通过和执行，原则上是以各国在国际货币基金组织的投票权的多少作为依据。理事会内部有"十国集团"和"二十四国集团"两大集团，分别代表发达国家的利益和发展中国家的利益。

（二）执行董事会（The Executive Board）

理事会下设执行董事会，执行董事会是国际货币基金组织负责处理日常业务工作的常设机构，由24名成员组成，任期2年。其中，出资最多的美国、英国、法国、日本、德国、沙特阿拉伯各指派1名；中国和俄罗斯为单独选区，可以各自选派1名；其余16名各由包括若干国家和地区的16个选区分别选派1名。执行董事会的职权主要有：接受理事会委托定期处理各种政策和行政事务，向理事会提交年度报告，并随时对成员国经济方面的重大问题特别是有关国际金融方面的问题进行全面研究。执行董事会每星期至少召开三次正式会议，履行基金协定指定的和理事会赋予它的职权。执行董事会按其所代表的国家或选区的投票权进行投票。

在执行董事会与理事会之间还有两个机构：一是国际货币和金融委员会，它在1999年前被称为临时委员会（Interim Committee，简称IC）或金融委员会（International Monetary and Financial Committee，简称IMFC），是一个咨询性机构；二是世界银行和国际货币基金组织理事会关于实际资源向发展中国家转移的联合部长级委员会，简称"发展委员会"（The Development Committee，简称TDC）。两个委员会都是部长级委员会，每年开会2—4次，讨论国际货币体系与开发援助等重大问题。由于两个委员会的成员大都来自主要成员而且政治级别较高，因此其通过的决议最后往往就是理事会的决议。

(三)总裁(Managing Director)

总裁是国际货币基金组织的最高行政长官，其下设副总裁协助工作。总裁负责管理国际货币基金组织的日常事务，由执行董事会推选，并兼任执行董事会主席，任期5年。总裁可以出席理事会和执行董事会，但平时没有投票权，只有在执行董事会表决双方的票数相等时，才可以投决定性的一票。

(四)常设职能部门

国际货币基金组织设有16个职能部门，负责经营业务活动。此外，国际货币基金组织还有两个永久性的海外业务机构，即欧洲办事处(设在巴黎)和日内瓦办事处。

另外，国际货币基金组织还拥有许多成员国政府推荐的合同制官员。这些人中有经济学家、统计学家、公共财政学家和税法专家等，他们既是财政官员，又是政治顾问，同时还是各种经济振兴政策的指导者。例如，国际货币基金组织提供2亿美元贷款用以鼓励巴西的稳定化计划，监督波兰预算的制定，帮助那些受石油危机影响最重的发展中国家消除海湾危机的隐患，帮助泰国、韩国等亚洲国家摆脱金融危机等。国际货币基金组织往往在某一成员国乃至世界经济出现严重危机并且没有任何国家愿意解囊相助的时候出面进行干预和帮助，并采取全方位的行动来稳定世界经济的发展。

三、国际货币基金组织的资金来源

国际货币基金组织的主要资金来源是各成员缴纳的基金份额。此外，国际货币基金组织还可以通过向成员借款和设立信托基金来组织资金来源。

(一)摊额(Quotas)

1. 摊额大小的决定

原始成员的摊额是根据各国对外贸易、国民所得及人口的世界比重所决定的；而其他成员的摊额则由国际货币基金组织依据同一原则决定。此外，为适应世界及各成员经济情势的变化，国际货币基金组织每5年将对各成员的摊额进行复核，有必要时可进行调整。其调整不仅需总表决权4/5的同意，而且要经拟调整之成员的同意。摊额主要是为了反映各成员在世界经济中的相对规模。

国际货币基金组织执董会2008年3月28日通过份额和投票权改革方案，拟增加中国、印度等新兴经济体的代表性。根据这份改革方案，发达国家在国际货币基金组织的发言权比例将从目前的59.5%降为57.9%，发展中国家则从目前的40.5%上升为42.1%。加上2006年新加坡会议通过的第一阶段改革成果，中国在国际货币基金组织的份额增加到3.997%，发言权比例增加至3.807%，印度的份额和发言权比例则分别为2.443%和2.338%。美国、日本、德国、法国、英国仍是国际货币基金组织份额和发言权比例最高的5个国家，中国列第6位，印度列第12位，美国所占份额和发言权比例仍分别达到17.674%和16.732%。

2. 摊额的缴付货币

在各成员的摊额中，有25%需以黄金缴付，其余75%应以本国通货缴付。1969年，国际货币基金组织鉴于黄金和美元的数量无法配合世界经济及国际贸易的需求，因而创立了特别提款权来增加国际流动性。自1974年起，国际货币基金组织决定改以特别提款权作为新国际货币制度的基础，摊额中的黄金和美元缴付部分改以特别提款权缴付。

特别提款权是国际货币基金组织于1969年创造的国际储备资产，引入这一资产的原因是，基金组织的成员担心国际储备的现有存量和潜在增长可能不足以支持世界贸易的扩大。当时主要的储备资产是黄金和美元，基金组织各成员不希望全球储备依赖于黄金的生产（因为它具有内在不确定性）和美国国际收支的持续逆差（以保证美元储备不断增长）。特别提款权作为补充储备资产而出现，需要时，基金组织可以定期“分配”特别提款权，必要时可以取消。

3. 各成员摊额的作用和意义

各成员摊额的作用和意义有以下几个方面：一是摊额大小决定各成员对国际货币基金的缴付金额，它构成国际货币基金组织最主要的资金来源。二是摊额大小决定各成员在其短期国际收支困难时所能从国际货币基金组织获得的协助金额，即借款权的大小。三是摊额大小决定表决权的大小。原则上，各成员均有250票的基本表决权，其摊额每增加10万美元（后改为特别提款权）增加1票。若成员动用国际货币基金的资金，即要损失其动用部分的表决权；成员的资金若被其他成员所动用，即增加被动用部分的表决权。四是摊额大小决定成员特别提款权分配权。

（二）借款

如果需要，国际货币基金组织可以借款，以补充其份额资金。国际货币基金组织现有两个借款安排，在需要时可以应对国际货币体系面临的任何威胁：一是借款总安排，1962年建立，有11个参加方（十国集团及瑞士的政府或中央银行）。二是新借款安排，1997年建立，有25个参加国和机构。国际货币基金组织从这两个借款安排共可借款340亿特别提款权（约合460亿美元）。

（三）其他资金来源

其他资金来源包括各成员捐赠款以及某些业务赢利收入等。

四、国际货币基金组织的业务活动

（一）汇率监督

为了使国际货币制度能够顺利运行，国际货币基金组织要检查各会员国以保证它们与国际货币基金组织和其他会员国进行合作，以维持有秩序的汇率安排和建立稳定的汇率制度。在布雷顿森林体系下，基金组织成员要改变汇率平价时，必须与国际货币基金组织进行磋商并得到它的批准。在目前的浮动汇率制条件下，基金组织成员调整汇率不需再征求国际货币基金组织的同意。但是，国际货币基金组织仍然要对成员的汇率政策进行全面估价，这种估价要考虑其国内和对外政策对国际收支调整以及实现持续经济增长、财政稳定和维持就业水平的作用。国际货币基金组织的汇率监督不仅运用于那些经济上软弱的国家以及国际收支失衡因此要求得到国际货币基金组织贷款支持的国家，而且更重要的是运用于那些经济实力强大的国家。这些国家的国内经济政策和国际收支状况会对世界经济产生重大的影响。

国际货币基金组织在实施汇率监督时采用个别监督和多边监督两种方法。个别监督主要是分析成员的汇率政策是否与《国际货币基金协定》所规定义务相一致，并在分析其宏观经济政策基础上估价其汇率政策。国际货币基金组织要求所有成员及时通报其汇率政策的变化，以方便国际货币基金组织及时监督与协调。多边监督主要是分析工业化国家国际收支和汇率政策的相互作用，并估价这些政策在何种程度上能促进一个健康的世界经济环境。

（二）磋商与协调

国际货币基金组织在原则上每年与各成员进行一次磋商，以对成员的经济和金融形势以及经济政策作出评价。这种磋商的目的是使国际货币基金组织能够履行监督各成员汇率政策的责任，并且有助于使国际货币基金组织了解各成员的经济发展状况和采取的政策措施，从而能够迅速处理各成员申请贷款的要求。此外，国际货币基金组织常通过向其成员提供各种建议、委派技术专家等帮助这些成员制订经济发展计划，协调国内经济政策，促进该国经济的发展。

（三）资金援助

国际货币基金组织向有国际收支困难的成员提供贷款，不仅是提供暂时融资，还对旨在纠正基础问题的调整和改革政策给予支持。

1. 融资目的

国际货币基金组织向有国际收支问题的国家提供外汇贷款。国际货币基金组织的贷款使一国能够更轻松地进行其所必需的调整，使支出与收入一致，以纠正国际收支问题。国际货币基金组织的贷款也为持续改善一国国际收支状况和增长前景的政策（包括结构性改革）提供支持。

任何一个成员，如果有国际收支需要（即如果它需要官方借款，以便能在不采取“有损本国或国际繁荣的措施”的情况下进行对外支付并将储备维持在合适的水平），都可以向国际货币基金组织寻求资金。有损本国或国际繁荣的措施可能包括：对贸易和支付实行限制、急剧压缩国内经济需求或本币大幅贬值。如果没有基金组织的贷款，有国际收支困难的国家将不得不进行更剧烈的调整，或采取其他有损本国和国际繁荣的措施。避免这种后果是国际货币基金组织的宗旨之一。

2. 融资类型

国际货币基金组织为适应其成员各种不同情况的融资需要，设立了两种形态的融资办法：一是一般性融资办法。各成员使用国际货币基金组织的一般性融资资源是以等额的本国通货去购买（取得）其他成员的通货或特别提款权。国际货币基金组织除对使用该融资办法的成员收取费用之外，还要求该成员在特定期限内，以其他成员的通货或特别提款权，向国际货币基金组织购回（偿还）其自己的通货。二是经核准的融资办法。经核准的融资则是国际货币基金组织依"结构调整融资办法"及"贫穷削减其成长融资办法"（前身为"扩大结构调整融资办法"）所承诺的放款形式融资。此外，近年来又新增了补充的准备融资办法与紧急信用额度（即补充贷款）。

一般性资源融资（General Resources Facility）

Ⅰ. 常备的融资办法（Regular Facility）（亦称普通贷款）

(1) 准备部分融资（Reserve Tranche）

国际货币基金组织持有成员国通货之数额如果低于该成员国之摊额，其差额称为"准备部分"（或称"净准备头寸"）。在此额度内，成员国基于平衡国际收支的需要可以无条件使用国际货币基金组织的资金，不需支付任何费用，而且无偿还义务。

(2) 信用贷款（Normal Credit Tranche）

信用融资分第一信用部分、第二信用部分、第三信用部分及第四信用部分，其中第一信用部分是指国际货币基金组织持有成员国通货超过摊额的100%但未超过125%，则成员国在此额度内的资金融通称为"第一信用部分"，以下每一信用部分之融资额度相当于摊额的25%。另外，第二、第三及第四信用部分合称为"高阶信用部分"（Upper Credit Tranche），此部分之融资条件较严格，通常采用预约协议（Stand-by Arrangements）方式，另据绩效标准分期拨款。预约协议赋予成员国在规定期间内取得特定数额资金的权利。成员国取得资金是按季进行，而且他们的再取得是有条件的，必须符合绩效标准。绩效标准通常包括信用政策、政府部门的借款要求、贸易及支付限制、对外借款以及国际储备的水准。若绩效未达规定的标准，那么只有当国际货币基金组织和成员国达成共识，才可以继续取得。预约协议传统上约定的期间为 12—18 个月（可延至 3 年），而且偿还必须在取得后的 3 年 3 个月至 5 年内完成。例如，墨西哥在 1995 年 1 月与国际货币基金组织达成 121 亿特别提款权的预约协议（其中 53 亿特别提款权可立即动用），这也是国际货币基金组织有史以来最大宗的单一融资案。

（3）扩展贷款（中期贷款）（Extended Fund Facility，EFF）

若因生产、贸易及物价等结构性失衡而导致国际收支严重失衡，或因国际收支一向脆弱，致使一国无法追求积极性发展策略，那么准备部分与信用部分的融资恐怕杯水车薪、不敷所需。国际货币基金组织在 1974 年 9 月增设了期限较长、金额较大的扩展贷款，初时其融资额度以借款国摊额的 140% 为限。目前，此融资办法的融资与信用部分合并计算，规定国际货币基金组织每年持有该国通货额不得超过其摊额的 100%，累计 3 年最高为 300%。使用 EFF 的成员国必须在取得后的 4.5 年至 10 年内偿还。

Ⅱ. 特殊的融资办法（Special Facility）

（1）补偿及紧急性融资办法（Compensatory and Contingency Financing Facility，CCFF）

1963 年，国际货币基金组织为协助因不可抗力因素致出口收入暂时下降而发生国际收支困难的国家（特别是靠初级产品出口的欠发达国家）渡过难关，乃制定"补偿性融资办法"。1981 年 5 月，国际货币基金组织又将若干受到谷物进口支出增加而陷入国际收支困境的低收入会员国并入此办法的援助对象。1987 年，补偿性融资办法的限额规定为：以出口收入减少或谷物进口成本增加两个原因提出的融资申请，其额度分别以摊额的 83% 为限，但两者合计不得超过摊额的 105%。

1988年，为了更切合发展中国家的需求，乃将补偿性融资办法修正，增添紧急融资的规定，并改名为“补偿及紧急性融资办法”。所谓紧急融资是指凡进行国际货币基金组织经济结构调整计划的国家，可事前与国际货币基金组织约定：在某段期间，经常账户上的重要外生变量（如出口收入、进口价格、国外利率、劳工汇入款或观光收入等变量）发生重大变化时，可取得国际货币基金组织的紧急融资，以避免成员国进行调整计划时因外来冲击遭受挫折，从而影响调整计划的成效。

1990年8月，伊拉克攻占科威特爆发中东危机，国际货币基金组织于1990年11月引入了暂时性石油进口融资于CCFF中，据以补偿因石油及天然气进口成本的大幅及不可预期的上扬（该暂时性石油融资，已于1991年底截止）。目前，CCFF的融资总额度规定为：出口收入减少以摊额的30%为限，谷物进口成本增加以摊额的15%为限，至于紧急融资的需要则为30%；此外，用于补充前三项的选择性部分融资（Optional Tranche）为20%。这四者合计不得超过借款国摊额的95%。

（2）缓冲存货融资办法（Buffer Stock Financing Facility，BSFF）（或称缓冲库存贷款）

BSFF是国际货币基金组织于1969年为协助成员国购储大宗物资和稳定大宗物资价格而定。根据此项办法，凡参加国际货币基金组织认可的国际商品协议的成员国，其国际收支发生困难者，均可提出融资申请。但主要用于依赖于初级产品出口的国家建立缓冲库存的资金的需要。当国际市场初级产品的价格发生较大波动时，可借助于缓冲库存贷款，采取在市场上抛售或购进该产品的办法来稳定价格，从而稳定出口收入。该贷款最高限额为摊额的35%，贷款期限为5年。

（3）制度的转型融资办法（Systemic Transformation Facility，STF）

这项暂时性融资办法是在1993年4月创立的，以适应转型经济体的需要。STF 旨在提供财务协助给那些从非市场价格交易转向多边市场导向交易，从而发生国际收支困难的成员国。按规定，STF 的额度不得超过借款国摊额的 50%。自引入该办法以来，20 个国家已根据这项融资办法取得资金。

Ⅲ. 紧急协助（Emergency Assistance）

当成员国在面临突然的、非预期性的天灾（如自然灾害、军事冲突对制度和管理能力造成破坏），并导致国际收支产生困难时，国际货币基金组织在信用部分融资办法之下，提供紧急协助以使其渡过难关。紧急协助较国际货币基金组织常备的融资协议优先，而且取得紧急协助并无绩效标准的要求，也不必采用预约安排方式。

经核准的融资办法（Concessional Facility）

Ⅰ. 结构调整融资办法（Structural Adjustment Facility，SAF）

SAF 创设于 1986 年 3 月，它以优惠条件贷予面临严重国际收支问题且合乎国际开发协会（IDA）援助条件的 62 个低收入发展中国家（每人年所得额在 550 美元以下的国家），协助其调整经济结构，以克服国际收支困难，并促进经济增长。融资额度在 3 年内拨付，以借款国摊额的 50% 为限，利率为年息 0.5%，贷款期限为 10 年（即前五年为宽限期，第六年开始每半年还款一次，共分 10 次偿还）。

Ⅱ. 加强结构调整融资办法（Enhanced Structural Adjustment Facility，ESAF）

为进一步改善低收入成员国的国际收支情势并促进其经济成长，1987 年 12 月，国际货币基金组织宣布创设 ESAF。资金来源以成员国捐赠及特别贷款为主，预期资金总数约为 60 亿特别提款权；融资额度在 3 年内拨付，以借款国摊额 190% 为限，利率为年息 0.5%；成员国申请此融资的程序及基本条件与结构调整融资办法完全相同

(即合格借款国须与国际货币基金组织及世界银行磋商，拟就3年期“政策架构计划书”后，才可提出加强结构调整融资办法的申请。政策架构计划书主要内容包括，申请国当局在3年内拟采行的经济目标、总体经济与结构的调整政策、优先次序以及具体策略。贷款对象包括中国和印度等62个低收入发展中国家，但中国和印度均表示不行使此项权利)。1994年2月，该办法停止。

Ⅲ. 贫穷削减及成长融资办法（Poverty Reduction and Growth Facility，PRGF）

1999年9月，国际货币基金组织于年会中决议，将其经核准的融资办法的营运目标扩大至最贫穷的成员国，用来帮助它们缩减贫穷及促进成长；到1999年11月22日，国际货币基金组织正式创设了贫穷削减及成长融资，并取代了原先的ESAF。PRGF所支持的借款国计划书，与其前身ESAF的不同之处在于：PRGF的计划书要求借款国将缩减贫穷纳入总体经济政策之中，认为缩减贫穷与促进成长同等重要；PRGF的计划书要求借款国改善公共部门的公司治理，认为公共部门良好的公司治理是总体经济稳定、永续成长及缩减贫穷的基础支柱。

此外，国际货币基金组织还利用借入资金，于1974年、1975年设立了石油融资办法（Oil Facility），用以改善石油危机后，非产油发展中国家的国际收支恶化情势；1978年设立了辅助融资办法（Supplementary Financing Facility），其目的在于减轻低收入国家的利息负担；1981年建立了加强融资办法（Enlarged Financing Facility），对国际收支严重失衡的成员国提供融资。目前，这三种融资办法的资金均已贷完。

补充的准备融资与紧急信用额度（补充贷款）

面对各界要求国际货币基金组织强化其最后贷款人的角色，国际货币基金组织首于 1997 年 12 月 7 日设立补充的准备融资（Supplemental Reserve Facility，简称 SRF）。当成员国因突然情况使市场信心溃散，以致对资本账及准备带来压力，并需要巨额的短期融资时，补充的准备融资依惩罚性利率对其进行贷放，至于融资额度则视需要而定。截至目前，韩国、俄罗斯及巴西等均曾获得 SRF 的援助。1999 年 4 月 26 日，国际货币基金组织还设立了紧急信用额度（Contingent Credit Lines，简称 CCL），据此在危机发生前，提供资金给可能面临金融危机的国家，不过申请 CCL 的国家必须先向民间贷方机构寻求类似的信用。接受 CCL 贷款的国家，其借款应于 1 年至 1.5 年内偿还，利息较国际货币基金组织一般贷放利率的 4.75% 高出 3%。

3. 贷款费用说明

成员国向国际货币基金组织申请融资必须按规定支付费用，费用率或利率是按资金来源的不同而分别设定。以自有资金设立的融资办法的费用率，是依据国际货币基金组织的财务状况，在各会计年度分别设定；以借入资金设立的加强融资办法，其费用率则按借入利率加 0.2 个百分点。由于成员国向国际货币基金组织所取得的一般性资源融资，是以本国（债务国）通货向国际货币基金组织购买其所持有的其他成员国（债权国）通货或特别提款权，因此将使国际货币基金组织持有的债务国通货相对增加，债权国通货相对减少，当国际货币基金组织持有的债权国通货低于其认缴额度时，则国际货币基金组织必须付予报酬。

（四）技术援助

国际货币基金组织在其专长领域内向成员国政府和中央银行提供技术援助和培训。国际货币基金组织最广为人知的可能是其政策建议以及在发生经济危机时向成员国提供的以政策为基础的贷款。但基金组织还通过提供广泛领域（如中央银行业务、货币和汇率政策、税收政策和管理及官方统计）的技术援助和培训，定期与成员国分享其专业知识。其目的是帮助加强成员国经济政策的制定和实施，包括增强有关负责机构（如财政部和中央银行）的技能。技术援助对基金组织向成员国提供的政策建议和资金援助起到补充作用，约占基金组织管理成本的20%。国际货币基金组织主要在四个领域提供技术援助和培训：一是通过对银行体系的监管与重组、外汇管理与操作、支付的清算和结算体系以及中央银行的结构和发展提供建议，加强货币金融部门的职能；二是通过对税收和关税政策与管理、预算的制定、支出管理、社会安全网的设计以及内外债管理提供建议，支持强有力的财政政策和管理；三是编制、管理及公布统计数据，并提高数据质量；四是起草和检查经济与金融法律。

五、国际货币基金组织存在的问题

国际货币基金组织自成立以来，在加强国际货币合作、稳定汇率、纠正国际收支平衡、促进国际贸易发展和建立多边支付体系等方面做了大量的工作，推动了世界经济的正常发展。但同时也暴露出一些问题，主要有如下几个方面：

（一）信贷资金相对不足

发展中国家短期资金融通的主要渠道包括国际货币基金组织和欧洲货币市场上的国际性商业银行，但实际上只有很少一部分发展中国家能进入欧洲货币市场获得银行贷款，对于大多数发展中国家来说，国际货币基金组织成为它们最重要的有时甚至是唯一的短期资金来源。然而，由于国际储备增长下降、石油涨价引起非产油发展中国家偿债负担加重、国际银行贷款急剧收缩等原因，导致国际货币基金组织的资金问题更显尖锐，更加难以满足发展中国家日益增长的资金需求。为扩大资金来源和增强贷款能力，国际货币基金组织也采取了增加资金份额、增加向工业国政府借款以及向一些国家的中央银行和官方机构借款等措施，但近年来国际货币基金组织资金不足问题仍然存在。

长期来看，外部资金的供应同发展中国家的需求之间的矛盾依然存在。由于国际银行的贷款增长率不可能恢复到同发展中国家的需求相适应的水平，因此由多边机构的资金来替代私人资金的问题将越来越尖锐。

（二）贷款的限制性条件苛刻

国际货币基金组织向成员国提供的贷款，除储备部分贷款外，其余贷款总附加一些限制性条件。现行的基金组织贷款条件没有充分考虑到发展中国家目前所面临的国际收支问题的特殊性质，国际货币基金组织的政策方法旨在解决发展中国家内部产生的不平衡，并将内部调整作为获得平衡的手段。事实上，造成发展中国家国际收支困难的原因是多方面的。在一些场合，国际收支的困难同国内的政策失误有关；但在许多场合下，发展中国家的国际收支问题是由本国所无法控制的外部因素引起的。国际货币基金组织的贷款条件不能充分适应国际收支困难的不同原因和世界经济形势的急剧变化，它要求按对付需求膨胀造成逆差的办法去紧缩总需求，往往使发展中国家付出相当大的代价。例如，国际货币基金组织在对墨西哥、韩国、俄罗斯等国提供贷款的同时，开出了同样的“药方”，要求这些国家实施减少财政支出、放慢经济增长速度的紧缩性财政政策，以至于这些国家经济增长速度放慢、失业增加、收入水平下降。这种苛刻的限制性条件，遭到了发展中国家的强烈反对，实质上反映了发展中国家与发达国家在经济利益上的冲突。

（三）功能上存在严重缺陷

东南亚爆发金融危机后，很多学者和经济学家对国际货币基金组织在危机的预警、资本流动的监督与管制、危机的处理和组织各国金融机构合作方面提出了质疑。在这场波及世界的金融危机中，国际货币基金组织采取的措施不是乏力，就是不当，甚至起到了负面效应，明显暴露出其功能上的重大缺陷。

（四）在国际援助时产生道德风险问题

在每次发生的国际经济危机中，国际货币基金组织都采取了大规模的援助行动。这些援助对于减轻经济危机带来的损失，使危机发生国尽快摆脱危机带来的负面影响，实现经济的复苏起了很大的作用。

国际货币基金组织能引发道德风险的原因在于它扮演了国际最后贷款人的角色。国内的最后贷款人机制是用来预防民众对银行挤兑导致的恐慌。通常一国的中央银行担任国内最后贷款人的角色。最后贷款人能够发挥作用必须满足两个条件：一是可以提供足够的信贷资金，二是必须行动迅速。例如，1974 年美联储及时向富兰克林银行提供了 17.5 亿美元的巨额贷款，才成功地避免了当时潜在的银行恐慌。

在国际金融危机中，危机发生国的国外投资者会迅速以外币提取银行资产，但是危机发生国中央银行的外汇储蓄是有限的，无力发挥最后贷款人的作用，只得转而求助于国际货币基金组织，这样国际货币基金组织就自然成为国际最后贷款人。但是，国际货币基金组织作为国际最后贷款人是不满足条件的：首先，国际货币基金组织不能无限度地提供信贷以制止资本的抽逃。因为国际货币基金组织提供的计划贷款是由若干国家自愿提供的贷款组成的，是有限的。其次，国际货币基金组织的救助行动比较迟缓。危机发生后，陷入困境的政府求助于国际货币基金组织时，不得不接受国际货币基金组织的调节政策，同时还要经历冗长的谈判过程，这就浪费了宝贵的时间，降低了救助的效果。国际货币基金组织不能起到最后贷款人的作用，但恰恰又是因为国际货币基金组织的存在，使得国际游资会没有后顾之忧地在国际资本市场游动，增加了国际经济的风险。因为他们相信国际货币基金组织的救助计划能够让他们的资本安全地抽出。所以说，因为国际货币基金组织的存在，加大了国际资本市场的道德风险。

第三节　世界银行集团

世界银行集团（World Bank Group）是与国际货币基金组织联系非常密切的全球性国际金融集团，在贷款开发、向会员国提供长期资金、促进各国经济的恢复与发展、协助发展中国家的经济发展和资源开发等方面发挥了巨大的作用。世界银行集团由国际复兴开发银行（International Bank for Reconstruction and Development，IBRD）、国际开发协会（International Development Association，IDA）、国际金融公司（International Finance Corporation，IFC）、多边投资担保机构（Multilateral Investment Guarantee Agency，MIGA）和解决投资争端国际中心（International Centre for Settlement of Investment Disputes，ICSID）等同样具有合法地位的全球性国际金融机构组成。国际复兴开发银行亦称世界银行，有时还习惯地把国际复兴开发银行和国际开发协会合称为“世界银行”。表 15－1 列出了主要全球性国际金融组织的特征。

表 15－1　全球性国际金融组织的比较

名称	贷款对象	期　限	年利率	其他费用	贷款目的与宗旨	特　点
IMF	会员国	3—5 年	视期限而定，期限越长利率越高	手续费 0.75%	解决国际收支不平衡的短期资金需要	贷款期限短，条件严格
IBRD	会员国	20 年左右，拥有 5—10 年宽限期	随市场利率变化定期调整，一般低于市场利率	承诺费 0.75%	促进会员国经济的发展	提供长期资金，条件严格
IDA	贫穷的发展中会员国	50 年，拥有 10 年宽限期	无息	手续费 0.75%	帮助贫穷的发展中国家发展经济	条件较优惠，项目审查严格
IFC	会员国的私人企业	7—15 年	略高于 IBRD 的利率	手续费 1%	扶持私人企业	以原借入货币偿还，多采用联合贷款

从组织结构上看，国际开发协会和国际金融公司是国际复兴开发银行的附属机构，国际复兴开发银行的行长、副行长兼任国际开发协会和国际金融公司的总经理、副总经理，国际复兴开发银行的执行董事和理事在国际开发协会和国际金融公司中担任同样的职务，国际开发协会和国际金融公司不另外雇用职员，均以国际复兴开发银行的职员代替，实质上是三个机构，一套人马。根据三个机构的章程规定，国际复兴开发银行成员资格是国际开发协会和国际金融公司成员资格的先决条件，但国际复兴开发银行成员可以不加入国际开发协会或国际金融公司。世界银行集团的主要任务是向会员国的发展项目提供资

金。但在业务范围和职能作用等方面，国际复兴开发银行、国际开发协会和国际金融公司这三个经营贷款业务的机构各有其特点，本节将逐一介绍。

一、国际复兴开发银行（IBRD）

（一）世界银行的宗旨和任务

国际复兴开发银行是和国际货币基金组织同时产生的国际金融机构。该银行成立于1945年12月，1946年6月开始运营，总部设在华盛顿，现有180多个会员国。国际复兴开发银行成立初期的宗旨是致力于战后欧洲复兴。在《国际复兴开发银行协定》中规定了世界银行的宗旨：

第一，对用于生产目的的投资提供便利，以协助成员国的复兴与开发；同时鼓励较不发达的国家的生产与资源开发。

第二，以保证或参加私人贷款和私人投资的方法，促进私人的对外投资。

第三，用鼓励国际投资以开发成员国生产资源的方法，促进国际贸易的长期平衡发展，并维持国际收支的平衡。

第四，在为其他方面的国际贷款提供贷款保证时，应同其他方面的贷款相配合。

世界银行发放的第一笔贷款是1947年向法国提供的2.5亿美元的复兴贷款。1948年以后，世界银行转向世界性的经济援助（如向亚非拉发展中国家提供开发资金），通过向生产性项目提供贷款和对改革计划提供指导，帮助欠发达成员国实现经济发展。世界银行的主要任务是对成员国提供用于生产性项目的中长期贷款，协助成员国进行复兴经济和开发的建设，提高生产能力，促进成员国的国际贸易平衡发展和国际收支平衡，并协助发展中国家的经济发展与资源开发。世界银行对世界经济发展的作用，主要是通过发放贷款来实现的。

（二）世界银行的组织机构

只有国际货币基金组织的成员国才有资格申请加入世界银行。世界银行组织机构的管理层次设置和功能设置与国际货币基金组织的机构设置很相似，设有理事会、执行董事会和由行长、副行长及工作人员组成的办事机构。

1. 理事会

世界银行的最高权力机构是理事会，由成员国指派一名理事和一名副理事组成，理事人选一般由该国财政部长或中央银行行长充任。理事会的主要职权是批准接纳新成员、银行资本增减、停止成员国资格、决定银行净收入分配等重大事项。理事会每年举行一次会议，但常与基金组织会议联合召开。理事会年会必须有代表投票权总数的2/3以上的理事出席，才具有合法性。

2. 执行董事会

负责处理日常事务的机构是执行董事会，行使由理事会赋予的职权。1992年11月1日之前，执行董事会共有22位执行董事，其中5人是常任执行董事，由股份最多的美、英、德、法、日五国指派，其他17位由剩余的成员国选举产生。1992年，考虑到大量新成员国加入世界银行，选举执董的数目增加到19。新增加的两个席位（俄罗斯和新的瑞士国家集团）使执行董事总数增加到目前的24位。

3. 行长

执行董事会主席由世界银行行长担任。行长是世界银行的最高行政长官，由执行董事会选举产生，负责领导银行的日常工作以及任免银行的高级职员和工作人员。行长下设副行长若干人，协助行长工作。行长无投票权，只有在执行董事会表决中出现双方票数相等的情况时，才可以投起决定作用的一票。

4. 办事机构

世界银行有许多办事机构，除在华盛顿设立总部外，还另设纽约办事处、欧洲办事处（布鲁塞尔和伦敦）、东京办事处、东非地区办事处（肯尼亚、内罗毕）、西非地区办事处（科特迪瓦、阿比让）、拉脱维亚地区办事处（拉脱维亚、里加）、爱沙尼亚波罗的海地区办事处（爱沙尼亚、塔林、立陶宛、维尔纽斯）等多个办事处。由总部、办事处和代表处组成的世界银行办事机构，拥有上万名职工和管理人员。

（三）世界银行的资金来源

世界银行的资金来源主要有：一是成员国缴纳的股金。但由于实际缴付额大大小于应缴额（约 80% 为代缴股金），所以银行实有资本是有限的。二是借款。向国际金融市场借款是世界银行资金来源的主要方面。近年来还增加了向石油输出国的借款。通过发行债券筹借的资金也在迅速增加。三是转让债权。通过将贷出款项的债权转让给私人投资者（主要是商业银行），收回一部分资金，以扩大银行的资金力量。四是业务净收益。由利息收入和投资收益构成的银行净收益也是世界银行资金来源的一个部分。

（四）世界银行的贷款业务

1. 世界银行的贷款原则

世界银行遵循以下原则发放贷款：一是贷款只贷给成员国，接受贷款的部门只能是成员国政府或必须经成员国政府、中央银行担保的公司机构。二是只有在申请贷款国确实不能以合理条件从其他来源获得资金时，世界银行才考虑给予贷款或提供担保。三是贷款一般用于世界银行审定批准的、有助于借款国生产发展与经济增长的工程项目，即项目贷款；只有在特定情况下，才根据世界经济发展的需要发放非项目贷款，用以解决进口物资和设备，支持生产发展和克服自然灾害发展经济的资金需要。四是贷款只贷放给有偿还能力的成员国，因为贷款的资金来源主要是国际金融市场上的借款，必须确保贷款能如期收回。五是贷款必须专款专用，并接受世界银行的监督。

2. 世界银行的贷款种类

针对会员国的不同经济情况和不断变化的国际经济形势，世界银行采取多种贷款形式，主要分为项目贷款、非项目贷款、部门贷款、联合贷款和第三窗口贷款等几种类型，其中项目贷款是世界银行贷款业务的主要组成部分。

（1）项目贷款

项目贷款又称为特定投资贷款，用于资助成员国某个具体的发展项目。世界银行针对农业和农村发展、教育、能源、工业、交通、城市发展等方面的大部分贷款都属于此类贷款。经过多年实践，为确保贷款资金能按时收回，世界银行在项目选择、建设和管理方面积累了丰富的经验，逐步形成了一套严格的管理制度、管理程序和管理方法。

世界银行对具体项目的选定和实施过程规定了一套严密的经济、财务、社会、市场及机构等方面的审查程序，虽然这套程序往往会因国、因时、因地、因项目而异，但随着世界银行贷款业务的发展而形成的六阶段贷款程序已成定式，这一程序亦被称为“项目周期”。六阶段分别为：

①项目的选定。借款国与世界银行共同探索提供贷款的可能性，在世界银行的协助下初步选出项目，确定开发项目的意向。

②项目的准备。借款国与世界银行根据商定的项目，完成可行性报告。

③项目的评估。世界银行专家在项目可行性研究报告的基础上，对项目进行系统审查，并由世界银行专家在总部写出评估报告，作为世界银行与借款国谈判条件的权威依据。

④项目的谈判。借款国委派代表到世界银行总部就项目的贷款金额、贷款条件等内容进行谈判和签约。

⑤项目的执行。在这一阶段，借款国负责项目的执行和经营，世界银行对项目进行全面的监督和指导。

⑥项目的总评价。世界银行对贷款项目进行全面审核评价，撰写总结报告，检查项目是否达到预期目标，甄别借款国项目实施能力。

（2）非项目贷款

非项目贷款是指没有具体项目作保证的贷款。世界银行只有在特殊情况下，才发放此类贷款。非项目贷款只能用于以下几个方面：一是为成员国提供进口国内短缺的原料和先进设备所需的外汇；二是解决成员国克服自然灾害、实行发展计划的资金需要；三是调整成员国因进口商品价格急剧上升而产生的国际收支严重逆差；四是对出口结构单一的成员国为弥补出口收入的突然下降提供贷款。

结构调整贷款设立于1980年，属于非项目贷款。此项贷款用于帮助借款国在宏观经济、部门经济和结构体制等方面进行必要的调整和改革，使其能够有效地利用资金和资源，在较长时期内维持国际收支的平衡。借款国向世界银行申请此贷款前，须先找出该国面临的重要问题并制定一个包括改革机构体制、修改国家投资计划、调整进出口政策等一系列内容的结构调整规划。结构调整贷款的拨付速度比项目贷款要快得多，拨付的方式也比较灵活。每笔贷款的执行期为1年，分两期拨付。但是，贷款的使用要受世界银行的监督。

（3）联合贷款

联合贷款是指世界银行与借款国以外的其他贷款机构联合起来，对世界银行的项目共同筹资和提供贷款。其方式有两种：一是世界银行与其他贷款机构分别承担同一项目的一部分；二是由世界银行作介绍人，动员有关贷款机构对项目或与项目有关的建设计划提供资金。

联合贷款的资金除世界银行提供的贷款资金外，主要还有以下三个来源：一是官方的援助，包括各国政府、政府所属外援机构和各种多边的金融机构；二是私人金融机构，主要是指私人商业银行，也包括保险公司、抚恤金和其他私人来源的资金；三是出口信贷机构，包括各种进出口银行和一般商业银行提供的出口信贷。

（4）部门贷款

部门贷款由部门投资及维护贷款、部门调整贷款和中间金融机构贷款组成。部门投资及维护贷款，执行期为3—7年，主要用于改善部门政策和投资重点，加强借款国制定和执行投资计划的能力。部门调整贷款，执行期为2—4年，主要用于支持某一具体部门的全面政策和体制的改革，它所涉及的范围比机构贷款要小。中间金融机构贷款，执行期为3—7年，是指世界银行将资金贷放给借款国的中间金融机构，如开发金融公司和农业信贷机构，再由中间金融机构转贷给该国的分项目，转贷利率和期限由中间金融机构自行决定。

（5）窗口贷款

窗口贷款设立于1975年12月，贷款的期限为25年，主要用于援助低收入国家。其贷款条件介于世界银行发放的一般贷款和世界银行附属机构国际开发协会发放的优惠贷款之间。贷款的利率为4.5%，低于世界银行的一般贷款利率8.5%，利差由工业发达国家和石油生产国自愿捐赠形成的“利息贴补基金”解决。

3. 世界银行的贷款特点

世界银行贷款与国际货币基金组织贷款相比具有以下特点：

（1）贷款用途广

国际货币基金组织贷款限于弥补成员国国际收支逆差、稳定汇率或用于经常项目的国际支付。而世界银行的贷款用途广泛，其贷款必须与特定的工程项目或政策相联系，一般多用于工业、农业、能源、运输、教育等，并采用国际招标。

（2）贷款期限长

国际货币基金组织提供的大多为短期信贷，期限为1—5年。而世界银行贷款期限较长，一般为20年左右，并有5—10年宽限期。

（3）贷款利率较低

国际货币基金组织贷款利率一般按贷款期限和额度的累进制递增收取。而世界银行贷款利率参照资本市场利率，但一般低于市场利率，同时贷款收取杂费较少，只对签约后未使用的贷款额收取0.75%的承诺费。

（4）贷款数额不受借款国认缴股份的限制，主要考虑是否有偿还能力

国际货币基金组织贷款额度与借款国份额大小成正比，并附加调整借款国宏观经济政策的贷款条件。而世界银行贷款额度主要考虑借款国人均国民生产总值、债务信用的强弱、借款国的发展目标和需要以及投资项目的可行性等因素，并且世界银行的项目贷款只提供所需投资的30%—40%，原则上不超过50%，其余由借款人自行筹集。

（5）贷款对象相对广泛

国际货币基金组织贷款对象只限于成员国官方财政、金融当局，不与任何私营企业进行业务往来。而世界银行可以对会员国官方、国营企业或私营企业贷款。

（6）贷款手续严密，程序严格

同国际货币基金组织一样，世界银行贷款的手续严密，一般从提出项目到取得贷款需要1年半到2年的时间。

（7）借款国要承担汇价变动风险

世界银行贷款都以美元计值，借款国如需提用其他货币，银行按

贷款协议的美元数额，按当时汇价付给借款国所需货币，借款国在还款时必须用同样的货币还本付息，按当时汇价折合美元，汇价变动的风险由借款国承担。

4. 世界银行的贷款重点

世界银行的贷款重点在世界经济发展的各个阶段不同。20 世纪 70 年代初，贷款重点主要集中在基础设施建设方面，对工业、交通、邮电以及能源的贷款占总贷款的71%；20 世纪 70 年代中期起，贷款的重点开始转向农业方面，并扩大了对城市建设的供水、排水的贷款；到了 20 世纪 80 年代，世界银行开始实行结构调整贷款，增加能源贷款的比重；到了 20 世纪 90 年代初，世界银行的贷款遍布农业、卫生、初等教育、供水和排水以及环境保护项目，注重扶持私营经济，并向受海湾战争影响损失严重的“前线国家”提供无息贷款。近几年，世界银行向经济转轨国家和受金融危机重创的国家提供了大量中长期贷款和优惠信贷。

二、国际开发协会（IDA）

虽然国际货币基金组织和世界银行都会向成员国提供贷款，但由于二者的贷款条件比较高，数量有限，贷款利率接近市场利率，于是发展中国家迫切要求建立一个适合发展中国家国情的、能够提供长期优惠、贷款期限长的融资的国际金融机构，为其经济发展提供资金。为适应这一要求，国际开发协会于 1960 年 9 月正式成立，同年 11 月开始运营，总部设在华盛顿。国际开发协会就是专向贫穷的发展中国家提供长期优惠贷款的国际性金融组织。国际开发协会根据 1960 年 9 月 24 日通过的《国际开发协会协定》成立，它是世界银行的附属机构之一，也是联合国专门机构之一。国际开发协会与世界银行具有相同的组织机构，又同是提供长期资金的机构，在性质上与世界银行相似。因此，西方国家通常把这两个机构统称为世界银行。

组建国际开发协会的目的，是为了满足世界上较贫困的发展中国家筹措低成本的长期资金以建设基础设施的迫切需要。它的宗旨是向符合条件的低收入国家提供长期优惠性贷款，帮助这些国家加速经济发展，达到提高劳动生产率和改善人民生活的目的。因此，国际开发协会的贷款是低收入发展中国家获得发展经济资金的一个很重要的来源。这意味着国际开发协会的贷款带有援助的色彩，与国际货币基金组织和世界银行的贷款有着明显的区别。它作为世界银行贷款的补充，促进了世界银行目标的实现。

国际开发协会采取无息贷款（称为国际开发协会"信贷"）、技术援助和政策咨询的方式，在世界银行集团履行其减贫使命方面起着重要作用。国际开发协会的援助对象是世界上最贫困的国家，向他们提供无息贷款和其他服务。国际开发协会通常只贷款给人均 GDP 在 425 美元以下的会员国。借款国需支付不到贷款额 0.75% 的手续费用于行政支出，零利率，还款期为30—50 年，宽限期为10 年。贷款对象是政府或政府担保的企业以及社会效益好的项目（用于电力、交通运输、水利、港口建设之类的公共工程部门，以及农业、文化教育建设方面），偿还条件优惠，可用本国货币偿还，属于经济援助性质。

国际开发协会的主要资金来源有：成员认缴的股金、补充资金和特别基金捐款、世界银行拨款以及协会本身经营业务的净收益。补充资金的主要来源是较富裕的成员，也包括部分发展中国家的捐款。国际开发协会每三年补充一次资金，有近40 个国家捐款，其中不仅包括法国、德国、日本、英国、美国等发达工业国，也包括阿根廷、博茨瓦纳、巴西、匈牙利、韩国、俄罗斯、土耳其等发展中国家，其中有些国家曾一度是国际开发协会的借款国。

国际开发协会的机构设置与世界银行相同。其最高权力机构是理事会，下设执行董事会，负责日常业务活动。

国际开发协会贷款的优惠性主要表现在四个方面：①国际开发协会的贷款不收利息，只收0.75% 的手续费，对未用部分的贷款收0.5% 的承担费；②贷款期限长，可长达 50 年，并有 10 年的宽限期；③贷款可用部分或全部的本国货币偿还。

贷款的严格性是与优惠性特点相伴随存在的。国际开发协会的贷款多与特定的工程项目相联系。由于国际开发协会的贷款无利息，期限长，因此利润很有限。为使国际开发协会的贷款能够充分地发挥作用，国际开发协会对项目的审查非常严格，要求所选定的项目必须达到既能提高借款国的劳动生产率，又具有较高的投资收益率这两方面的要求。为适应借款国的国情，贷款项目一般具有这样一些特点：(1) 项目所应用的技术比较简单，易于掌握；(2) 建设和经营成本低，以利于用较少的资金开发较多的项目；(3) 在项目中注重加强对能较大地提高劳动生产率和收入的要素的投入。

三、国际金融公司（IFC）

国际金融公司（IFC）也是世界银行的一个附属机构，其任务是专门对会员国，特别是发展中国家会员国的私人企业融通资金，以扶持这些私人企业的发展。如前所述，世界银行的贷款对象只能是成员国政府，或由政府担保的公司机构，这在一定程度上限制了世界银行业务的扩展，国际金融公司的业务特点弥补了这一不足。IFC 于 1956 年 7 月正式成立，总部也设在华盛顿。进入 90 年代以后，在世界范围内，注重私营经济的倾向明显增强，IFC 在扶持私人企业、鼓励外国私人资本向发展中国家投资等方面发挥着日益重要的作用。

IFC 的宗旨是：(1) 为发展中国家的私人企业提供没有政府机构担保的各种投资，以促进会员国的经济发展；(2) 促进外国私人资本在发展中国家的投资；(3) 促进发展中国家资本市场的发展。

IFC 的组织机构和管理方法与世界银行相同，总经理由世界银行行长兼任，其余除少部分自己的办事机构和人员外，大都由世界银行相应机构和人员兼任。IFC 的成员必须是世界银行的成员，而世界银行的成员并不一定都要加入 IFC。

IFC 的资金主要来源于：成员认缴的股金、从世界银行及其他国家的贷款、净收益和转让投资股本（IFC 通过转让投资股本取得周转资金）。

IFC 的主要业务是提供贷款和对中小企业直接投资。其业务特点主要有：(1) 专门对成员国的私人企业进行贷款和投资，不需要成员国政府的担保；(2) 贷款对象主要是发展中国家的制造业、加工业及开采业，由于 IFC 核贷或投资于这些私人企业的标准颇为严格，因此能大大提高受信企业在国际商业中的地位，对受信企业投资成功后，IFC又通过转让股权于其他外来投资者的方式，积极引导国外私人资金的流入；（3）贷款期限一般为7—15年，利率一般高于世界银行的利率，有时高达10%，另收取1%的手续费，还款时须以原借入的货币偿还；（4）投资额一般不超过私人企业注册资本的25%，最低的只有2%，以此组织发达国家和当地金融机构进行联合投资活动，帮助发展中国家开发资本市场；（5）支持发展中国家国有企业私有化及企业改组活动，提高这些企业的经济效益；（6）向重债国提供将债务转换为股本的方法，帮助重债国缓解债务危机。

四、多边投资担保局（MIGA）

MIGA成立于1988年4月，为世界银行集团旗下5个附属机构之一，也是其最年轻的成员。多边投资担保局（Multilateral Investment Guarantee Agency，MIGA）是向外国投资者提供非商业性风险担保的机构。根据1988年4月12日正式生效的《多边投资担保机构公约》而成立。该机构是继国际解决投资争端中心后由世界银行发起建立的又一个国际性组织，是世界银行集团中的新成员，也是第一个专营非商业性政治风险的国际组织。总部设在华盛顿。

20世纪初80年代由于若干发展中国家爆发了严重的债务危机，受其影响所及，流向这些发展中国家的外国直接投资因而急剧下降。在此情况下，世界银行提出了成立MIGA的构想，并于1985年于韩国汉城举行的世界银行年会中获得通过，故又称为《汉城公约》。投资担保是MIGA的主要功能。其担保范围包括商业性和非商业性风险，主要是后者。根据MIGA的规定，可申请投资保证服务的基本服务条件，除了须于发展中国家创造就业与促进出口外，申请者亦须为MIGA的成员国的公民。

多边投资担保局的宗旨是通过向私人投资者和借款人提供包括征收风险、货币转移限制、违约、战争和内乱风险在内的政治风险担保，帮助发展中国家吸引外国直接投资，促进发展中国家的经济增长，提高人民生活水平，减少贫困。并通过向成员国政府提供投资促进服务，加强其吸引外资的能力，从而促使外国直接投资流入发展中国家。

多边投资担保局的主要业务活动有：（1）对合格的外国投资者提供担保，使其不致遭受非商业性风险的损失；（2）对成员国提供技术援助服务；（3）协助政府传播有关投资机会的信息。

五、国际投资争端处理中心（ICSID）

国际投资争端处理中心（International Centre for Settlement of Investment Disputes，简称 ICSID）是世界银行集团的一个投资促进机构和仲裁投资争端的国际性机构，成立于 1966 年 10 月，总部设在华盛顿。

国际投资争端解决中心的宗旨和任务是，制定调解或仲裁投资争端的规则，受理调解或仲裁投资纠纷的请求，处理投资争端等问题，为解决成员国和外国投资者之间争端提供便利，促进投资者与东道国之间的互相信任，从而鼓励国际私人资本向发展中国家流动。该中心解决争端的程序分为调停和仲裁两种。

国际投资争端解决中心组织机构有：一是理事会，为最高权力机构，由各成员国派 1 名代表组成，每年举行一次会议，世界银行行长为理事会当然主席；二是秘书处，由秘书长负责，处理日常事务。其成员包括世界银行成员国和其他被邀请国。

在过去诸多情况下，世界银行组织及世界银行总裁以其个人的能力，已协助调解了许多政府与外国投资者之间的争端。1966 年创设的 ICSID，主要目的是希望减轻世界银行总裁及行员在涉入这些争端时的负担。但是，世界银行决定创设 ICSID 的主要考虑，是相信若世界银行能设计出排解政府与外国投资者争端的机制，将有助于促进国际投资流量的增加。

第四节　其他国际金融组织

除了前面介绍的国际货币基金组织和世界银行集团这两大最主要的全球性国际金融组织外，还有一些在世界经济金融领域和区域经济发展中同样发挥着重要作用的金融机构，如国际清算银行（BIS）、欧洲复兴开发银行（EBRD）以及亚洲开发银行（ADB）等。本节将简单地加以介绍。

一、国际清算银行（BIS）

国际清算银行（Bank for International Settlements，BIS）是一家办理中央银行业务的金融机构，成立于1930年2月，并于同年5月正式开业。国际清算银行由美国摩根、纽约和芝加哥花旗银行组成的银行团，与英国、法国、德国、意大利、比利时、日本6国的中央银行共同投资设立，行址在瑞士巴塞尔。

1930年5月，英国、法国、德国、意大利、比利时、日本6国央行，以及美国三家大银行，在瑞士巴塞尔成立了BIS，这是第一个国际性金融机构。建立该组织的初衷，是解决一战后德国战争赔款，以及协约国之间债务清算事宜。有关问题解决后，该行仍保留了下来，并演变为各国央行的合作机构。BIS的主业务，是为各国央行提供存、放、贷款，并为它们代理黄金、外汇买卖，此外，也为一些国际组织代理金融业务，特别是国际间的清算业务。该组织定期举办央行行长会议，就国际金融问题进行磋商。BIS的数据库，搜集了各国央行的统计资料，并对其进行整理、分析，具有很高的权威性。在国际金融监管合作方面，BIS可谓一言九鼎。其下属的巴塞尔委员会，于1988年出台了一个重要协议，该协议确定了银行资本充足率标准，提出了国际金融监管的合作原则。目前，该协议已成为国际银行业的“金科玉律”，越来越多的银行，按照巴塞尔协议精神行事，各国中央银行也都把该协议作为重要参考，确定自己的金融监管办法。

BIS成立时，欧洲诸国还在称雄世界，所以，它一度以欧洲金融事务为中心，而且时至今日，仍是欧洲货币基金的代理人。近年来，随着亚洲和拉丁美洲一些新兴市场国家和发展中国家的经济崛起，BIS目前也将业务服务拓展到了更广泛的地区，进而成为洲际性或称半区域性的国际金融机构。

BIS的宗旨是促进各国中央银行之间的合作；为国际金融活动提供

更多的便利；在国际金融清算中充当受托人或代理人。它是各国"中央银行的银行"，向各国中央银行并通过中央银行向整个国际金融体系提供一系列高度专业化的服务，办理多种国际清算业务。国际清算银行的主要任务是"促进各国中央银行之间的合作并为国际金融业务提供新的便利"。因为扩大各国中央银行之间的合作始终是促进国际金融稳定的重要因素之一，所以随着国际金融市场一体化的迅速推进，这类合作的重要性显得更为突出。因此国际清算银行便成了各国央行进行合作的理想场所和中央银行家的会晤场所。

BIS 的资金来源是：股本金、各成员国央行存款以及借款。虽然 BIS 有私人持股，但私人股东无权参加股东大会，也没有投票权，章程规定股票权和代表权始终属于各会员国中央银行。BIS 最高权力机构为股东大会；董事会为实际权力机构，现有席位 21 个；秘书处处理日常事宜。

二、欧洲复兴开发银行（EBRD）

欧洲复兴开发银行（European Bank for Reconstruction and Development, EBRD）简称"欧洲银行"，于 1991 年 4 月 14 日正式开业，总部设在伦敦。EBRD 是第一家泛欧性的、把欧洲大陆东西两部分融合在一起的区域性国际金融机构，同时又是第一家统一的欧洲金融机构。

EBRD 是在东欧剧变期间成立的。从 1989 年秋天开始，东欧各国相继发生重大变革，使得这个区域陷入了严重的经济危机和债务危机。这些国家纷纷向西方国家要求提供经济援助。在同年 12 月召开的欧共体首脑会议上，当时担任欧共体理事会主席的法国总统密特朗建议由欧共体牵头，成立一家"地区性的开发银行"，以协调欧共体内部和其他西方发达国家对东欧国家的经济改革提供资金。这一建议得到首脑会议成员国的一致同意，并很快得到了英国、日本等西方国家、东欧和苏联等国家以及有关金融机构的响应和支持。1990 年 1 月，26 个西方国家以及东欧和苏联的政府代表团出席了巴黎会议，开始谈判建行事宜，会上成立了三个起草欧洲复兴开发银行章程的委员会。同年 5 月 20 日欧洲复兴开发银行在法国巴黎正式成立，第一任行长是法国人雅克·阿塔利。

EBRD 的宗旨是在考虑加强民主、尊重人权、保护环境等因素下，帮助和支持东欧、中欧国家向市场经济转化，以调动上述国家中个人及企业的积极性，促使他们向民主政体和市场经济过渡。投资的主要目标是中东欧国家的私营企业和这些国家的基础设施。贷款的条件是：贷款期限在 2—10 年之间，贷款利率按照伦敦市场的利率计算，另外根据项目的风险程度和抵押条件上浮 2—5 个百分点。

欧盟委员会（前欧洲共同体委员会）、欧洲投资银行和 39 个国家在 EBRD 中拥有股权。最大股份拥有者是美国，占 10%，其次是法国、德国、意大利、日本和英国各占 8.5%，东欧国家总共拥有股份 11.9%，其中苏联占有 6%。

EBRD 的主要业务为：（1）提供必要的技术援助和人员培训；（2）帮助受援国政府制定政策及措施，推动其经济改革，帮助其实施非垄断化、非中央集权化及非国有化；（3）为基本建设项目筹集资金；（4）参加筹建金融机构及金融体系，其中包括银行体系及资本市场体系；（5）帮助支持筹建工业体系，尤其注意扶持中小型企业的发展。EBRD 的经营方针是“银行业务及商业投资银行的业务兼顾”。

理事会为最高权力机构，由每个成员国委派正副理事各 1 名，每年举行年会一次。董事会代理事会行使权力，由 23 名成员组成，董事任期 3 年。董事会负责指导银行的日常业务工作，并负责选举行长。董事会主席任银行行长，行长任期 4 年。

三、亚洲开发银行（ADB）

亚洲开发银行（Asian Development Bank，ADB）或简称“亚行”，是亚洲、太平洋地区的区域性政府间国际金融机构。它是联合国亚洲及太平洋经济社会委员会赞助建立的机构，同联合国及其区域和专门机构有密切的联系。它根据联合国亚洲及太平洋社会委员会专家小组会建议，并经 1963 年 12 月在马尼拉举行的第一次亚洲经济合作部长级会议决定，于 1966 年 11 月正式建立，总部设在菲律宾首都马尼拉。ADB 创立时共有 34 个成员，其中 22 个来自亚太地区，12 个来自西欧、北美地区。其后，成员数量不断增加，现有65个成员。

（一）亚洲开发银行的宗旨与任务

建立亚行的宗旨是促进亚洲和太平洋地区的经济发展和合作，特别是协助本地区发展中成员以共同的或个别的方式加速经济发展。为实现其宗旨，亚行的主要任务是：（1）促进为开发目的而在本地区进行的公、私资本投资。（2）为亚太地区发展中成员的经济发展筹集与提供资金。（3）帮助亚太地区各成员协调经济发展政策，以更好地利用自己的资源在经济上取长补短，并促进其对外贸易的发展。（4）对成员拟定和执行发展项目与规划提供技术援助。（5）以适当方式同联合国及其附属机构以及参加本地区开发基金投资的国际公共组织、其他国际机构和各国公私实体进行合作，并向上述机构和组织展示投资和援助的机会，吸引它们的兴趣。

ADB是一个独立的机构，但实际上属于联合国执行区域性货币信贷安排的国际金融机构。它与国际货币基金组织、世界银行集团、发展计划署、亚太地区经济与社会委员会、粮食及农业组织等国际金融组织以及国际经济组织保持着密切的联系。

（二）亚洲开发银行的组织机构

同其他国际金融机构一样，亚行也是股份制的金融机构。理事会是亚行最高权力机构，负责接纳新成员、变动股本、选举董事和行长、修改章程等。理事一般由各成员的财政部长或中央银行行长担任，代表本国或地区行使投票权。理事会下设执行董事会，负责日常业务。执行董事会由12人组成，其中8人选自地区外的成员国，任期2年，可以连任。亚行的最高行政负责人是行长，由理事会选举产生，任期5年，可连选连任。行长一般没有投票权，只有在投票出现等数时，方可投出决定性的一票。由于日本在亚洲开发银行的地位，亚行的历任行长均由日本人担任。各成员的投票权采用按股东份额计算的原则，按亚行的章程规定，每个成员国均拥有相同的基本投票权，每认缴1股银行股本另外增加1票。因此，对于各成员来说，所认缴的银行股本越多，投票权就越大。目前亚行成员中发达国家的投票权占总投票权的50%以上，特别是日本和美国，其认缴额在亚行成员中占据前两名的位置。从表决权看，亚行实际上受发达国家所控制。

（三）亚洲开发银行的资金来源

亚行的资金来源包括普通资金、亚洲开发基金、技术援助特别基金、日本特别基金及联合金融资金。其中主要是前三项，即：用于硬贷款的普通资金；用于软贷款的亚洲开发基金和用于以赠款形式进行技术援助的技术特别基金。普通资金是亚行开展业务活动的主要资金来源。其构成有股本、借款、普通储备金、特别储备金、净收益和预交股本等。亚洲开发基金专门用于亚太地区贫困成员的优惠贷款，基金来源于发达成员的捐赠。为提高发展中成员的人力资源素质并加强执行机构的建设，亚行于1967年建立技术援助特别基金。该基金用于资助发展中成员聘请咨询专家、培训人员、购置设备进行项目准备与执行、制定发展战略、加强机构建设、加强技术力量、从事部门研究并制订有关国家和部门计划和规划等。日本特别基金由日本出资建立，以用于加速发展中成员的经济增长，其使用方式主要是捐赠和股本投资。亚行的联合融资是指一个或一个以上的外部经济实体与亚行共同为某一开发项目融资，目的是可以使被资助国筹集到更多的开发资金。

（四）亚洲开发银行的业务活动

1. 贷款业务

亚行资金运用的主要形式是贷款。贷款包括两类：一类是用普通资金发放的普通贷款（或硬贷款）。主要贷给收入较高的发展中国家和地区，用于工业、农业、电力、运输、邮电等部门开发工程项目。贷款期限10—30年，贷款利率低于市场利率，一般半年调整一次。另一类是用特别基金发放的特别贷款（称软贷款）。主要贷给较贫困的发展中会员国，贷款优惠，具有援助性质。贷款期限40年，不收利息，仅收1%的手续费。

亚行的贷款原则和程序与世界银行相类似。贷款主要向本地区会员国政府、政府所属机构、公私企业等方面提供。贷款形式包括项目贷款、规划贷款、部门贷款、开发金融机构贷款、综合项目贷款、特别项目贷款等，其中主要的是项目贷款。

2. 技术援助

亚行多年来的经验表明，仅向发展中国家提供贷款和投资，难以达到促进其社会经济发展的目的，还必须向发展中国家提供致力于加强机构建设和提高劳动生产率水平的技术援助，使其能够更有效地利用投资，搞好经济开发项目的建设。因此，亚行在办理各项贷款业务的同时，积极开展了广泛的技术援助。其中主要包括咨询服务、协助发展中国家拟订和执行开发计划等，这项业务在20世纪80年代后期至90年代发展尤为迅速。亚行提供技术援助的目的主要表现在四个方面：（1）提高发展中国家执行机构的技术水平和组织管理能力；（2）建立并加强发展中国家的开发性金融机构；（3）更有效地监督、制定和执行发展中国家的开发项目；（4）帮助发展中国家制订全国的和部门的发展规划与策略。

（五）中国与亚洲开发银行的关系

中国于1986年3月正式加入亚行。在中国加入以前，台湾曾长期以“中华民国”名义占据中国的合法席位。经与亚行当局多次交涉和协商，于1985年11月达成《谅解备忘录》，明确规定中华人民共和国作为中国的唯一合法代表成为亚行成员，台湾以“中国台北”的名义留在亚行。

中国自加入亚行以来，积极参与亚行事务，与亚行关系稳步发展，与亚行各会员国之间的交流合作不断增加。1987年年会上，中国当选为亚行董事国，同年7月1日正式设立执董办公室，专门负责对亚行的各种事务。这是沟通中国与亚行的主要窗口和渠道。

加入亚行后，亚行便成为我国引进外资的重要渠道。1987年开始借款，当年借款金额1.33亿美元，完成中国投资银行和华能公司长山电厂两个项目。1988年借款总金额2.83亿美元，占亚行贷款总额的1/10，完成项目比1987年增加一倍。截至2005年底，亚行对华公共部门贷款总额约162亿美元，私营部门贷款和股本投资约4.5亿美元，共批准对华贷款项目117个，还批准了496个技术援助项目，项目遍及我国28个省（区、市），同时技术援助赠款2.6亿美元。这些款项主要用于能源、交通和环境保护等基础设施和国家重点项目，其中70%以上的亚行贷款用于支持我国中西部地区的基础设施建设，这些对支持我国的经济建设起到了积极的推动作用。

相对其他国际金融机构而言，亚行对我国的经济发展有着更直接的关系和影响。尽管日、美在争取对亚行的控制权方面竞争激烈，亚行经济方针政策不会有太大的变化。因此，今后我国与亚行的合作关系将得到进一步加强和长足发展。

本章小结

国际金融组织泛指从事国际金融业务，促进各国货币合作，协调各国金融货币政策，维护国际货币、信用体系正常运作的跨国组织机构。国际金融组织可以从地区范围、宗旨与任务、接受贷款的对象以及成员国的类型等多角度进行类型划分。国际金融组织是政府间国际金融组织，同时也是股份公司式的企业组织，它们大多以提供贷款为主要的日常业务活动，且其业务活动不是完全按照市场经济原则进行，且具有不平等性。从国际金融组织建立以来，在协调各国间的相互关系、促进加强各国间的经济与金融合作，通过提供长短期资金，有效地帮助借款国摆脱经济困境（如弥补国际收支逆差、稳定急剧波动的利率和汇率，缓解债务危机等），稳定国际金融，促进国际贸易的增长等方面起到了重要的作用。然而，又必须看到目前的国际金融组织也存在一定的问题与缺陷，这些问题对国际金融、贸易以及世界经济的稳定可持续增长的影响是不可忽视的。发展中国家要求改革某些主要国际金融组织的呼声渐高。国际经济一体化的进程在加速，新的国际经济格局要求建立新的国际经济秩序，也要求国际金融机构做相应的改革。

国际货币基金组织是联合国系统的一个专业机构，拥有六大宗旨。国际货币基金组织的主要任务是稳定国际汇率，消除妨碍世界贸易的外汇管制，在货币问题上促进国际合作，并通过提供短期贷款，帮助成员国解决在国际收支出现暂时困难时的外汇资金需要，提高成员国的就业和所得水平，完善多边支付体系，加强国际货币合作，促进世界经济发展。国际货币基金组织的资金来源有摊额、借款以及其他资金来源（包括会员国捐款、某些业务盈利等）。其主要业务活动为汇率监督、磋商与协调、资金援助（即向有国际收支困难的成员国提供贷款，不仅是提供暂时融资，还对旨在纠正基础问题的调整和改革政策给予支持）、技术援助（在其专长领域内向成员国政府和中央银行提供技术援助和培训）。国际货币基金组织自成立以来，在加强国际货币合作，稳定汇率，纠正国际收支平衡，促进国际贸易发展和建立多边支付体系等方面做了大量的工作，推动了世界经济的正常运行与发展。但同时也暴露出一些问题，如信贷资金相对不足、贷款的限制性条件苛刻、功能存在缺陷以及在国际援助时产生道德风险问题。

世界银行集团是由国际复兴开发银行（亦称“世界银行”）、国际开发协会、国际金融公司、多边投资担保机构和解决投资争端国际中心等同样具有合法地位的全球性国际金融机构组成。

（1）世界银行的主要任务是通过组织和发放中长期贷款，协助成员国（尤其是发展中国家）进行各种生产设备和资源开发；促进国际贸易长期均衡发展，维持国际收支平衡；通过保证或参与私人贷款和私人投资的方式，鼓励和辅助私人对外投资以促使成员国的经济复兴与发展。世界银行对世界经济发展的作用，主要是通过发放贷款来实现的。针对会员国的不同经济情况和不断变化的国际经济形势，世界银行采取多种贷款形式，主要分为项目贷款、非项目贷款、部门贷款、联合贷款和第三窗口贷款等几种类型，其中项目贷款是世界银行贷款业务的主要组成部分。

（2）组建国际开发协会（IDA）的目的，是为了满足世界上较贫困的发展中国家筹措低成本的长期资金以建设经济基础设施的迫切需要。它的宗旨是通过对不发达国家给予条件较宽，期限较长，负担较轻的贷款，帮助世界上不发达地区的成员国，促进其经济发展，减轻贫困，提高该国人民生活水平。因此它是一个专门向没有能力以商业利率借贷的低收入发展中国家提供无息长期贷款的一个国际金融组织。

（3）国际金融公司（IFC）也是世界银行的一个附属机构，其任务是专门对成员国，特别是发展中国家成员国的私人企业融通资金，以扶持这些私人企业的发展。

（4）多边投资担保机构（MIGA）是向外国投资者提供非商业性风险担保的机构。多边投资担保机构的宗旨是通过向私人投资者和借款人提供包括征收风险、货币转移限制、违约、战争和内乱风险在内的政治风险担保，帮助发展中国家吸引外国直接投资，促进发展中国家的经济增长，提高人民生活水平，减少贫困。并通过向成员国政府提供投资促进服务，加强其吸引外资的能力，从而促使外国直接投资流入发展中国家。

（5）解决投资争端国际中心（ICSID）是世界银行集团的一个投资促进机构，仲裁投资争端的国际性机构。其宗旨和任务是，制定调解或仲裁投资争端规则，受理调解或仲裁投资纠纷的请求，处理投资争端等问题，为解决会员国和外国投资者之间争端提供便利，促进投资者与东道国之间的互相信任，从而鼓励国际私人资本向发展中国家流动。

本章介绍的其他国际金融组织主要包括 BIS、EBRD 和 ADB。国际清算银行（BIS）是一家办理中央银行业务的金融机构。其宗旨是促进各国中央银行之间的合作，为国际金融活动提供更多的便利，在国际金融清算中充当受托人或代理人。它是各国“中央银行的银行”，向各国中央银行并通过中央银行向整个国际金融体系提供一系列高度专业化的服务，办理多种国际清算业务。国际清算银行的主要任务是“促进各国中央银行之间的合作并为国际金融业务提供新的便利”。欧洲复兴开发银行（EBRD）的宗旨是在考虑加强民主、尊重人权、保护环境等因素下，帮助和支持东欧、中欧国家向市场经济转化，以调动上述国家中个人及企业的积极性，促使他们向市场经济过渡。投资的主要目标是中东欧国家的私营企业和这些国家的基础设施。亚洲开发银行（ADB）是亚洲、太平洋地区的区域性政府间国际金融机构。其宗旨是促进亚太地区的经济发展和合作，特别是协助本地区发展中成员以共同的或个别的方式加速经济发展。亚行对发展中成员的援助主要采取四种形式：贷款、股本投资、联合融资担保和技术援助。

重要概念

摊额　一般性资源融资　信用贷款　扩展贷款　特殊的融资办法　补偿及紧急性融资办法　缓冲存货融资办法　经核准的融资办法　贫穷削减及成长融资办法　加强结构调整融资办法　辅助融资办法　补充的准备融资　紧急信用额度　世界银行集团

复习思考题

1. 国际金融组织的类型有哪些？国际金融组织的性质、作用及缺陷是什么？
2. 简述国际货币基金组织的宗旨与任务。
3. 国际货币基金组织的资金来源和主要业务活动主要有哪些？
4. 简述世界银行的宗旨和任务。
5. 世界银行的贷款业务有何特点？
6. 简述国际开发协会和国际金融公司的建立宗旨，并说明二者业务上的主要区别。

附录 各章词汇表

第一章 外汇与汇率

国际货币 International Money
可自由兑换货币 Freely Convertible Currency
国际信用货币 International Credit Currency
《布雷顿森林协定》 Bretton Woods Agreements
特里芬难题 Triffin Dilemma
国际货币基金组织 International Monetary Fund，IMF
特别提款权 Special Drawing Rights，SDRs
欧洲货币单位 European Currency Unit，ECU
外汇 Foreign Exchange
动态外汇 Dynamic Foreign Exchange
静态外汇 Static Foreign Exchange
贸易外汇 Trade Foreign Exchange
非贸易外汇 Nontrade Foreign Exchange
外汇汇率 Foreign Exchange Rate
直接标价法 Direct Quotation
间接标价法 Indirect Quotation
基本汇率 Basic Rate
套算汇率 Cross Rate
关键货币 Key Currency
固定汇率 Fixed Exchange Rate

浮动汇率 Floating Exchange Rate

联合浮动汇率 Joint Floating Rate

单一汇率 Single Exchange Rate

复汇率 Multiple Exchange Rate

实际汇率 Real Exchange Rate

有效汇率 Effective Exchange Rate

即期汇率 Spot Exchange Rate

远期汇率 Forward Exchange Rate

买入汇率 Bid Exchange Rate/Buying Rate

卖出汇率 Ask Exchange Rate / Offer Exchange Rate/Selling Rate

买入价 Bid Price

卖出价 Ask Price

买入/卖出差价 Bid/Ask Spread

中间汇率 Medial Rate

电汇汇率 Telegraphic Transfer Exchange Rate, T/T rate

信汇汇率 Mail Transfer Exchange Rate, M/T rate

票汇汇率 Demand Draft Exchange Rate, D/D rate

第二章 国际收支和国际收支平衡表

国际收支 International Payments

国际收支平衡表 Balance of Payment Presentation

国际收支平衡 Balance of International Payments

国际收支均衡 Equilibrium of International Payments

国际收支手册 Balance of Payment Handbook

经常账户 Current Account

货物 Goods

服务 Services

收益 Income

经常转移 Current Transfers

资本账户　Capital Account

金融账户　Financial Account

直接投资　Direct Investment

证券投资　Portfolio Investment

其他投资　Other Investment

储备资产　Reserve Assets

误差与遗漏账户　Errors and Omissions Account

盈余　Surplus

赤字　Deficit

自主性交易　Autonomous Transactions

调节性交易　Compensatory Transactions

贸易收支差额　Balance of Trade

经常账户差额　Balance of Current Account

资本和金融账户差额　Balance of Capital and Financial Account

综合差额　Overall Balance

第三章　国际收支调节理论

弹性论　Elasticity Approach

马歇尔—勒纳条件　Marshall-Lerner Condition

毕肯戴克—罗宾逊—梅茨勒条件　Bickendike-Robinson-Metzler Condition

J 曲线效应　J-Curve Effect

乘数论　Multiplier Approach

哈伯格条件　Harberger Condition

吸收论　Absorption Approach

贸易条件　Terms of Trade

货币论　Monetary Approach

结构论　Structural Approach

第四章　国际金融市场

离岸金融市场　Off-shore Financial Market

国际金融市场　International Financial Market

国际货币市场　International Monetary Market

国库券　Treasury Bills

大额可转让定期存单　Certificate of Deposit，CD

商业票据　Commercial Bills

银行承兑票据　Bank Acceptance Bills

国际资本市场　International Capital Market

国际外汇市场　International Foreign Exchange Market

国际黄金市场　International Gold Market

欧洲货币市场　Euro-currency Market

即期外汇买卖　Spot Exchange Transaction

远期外汇买卖　Forward Exchange Transaction

套汇交易　Arbitrage Transaction

套利交易　Interest Arbitrage Transaction

掉期交易　Swap Transaction

金融期货交易　Financial Futures Transaction

金融期权交易　Financial Options Transaction

互换交易　Swap Transaction

远期利率协议　Forward Rate Agreements，FRA

第五章　国际资本流动

国际资本流动　International Capital Flow

资本流入　Capital Inflow

资本流出　Capital Outflow

国际资本输出入　International Capital Inflows and Outflows

国际资金流动　International Capital Flows

长期国际资本流动　Long-term International Capital Flow

国际信贷　International Credit

短期国际资本流动　Short-term International Capital Flow

资产分散化　Diversification of Assets

投机性资本流动　International Speculative Capital Flow

第六章　汇率决定理论（上）

金本位制　Gold Standard System

金币本位制　Gold Coin Standard System

金块本位制　Gold Bullion Standard System

金汇兑本位制　Gold Exchange Standard System

含金量　Gold Content

铸币平价　Mint Parity

黄金输送点　Gold Points

黄金输出点　Gold Export Point

黄金输入点　Gold Import Point

法定平价　Legal Parity

购买力平价说　Theory of Purchasing Power Parity，PPP

不可贸易商品　Non-tradable Goods

一价定律　One Price Rule

绝对购买力平价　Absolute Purchasing Power Parity

相对购买力平价　Relative Purchasing Power Parity

抵补的利率平价　Covered Interest-rate Parity

非抵补的利率平价　Uncovered Interest-rate Parity

实际利率平价　Real Interest-rate Parity

国际借贷说　Theory of International Indebtedness

流动债权　Current Creditor's Right

流动债务　Current Liability

国际收支说　Theory of International Payments

第七章 汇率决定理论（下）

资产市场说 Asset Market Approach
货币分析法 Monetary Approach
资产组合分析法 Portfolio Approach
弹性价格货币分析法 Flexible-Price Monetary Approach
粘性价格货币分析法 Sticky-Price Monetary Approach
输入通货膨胀 Import Inflation
超调模型 Model of Overshooting
汇率动态学 Exchange Rate Dynamics
超调 Overshooting
低调 Under-shooting
资产组合分析法 Portfolio Approach
资产组合均衡模型 Portfolio-balance Model of Exchange Rate
有效市场假说 Efficiency Market Hypothesis
弱式有效市场假说 the Weak Form of the Efficiency Market Hypothesis
半强式有效市场假说 the Semi-Strong Form of the Efficiency Market Hypothesis
强式有效市场假说 the Strong Form of the Efficiency Market Hypothesis
新闻 News

第八章 汇率制度理论

汇率制度 Exchange Rate System
固定汇率制度 Fixed Exchange Rate System
可调整的钉住汇率制 Adjustable Pegging System
浮动汇率制度 Floating Exchange Rate System
自由浮动 Free Floating
管理浮动 Managed Floating
清洁浮动 Clean Floating

肮脏浮动　Dirty Floating
单独浮动　Independently Floating
联合浮动　Joint Floating
钉住浮动　Pegging Floating
两极汇率制　Bipolar Exchange Rate System
角点汇率制　Corner Exchange Rate System
中间汇率制　Intermediate Exchange Rate System
蜜月效应　Honeymoon Effect
离婚效应　Divorce Effect
联系汇率制度　the Linked Exchange Rate System
金平价　Gold Parity
《国际货币基金协定》　International Monetary Fund Agreement
《国际复兴开发银行协定》　International Bank of Reconstruction and Development Agreement
爬行钉住制　Crawling Pegging System
汇率目标区制　Exchange Rate Target-zone System
货币局制　Currency Board System
价格—铸币流动机制　Price-specie-flow Mechanism
棘轮效应　Ratchet Effects
稳定性投机　Stabilizing Speculation
非稳定性投机　Destabilizing Speculation
羊群效应　Bandwagon Effects
货币主权　Monetary Sovereignty
丁伯根法则　Tingbergen Rule
原罪论　Doctrine of The Original Sin
魔鬼的选择　The Devil's Choice
货币错配　Currency Mismatch
期限错配　Maturity Mismatch
资产平衡表效应　the Balance Sheet Effect
害怕浮动论　the Fear of Floating Hypothesis

中间制度消失　the Hypothesis of the Vanishing Intermediate Regime

荷兰病　The Dutch Disease

空缺的中部　Hollow Middle

双重汇率　Dual Exchange Rate

正式美元化　Formal Dollarization

货币联盟　Currency Union

货币局安排　Currency Board Arrangement

钉住单一货币　Conventional Fixed Peg Arrangement to a Single Currency

钉住一篮子货币　Conventional Fixed Peg Arrangement to a Basket

平行带安排　Pegged Exchange Rates with Horizontal Bands

稳定汇率机制　Exchange Rate Mechanism，ERM

爬行带　Crawling Band

严格管理浮动　Tightly Managed Floating

非严格管理浮动　Managed Float With No Predetermined Exchange Rate Path

完全浮动　Independently Floating

《广场协议》　Plaza Accord

第九章　开放经济下的宏观经济政策

内部均衡　Internal Equilibrium

外部均衡　External Equilibrium

米德冲突　Meade Conflict

充分就业　Full Employment

物价稳定　Price Stability

经济增长　Economic Growth

支出增减型政策　Expenditure-changing Policies

支出转换型政策　Expenditure-switching Policies

政策指派原理　Policy Mix Theory

有效市场分类原则　the Principle of Effective Market Classification

融资还是调整　Financing or Adjusting

滞胀　Stagflation

蒙代尔—弗莱明模型　Mundell-Fleming Model

总供给—总需求模型　Aggregate Demand-Aggregate Supply Model

第十章　开放经济下宏观经济政策的国际协调

国际协调　International Coordination

信息交换　Information Exchange

危机管理　Crisis Management

避免共享目标变量的冲突　Avoiding Conflicts over Shared Targets

合作确定中介目标　Cooperation Intermediate Targeting

部分协调　Partial Coordination

全面协调　Full Coordination

相机性协调　Discretion-based Coordination

规则性协调　Rule-based Coordination

哈马达模型　Hamada's Model

纳什均衡点　Nash Equilibrium Point

搭便车　Free Riding

囚徒困境　Prisoner's Dilemma

损失函数　Loss Function

以邻为壑　Beggar-thy-neighbor

汇率目标区方案　Extended Target Zone Proposal

蓝图方案　Blueprint Proposal

卢浮宫协定　Louvre Accord

溢出效应　Spillover Effect

相对价格机制　the Mechanism of Relative Price

托宾税　Tobin Tax

麦金农方案　Mckinnon's proposal

第十一章 国际储备

国际储备 International Reserve
国际清偿力 International Liquidity
黄金储备 Gold Reserve
外汇储备 Foreign Exchange Reserve
特别提款权 Special Drawing Rights, SDRs
特别提款权分配额 Allocations of Special Drawing Rights
在货币基金组织的储备头寸 Reserve Position in the IMF
适度国际储备量 Optimal Reserve Level
比例分析法 Ration Approach
回归分析法 Regression Approach
成本—收益分析法 Cost-benefit Approach

第十二章 货币危机理论

货币危机 Currency Crisis
金融危机 Financial Crisis
第一代货币危机理论 the First Model of Monetary Crisis
影子汇率 Shadow Floating Exchange Rate
宏观经济基本因素理论 Macroeconomic Fundamentals Theory
第二代货币危机理论 the Second Model of Monetary Crisis
预期 Expectations
自我实现 Self-fulfilling
过度借债 Over-borrowing
第三代货币危机理论 the Third Model of Monetary Crisis
政府隐含担保 Implicit Government Guarantee
道德风险 Moral Hazard

第十三章　国际货币体系

国际货币体系　International Monetary System, IMS

汇率体制　Exchange Rate Regime/Exchange Rate System

布雷顿森林体系　Bretton Woods System

国际金融机构　International Financial Institution

美元荒　Dollar Shortage

美元灾　Dollar Glut

美元危机　Dollar Crisis

黄金总库　Gold Pool

国际货币体系的运行　the Functioning of the International Monetary System

二十四国集团　Twenty-four Group

目标区提议　Target Zone Proposal

储备单位　Reserve Unit

第十四章　区域性货币同盟与欧洲货币体系

欧洲货币体系　European Monetary System, EMS

最适度通货区理论　Optimal Currency Area Theory

欧洲经济共同体　European Economic Community, EEC

共同市场　Common Market

欧洲经济和货币同盟　European Economic and Monetary Union, EMU

欧洲货币单位　European Currency Unit, ECU

欧洲货币局　European Monetary Institute, EMI

《马斯特里赫特条约》　Maastricht Treaty

欧洲中央银行　European Central Bank, ECB

欧元区成员国中央银行　National Central Banks, NCBs

欧洲中央银行体系　European System of Central Banks, ESCB

第十五章　国际金融组织

金融委员会　International Monetary and Financial Committee，IMFC

摊额　Quotas

一般性资源融资　General Resources Facility

常备的融资办法　Regular Facility

准备部分融资　Reserve Tranche

信用贷款　Normal Credit Tranche

高阶信用部分　Supper Credit Tranche

预约协议　Stand-by Arrangements

扩展贷款（中期贷款）　Extended Fund Facility，EFF

特殊的融资办法　Special Facility

补偿及紧急性融资办法　Compensatory and Contingency Financing Facility，CCFF

选择性部分融资　Optional Tranche

缓冲存货融资办法　Buffer Stock Financing Facility，BSFF

制度的转型融资办法　Systemic Transformation Facility，STF

紧急协助　Emergency Assistance

经核准的融资办法　Concessional Facility

结构调整融资办法　Structural Adjustment Facility，SAF

加强结构调整融资办法　Enhanced Structural Adjustment Facility，ESAF

贫穷削减及成长融资办法　Poverty Reduction and Growth Facility，PRGF

石油融资办法　Oil Facility

辅助融资办法　Supplementary Financing Facility

加强融资办法　Enlarged Financing Facility

补充的准备融资　Supplemental Reserve Facility，SRF

紧急信用额度　Contingent Credit Lines，CCL

世界银行集团　World Bank Group

国际复兴开发银行 International Bank for Reconstruction and Development, IBRD

世界银行 World Bank, WB

国际开发协会 International Development Association, IDA

国际金融公司 International Finance Corporation, IFC

多边投资担保机构 Multilateral Investment Guarantee Agency, MIGA

解决投资争端国际中心 International Centre for Settlement of Investment Disputes, ICSID

多边投资担保局 Multilateral Investment Guarantee Agency, MIGA

国际投资争端处理中心 International Centre for Settlement of Investment Disputes, ICSID

国际清算银行 Bank for International Settlements, BIS

欧洲复兴开发银行 European Bank for Reconstruction and Development, EBRD

亚洲开发银行 Asian Development Bank, ADB

参 考 文 献

1. Edwards, Sebastian, 1995, Comments and Dicussion, Brookings Papers on Economic Activity, 2, 271 – 278.

2. Krugman, Paul, 1998, *What happened to Asia*? Mimeo, Cambridge, MA, MIT.

3. Radelet, Steven and Jeffrey Sachs, 1998a, *The Onset of East Asia Financial Crises*, Mimeo, Harvard Institute for International Development, Cambridge, MA.

4. Radelet, Steven and Jeffrey Sachs, 1998b, *The East Asia Financial Crises: Diagnosis, Remedies, Prospects*, Mimeo, Harvard Institute for International Development. Cambridge, MA.

5. Frankel, Jeffrey and Andrew Rose, 1996, "Currency Crashes in Emerging Markets: An Empirical Treatment", *Journal of International Economics*, 1996, Vol. 41 (December).

6. Graciela Kaminsky, Saul Lizondo, Carmen M. Reinhart, 1997, "Leading Indicators of Currency Crises", IMF WP/97/79.

7. ［美］Makin 著，曹和平等译校：《国际金融与宏观经济》，北京大学出版社 2005 年版。

8. ［美］巴特勒著，张成思译注：《国际金融》，东北财经大学出版社 2008 年版。

9. ［美］赫斯特德、梅尔文著，姜文学译著：《国际经济学》2008 年版。

10. ［美］克鲁格曼、奥布斯特菲尔德著：《国际经济学：理论与政策》，清华大学出版社 2008 年版。

11. [美] 克鲁格曼著，张兆杰译：《汇率的不稳定性》，北京大学出版社 2000 年版。

12. [美] 马特勒著：《国际金融》，东北财经大学出版社 2008 年版。

13. [美] 曼昆著，张帆、梁晓钟译：《宏观经济学》，中国人民大学出版社 2005 年版。

14. [美] 蒙代尔著，向松祚译：《蒙代尔经济学文集（1—6 卷)》，中国金融出版社 2003 年版。

15. [美] 米什金：《货币金融学》，中国人民出版社 1998 年版。

16. [美] 莱维奇著，施华强等译：《国际金融市场价格与政策》，中国人民大学出版社 2003 年版。

17. [美] 普格尔著：《国际金融》，中国人民大学出版社 2005 年版。

18. [美] 萨尔瓦多著：《国际经济学基础》，清华大学出版社 2006 年版。

19. [英] 科普兰著，康以同等译：《汇率与国际金融》，中国金融出版社 2002 年版。

20. [英] 克拉克著：《国际金融》，北京大学出版社 2004 年版。

21. [英] 萨诺、泰勒著，何泽荣主译：《汇率经济学》，西南财经大学出版社 2006 年版。

22. [意] 甘道尔夫著，靳玉英译：《国际金融与开放经济的宏观经济学》，上海财经大学出版社 2005 年版。

23. 陈虹主编：《国际金融与管理》，科学出版社 2008 年版。

24. 陈建忠主编：《国际金融》，电子工业出版社 2005 年版。

25. 陈信华编著：《国际金融学教程》，格致出版社 2008 年版。

26. 陈秀梅编著：《国际金融实用教程》，南开大学出版社 2008 年版。

27. 陈雨露主编：《国际金融》，中国人民大学出版社 2008 年版。

28. 丁丽主编：《国际金融概论》，西南财经大学出版社 2006 年版。

29. 韩博印、王学信主编：《国际金融》，北京大学出版社、中国林业出版社 2007 年版。

30. 贺瑛主编：《国际金融学》，复旦大学出版社 2006 年版。

31. 侯高岚主编：《国际金融》，清华大学出版社 2005 年版。

32. 马君潞、陈平、范小云主编：《国际金融》，科学出版社 2005 年版。

33. 李翀编著：《国际金融市场》，中山大学出版社 2007 年版。

34. 李富有主编：《国际金融学》，科学出版社 2006 年版。

35. 李海波、刘学华主编：《新编国际金融》，立信会计出版社 2006 年版。

36. 刘舒年主编：《国际金融》，对外经济贸易大学出版社 2005 年版。

37. 刘园主编：《国际金融》，对外经济贸易大学出版社 2008 年版。

38. 吕江林主编：《国际金融》，科学出版社 2006 年版。

39. 梅新育著：《国际游资与国际金融体系》，人民出版社 2004 年版。

40. 缪玉林主编：《国际金融理论与实务》，立信会计出版社 2006 年版。

41. 姜波克著：《国际金融新编》，复旦大学出版社 2001 年版。

42. 姜波克著：《国际金融学》，高等教育出版社 2004 年版。

43. 潘英丽、马君潞主编：《国际金融学》，中国金融出版社 2002 年版。

44. 裴平等编著：《国际金融学》，南京大学出版社 2006 年版。

45. 钱荣堃、陈平、马君潞主编：《国际金融》，南开大学出版社 2002 年版。

46. 曲昭光著：《开放经济宏观经济政策导论》，经济科学出版社 2002 年版。

47. 宿玉海主编：《国际金融学》，科学出版社 2006 年版。

48. 单忠东、綦建红编著：《国际金融》，北京大学出版社 2005 年版。

49. 商务部编写组编：《国际金融——现代经济知识简明读本》，北京中商图出版物发行有限责任公司2007年版。

50. 史燕平主编：《国际金融市场》，中国人民大学出版社2005年版。

51. 王光伟编著：《货币、利率与汇率经济学》，清华大学出版社2003年版。

52. 王灵华等编著：《国际金融学》，清华大学出版社、北京交通大学出版社2007年版。

53. 王培志主编：《国际经济学》，科学出版社2007年版。

54. 王玉珍主编：《国际金融》，北京工业大学出版社2005年版。

55. 肖东生等主编：《国际金融》，武汉理工大学出版社2006年版。

56. 辛清主编：《国际金融学》，南京大学出版社2008年版。

57. 刑天才、程建鸣主编：《国际金融应用》，中国财政经济出版社2005年版。

58. 杨长江、姜波克编著：《国际金融学》，高等教育出版社2008年版。

59. 杨胜刚主编：《国际金融学》，中南大学出版社2006年版。

60. 闫屹、杨丽主编：《国际金融》，人民邮电出版社2006年版。

61. 易纲、张磊著：《国际金融》，格致出版社2008年版。

62. 郁洪良等编著：《新编国际金融概论》，中国金融出版社2006年版。

63. 于研编著：《国际金融》，上海财经大学出版社2006年版。

64. 曾祥师、史恩义主编：《现代国际金融学》，北京工业大学出版社2004年版。

65. 朱淑珍、孙新宇著：《国际金融：理论·应用·创新》，中国纺织大学出版社2002年版。